# 电力物联网与智能电网

杨　林　谢易澎　主编

北京航空航天大学出版社

# 内 容 简 介

本书紧跟全球能源互联网发展趋势,简述电力物联网和智能电网关键技术,介绍了电力物联网在电力系统的输电、变电、配电、用电和调度各个环节的典型应用,为建设数智化坚强智能电网提供有力支撑。

本书分为 10 章,主要包括智能电网与电力物联网关键技术、电力物联网信息安全、电力物联网在输电系统的应用、电力物联网在变电系统的应用、电力物联网在配电系统的应用、新一代用电信息采集系统、配电网自动化系统、输电线路在线监测与故障诊断、智慧变电站、智能电网调度控制系统。本书围绕电力物联网及其应用进行论述,内容丰富,深入浅出,实用性强,在技术研究和工程实践上均有较高的参考价值。

本书既适合从事电力物联网和智能电网方面研究、开发及建设的工程技术人员、技术管理人员使用,也可作为高等院校电气工程及物联网相关专业师生的参考教材。

**图书在版编目(CIP)数据**

电力物联网与智能电网 / 杨林,谢易澎主编.

北京 :北京航空航天大学出版社,2024. 12. -- ISBN 978 - 7 - 5124 - 4552 - 9

Ⅰ. F407.61;TM76

中国国家版本馆 CIP 数据核字第 2024XG8053 号

**电力物联网与智能电网**

杨 林 谢易澎 主编

策划编辑 陈守平 责任编辑 刘晓明

\*

北京航空航天大学出版社出版发行

北京市海淀区学院路 37 号(邮编 100191) http://www.buaapress.com.cn
发行部电话:(010)82317024 传真:(010)82328026
读者信箱:bhrhfs@126.com 邮购电话:(010)82316936
北京富资园科技发展有限公司印装 各地书店经销

\*

开本:787×1 092 1/16 印张:20.75 字数:544 千字
2024 年 12 月第 1 版 2024 年 12 月第 1 次印刷
ISBN 978 - 7 - 5124 - 4552 - 9 定价:79.00 元

# 《电力物联网与智能电网》编委会

# 前　　言

2020 年初,国家电网有限公司提出"建设具有中国特色国际领先的能源互联网企业"战略目标,计划到 2025 年基本建成具有中国特色、国际领先的能源互联网企业,实现电网智能化、数字化水平显著提升,彰显能源互联网功能形态作用。

能源革命与数字革命的融合是第四次工业革命的发展趋势和特征。电力物联网是能源互联网在技术层面的重要支撑。电力物联网围绕电力系统的发电、输电、变电、配电、用电和调度各个环节,充分应用物联网、大数据、人工智能和移动互联等现代信息技术、先进通信技术,实现电力系统各个环节万物互联、人机交互,具有状态全面感知、信息高效处理、应用便捷灵活特征的智慧服务系统。

要在电网一次设备坚强的基础上,保证电网安全、稳定、优质、经济运行。通过电力物联网和智能电网的建设,实现重要设备的在线监测与感知,提高生产运行与管理的智能化水平,实现智能预警与辅助决策,使生产运维更便捷,处理更快速,减轻现场作业人员的负担,提高工作质量和效率,更好地服务电网和客户发展。

编者紧密结合电力物联网和数智化坚强智能电网的建设需求和特点,组织编写了《电力物联网与智能电网》一书。编者主要有国网辽宁省电力有限公司、沈阳农业大学、沈阳工程学院、沈阳工业大学和辽宁科技学院等单位的专家和老师。

本书紧跟全球能源互联网发展趋势,围绕电力物联网和智能电网关键技术展开,介绍了电力物联网在电力系统的输电、变电、配电、用电和调度各个环节的典型应用,为建设数智化坚强智能电网提供有力支撑。国网公司大量的数智化应用,如配网自动化系统、用电信息采集系统、生产管理系统 PMS、输变电在线监测系统、智能电网调度控制系统 D5000 等,有力地推动了电网高质量发展,为新型电力系统建设提供了有力支撑。

本书共包括 10 章,第 1 章为智能电网与电力物联网关键技术;第 2 章为电力物联网信息安全;第 3 章为电力物联网在输电系统的应用;第 4 章为电力物联网在变电系统的应用;第 5 章为电力物联网在配电系统的应用;第 6 章为新一代用电信息采集系统;第 7 章为配电网自动化系统;第 8 章为输电线路在线监测与故障诊断;第 9 章为智慧变电站;第 10 章为智能电网调度控制系统。

在本书编写过程中,许多同事给予了大力支持和帮助,书中参考了许多书籍和文献,在此向这些同事及参考文献的作者表示衷心的感谢。由于编者的水平有限,加之时间仓促,难免存在不妥之处,敬请各位专家和读者批评指正。

编　者
2024 年 6 月

# 目　　录

# 第 1 章　智能电网与电力物联网关键技术

电力物联网是能源互联网在技术层面的重要支撑。电力物联网围绕电力系统的发电、输电、变电、配电、用电和调度各个环节,充分应用物联网、大数据、人工智能、边缘计算和移动互联等现代信息技术、先进通信技术,实现具有电力系统状态全面感知、信息高效处理、应用便捷灵活特征的智慧服务系统。本章围绕智能电网与电力物联网关键技术进行论述,介绍电力物联网的层次结构、人工智能技术、电力大数据和边缘计算等内容。

## 1.1　智能电网概述

### 1.1.1　智能电网的含义

智能电网,最早出自美国未来能源联盟智能电网工作组在 2003 年 6 月发表的一份报告。报告将智能电网定义为"集成了现代电力工程技术、高级传感和监视技术、信息与通信技术的输配电系统,具有更加完善的性能并且能够为用户提供一系列增值服务。"在我国,智能电网是以特高压电网为骨干网架、各电压等级电网协调发展的坚强电网为基础,将先进的传感测量技术、通信技术、信息技术、计算机技术和控制技术与物理电网高度集成形成的新型电网。

"智能"二字,很容易使人认为智能电网是一个属于二次系统自动化范畴的概念。事实上,智能电网是未来先进电网的代名词,我们可以从技术组成和功能特征两方面来理解它的含义。

① 从技术组成方面讲,智能电网是集计算机、通信、信号传感、自动控制、电力电子、超导材料等领域新技术在输配电系统中应用的总和。这些新技术的应用不是孤立的、单方面的,不是对传统输配电系统进行简单的改进、提高,而是从提高电网整体性能、节省总体成本出发,将各种新技术与传统的输配电技术有机地融合,使电网的结构及保护与运行控制方式发生革命性的变化。

② 从功能特征方面讲,智能电网在系统安全性、供电可靠性、电能质量、运行效率、资产管理等方面较传统电网有着实质性的提高,支持各种分布式发电与储能设备的即插即用,支持与用户之间的互动。

### 1.1.2　智能电网的发展目标

① 实现电网可靠运行。智能电网必须更加可靠,即除非遇到特别大的灾难,否则智能电网应不管用户在何时何地,都能提供可靠的电力供应。

② 实现电网安全运行。智能电网能够经受物理的和网络的攻击而不会出现大面积停电或者不会付出高昂的恢复费用,智能电网更不容易受到自然灾害的影响。

③ 实现电网经济运行。智能电网运行在供求平衡的基本规律之下,价格公平且供应充足。智能电网必须更加高效地利用投资,控制成本,减少电力输送和分配的损耗,电力生产和资产利用更加高效。

④ 实现电网绿色运行。智能电网通过在发电、输电、配电、储能和消费过程中的创新,进

一步扩大可再生能源的消纳利用,实现绿色低碳运行。

在"双碳"目标和新型电力系统建设的背景下,在电力数字化引擎的驱动下,电力系统将变得更安全、更绿色、更高效、更友好,让电能更好地服务各行各业、各种用户。智能电网将打造智能、安全、可靠、绿色、高效的电力系统,打造开放、高效、智能的电力数字化新引擎,支撑并驱动电力系统升级转型,加速新能源消纳,推动"双碳"目标的实现。

## 1.1.3    智能电网的功能优势

与现有电网相比,智能电网体现出电力流、信息流和业务流高度融合的显著特点,其功能优势主要表现在以下几方面:

① 具有坚强的电网基础体系和技术支撑体系,能够抵御各类外部干扰和攻击,能够适应大规模清洁能源和可再生能源的接入,电网的坚强性得到巩固和提升。

② 信息技术、传感器技术、自动控制技术与电网基础设施有机融合,可获取电网的全景信息,及时发现、预见可能发生的故障。故障发生时,电网可以快速隔离故障,实现自我恢复,从而避免大面积停电的发生。

③ 柔性交/直流输电、网厂协调、智能调度、电力储能、配电自动化等技术的广泛应用,使电网运行控制更加灵活、经济,并能适应大量分布式电源、微电网及电动汽车充放电设施的接入。

④ 通信、信息和现代管理技术的综合运用,将大大提高电力设备使用效率,降低电能损耗,使电网运行更加经济和高效。

⑤ 实现实时和非实时信息的高度集成、共享与利用,为运行管理展示全面、完整和精细的电网运营状态图,同时能够提供相应的辅助决策支持、控制实施方案和应对预案。

⑥ 建立双向互动的服务模式,用户可以实时了解供电能力、电能质量、电价状况和停电信息,合理安排电器使用;电力企业可以获取用户的详细用电信息,为其提供更多的增值服务。

由于智能电网包含内容较多,各电网和设备厂家都要根据实际情况,采用总体规划、分步实施的策略,逐步实现智能电网。

## 1.1.4    坚强智能电网的技术标准体系

坚强智能电网的技术标准体系由 8 部分组成,如图 1-1 所示。

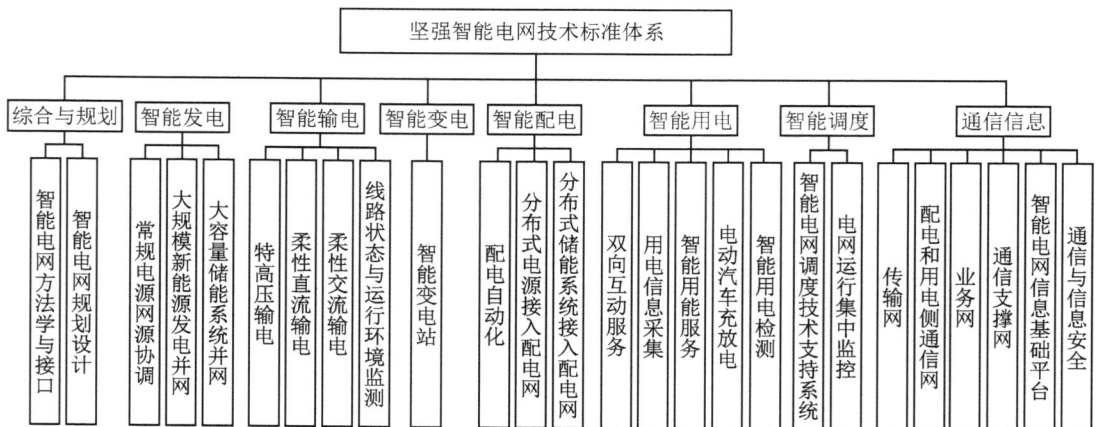

图 1-1    坚强智能电网的技术标准体系

**（1）综合与规划**

① 智能电网方法学与接口：智能电网方法学是智能电网总体规划和发展的思想方法，智能电网各环节接口是能源系统和信息系统之间、电力系统与用户/用电设备之间的互操作性规范。本技术领域包括智能电网术语与方法学、智能电网各环节接口 2 个标准系列。

② 智能电网规划设计：在原电网规划技术导则、安全稳定标准、电力系统分析计算规范等基础上补充修订电网智能化的相关内容。本技术领域包括智能输电网规划设计、智能配电网规划设计 2 个标准系列。

**（2）智能发电**

① 常规电源网源协调：主要指常规电源涉网保护和控制技术、传统机组的调频调压等控制技术、高频低频切机等保护技术。本技术领域包括网源协调技术、网源协调试验 2 个标准系列。

② 大规模新能源发电并网：为保证大规模新能源接入后电力系统的安全稳定运行，促进电网和新能源协调发展，需要制定坚强智能电网接纳大规模新能源并网方面的标准。本技术领域包括大规模新能源接入电网、大规模新能源发电并网特性测试、大规模新能源发电并网运行控制、大规模新能源发电监控系统及监控设备等 5 个标准系列。

③ 大容量储能系统并网：大容量储能技术是提高电网接纳间歇式电源的重要途径，将在坚强智能电网中获得广泛应用。本技术领域包括大容量储能系统接入电网、大容量储能系统并网特性测试、大容量储能系统并网运行控制、大容量储能监控系统功能规范和监控设备等 5 个标准系列。

**（3）智能输电**

① 特高压输电：是坚强智能电网的核心技术之一。本技术领域包括特高压交直流设计、建设、运行、设备等 8 个标准系列。

② 柔性直流输电：在新能源并网、分布式电源并网、孤岛供电等方面将获得广泛应用。本技术领域包括柔性直流输电技术导则、柔性直流输电建设、柔性直流输电运行控制、柔性直流输电设备等 4 个标准系列。

③ 柔性交流输电：可以实现输配电系统的稳定性提高、可控性改善、运行性能改善和电能质量改善。本技术领域包括柔性交流输电技术导则、柔性交流输电系统建设标准、柔性交流输电系统运行控制标准和柔性交流输电设备标准等 4 个标准系列。

④ 线路状态与运行环境监测：为线路运行管理及维护提供信息化、数字化的共享数据，实现线路状态监测、线路运行环境监测和巡检技术的智能化。本技术领域包括监测系统建设、运行控制和监测设备 3 个标准系列。

**（4）智能变电**

智能变电站：是实现坚强智能电网的重要基础设施。本技术领域包括智能变电站技术导则、智能变电站建设、智能变电站运行控制、智能变电站自动化系统功能规范和智能变电站设备等 5 个标准系列。

**（5）智能配电**

① 配电自动化：除要实现配电监控、馈线自动化、配电网分析应用等基本功能外，还要支持配电网自愈控制、分布式电源/储能系统/微电网的接入、经济优化运行及其他新的应用功

能。本技术领域包括配电自动化技术导则、配电自动化建设、配电自动化运行控制、配电自动化主站系统功能规范和配电自动化设备等 5 个标准系列。

② 分布式电源接入配电网：对配电运行管理提出了新的要求。本技术领域包括分布式电源接入配电网技术规定、分布式电源并网特性测试、分布式电源接入配电网运行控制、分布式电源监控系统功能规范、分布式电源监控设备等 5 个标准系列。

③ 分布式储能系统接入配电网：储能系统接入配电网在提高电能利用效率及供电可靠性的同时，也将改变传统的供电方式。本技术领域主要包括分布式储能系统接入配电网技术规定、分布式储能系统并网特性测试标准、分布式储能系统并网运行控制、分布式储能系统监控系统的功能规范、分布式储能系统监控设备等 5 个标准系列。

**（6）智能用电**

① 双向互动服务：建设双向互动服务平台能更好地满足用户用电智能化、多样化的服务需求，提高供电应急处置能力。本技术领域包括双向互动服务平台的建设、运行管理、双向互动服务终端设备及系统 3 个标准系列。

② 用电信息采集：用电信息采集系统为智能用电服务提供可靠的基础数据支撑。本技术领域包括用电信息采集系统的建设、运行管理、用电信息采集终端设备及系统 3 个标准系列。

③ 智能用能服务：智能用能服务是对用户的用能情况进行实时监测，并根据用户的用能需求和能源供给情况，实现有序用电管理和能效管理智能化。本技术领域包括智能楼宇/小区的建设、运行管理、设备及系统 3 个标准系列。

④ 电动汽车充放电：电动汽车充放电设施可实现电动汽车与电网的双向能量转换，是坚强智能电网的重要组成部分。本技术领域包括电动汽车充放电设施的建设、运行管理、设备及系统 3 个标准系列。

⑤ 智能用电检测：建设手段完备、功能齐全的智能用电检测系统，可进一步完善智能用电检测体系，保证计量装置和用电装置的安全可靠运行。本技术领域包括智能用电检测系统的建设、运行管理、设备 3 个标准系列。

**（7）智能调度**

① 智能电网调度技术支持系统：按照层次结构分为基础信息标准和功能规范，功能规范又由基础平台和应用功能规范组成。本技术领域包括智能电网调度技术支持系统基础信息、基础平台功能规范、应用功能规范 3 个标准系列。

② 电网运行集中监控：变电和配电运行模式正在向集中监控和调控一体转变，需要制定相应的通信协议标准、集控中心体系结构规范、应用系统功能规范。本技术领域包括电网运行集中监控中心建设、运行、系统功能规范 3 个标准系列。

**（8）通信信息**

① 传输网：传输网承载的业务包括电力生产、管理、经营的各个层面，是坚强智能电网通信的基础。本技术领域包括传输网技术和电力特种光缆技术 2 个标准系列。

② 配电和用电侧通信网：坚强智能电网要求配电和用电侧通信网承载更多的业务内容。本技术领域包括配电侧通信技术规范和用电侧通信技术规范 2 个标准系列。

③ 业务网：坚强智能电网中通信业务网对电力通信承载的保护、安控、计量等专用业务和对语音、数据、视频等通用业务的建设、运行管理、设备与材料提出了新要求。本技术领域包括专用业务通信技术和通用业务通信技术 2 个标准系列。

④ 通信支撑网：本技术领域包括智能电网通信网管系统 1 个标准系列。

⑤ 智能电网信息基础平台：该平台为各专业分支的信息化提供服务支撑，涉及移动信息接入、数据传输、信息集成与交换、数据集中存储与处理、信息展现等方面。本技术领域包括移动作业平台规范、信息网络建设标准、智能电网一体化信息模型标准、企业级数据集中管理平台规范、电网空间信息服务平台标准等 5 个标准系列。

⑥ 通信与信息安全：通信安全是指电力通信网络的安全，重点关注物理层和链路层的安全；信息安全指信息资产安全，即信息及其有关载体和设备的安全。本技术领域包括通信网安全防护技术、信息系统与设备安全规范、信息技术安全性评估准则、信息安全管理体系等 4 个标准系列。

# 1.1.5　智能电网中的物联网技术

智能电网实现智能需要融合先进的设备、采集、通信、决策和控制技术，智能电网实现要素如图 1－2 所示。

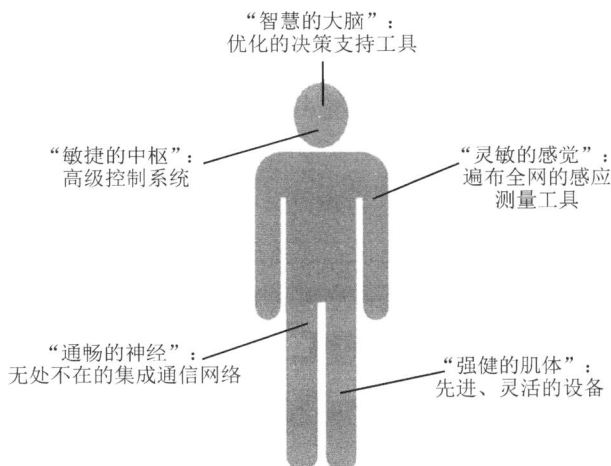

图 1－2　智能电网实现要素

## 1. 信息感知技术

随着"十四五"期间智能电网的高速发展，物联网在电网建设、运行维护、信息采集、安全监控、计量及用户交互、电网安全生产管理等方面将发挥重大作用。传感器网络是智能电网信息感知末梢不可或缺的基础环节。常见的电网中传感器网络所用到的传感器有：电压互感器（传感器）、电流互感器（传感器）、环境传感器、设备参数传感器、智能终端等。

## 2. 信息传输技术

电力系统本质上是能量的传递过程，该过程由发电、输电、变电、配电及用电 5 个环节构成。调度数据专网等电力专用通信网络已经覆盖了发电、输电、变电和配电等环节，这些数据的传输有以下两个重点。

### (1) 层次模型

智能电网信息流的层次模型包括 4 个层次，即电网设备层、通信网架层、数据存储管理层、数据应用层。各个层次组成的信息支撑体系是坚强智能电网信息运转的有效载体,是坚强智能电网坚实的信息传输基础。信息支撑体系通过对电网基础信息分层分级的集成与整合,达到信息的纵向贯通和横向集成,为坚强智能电网提供可靠信息支撑。

电网设备层包括电网中各类需要信息传输和交换的元件和设备。

通信网架层利用通信网络将电网设备层的各类型设备连接成一个整体,其中网络方式较传统的其他方式具有连接简单、易维护等特点,在有线网络不易部署的地方可以采用无线方式或公开网方式,辅以合适的网络安全策略。

数据存储管理层提供数据的存储以及跨分区、跨系统的整合、集成、访问功能。智能电网的信息量将远大于现有电网,数据的有效存储是需要深入研究的一个问题;同时,在已有信息化的基础上,完善异构系统之间的信息集成。信息的访问可以采用事件驱动或者小型总线的模式,避免数据的大量检索。

数据应用层基于上述基础层次,实现智能电网的高级分析、控制等功能。

标准体系贯穿信息流层次模式的各层级,保障设备的即插即用、信息的有效交换和传输内容的一致性,降低信息交换成本。

**(2) 信息网络**

我国已建成先进可靠的电力通信网络,形成了以光纤通信为主,微波、载波、卫星等多种通信方式并存,分层、分级、自愈环网为主要特征的电力专用通信网络体系架构;在配电、用电领域,拥有电力负荷控制专用无线电频率(230 MHz);开发了电力线通信(PLC)技术,应用于自动抄表、配网管理、用户双向通信等方面。目前,国家电网公司所辖全部网省公司 SG186 一体化平台一期工程已经全部完成,公司总部与网省公司实现了二级级联,总部、网省公司、地市(县)公司的三级贯通已经全面展开。

目前存在的主要问题包括:主干网仍不够健壮,难以完全满足调度数据网络第二平面建设的新要求:各级通信网络的资源整合和充分利用有待进一步加强,总体上呈"主干网强、接入网弱""高(电压)端强,低端弱"的态势,在通信水平上,配电、用电环节相对输电网差距较大。

电力系统是分布式、实时系统,各种控制设备的信息差异很大,通过网络传输控制信息将存在时延不确定、路径不确定、数据包丢失、信息因果性丧失等问题。应从电力系统信息的传输特性、网络对电网控制性能的影响、电网的通信系统体系结构的影响等方面入手,研究信息网络在智能电网应用中的关键问题。

电力系统的控制信息调度采用网络传输方式,属于动态调度。动态调度有别于静态调度,没有明确的任务周期。采用时延控制策略对同时到达交换机的电力系统保护信息流进行控制时,无法确保端到端的响应时间要求,因此有必要研究新的信息流控制机制,提高电网信息调度的可控制性。

**3. 信息处理技术**

在智能电网进行数据计算期间,会通过大数据系统、智能电表及传感器等装置获取所需的数据,进而利用相应技术做好数据处理工作。当前,电网大数据系统包含的模块较多,在应用关键技术处理数据时需把握好各个模块的内容,提升应用的有效性。模块主要为分布式系统基础框架、分布式文件系统模块、数据仓库系统、开发工具集等。具体的处理技术则包括如下内容。

**（1）集成管理技术**

在应用该项技术时，需采用数据抽取技术、数据清洗技术、数据过滤技术等对庞杂的电网数据做好基础的处理工作，借助集成管理技术抽取相关数据，并对所有数据信息进行集成、聚合处理，待全部数据处理完毕后，统计数据结果，并进行保存。

**（2）传输、存储技术**

该技术是在电网数据传输环节，在对电力系统的运行数据进行抽取与集成后，提高数据处理质量，并对大量的数据加以压缩处理，在控制传输量的同时确保数据传输的有效性，提升数据传输的质量和效率，使大量的数据可在较小存储空间内有效保存。

**（3）数据分析、处理技术**

在进行电网大数据分析时，需整理、转换、清洗获取的数据，使之成为有效的信息或知识，便于工作人员通过这些知识做出正确的决策，且针对相关电网运行故障问题迅速地做出应对。

当前，电网大数据处理技术包括分布式、内存式与流处理式三种，不同的处理技术具有不同的特点与应用价值。其中，分布式计算技术在具体应用时能够对大数据进行切割处理，使其成为小数据，进而将小数据分配至各任务区，给予其针对性处理，且最终处理完毕的数据能够被有效保存在本地硬盘中。内存式处理技术的应用将电网运行数据全部放置在内部高速储存器中，统一进行数据读/写处理，与常规处理技术相比，磁盘读/写操作时间大量缩短，处理效率显著提升。流处理技术则是将全部数据视为"流"，要求能够对出现的电网数据进行随时处理，数据处理效率极高。依托该技术可实现对获取的实时数据的快速处理，且对电网监控系统的实时数据处理效果理想，便于工作人员获取电网运行的实时信息。

**（4）可视化处理技术**

可视化处理技术在现阶段的智能化电网中已开始大量应用。在具体应用时，在集控中心处安装显示屏，保证电网运行监控系统的工作人员在工作中能够通过显示屏直接掌握电网的运行情况。电网运行中产生的数据信息多种多样，处理难度较大，但通过电网运行监控系统的显示屏，可及时进行数据信息的可视化传递与处理，便于工作人员随时获取电网运行的有效信息。针对发生的电网故障问题，及时开展故障处理，保证电网安全稳定运行。

# 1.2　电力物联网的层次结构

业界通常将物联网体系架构划分为三层，即感知层、网络层和应用层。然而，也有部分行业为了自身业务发展的需要，在网络层与应用层之间构建平台层，专门提供具有业务服务能力的统一维护管理平台。编者参考众多物联网应用建设案例，并结合电网企业的物联网业务发展需求，建议电网企业采用四层物联网体系架构，即感知层、网络层、平台层和应用层。将感知设备的管理、接入控制、安全管理、协议转换、数据共享、大数据管理等功能统一抽离出来，形成统一的平台层，由平台层实现对终端接入、数据分析及信息安全的集中管理，再由应用层为各个应用场景提供专业业务服务。电力物联网四层体系架构如图 1-3 所示。

## 1.2.1　感知层

感知层是物联网的基础层，承载着信息感知、设备识别、图像获取、设备控制和部分数据预处理的功能，其特点是技术类型丰富、应用范围广泛、接入方式多样、数据格式各异、设备分布

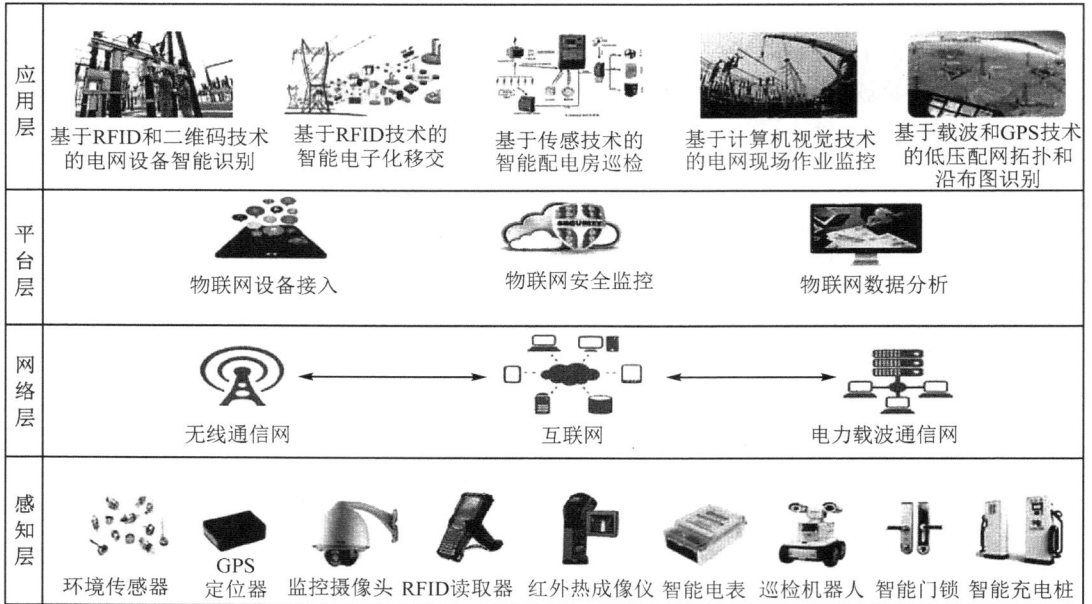

图 1-3　电力物联网四层体系架构

范围广、设备所处环境复杂等。感知层技术主要包括各类传感技术、射频识别（RFID）技术、二维码技术、定位技术、摄像头技术、嵌入式操作系统技术、通信模块技术、电源技术、防潮防腐技术、电气绝缘技术等。

感知层可分为感知控制和通信延伸。感知控制是利用传感器和采集设备对设备的属性、状态和环境等信息进行采集，并且可接收指令对设备运行状态进行控制。通信延伸是利用各种通信技术，将终端模块延伸到互联网，将物理实体接入网络层。

在感知层，重点是统一终端标准，推动跨专业数据同源采集，实现配电侧、用电侧等采集监控深度覆盖，提升终端智能化和边缘计算水平。

边缘计算技术对传感器、智能设备、智能终端的多重数据进行就地处理与分析，就近提供边缘智能、敏捷连接、实时判决、数据优化、安全保护，提高数据传输与处理效率，以满足电网中设备及用户的快速响应需求，为智能调度、主动配电网、配电物联网等应用提供支撑。

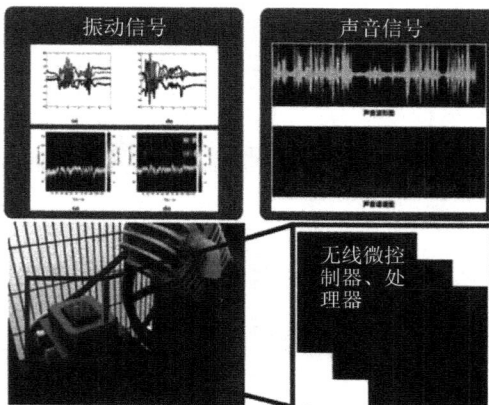

图 1-4　器件级边缘计算（电力设备声振监测）

边缘计算解决方案的通常步骤为，根据共享数据的处理结果，通过返还数据处理结果到就近基站，并直接进行计算，最后将数据处理结果发送到云计算中心。

边缘计算根据所部署的硬件载体可分为器件级边缘计算、终端级边缘计算和网关级边缘计算三类。

（1）器件级边缘计算（见图 1-4）：如振动声纹传感器，进行小波分析、快速傅里叶变换、滤波等本地信号处理。

（2）终端级边缘计算（见图 1-5）：如 AI 摄像头，基于轻量级深度学习算法就地实现图像识别/目标检测。

（3）网关级边缘计算（见图 1-6）：如集中器，完成数据汇聚、清洗、分析、加密、上传等，基于虚拟容器可承载多种 APP 应用。

图 1-5　终端级边缘计算（无人机巡线就地判决）

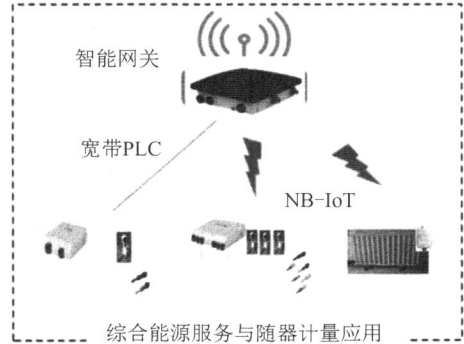

图 1-6　网关级边缘计算（能效监测传感网络）

智能电网中的边缘计算如图 1-7 所示。

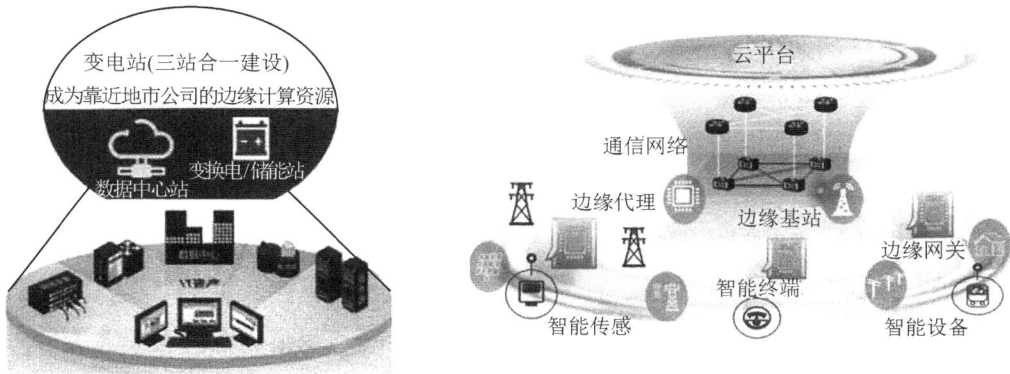

图 1-7　智能电网中的边缘计算

感知层利用各种传感识别设备实现信息的识别、采集和汇聚。电力物联网感知层关键技术主要有：

① 面向全电网的资产编码、统一标识体系及标识转换体系。

② 应用于电力设备全寿命周期管理和移动作业的超高频、微波、无源、半有源 RFID 技术。

③ 微纳制造和 MEMS 集成技术。

④ 分布式、智能化、多参量、现场无源的新型光纤传感和无线传感技术。

⑤ 支持北斗/GPS 等多模兼容和 4G/5G/WiFi 等多种无线通信方式的无盲区、高精度、低成本定位、导航、跟踪和同步技术。

⑥ 特高压及复杂电磁环境下传感器与电力一次设备的集成技术。

⑦ 适用于恶劣环境条件下的抗干扰、高效能微电源和能量获取技术。

# 1.2.2 网络层

网络层是实现信息传递及控制的中枢,基于对数据的安全和数据传输的及时性、可靠性要求,数据采集后,通信基站会通过网络实现信息的传递、控制及设备识别,通过开放性的计算机网络实现信息交换和共享,进而实现对设备的"透明"管理。其主要技术包括有线网、光纤网、4G网络、5G网络、LoRa网、NB-IoT网、WiFi、蓝牙、载波技术、微波技术等。网络建设需要重点考虑网络稳定性、覆盖度、抗干扰能力、传输速度、数据丢包率和安全性等问题,确保建成一个高质量的物联网网络,可靠地支撑物联网应用。

电力物联网的网络层包括接入网、骨干网、业务网和支撑网。在网络层,重点是推进电力无线专网和终端通信建设,增强带宽,实现深度全覆盖,满足新兴业务发展的需要。

网络层的作用为通过现有的互联网、移动通信网、卫星通信网等基础网络设施,对来自感知层的信息进行接入和传输。在物联网系统中,网络层承接感知层和平台层,具有强大的纽带作用。网络层不管是哪种通信协议,都有很明确的规范,在传输方式上,有线、无线共有十几种,有线的包括最常用的光纤、RS485、PLC(电力载波通信)等,无线的包括 ZigBee、LoRa、NB-IoT(窄带物联网)和 4G 等。具体用何种形式的传输方式,需要根据设备与平台或者网关的距离、功能、功耗等要求来进行选择。

不难发现,PLC 也是电力物联网网络层中研究的重点,其工作方式是以高频将信息和数据通过电流进行传输。在物联网传输协议上,MQTT 协议和 COAP 协议已经成为公认的物联网通信协议,有明确的规范可以遵循。

在图 1-8 和图 1-9 所示的变电站智能视频监控和配网自动化的应用过程中,电力物联网网络层中的电力专网都起到了至关重要的作用。

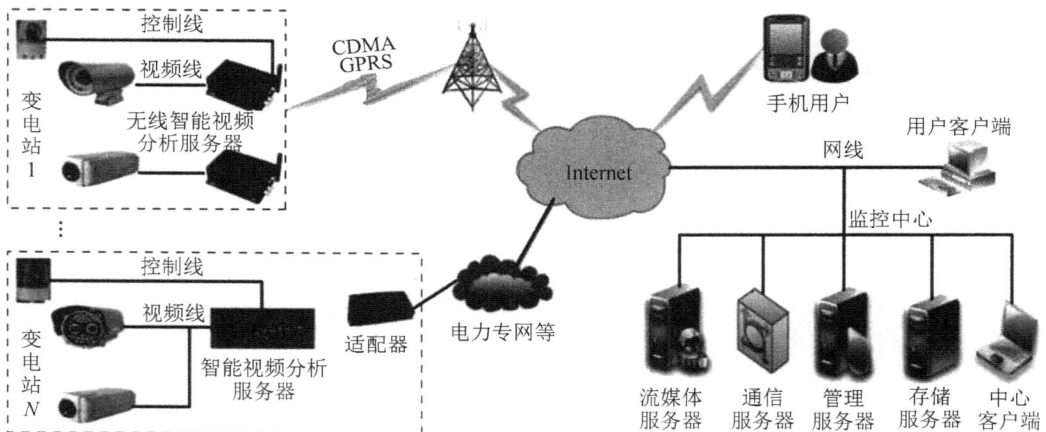

**图 1-8 变电站智能视频监控**

网络层主要负责感知层信息的传输和承载。电力物联网网络层的关键技术主要有:

① 面向状态监测、高级量测,以及电网与用户交互的工业无线、微功率无线、个域无线等短距离无线自组网技术。

② 基于 IPv6 的低功耗、轻量级、可裁剪的无线传感器网络协议栈和支持 IPv4/IPv6 双栈的移动 IP 技术。

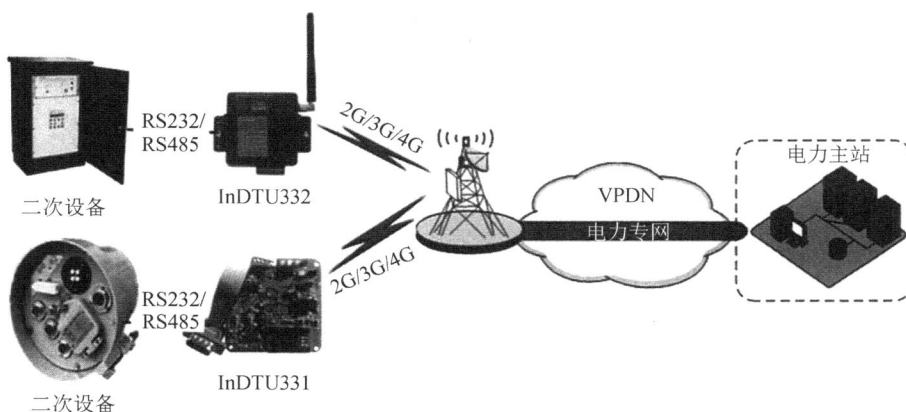

图 1 - 9　配网自动化网络示意图

③ 适应智能电网网架结构,支撑海量分散终端通信、上下行带宽非对称配比的电力无线宽带技术和光纤无线融合通信技术。

④ 无线局域网、移动通信网、互联网、集群专网、卫星网等异频异构网络绿色柔性组网技术。

⑤ 物联网网关互联互通、协议适配、数据融合技术。

## 1.2.3　平台层

平台层是实现物联网应用建设的统一支撑,能满足物联网应用建设通用的管理、安全、功能、性能的需求,有利于统一物联网应用的技术和简化物联网应用的建设。平台层主要实现感知设备管理、设备接入控制、安全管理、协议转换、数据共享、大数据管理和物联网运营管理等功能,这些功能通常采用微服务架构向应用层提供服务。

在平台层,重点是实现超大规模终端统一物联管理,深化全业务统一数据中心建设,推广"国网云"平台建设和应用,提升数据高效处理和云雾协同能力。

例如,互联网综合能源服务的建设:通过构建基于云平台支撑的综合能源创新服务体系,将实现电、气、冷、热多种能源灵活接入。全面整合能源控制参量、能源运行、能源使用等数据,通过对能源流、业务流、信息流的实时处理,实现能源各类业务应用的灵活定制。基于云平台算法和计算资源,助力智能决策、支付、业务接入等能源互联网业务的实现。

"国网云"平台所做的事,就是把国家电网公司系统内的服务器等硬件进行统一的管理、维护与调配,在使用时,各单位可以根据自己的业务情况,在统一的"国网云"中按需索取,这样便可以缓解由海量业务发展带来的压力。当面对较大范围内数量巨大的综合业务时,会面临着一些技术瓶颈,引入云计算技术后,支撑各业务服务能力的 IT 资源便可以被统一管控起来,从而达到资源的优化配置。

## 1.2.4　应用层

应用层涵盖了应用基础设施、支撑平台、中间件及各种物联网应用,通过信息数据的计算处理,实现企业管理的可观、可测、可控、可追溯、可考核,发挥物联网在企业生产、管理、运营工作中的高效作用,以提高企业效益。应用层以数据中心为基础,借助云计算、大数据、人工智能、移动应用、综合展示等技术,对物联网中的数据进行监控、挖掘、分析和存储,为数据综合利用和系统智能化管控提供支撑。对于企业用户而言,与企业业务紧密结合的物联网应用是技术应用的价值所在。

在应用层,重点是全面支撑核心业务智慧化运营,全面服务能源互联网生态,促进管理提升和业务转型。

物联网构建起人与人、人与物、物与物之间的联系,通过信息交互实现不同层次的应用,按实现应用功能可划分为识别、监控、预警、告警、控制和互动。

① 识别。通过设备感知物品和人的静态信息,如唯一标识、名称、类别、规格、技术参数、配置信息等,通过识别可将物体在信息世界中构建出一个数字化对象。

② 监控。根据智能设备或感应终端反馈的数据,进行设备运行状态监控,其状态信息如电压、电流、温度等,可以多样性;其监控对象可以是设备、人、自然环境等,通过监控可以实时采集被监控对象的信息。

③ 预警。对监控数据进行持续的采集与存储,通过一定的数据分析模型,对大量的、多种的监控数据进行智能分析,对设备运行状态的发展趋势进行预测。

④ 告警。对监控数据设定指标的告警阈值和规则,并进行持续的采集,当设备状态数据超过告警阈值时,及时向业务人员进行告警,保障事件能得到及时处理。

⑤ 控制。通过对物的预警和分析,得到业务决策结果后,可以通过物联网实现对被连接的物进行远程、智能控制,从而改变设备状态,保障设备正常运行。

⑥ 互动。物联网的物具有一定的人工智能后,能实现人与物、物与物的信息互动,实现高度的自动化和智能化处理。

应用层主要实现数据的接收、存储、智能处理以及提供高级应用功能。电力物联网应用层关键技术主要有:

① 海量信息网络/虚拟存储、混杂场景下的数据分类机制、分布式文件系统、实时数据库技术。

② 基于大规模并行计算和图像处理技术的多维度图像视频智能分析技术。

③ 可视化数据表达、三维场景与视频图像的无缝融合与智能识别技术。

④ 基于数据挖掘和智能决策,面向对象、面向业务的高级数据耦合和分层析取技术。

⑤ 隐私保护、节点的轻量级认证、访问控制、密钥管理、安全路由、入侵检测与容侵容错等安全技术。

⑥ 网关安全接口及标准化、安全加密模块的组件化技术。

⑦ 物联网安全等级保护和安全测评技术。

⑧ 基于智能视频的智能巡检技术。

⑨ 电力物联网测试评估与仿真技术。

# 1.2.5　设备侧电力物联网总体架构

根据国家电网有限公司电力物联网统一框架,设计设备侧电力物联网总体架构,明确设备管理业务规划、应用规划、技术规划和安全要求,以设备为核心,助力设备管理专业能力提升、业务转型升级,共建共享开放式电力物联网生态圈。

设备侧电力物联网总体架构自下而上分为感知层、网络层、平台层、应用层,如图1-10所示(扫二维码可见彩图)。感知层管理设备终端、接入网络及边缘智能应用,支撑设备广泛互联和状态深度感知。网络层依托"空天地"

图 1-10 彩图
二维码

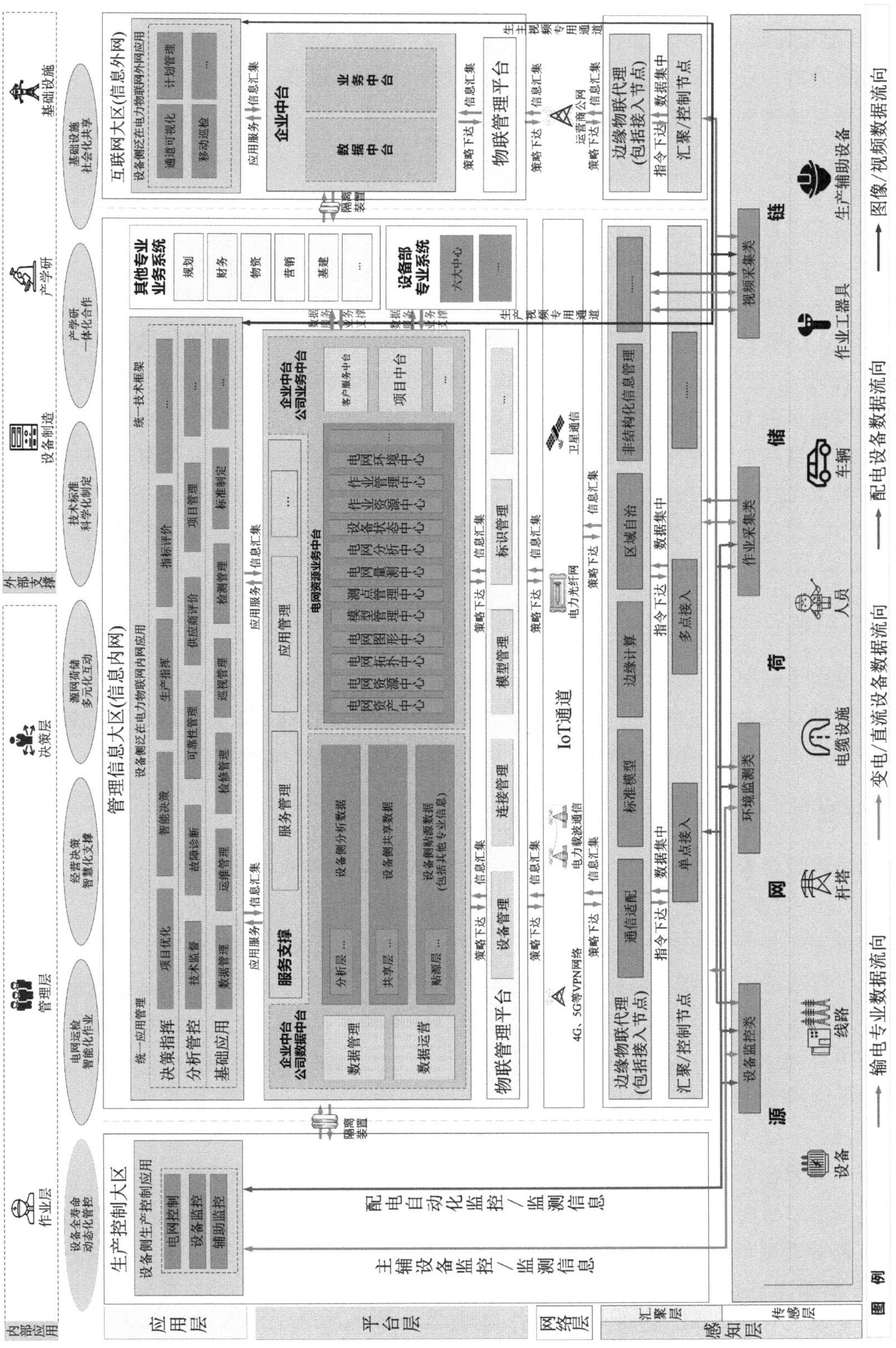

图1-10　设备侧电力物联网总体架构(见彩图)

协同一体化通信网络,保障信息传输高效可靠。平台层基于国网云平台搭建电网资源业务中台,协同共建企业级数据中台和物联管理平台,实现数据融合贯通、资源开放共享。应用层打造满足设备管理专业需求、支撑灵活构建与快速迭代的微应用群,实现岗位定制化,支撑设备管理专业精益管理和内外部生态共建。

**1．感知层**

感知层实现设备终端传感信息的采集与汇聚,具备边缘计算和区域自治能力,包含传感层和汇聚层,分别由传感器与节点设备构成,实现设备信息的就地预处理。

传感层由微功率/低功耗无线传感器、常规无线传感器、有线传感器等监测装置,以及作业移动终端、无人机/机器人、卫星遥感等设备组成。其主要对电网设备的运行状态、环境数据、可视化信息、作业信息进行采集,实现设备状态全方位感知与需求快速响应。

汇聚层由汇聚节点、接入节点等网络节点设备组成。根据具体业务应用场景,汇聚层利用光纤、无线(公网和电力专网)、自组网等网络,将传感器层采集的数据通过汇聚(控制)节点上送至接入节点(边缘物联代理),满足传感层和节点设备单点接入、链式分布多态组网需求。同时,汇聚节点、接入节点搭载边缘计算框架,实现一定范围内传感器数据的汇聚、边缘计算及回传、区域自治,满足数据实时采集、即时处理、就地分析的要求。

**2．网络层**

网络层由无线网(公网和电力专网)、有线电力光纤网和相关网络设备组成。通过扩大电力无线专网试点及业务应用、进一步优化骨干传输网和数据网,满足设备管理专业业务处理实时性和带宽需求,为设备侧电力物联网提供高可靠、高安全、高带宽的数据传输通道。

**3．平台层**

平台层将设备管理专业业务、数据、物联等共性需求沉淀封装成共享服务,支撑前端应用创新,包括电网资源业务中台、数据中台和物联管理平台。

电网资源业务中台将具有共性特征的业务沉淀,形成企业级共享服务中心,为公司核心业务处理提供共享服务,包括电网资源业务中台、客户服务中台、项目中台等。其中电网资源业务中台作为公司业务中台的重要组成部分,按照业务的相关性、依赖性及其逻辑关系,划分为电网资产中心、电网资源中心、电网拓扑中心等 12 个中心,各中心内部逻辑高度聚合,各中心之间关联低度耦合,实现设备管理专业数据同源维护、作业协同共享,支撑前端业务应用的快速、灵活构建。

数据中台为各专业提供数据共享和挖掘分析服务,分为贴源层、共享层、分析层。重点对公司多年来形成的核心、高频、共性数据进行沉淀、整合、共享,实现感知类数据、资源类数据、运检类数据等数据的统一标准、统一管理、深度挖掘、融通共享,通过统一数据服务向业务中台、各专业前端应用提供数据服务支撑,将数据转化为易重用、易共享、易演进的资产。

物联管理平台是连接终端和业务应用的枢纽,支撑物联管理业务的设备接入、管理、控制,负责物联感知终端的实时感知、实时控制、汇聚分发,实现源网荷储协调统一。

### 4. 应用层

应用层基于业务中台和数据中台统一服务,在统一数据模型、技术标准和框架下,实现各类微应用建设。通过在应用层构建岗位按需灵活定制的微应用群,满足各专业业务应用需求,包括基础应用、分析管控和决策指挥三个层级。按照公司网络及信息安全要求,统筹管理信息大区与互联网大区微应用建设,对内保障电网安全运行、推动专业管理精益高效,对外支撑物联生态共建共享。

# 1.3　人工智能技术

## 1.3.1　人工智能技术概述

人工智能(AI)作为一门全新的科学技术,是对模拟和扩展人的智能的理论、方法、技术及应用系统进行研究和开发,其技术的基础包含了知识的表示、推理、搜索、规划等过程,是由计算机科学、神经生理学、现代控制论、智能控制与决策、类脑智能和语言学等多学科互相交融从而发展起来的一门综合性学科。人工智能生产出一种新的能以与人类智能相似的方式做出反应的智能机器,该领域的研究包括机器人、语言识别、图像识别、自然语言处理和专家系统等。

在人工智能学科中,通过应用人工神经网络(包括由其衍生的各类神经网络)、机器学习等算法,结合大数据的驱动技术使计算机具备学习、推理等能力,进而完成以往需要人的智力才能胜任的工作。人工智能技术在电力物联网中的应用包括智能感知、智能分析、智能决策和智能控制等。

## 1.3.2　人工智能关键要素

人工智能有六大关键要素:机器学习、深度学习、人机交互、自然语言处理、人工神经网络、机器视觉。

### (1) 机器学习

机器学习是一门多领域交叉学科,涉及统计学、系统辨识、逼近理论、神经网络、优化理论、计算机科学、脑科学等诸多领域。通过研究计算机怎样模拟或实现人类的学习行为,以获取新的知识或技能。通过知识结构的不断完善与更新来提升机器自身的性能,这属于人工智能的核心领域。基于数据的机器学习是现代智能技术中的重要方法之一,研究从观测数据(样本)出发寻找规律,利用这些规律对未来数据或无法观测的数据进行预测。Alpha Go 就是这项技术一个很成功的实践。

根据学习模式将机器学习分类为监督学习、无监督学习、强化学习等。根据学习方法可以将机器学习分为传统机器学习和深度学习。

### (2) 深度学习

深度学习的概念由 Hinton 等人于 2006 年提出。深度学习可以有人监督(需要人工干预来培训基本模型的演进),也可以无人监督(通过自我评估自动改进模型)。深度学习目前广泛运用于各类场合,如在财资管理领域,可以通过深度学习来进行现金流预测和智能化管理。

深度学习则是机器学习各项技术中发展最旺盛也是最成功的一个分支。我们常说的人工神经网络是机器学习中的一种算法。机器学习的其他算法包括聚类算法、贝叶斯算法等。在量化交易、智能投资和智能风控中，往往会应用机器学习技术。

**（3）人机交互**

关于人机交互，最重要的方面是研究人和计算机之间的信息交换，主要包括人到计算机和计算机到人的两部分信息交换，是人工智能领域重要的外围技术。人机交互是与认知心理学、人机工程学、多媒体技术、虚拟现实技术等密切相关的综合学科。传统的人与计算机之间的信息交换主要依靠交互设备进行，主要包括键盘、鼠标、操纵杆、数据服装、眼动跟踪器、位置跟踪器、数据手套、压力笔等输入设备，以及打印机、绘图仪、显示器、头盔式显示器、音箱等输出设备。人机交互技术除了传统的基本交互和图形交互外，还包括语音交互、情感交互、体感交互及脑机交互等技术。

**（4）自然语言处理**

自然语言处理泛指各类通过处理自然的语言数据并转化为计算机可以"理解"的语言数据的技术。自然语言处理一方面可以辅助财务共享服务中心进行客户服务；另一方面，结合自然语言技术，便于知识管理和智能搜索。

自然语言处理是计算机科学领域与人工智能领域中的一个重要方向，研究能实现人与计算机之间用自然语言进行有效通信的各种理论和方法，涉及的领域较多，主要包括机器翻译、机器阅读理解和问答系统等。

**（5）人工神经网络**

人工神经网络是在机器人定位与导航中的应用。人工神经网络具有融合多元信息资源的功能，在人工智能中扮演着重要的角色，并且智能机器人定位和导向环节具有较高的应用频率。

**（6）机器视觉**

机器视觉是使用计算机模仿人类视觉系统的科学，让计算机拥有类似人类提取、处理、理解和分析图像及图像序列的能力。自动驾驶、机器人、智能医疗等领域均需要通过计算机视觉技术从视觉信号中提取并处理信息。随着深度学习的发展，预处理、特征提取与算法处理渐渐融合，形成端到端的人工智能算法技术。根据解决的问题，计算机视觉可分为计算成像学、图像理解、三维视觉、动态视觉和视频编解码五大类。

# 1.3.3　人工智能在电网中的应用

## 1. 人工智能在电网中的应用优势

① 效率提高和成本降低：AI 可以识别新能源出力的波动性并进行预测，从而减少新能源出力浪费并降低能源成本，促进和加速新能源发电的使用。

② 电网规划优化：AI 可以预测可能影响发电资源出力的天气模式和系统故障，此类分析有助于降低风险、为系统变化做好准备、降低成本以及增强客户体验。

③ 灾害预防：AI 可以识别并预测系统故障，例如线路故障、变压器故障、设备过载或潜在危险，发现后 AI 及时采取预警等措施，防止造成电网灾害。

④ 可靠性：AI 可以确保在新能源出力波动时也能保持电网供需平衡，并优化储能，从而确保电网供应。

⑤ 减排：AI 可以确保新能源发电的可靠性，使得更多的人将转向新能源发电作为更便宜

的选择。这将减少化石能源的使用,从而降低释放到大气中的二氧化碳量。

⑥ 遏制窃电:客户可以通过使用比其电表报告更多的电量来窃取能源。有些人还创建流氓连接,并从付费客户那里窃取能量。AI可以自动检测任何形式的盗窃并发出警报。

⑦ 检测网络攻击:AI可以区分系统故障和网络攻击。检测网络攻击有助于防止数据泄露和操作劫持。

### 2. 电网人工智能重点应用场景

**(1) 基于全面感知的电网监控事件化技术**

研究基于全面感知的电网监控事件化技术,实现电网监控运行规律智能分析、基于人工智能的电网监控事件识别和智能作业,实现监控业务处理由传统单点信号监视向综合事件监视的转变。

**(2) 基于大数据的设备状态趋势感知**

构建统一的监控设备模型,将多源数据关联融合,利用大数据分析技术实现设备状态趋势评估,辅助识别设备故障及缺陷等造成的电网风险隐患,提前进行风险预防。

**(3) 调度机器人助手**

研究电网调控事务性工作智能执行技术,实现基于语音的电力信息查询、搜索、功能调用,实现可定制报表、自动构图、典型业务电话自动应答等功能;研究计划性倒闸操作智能执行技术,实现计划性倒闸的一键式操作和智能安全校核;提出电网复杂故障诊断与辅助处置方法,实现交直流混联大电网系统级复杂故障告警及原因诊断,以及设备故障后的电网快速自动恢复。

**(4) 电网稳态自适应巡航**

研究面向调控运行知识库的运行规则电子化方法,实现基于知识图谱的运行规则知识抽取,将离散知识形成可以支撑实际应用场景的调控知识体系,支撑调控运行业务场景的自动处置。研究考虑外部环境、负荷预测、清洁能源消纳、电网安全约束等因素的发输电计划与电压控制策略滚动校核与调整技术,实现电网运行风险的实时评估与预测、调度计划和控制策略的滚动调整和自动下发。

**(5) 停电计划智能编制与电力交易辅助决策**

挖掘停电检修与负荷平衡、新能源消纳、电力交易、网络限额等各类因素的关联关系,为主网发输变电设备确定最佳停电窗口期;实现停电窗口期智能生成及停电组合优化,促进停电计划编制由人工经验向智能化转变。提出考虑电网安全、输电费用、网络损耗等各类因素的电力交易路径成本评估方法,构建跨省区交易路径智能寻优模型,确定最佳交易路径。

**(6) 电力市场运行数据分析**

研究电力现货市场运营情况与电网运行、调度计划、清洁能源消纳、输电通道阻塞情况的多维关联关系,基于对电力现货市场历史数据的挖掘,研究市场主体的报价策略、交易行为对电力市场运行的影响。研究电力现货市场运营风险类型识别与预判告警技术,建立电力现货市场运行风险防范机制和应急预案。研究电力现货市场交易输电通道阻塞度分析评估技术,优化交易路径,减少通道阻塞情况。

### 1.3.4 人工智能对电网的影响

人工智能正在推动第四次工业革命,它将提升能源行业的预测能力,优化其生产力和管理能力,带来前所未有的机遇。随着"双碳目标"的提出,风能、太阳能等可再生能源技术的发展,此类清洁能源将快速增加。不过,可再生能源行业的最大挑战在于可再生能源生产具有间歇性,其产量取决于天气条件,如风吹或阳光照射;一些研究更指出,气候变化可能导致全球可再生资源分布巨变。这意味着一旦能源需求激增,可再生能源不一定能满足需求,因此许多国家需要采用多种策略来填补可再生能源供应方面的空白。可再生能源行业需要一种可以确保供需始终处于均衡状态的智能技术,来解决能源流的预测和管理问题。

**(1) 电网管理智能化**

人工智能将是未来智能电网的核心部分。目前电网公司已经在电网故障警报系统配置了相关技术,人工智能技术将不断收集和整合来自数百万台智能传感器中的数据,并从大型数据集的模式和异常现象中进行自主学习,以便能够及时地做出决策,以最好的方式分配能源资源。

在需求方面,人工智能技术能持续监控家庭和企业的智能电表和传感器的供需情况,实时测量通过电网的电力流量,使运营商能够主动管理和避免中断,并在非高峰时间修改电力使用,从而放宽电网的工作量并降低消费者的消费价格。

在供应方面,人工智能能协助运营商或者政府改变能源组合,调整化石能源使用量,增加可再生资源的产量,并且将可再生能源的自然间歇性破坏降到最低。生产者将能够对多个来源产生的能源输出进行管理,以便实时匹配社会、空间和时间的需求变化。人工智能亦可以使用演算法来平衡电网,在出现错误或黑客的情况下协调进行联合行动,对网络进行自我修复,并预测生产和消费数据。

**(2) 利用人工智能分析消费模式**

在能源领域,人工智能的高价值体现在需求管理方面,因为人工智能可以帮助能源企业了解产业链下游最终客户的消费模式。全球数十亿人口,每个人消费模式都不同。了解消费者的习惯、价值观、动机和个性有助于进一步加强市场的平衡和有效性,还可以更有效地制定政策。

消费者的选择和意见,对能源行业有巨大的影响。通过研究能源消费模式,能源企业能更有针对性地设计产品和服务。在电力市场,消费者会在电网产生数据流,通过智能电表,实时收集数据流,这不仅有助于预测网络负载,还可以预测消费习惯。

**(3) 人工智能衍生的网络安全问题**

人工智能在能源行业的应用,将优化能源行业,同时会组成一个全产业链的网络,把各种能源基础设施关联在一起,进一步互联网化,不过衍生出的就是网络安全问题。随着技术创新,能源市场结构和网络安全方面正在发生重大的变化;随着网络威胁的不断演变,基础设施越来越容易受到干扰或破坏性的攻击。网络安全的问题,各个能源领域无一幸免,长时间的干扰可能会影响经济贸易、工业发展,以及社会稳定等。

## 1.4 大数据技术

电力物联网中分散部署的亿万级的各类传感器持续产生海量的数据,这些感知数据的采集、处理、传输、存储管理、挖掘分析都至关重要。随着大数据技术的发展与应用,电力大数据的处理与利用需要得到越来越多的关注。

电力系统作为经济发展和人类生活依赖的能量供给系统,也具有大数据的典型特征。电力大数据贯穿发、输、变、配、用等电力生产及管理的各个环节,是能源变革中电力工业技术革新的必然过程,这不仅是技术上的进步,更是涉及电力系统管理体制、发展理念和技术路线等方面的重大变革,是下一代电力系统在大数据时代下价值形态的跃升。

本节首先介绍大数据的相关概念与技术,然后详细阐述电力大数据平台的建设,包括电力大数据平台的架构展示、电力大数据的采集、电力大数据的计算、电力大数据的存储,最后阐述电力大数据的决策支撑。

# 1.4.1　大数据概述

## 1. 大数据的定义

对于大数据(big data),研究机构 Gartner 给出了这样的定义:大数据是需要新处理模式才能具有更强的决策力、洞察发现力和流程优化能力来适应海量、高增长率和多样化的信息资产。麦肯锡全球研究所给出的定义是:一种规模大到在获取、存储、管理、分析方面大大超出了传统数据库软件工具能力范围的数据集合,具有海量的数据规模、快速的数据流转、多样的数据类型和价值密度低四大特征。大数据技术的战略意义不在于掌握庞大的数据信息,而在于对这些含有意义的数据进行专业化处理。换言之,如果把大数据比作一种产业,那么这种产业实现盈利的关键,在于提高对数据的"加工能力",通过"加工"实现数据的"增值"。

从技术上看,大数据与云计算的关系就像一枚硬币的正反面一样密不可分。大数据必然无法用单台的计算机进行处理,必须采用分布式架构。它的特色在于对海量数据进行分布式数据挖掘。但它必须依托云计算的分布式处理、分布式数据库和云存储、虚拟化技术。大数据技术体系包括硬件平台、数据存储和管理、计算处理、数据分析、可视化、应用和服务、编程和管理工具、数据安全等内容。

随着云时代的来临,大数据也吸引了越来越多的关注。大数据分析常和云计算联系到一起,因为实时的大型数据集分析需要像 MapReduce 一样的框架来向数十、数百甚至数千的计算机分配工作。大数据需要特殊的技术,以有效地处理大量的数据。适用于大数据的技术,包括大规模并行处理(MPP)数据库、数据挖掘、分布式文件系统、分布式数据库、云计算平台、互联网和可扩展的存储系统。

## 2. 电力大数据技术

智能电网是将信息技术、计算机技术、通信技术和原有输、配电基础设施高度集成而形成的新型电网,具有提高能源效率、提高供电安全性、减少环境影响、提高供电可靠性、减少输电网电能损耗等优点。智能电网的理念是通过获取更多的用户如何用电、怎样用电的信息,来优化电的生产、分配及消耗,利用现代网络、通信和信息技术进行信息海量交互,来实现电网设备间信息交换,并自动完成信息采集、测量、控制、保护、计量和监测等基本功能,可根据需要支持电网实时自动化控制、智能调节、在线分析决策和协同互动等高级功能。因此,相关研究者指出:可以抽象地认为,智能电网就是大数据这个概念在电力行业中的应用。

云计算能够整合智能电网系统内部计算处理和存储资源,提高电网处理和交互能力,成为电网强有力的技术组成；大数据技术立足于业务服务需求，根植于云计算，以云计算技术为基础；可以抽象地认为，智能电网是大数据这个概念在电力中的应用，所以三者是彼此交互的关系，如图 1-11 所示。

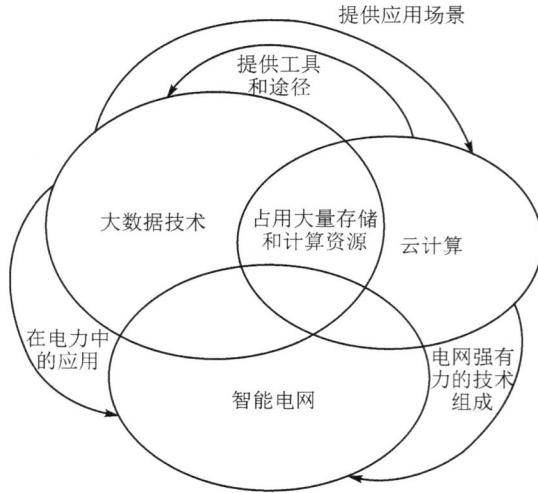

**图 1-11 智能电网、云计算、大数据技术的相互关系**

　　智能电网、云计算、大数据技术三者之间的关系，从更深层次来讲，是电力系统发展到不同阶段的产物，具有代际传承的特点。图 1-12 从代际传承的角度描述了三者之间的相互关系。

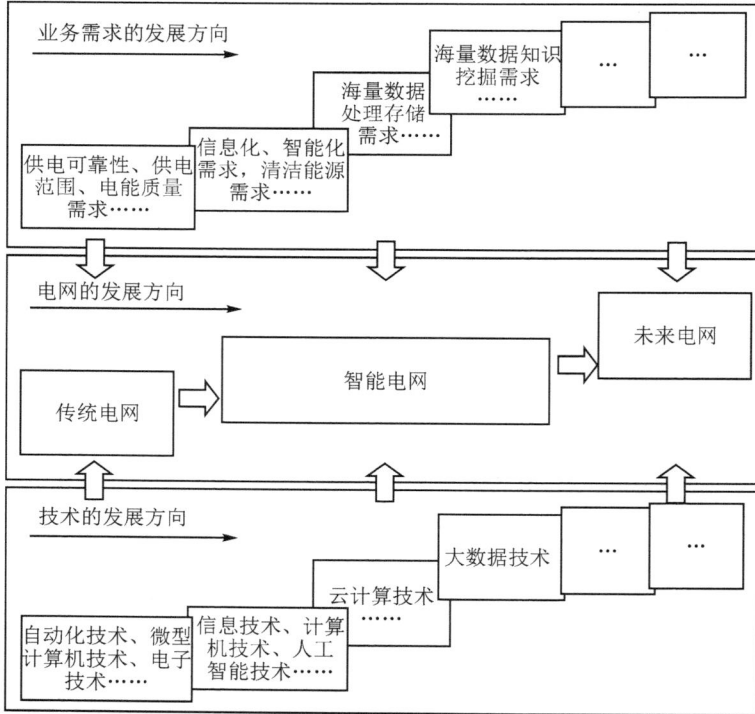

**图 1-12 智能电网、云计算、大数据技术的代际传承关系**

　　智能电网是信息技术、计算机技术、人工智能技术等在传统电网上应用沉淀的结果,满足电网信息化、智能化、清洁化等高层次的运营和管理需求,既是对传统电网的继承,也是对传统电网的发扬,所以其发展必然与新技术同步。来自于计算机和信息技术领域最前沿的云计算技术和大数据技术,正是其发展阶段技术层面和应用层面两个具有划时代意义的新技术。云计算技术中的分布式存储技术和并行计算技术,满足了电网海量数据的存储和计算需求,因此云计算技术推出不久,电力云的概念就提了出来,云计算技术在电力系统中的应用也逐渐呈现出百花齐放的态势,推动了智能电网的发展。大数据技术既是传统数据分析与挖掘技术的延续,也是数据量级增长到一定阶段时知识挖掘与业务应用需求的必然产物,因此大数据技术的大部分应用都以云计算的关键技术或者与云计算类似的分布式存储和处理技术为基础。电力大数据技术的发展从某种意义上讲,可以看作是云计算技术在智能电网中高级业务需求的实现过程。

## 1.4.2　电力大数据平台建设

　　电力大数据平台是大数据应用的基础和技术支撑,为大数据应用提供数据基础以及存储、计算、分析等能力,因此大数据平台是大数据应用真正落地的有力支撑。由于电力大数据应用与其他行业大数据应用的差异性,当前一些大数据平台并不能完全适用于电力行业,因此研究与开发电力大数据平台,以支撑电力大数据应用,显得非常必要且迫切。

**1. 电力大数据平台架构**

　　电力大数据平台需要采取灵活的分层架构,各层之间通过标准的接口进行衔接。由于工作任务(数据采集、数据清理、数据存储与处理、数据分析、数据解读、数据应用等)要按照工作流驱动的可灵活配置的方式执行,因此平台每层内部组件之间也需要通过标准的接口来实现集成。考虑到平台支持多种类型任务(在线、离线、流式、批量等),并且在线分析任务响应时间要求较高,因此平台的计算层需要使用多种计算模式(常规计算、分布式计算、流式计算、内存计算)的混合架构。平台架构设计包括应用架构、技术架构、数据架构等。

**(1) 应用架构**

　　大数据平台按照功能组件主要分为核心平台、数据服务、服务配置、运维支撑、自助分析、门户终端、安装部署等。电力大数据平台的应用架构如图 1-13 所示。

　　① 核心平台。主要实现对数据的采集、存储、处理、分析,包括数据采集、数据存储、传统及新型数据处理、算法模型、数据驱动的工作流等组件,是平台的核心部分。

　　② 数据服务。主要包括数据分析服务、数据挖掘服务、数据共享服务、数据交互服务等组件,是直接给大数据平台的数据分析用户提供服务或者给大数据应用提供接口的组件。

　　③ 服务配置。主要是对各类任务进行配置的组件,包括抽取—转换—加载(ETL)任务、离线任务、实时任务、分析任务的配置。

　　④ 运维支撑。主要实现对平台的管控及数据管控,包括平台管控组件和数据管控组件。

　　⑤ 自助分析。主要实现用户的自助分析,包括固态报表、多维分析、自助分析、仪表盘等组件。

　　⑥ 门户终端。主要是支持各类终端,包括桌面终端、移动终端、大屏幕终端的组件。

　　⑦ 安装部署。主要是对大数据平台安装部署支持的组件,包括模块安装、环境检测、基础配置等组件。

**(2) 技术架构**

　　电力大数据平台采用多层分层架构,利用当前大数据主流技术,保证平台的技术先进性。

**图 1 - 13　电力大数据平台的应用架构**

电力大数据平台的技术架构如图 1 - 14 所示。

① 采集层。平台要适配多源异构数据源,主要包括数据库、数据文件、实时数据流,实现对此 3 类数据的采集。日志采集框架采用 Flume,数据库抽取工具采用 Sqoop,文件数据处理工具采用 Kettle。

② 存储与处理层。传统数据仓库平台部分采用开源 MySQL 数据库或 Oracle 数据库。新型数据处理平台部分中,分布式存储采用 Hadoop 分布式文件系统(HDFS)、HBase、Hive、Kafka、MangoDB,资源管理采用 Yarn 框架,计算方面采用 Storm、MapReduce、Spark。

③ 服务层。数据分析集成 R - Studio,数据挖掘集成可视化分析挖掘工具和分布式算法,数据交互方面使用敏捷商业智能(BI)。

④ 展示层。采用 Web 浏览器,使用 HTML 及动态脚本语言,实现泛屏多终端的可视化呈现,包括桌面终端、移动终端、大屏终端等。

⑤ 工作流层。实现对各类型任务(ETL 任务、计算任务、分析挖掘任务)的统一组装和调度管理。

⑥ 平台管控层。采用开源组件来实现对平台各类集群的监控。

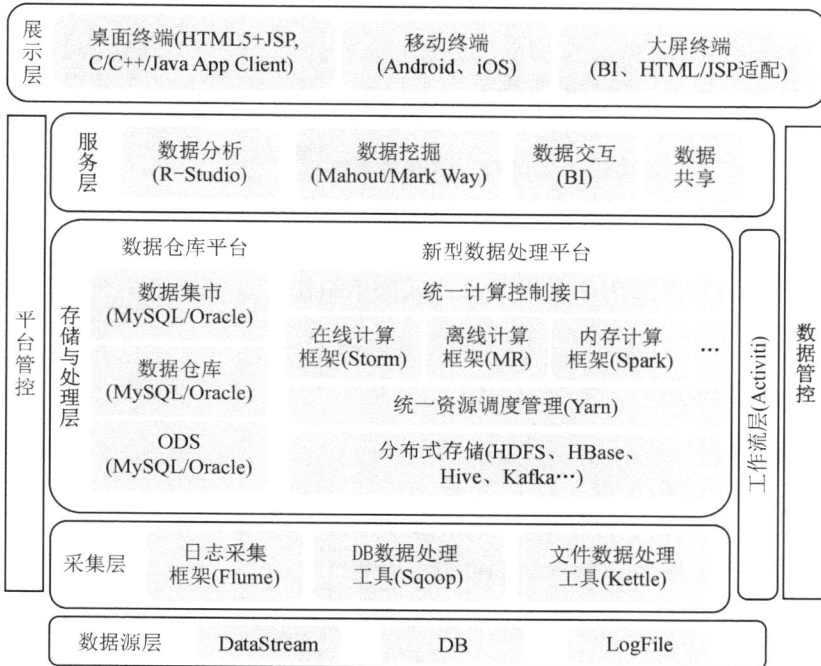

**图 1 - 14　电力大数据平台的技术架构**

## （3）数据架构

大数据平台数据以 IECCIM、SG - CIM 为标准，平台目前可存储处理电力系统中除数据采集与监视控制系统（SCADA）外的其他数据。电力大数据平台的数据流向如图 1 - 15 所示。

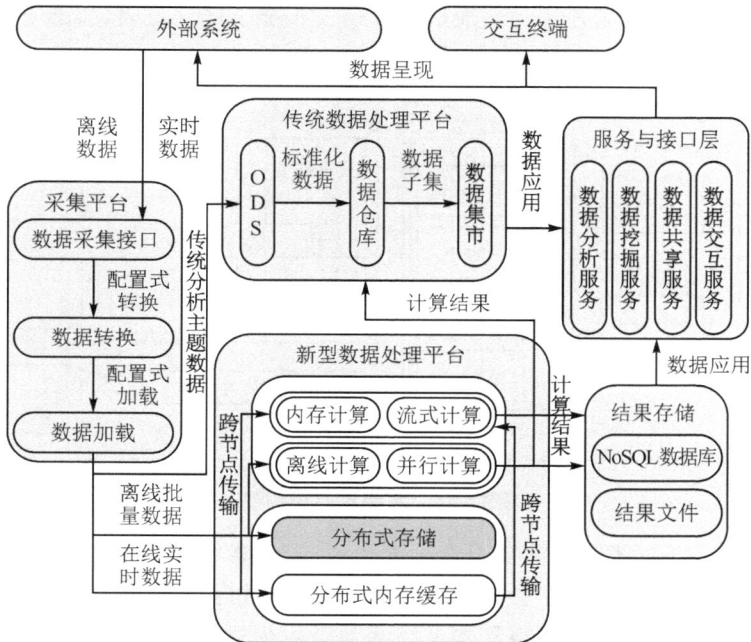

**图 1 - 15　电力大数据平台的数据流向**

① 数据从外部数据源中通过批量和实时采集,经过采集层 ETL 过程,进入传统数据处理平台或者新型数据处理平台。

② 在传统数据处理平台和新型数据处理平台中,对数据进行存储和处理。新型数据处理平台具有对数据的海量计算及分析挖掘能力,计算结果可进入传统数据处理平台的数据集市,也可以直接以文件形式输出或存入 NoSQL 数据库。

③ 服务与接口层通过从数据仓库或结果文件、NoSQL 数据中加载数据,实现数据分析挖掘。

④ 服务与接口层数据分析结果以网页方式展示给用户或者以接口调用输出数据方式返回给调用者。

## 2．电力大数据采集

电网数据大致分为三类:

① 电力企业生产数据,如主变容量、负载率、装机容量、发电利用小时数等数据。

② 电力企业运营数据,如阶梯电价、用电客户、全社会用电量等数据。

③ 电力企业管理数据,如 ERP、协同办公等数据。

电网数据,尤其是生产数据大多来自于分布在各处的现场采集装置,具有数据质量差、种类混杂、类型不一致的特点。

外部数据的来源更多,包括国民经济、宏观政策、法律法规、气象、地理、水文等对电力生产、运营和管理可能产生直接或间接影响的各个方面。外部数据源的统计口径多样,一些数据例如国家政策无法直接参与建模,在数据的收集和使用方面存在诸多挑战。

以下介绍面向电力大数据的异构数据混合采集系统。

### （1）系统逻辑架构

系统由数据接口层、数据采集与转换层和数据发布层三部分组成,如图 1 - 16 所示。

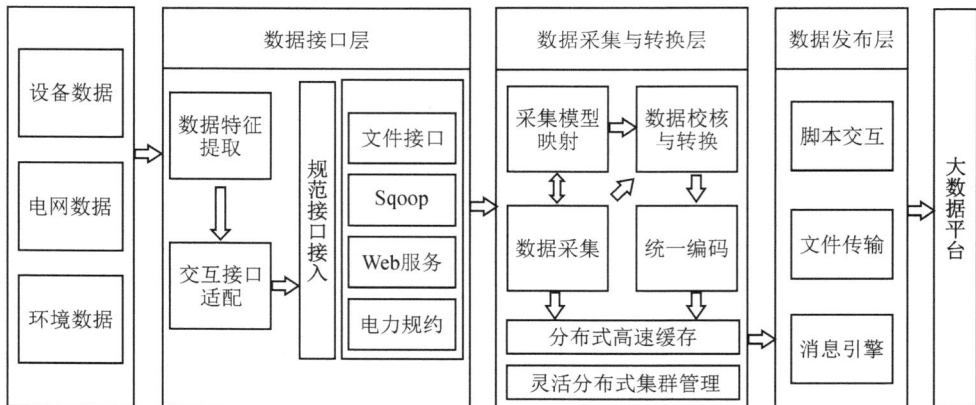

**图 1 - 16　系统逻辑架构图**

数据接口解决了不同类型采集数据接入方式的问题,数据经过特征提取识别数据格式和交互方式,适配对应的交互接口。数据采集基于大数据分布式集成技术,形成一个在线分布式的采集平台,基于灵活分布式集群将异构系统的多源数据进行统一采集。数据校核与转换基于分布式的内存数据库技术,实现了采集数据的高速刷新和处理。多样化的数据校核和转换,把数据集大规模操作分发给网络上的每个节点,实现海量数据处理的实时性和可靠性。引入电力对象注册中心作为全局对象的统一管理设施。数据发布基于高速实时总线技术,提供海量实时数据的消息总线,实现数据集的实时交换和发布。

**(2) 系统存储架构**

系统采集的数据最终提交给大数据平台,存储于 HDFS 分布式存储、HBase、Hive 数据库中。分类数据对应的存储模式如图 1-17 所示。

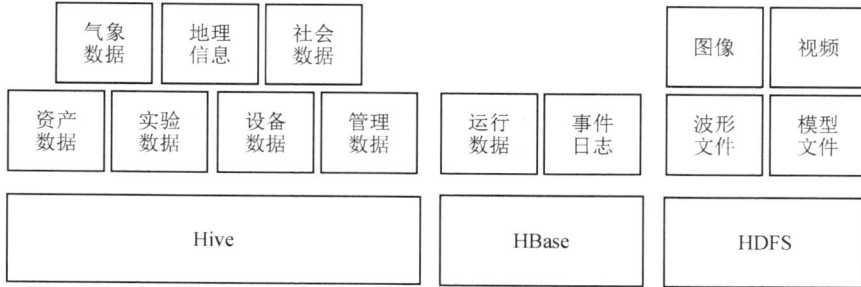

**图 1-17　系统数据存储架构图**

结构化数据分为两种:一种是周期获取的非实时类数据,比如资产数据、实验数据、设备数据、管理数据、气象数据、地理信息和社会数据,此类数据具有固定的表结构,通常用 SQL 查询,存放在 Hive 数据库中;另一种是实时数据,比如电网运行数据,采集速率在毫秒级和秒级,事件日志类数据突发性强,此类数据对数据吞吐性能要求较高,且访问方式较为单一,一般按时间序列和对象 ID 查询,采用键值对方式存放在 HBase 数据库中。半结构化数据,如波形文件、模型文件和非结构化数据以文件形式存放在 HDFS 分布式存储中。非实时类结构化数据通过 Sqoop 脚本定时从源系统增量抽取到 Hive 数据库中;实时类结构化数据由源系统发布到 Kafka 总线的实时数据主题中,采集端通过订阅相关主题数据存储到 HBase 库中。半结构化数据与非结构化数据通过文件传输协议存储到 HDFS 文件系统的按照文件类别和时间分类的目录中。

**(3) 系统部署架构**

系统采用 PC 服务器和虚拟化技术部署,主体功能部署在生产管理区,需要与互联网交互的功能,如互联网上社会数据的获取、气象台预报数据的获取等部署在 DMZ 区。系统部署架构如图 1-18 所示。

前端采集集群负责与其他业务系统交互,采集各类数据,其中互联网数据需要通过 DMZ 区的互联网采集代理获取并缓存数据,再由前端采集集群发起二次采集;数据转换集群负责采集数据的校验、转换和编码;最后,由数据发布集群按照数据类型特征将数据存储到大数据平台的 Hive、HBase 和 HDFS 中。系统与外部业务系统间通过生产管理大区的综合数据网交互;系统与互联网之间的数据采集通过 DMZ 区防火墙交互,数据交互只能由采集集群发起单向数据获取,从而保证内部系统与外部环境的安全隔离。

拥有以上架构的数据采集系统,即可实现以下功能:① 异构数据源的混合接入和集群管理;② 采集数据的高速缓存与刷新;③ 海量采集数据的数据质量校验与转化;④ 采集数据的统一编码、实时交换和数据接入情况的监视。

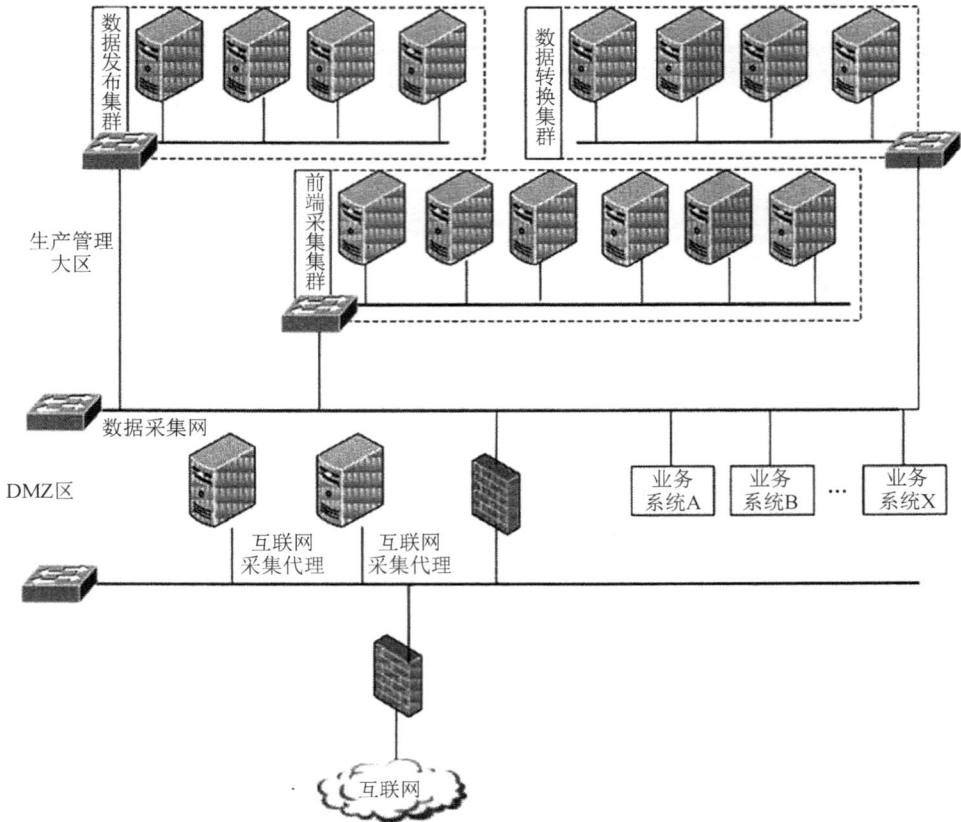

**图 1-18 系统部署架构图**

## 3. 电力大数据计算

电力大数据的数据处理技术包括分布式计算技术、内存计算技术、流处理技术等，这 3 种技术适用的对象和解决的主要问题如图 1-19 所示。分布式计算技术是为了解决大规模数据的分布式存储与处理问题。内存计算技术是为了解决数据的高效读取和处理在线的实时计算问题。流处理技术则是为了处理实时到达的、速度和规模不受控制的数据。

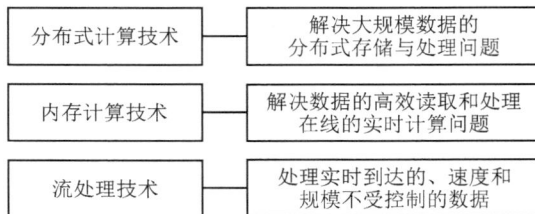

**图 1-19 大数据处理技术适用的对象和解决的主要问题**

分布式计算是一种新的计算方式，研究如何将一个需要强大计算能力才能解决的问题分解为许多小的部分，然后再将这些部分分给多个计算机处理，最后把结果综合起来得到最终结果。分布式技术适用于电力系统信息采集领域的大规模分散数据源。

内存计算技术是将数据全部放在内层中进行操作的计算技术,该技术克服了对磁盘读/写操作时的大量时间消耗,计算速度得到几个数量级的大幅提升。内层计算技术伴随着大数据浪潮的来临和内存价格的下降得到快速的发展和广泛的应用,EMC、甲骨文公司、SAT 都推出了内存计算的解决方案,将客户以前需要以天作为时间计算单位的业务降低为以秒作为时间计算单位,解决了大数据实时分析和知识挖掘的难题。

流处理的处理模型是将源源不断的数据组视为流,当新的数据到来时就立即处理并返回结果,其基本理念是数据的价值会随着时间的流逝而不断减少,因此应尽可能快地对最新的数据做出分析并给出结果。其应用场景主要有网页点击的实时统计、传感器网络、金融中的高频交易等。随着电力事业的发展,电力系统数据量不断增长,对实时性的要求也越来越高,将数据流技术应用于电力系统可以为决策者提供即时依据,满足实时在线分析的需求。

### 4. 电力大数据存储

电力大数据的存储是电力大数据分析使用的基础,对这些数据的存储不仅要求可以产生包括报表、曲线分析图、柱状分析图、饼状分析图等,还要求为集数据获取、数据挖掘、数据展示、数据管理、数据告警、数据共享、数据安全于一体的电力数据综合查询分析工具提供数据基础和支撑。电力大数据存储架构如图 1-20 所示。

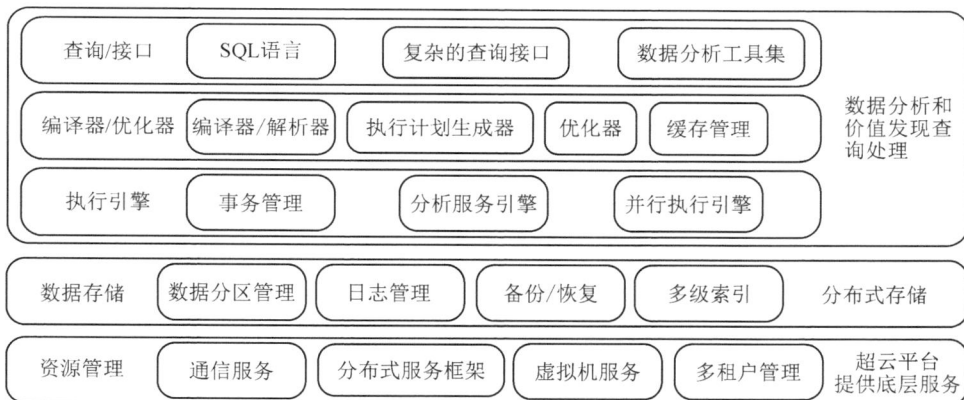

图 1-20　电力大数据存储架构

**(1) 基于缓存的性能提升**

对于电力大数据的处理性能提升可以设置一个缓冲层,鉴于相邻操作的数据会存在某种内容上的关联甚至是子集的关系,故将本次操作的数据存储于缓冲层中,下次操作可直接从缓冲层中提取数据,极大地提高了处理效率,较好地解决了高并发读/写对技术方案选择造成的矛盾。

**(2) 面向电力大数据的存储系统自优化技术**

面向电力大数据的存储系统自优化技术主要包括两方面:一是面向电力大数据的存储系统配置自优化技术,是研究异构分布式存储跨层配置降维机制和应用感知的多节点协同配置优化技术,设计自适应的动态采样自优化算法;二是面向电力大数据的存储节点自调节技术,是研究面向电力大数据的分布式存储系统中存储技术和架构的优化问题,实现存储系统节点数据的自调节算法,使得节点数据的均衡分布以及新增节点的优化部署等问题得到解决。

在面向电力大数据的存储系统中,构建大数据的索引结构可以使得一些常见操作执行代价更低。因此要研究电网大数据特征与各类检索对查询系统体系逻辑结构的需求,进而构建适应电力大数据特征的索引体系结构。

### 5. 电力大数据分析

电力大数据分析需要特殊的技术,以有效地处理时间不同步、类型多元、空间上混杂着半结构化与非结构化的海量数据。适用于大数据分析的技术,包括大规模并行处理(MPP)数据库、数据挖掘、分布式文件系统、分布式数据库、云计算平台、互联网、可扩展的存储系统等。

大数据的分析处理过程如图 1-21 所示,主要分为大数据采集、大数据导入/预处理、大数据统计/分析、大数据挖掘等步骤。

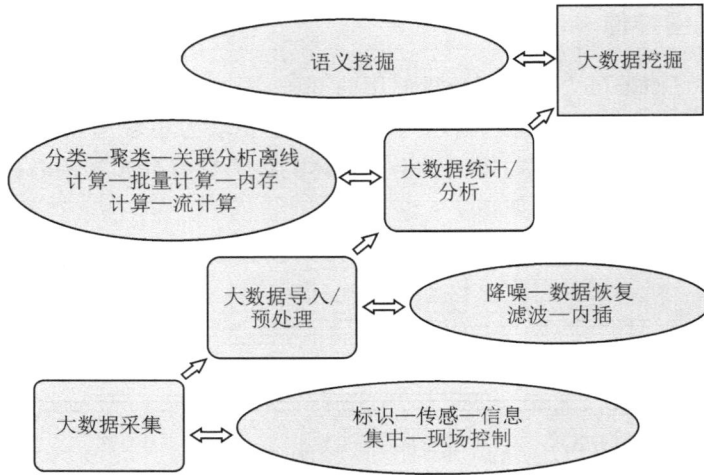

**图 1-21　大数据的分析处理过程**

要挖掘电力大数据的大价值必然要对大数据进行统计与分析。大数据统计和分析的具体技术包括分类、聚类、关联等,按照处理的时间特性可以分为离线计算、在线计算、批量计算和流计算等。

在大数据分析中,经常需要对数据进行分类。大数据分类所采用的算法包括邻近算法、SVM 支持向量机、Boost 树分类、贝叶斯分类、神经网络、随机森林分类等,分类算法中可以融合模糊理论以提高分类性能。聚类可以理解为无监督的分类,主要使用 $k$-Means 等算法。关联分析是数据分析的主要方法之一,主要基于支持度和置信度挖掘对象之间的关联关系,基本算法包括 Apriori 和 FP-Growth 等算法。为了适应大数据的特点,Mahout 使用并行计算实现数据挖掘算法,大大减少了计算时延。

从机器学习和多层神经网络演化而来的深度学习是当前大数据处理和分析方法的研究前沿。

## 1.4.3　电力大数据决策支撑

### 1. 电力大数据决策应用方向

电力行业数据量大、类型多、价值高,对于电力企业盈利与控制水平的提升有很高的价值。

目前电力大数据的数据决策围绕以下几个方面开展：

① 通过宏观经济运行数据，开展电力供需预测，提升电网企业负荷预测的准确性。

② 通过电力企业大量历史统计数据，研究建立企业经营管理模型，提升电网企业计划编制的科学性和准确性。

③ 通过使用电力企业庞大的历史销量数据，进行用户用电行为分析和用户市场细分，使管理者能有针对性地优化营销组织，改善服务模式。

④ 挖掘用户用电与电价、天气、交通等因素所隐藏的关系，完善用户用电需求预测模型，进而为各级决策者提供多维、直观、全面、深入的预测数据，主动把握市场动态。

⑤ 通过为电力基础设施布置传感器的方式，动态监控设施运行状况，并基于大数据分析挖掘理念和可视化展现技术手段，采用并集成了在线检测、视频监控、应急指挥、检修查询等功能，帮助电力公司有效识别预警即将发生故障的设备。

⑥ 整合电力行业生产、运营、销售、管理的数据，实现电力发电、输电、变电、配电、用电、调度全环节数据共享，用电需求预测驱动优化资源配置，协调电力生产、运维、销售的管理，提升生产效率和资源利用率。

⑦ 利用电力行业数据可给用户提供更加丰富的增值服务。例如，通过给用户提供其各月份分时明细用电视图，可让用户了解自身用电习惯并能根据需要进行调整，同时也使得电力收费过程更透明。随着无线传感器和大数据分析的普及，智能恒温控制器等新型工具进入大型楼房和普通消费者家庭成为可能，未来这些技术将给用户带来很大的节能空间。

⑧ 根据大数据理论，将人口调查信息、用户实时用电信息，以及地理、气象等信息全部整合，可以设计一种"电力地图"。该图以街区为单位，可以反映各时刻的用电量，并可将用电量与人的平均收入、房屋建筑类型等信息进行比照。通过完善"电力地图"，能更准确地反映该区经济状况及各群体的行为习惯，以辅助投资者进行决策，也可为城市规划和电网规划提供基础依据。

## 2. 电力大数据决策的关键路径及方法

经研究发现，在国内外先进企业中，已经开始对数据进行深入挖掘与分析，并且已形成了一套比较成熟的路线图与方法论。运用这套方法论，企业能充分而快速地利用现在成熟的软件工具，唤醒企业内部沉睡的数据，与外部数据交互。

### (1) 实现电力企业内部数据整合

由于企业内部业务流程、业务模式并不是完全标准化的数据，这就要求企业做到标准化数据与非标准化数据的整合，实现经营业绩、业务模式、用户行为、员工管理这四个方面数据化，便于企业数据的统一管理。经过研究分析，使用云平台技术是重构传统应用的一种先进技术手段。

### (2) 建立大数据平台，实现内外数据整合

在实现企业内部数据整合后，企业应做到在不改变系统架构的前提下实现内外应用集成与数据整合，并能够与第三方外部系统交互，这需要搭建统一的数据平台，能够同时采集内部及外部的信息，并通过整合分析，输出决策应用数据。该过程中由于企业内部数据整合情况限制，企业可以根据自身情况有限选择第三方大数据服务。

### (3) 建立分析模型，实现内外部数据的处理与分析

实现内外部数据整合后，还需要考虑建立分析模型。分析模型是企业利用数据的重要手段。要想获得有价值的数据，必须有适当的、科学的分析模型。因此企业在数据利用过程中，

要不断地对分析模型进行优化完善。

**（4）从感知层到应用层，建设电力物联网大数据分析是关键**

感知层是电力物联网建设的基础，要通过对设备状态监测等感知链接方面进行大量的研究，准确获取电力设备数据、反馈设备所处环境，全面感知电网运行状态。在有了庞大、全面的数据量的基础上，如何将数据化为己用，实现"三型两网"能源互联网企业对内、对外业务的落地，是现阶段电力物联网建设的核心关键，即要做好数据分析处理、数据挖掘，让数据价值最大化、最优化，才能更好地支撑应用层。

大数据分析处理可以挖掘出许多用户价值：

① 信息价值。包括能耗能效信息及时获取、预警告警信息及时发布等。

② 分析价值。包括能耗能效数据多方位分析获取、专家级分析诊断支持等。

③ 效率价值。包括设备/系统能效提升、能效管理效率提升等。

④ 用能价值。包括降低能耗/节约成本、用能分析等。

# 1.5　边缘计算技术

## 1.5.1　边缘计算的概念及架构

边缘计算（EC）是在靠近人、物或数据源头的一侧，通过融合网络、计算、存储、应用核心能力的新的网络架构和开放平台，就近提供最近端服务。其应用程序在边缘侧发起，故能产生更快的网络服务响应，满足行业数字化在敏捷连接、实时业务、数据优化、应用智能、安全与隐私保护等方面的基本需求。边缘计算处于物理实体和工业连接之间，或处于物理实体的顶端。

边缘计算是一种近运算的概念，将运算更靠近数据源所在的本地区网，尽可能地避免将数据回传到云端，减少数据往返云端的等待时间和网络成本。边缘计算将密集型计算任务迁移到附近的网络边缘服务器，降低核心网和传输网的拥塞与负担，减轻网络带宽压力，实现较低时延，同时能够快速响应用户请求并提升服务质量。

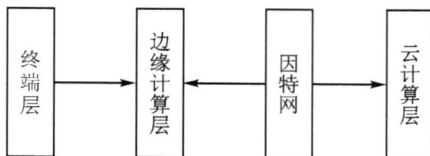

**图 1 - 22　边缘计算网络结构**

在现有的研究中，一般将边缘计算的体系架构从网络中央到网络边缘分为 3 层：云计算层、边缘计算层和终端层，如图 1 - 22 所示。不同层之间一般根据其计算和存储能力进行划分，终端层、边缘计算层和云计算层三者的计算和存储能力依次增加。为了实现层内和跨层通信，可以采用各种通信技术将每个实体连接起来，包括有线通信（如以太网、光纤）、无线通信（如蓝牙、LTE、ZigBee、NFC、WiFi、卫星链路）或两种技术的结合。边缘计算通过引入位于终端设备和云之间的边缘层，将云服务扩展到网络边缘。

雾计算也属于边缘计算的范畴。通过雾计算，许多物联网应用的服务交付时延将在很大程度上降至最低。边缘计算用于弥补云计算大数据分析过程的时延性、周期长、网络耗能严重等缺陷，通过与云计算配合，为用户提供更加全面的计算存储服务，从而满足智能电网、智慧交通、软件定义网络、智慧医疗、智慧车联网等领域在动态连接、实时业务、数字优化、应用智能、安全与隐私保护等方面的需求。

## 1.5.2　边缘计算的使能技术

边缘计算的使能技术主要包括 3 个方面:云与虚拟化、大容量服务器、启用应用程序和服务生态系统。

### 1. 云与虚拟化

硬件和软件的分离,以及基于云的解决方案的实现,在过去的 10 年中改变了 IT 行业。这种转变通过使用监管程序,使得 APP、软件平台与下层的硬件资源成功解耦。在一个平台上,我们可以部署多个虚拟机,让它们以一定受控的、灵活的方式来共享硬件资源。云解决方案就是利用了这些技术,按需提供计算和存储资源,在网络和服务部署方面更加具有灵活性。目前,云和虚拟化技术已经在电信云和网络功能虚拟化中有所应用,它们正在改变通信行业以及过去 IT 产业转型的方式,同时也是边缘计算的关键技术。

### 2. 大容量服务器

由于边缘计算就是将集中式的云计算搬移到了网络边缘处,所以边缘计算对服务器性能的依赖仍然是不能忽视的。高容量的 IT 硬件可以促进边缘计算的商业成功,比如大容量的服务器、大容量的存储、多核中央处理器、图形处理器、交换机等,这些可以保证服务器工作的高效与稳定。因为未来在网络边缘侧的数据量可以达到 ZB 级别,所以这对服务器的硬件要求是非常高的。

### 3. 启用应用程序和服务生态系统

如果说云和虚拟化技术以及对服务器性能的依赖都是边缘计算的硬要求,那么要想让整个边缘计算产业链更加繁荣,则需要供应商开发并引入市场创新和突破性的软件、服务和应用程序。边缘计算毕竟只是一个部署在网络边缘的面向用户的平台,任何功能的实现都离不开 APP 的开放和创新业务的部署。使用开放标准和 API,以及人们熟悉的编程模型、相关的工具链和软件开发工具包,是鼓励和加快开发新前沿应用程序或适应现有应用程序的关键。

## 1.5.3　边缘计算的应用场景

### 1. 定位技术

通过运行在移动边缘计算(MEC)平台上的全球定位系统或者第三方定位技术来获取人或物体的位置,然后如有必要,再返回到核心网侧。这种布置在本地的定位功能,对于零售商、场馆、球场、校园或者特定地区非常有效,首先是因为位置反馈非常迅速,其次精度也得到了保证。

### 2. 视频分析

以监控为例,目前摄像头的使用非常广泛,在停车场、交通要道、住宅小区、校园中基本都能实现无缝对接和无死角监控。随着部署的摄像头数目的增加以及摄像头所拍摄的视频质量的提升,监控视频的数据量也在逐渐提升。如果把如此庞大的视频数据都经核心网回传至集中云平台进行视频分析和处理,往返时延将非常大。但因为摄像头自身设计尺寸等原因的限制,在摄像机内部来部署智能分析工具的难度又会非常大。因此,比较好的解决办法就是在本地 MEC 平台部署视频分析功能。某区域内的摄像头可将其录制的监控视频上传至 MEC 平台,经过视频分析处理后,获得的结果可以随时调取并回传至核心网。

### 3. 内容优化与缓存

内容优化指的是根据网络提供的信息,比如小区 ID、小区负载、链路质量、数据吞吐率等,对内容进行动态的优化,以提升 QoE 和网络效率。而视频缓存,则指的是在终端请求视频播放时,该资源可能存于本地 MEC 平台,这样再播放时就是从本地下载视频资源,节省了带宽和经过核心网处理的时间。这种视频缓存功能,对于那些热播电视剧、热播电影以及最近的综艺节目的播放与观看有很大的帮助。同时,该模型也比较适用于大学城、居民区或者热点商圈这种人流密集、对视频播放请求量比较大的地区。

### 4. 电力需求响应业务

随着售电侧放开以及智能用电业务的推广,需求侧大量的终端设备接入电网并参与互动。目前电力需求响应业务是普遍公认的发展最为迅速的一项智能电网业务。智能电网用户接口领域 IEC 62939,是目前依照 ISO/IEC 开放系统互连基本参考模型(ISO/IEC 7498-1)的标准化原则所构建的唯一可参照的标准,其设计思想与欧洲智能电网架构模型保持高度一致,将智能电网用户接口业务划分为功能层、信息层、通信层和基础平台层 4 个层次,如图 1-23 所示。边缘计算在需求响应业务中的应用,需要重点解决需求侧资源、负荷聚合商参与电网互动过程中的接口服务、信息模型以及对应的协议映射问题。

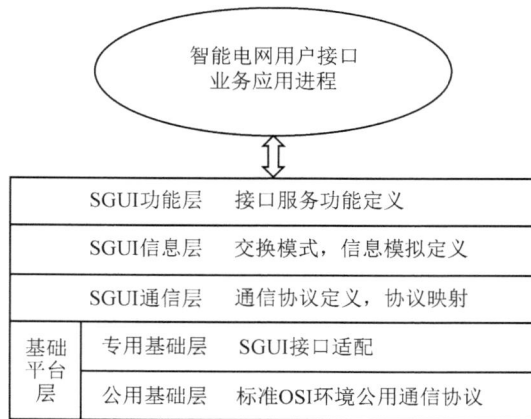

图 1-23　智能电网用户接口交互体系架构

# 1.5.4　边缘计算技术发展带来的影响

如果配用电网络脱网,阻塞了信息传递,则容易造成电力故障,并影响生产应用。边缘计算模型可以有效解决部分脱网运行难题,即从本地功能实现上保障有效性。通过边缘计算,实现对本地化信息的就地处理,不依赖基站等对主站连通处理,提高了效率和健壮性。

边缘计算技术的引入可以重新定义云、管、端之间的关系,在端侧部署边缘计算平台,就地实现实时高效的轻量级数据处理,并与新一代配电自动化云主站进行网络、数据、业务等方面的协同,实现配电台区自治。

# 第 2 章　电力物联网信息安全

电力系统是国家能源供应的重要系统之一,与社会经济及人民生活息息相关,这就要求其具有极高的安全性。电力物联网的核心价值在于电力系统中对海量数据的分析应用,感知层所采集的数据必须通过网络层通信传输至统一平台,进而在统一的物联网平台上实现对数据的处理分析,然后平台根据分析结果将相应的控制命令下达至电力设备。整个过程中,信息流通于物联网体系架构的各层,各层都存在着一定的信息安全风险,因此保障电力物联网信息安全是至关重要的。

## 2.1　电力物联网信息安全概述

物联网作为网络空间的重要组成部分,随着信息技术的不断创新和对物联网架构的深入研究,物联网技术及其产业发展相当迅猛,从生产制造、能源化工、通信传输到物流输送,其被广泛应用于关系到国计民生的各个行业和领域。随着物联网技术的兴起和新型基础设施建设的加速推进,物联网的建设进度不断加快,这就带来了一系列安全风险,其安全问题正在受到前所未有的重视。电力行业是我国的基础能源产业,关系国计民生,对物联网技术应用具有十分迫切的需求。物联网技术的大量应用,为电力行业发展带来更多效益,但是也带来了信息安全的问题。物联网涉及个人信息安全、人民生命财产安全、社会公共安全、工业安全、政府部门信息安全、社会维稳等各个方面,对物联网安全问题进行探讨,是保障物联网发展的前提。

从目前业界的应用情况来看,物联网遭受安全风险威胁的事件屡有发生,例如:

**(1) 西班牙智能电能表被曝漏洞,存在大面积停电的风险**

2014 年,西班牙智能电能表被曝存在严重的安全漏洞,对西班牙千家万户造成巨大的安全隐患,电力网络时刻面临着入侵风险,影响范围非常大。此次事件中,黑客利用该安全漏洞,通过编程手段恶意控制智能电能表,可实施电能量计费欺诈,甚至关闭电路系统,操控整个电力系统,制造大面积停电事故,诱发严重后果,造成社会恐慌和巨大的经济损失。引起该安全问题的原因主要在于电能表运作期间,电能表内部系统安全防护能力较弱,黑客可轻易获取系统的安全凭证,实现对整个电力系统的入侵与控制,对电网经济和社会安定造成巨大影响。

**(2) Mirai 病毒攻击物联网设备导致 DDoS 攻击事件**

2016 年,美国东海岸发生了大面积断网事件,造成包括 Twitter、Netflix、CNN 等上百家网站无法被正常访问,事件成因是美国最主要的 DNS 服务商 Dyn 的服务器遭到大规模的分布式拒绝服务攻击(DDoS)。此次 DDoS 攻击主要针对物联网设备,超过 1 000 万个 IP 来源被一种称为 Mirai 的病毒控制,成为被攻击者控制的"僵尸节点"。这些节点中大部分为路由器、DVR 或者 WebIP 摄像机、Linux 服务器,以及运行 Busybox 的物联网设备。

**(3) 央视曝光我国存在大量智能摄像头被入侵监控的行为**

2017 年,央视报道我国存在大规模的智能摄像头非法入侵问题,设备的 IP 地址、账号和密码通过扫描软件可被入侵者轻松控制。在摄像头被控制的情况下,用户安全隐私存在可能全部暴露在网络上的风险。事件曝光后,国家质量监督检验检疫总局针对智能摄像头的非法入侵问题发布了相关的安全风险警示,送检的智能摄像头样本中,80％的样本存在质量安全风险,不合格的智能摄像头可导致用户个人信息泄露,甚至引起恶意控制智能摄像头等非法事件,危及人身安全和社会安全。摄像头是物联网终端中非常重要的组成部分,数量庞大,同时也是最容易被黑客攻击的目标,其安全威胁应引起足够的重视。

以上安全事件表明,通过入侵并控制物联网设备,就可发起大规模的拒绝服务攻击,危害物联网、互联网及社会公共安全。保障物联网安全,是保障物联网发展的重要前提,没有安全保障,物联网系统的建设将伴随着极高的信息安全风险。

物联网经过多年的发展,已经进入多行业落地阶段,物联网安全建设也随之开展,为引导物联网产业健康发展,国家将出台一系列法律法规、标准规范。与传统信息系统和计算机网络安全一样,安全保护技术的目的不是完全杜绝攻击事件,也无法做到完全杜绝黑客攻击,其安全防护的目的在于提高网络攻击的成本,减少攻击事件带来的损失。

# 2.1.1　物联网数据安全机制

物联网系统的应用可以实现高层次的数据共享。但这种共享需要通过物联网中间件使不同的子系统之间可以进行通信和实现数据交互。上述的数据共享是通过一套完整的物联网架构来实现的,在感知层中通过一系列传感器来采集实际环境中的各类参数和数据,成为整个系统的数据来源。然后这些采集到的数据经过不同的传输媒介被送到上层节点进行进一步处理。上述中任意一个环节都会造成整个系统面临严重的安全威胁,尤其是在数据传输过程和实际的应用处理中,容易受到来自不同方的各种各样的攻击。

数据带来的安全风险可以从感知层、网络层、应用层来对应分析。在数据感知层中,采用了大量的传感器、终端采集设备、识别设备,而且感知层中使用到的设备数量非常多,这给用户带来很高的应用成本和维护成本。除此之外,感知层的设备相对功能较为单一,通常计算资源是受限的,这也使得攻击者进行攻击变得相对简单,攻击者攻击成功后,可以对设备的参数、数据进行恶意的篡改和截取。其中常见的攻击包括对设备进行监听、拒绝服务攻击、注入恶意数据攻击。更糟糕的是,只要有一个节点受到攻击,整个网络中的节点都可能被感染,进而导致整个物联网系统被攻陷。

网络层中包含了多种不同的通信协议,但是数据协议本身是可以被破解的,因此攻击者一旦破解了对应的通信协议,对数据的篡改、注入将变得得心应手。也正是因为通信协议没有形成统一的规范,不同的设备会使用不同的数据格式,因此在部署一些安全机制时将变得异常困难,进而这些协议的安全性难以得到保证。在最糟糕的情况下,一些数据完全暴露在网络中,数据一旦被截取就可以轻松地辨认出来。在该层中最容易出现的是拒绝服务攻击、嗅探攻击、中间人攻击、重放攻击。这些攻击都会对数据安全产生极大的影响,进而影响整个物联网系统的安全。

应用层主要为整个物联网系统提供一个包含计算和存储的平台,对收集的数据进行相应的分析和处理。该层的安全威胁主要是由于软件和固件中的漏洞所引入的,攻击者可以远程利用这些漏洞建立代码注入攻击、缓冲溢出、钓鱼攻击、基于控制访问的攻击等一系列攻击。利用这些攻击,可以轻易地获取从底层收集上来的敏感数据。除此之外,这些攻击还可以影响正常的系统行为。

## 2.1.2　物联网隐私安全机制

隐私安全是物联网安全中一个重要的属性。例如,可穿戴设备和一些随身的医疗设备,这些设备上的程序依赖于这些设备从人身上采集的数据,人体也成为数据源。从设备上收集的数据通常会被上传到云端或传递给其他设备,如手机。收集到的信息的类型是非常丰富的,这些数据中包含了如位置、时间、上下文等信息,可以用来推断用户的生活习惯、行为方式和个人爱好。另外,与定位相关的地图软件可以记录使用者的行踪。物联网设备很可能在未经使用者同意的情况下收集大量个人资料。

物联网设备生产商和远程入侵者能够窃取用户的隐私信息,其中智能家庭中的物联网设备可以全天候地采集用户的信息,用户难以发现自己的个人信息已经被泄露;而且,物联网是互联的,因此用户资料可能是全球共享的,在这种情况下,用户根本无能为力。物联网系统中可以联网的设备数量越来越多,基于物物互联的特性,一旦一个设备受到攻击,将会导致互联的其他设备也会受到攻击。如果物联网设备中存在漏洞,攻击者便可以运用这些漏洞发动阻断服务攻击,而这些物联网设备有可能直接汇集个人资料,导致物联网设备的安全性降低,个人隐私受到攻击的可能性也会变大。

隐私保护不同于数据保护,隐私保护认为数据访问是公开的,其核心是保护隐私数据与个人之间的对应关系,使得数据不能被对应到特定的人身上。目前,隐私保护的主要安全机制包括以下两点。

**(1) 发布匿名保护技术**

数据表中的属性通常分为标识符、准码和隐私属性三大类。标识符直接表示个人身份,如身份证号、社会保险号等;准码具有可以与其他表进行连接的属性。在发布数据时通常会删除标识符来保证数据不能对应到特定人身上,但即便如此,攻击者也还可以通过准码与其拥有的其他数据资源进行连接,从而标识个人。抽象和压缩是最早也是最广泛使用的匿名化技术,将数据表中可能会被用作准码的属性使用概括值来代替,如年龄值“23,26”抽象成区间[20,29]来代替,生日具体的“年/月/日”压缩成“年/月”来代替,使用泛化值来代替具体值,减少信息的可用性来保证隐私的安全。对于一些非数值型数据使用聚类和划分、扰乱和添加噪声等技术来实现匿名化。

**(2) 数字水印技术**

在一些场景中,信息所有者需要能够看到其隐私数据,并且保证其他人不能获取隐私内容,这就需要数字水印技术。数字水印技术不同于加密技术和访问控制,数字水印技术可以保证只有信息的拥有者才能获取数据内容。

这里所提及的数据水印技术通常是把数据中所包含的标识信息以某种方式嵌入其中,有效规避数据攻击者对水印所产生的影响,同时也可以将数据库指纹信息按照一定的格式录入到水印当中,这样就可以准确地判别出是信息的所有者还是被分发的对象,从而实现对用户信息的有效保护。

## 2.1.3　物联网异构设备的安全互联

物联网系统的核心功能之一就是实现异构设备的协议转换和互联互通。因此,如何确保异构设备连接的安全性,是物联网安全机制的一个重要方面。

异构设备的安全连接需要考虑以下关键问题：

① 是否有合理的网络参考模型,是否对现有的系统做大的改动,如协议栈、接入的功能设备、拓扑结构等;

② 各个异构设备不同的网络通信技术和数据格式实现异构网络融合,如何在各异构网络之间建立信任关系;

③ 大量异构设备终端接入异构网络中,考虑相应的身份信息核实、接入访问控制、服务权限确认等;

④ 异构设备之间传输数据的保密、完整性保护、数据源验证、密钥协商交换等;

⑤ 动态异构设备在异构互联网络切换时带来的安全问题,如漫游、切换过程中的设备切除接入控制、认证切换等。

物联网系统的异构设备安全连接体系结构如图 2-1 所示,由管理模块、安全接入模块、外部安全支撑模块、执行模块 4 个部分构成。

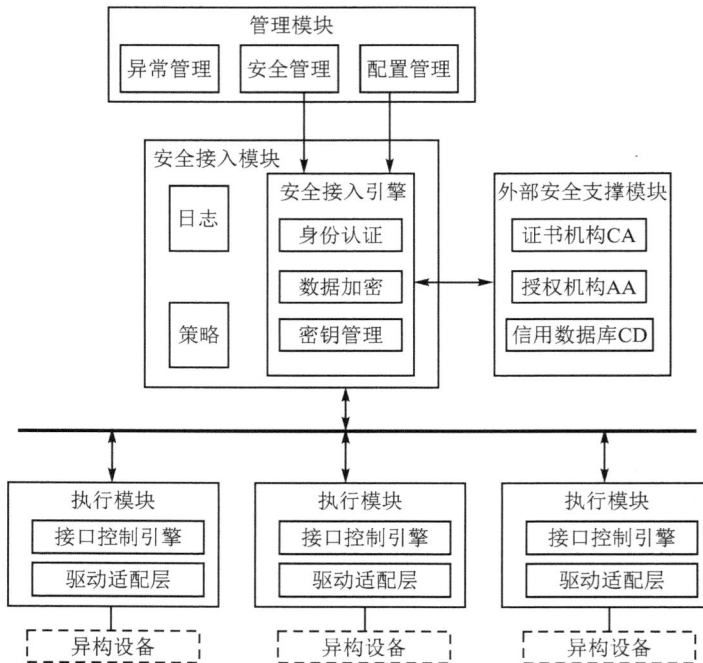

图 2-1　异构设备安全连接体系结构

**(1) 安全接入模块**

安全接入模块是异构设备安全互联的核心模块,主要功能是接收管理系统命令,调用正确的身份认证模块,经过和执行模块的交互,完成异构设备接入认证过程,主要包括以下子模块。

身份认证:该子模块包含加载完毕的认证模块,接收管理模块调度指令,选择合适的认证模块激活,保存所需的各种协议认证数据。利用激活的认证方案,实现身份证书的鉴别判定,每种网络认证方法都对应各自独立的身份认证模块。

数据加密:该子模块完成原始数据的加密、解密功能。利用对称密钥、非对称密钥、哈希散列运算等加密算法,将各个异构设备采集反馈的数据进行处理,以保证通信的保密性。

密钥管理:实现异构设备通信模块和接入物联网系统的密钥协商功能,针对每种通信协议设计不同的密钥及管理方法。

日志：良好的日志管理是实现异构设备安全连接的有力保障，日志管理器处理安全体系中的重要安全功能组件的行为记录，为后续分析问题和决策、异常情况恢复提供重要依据。

策略：策略管理依据安全管理模块的用户安全指令，设置安全接入模块网络认证策略，如开放式链路认证、共享密钥认证，同时策略可以被用户看到并选择。

**（2）管理模块**

管理模块主要由异常管理、安全管理、配置管理子模块构成，实现参数配置、异常监测等功能。其中安全管理模块对相关配置指令进行解析，配置安全控制引擎，实现对系统安全策略的设置；配置管理模块实现系统文件配置和修改功能；异常管理模块监测和响应系统非常规工作状态。

**（3）外部安全支撑模块**

外部安全支撑模块主要包括证书机构（CA）、授权机构（AA）、信用数据库（CD），分别实现确认异构设备身份、赋予异构设备接入权限、存储异构设备身份证明等功能。

**（4）执行模块**

执行模块是异构设备安全连接体系中的最底层，直接和异构设备硬件进行数据交互，由接口控制引擎和驱动适配组成。该模块包含所有支持的底层通信程序，通过上层命令选择相应的异构设备通信驱动文件，配置信息交互网络环境，提供统一的信息交互程序接口。

# 2.1.4　物联网安全威胁与防护

在大力发展物联网的同时，安全问题日益凸显。物联网的核心技术主要有三个特点：可跟踪、可监控、可连接。因此，物联网所面临的安全性威胁也主要来自这三个方面。具体来讲，主要包括感知、传输和应用三个层面。首先是由于网络环境纷繁复杂，所以从感知方面来讲，在接触这些信息的时候，物联网就面临着多重威胁；其次是传输，感知节点在传输的过程中是暴露在整个错综复杂的网络环境之下的，这时候最容易受到不良信息的攻击；最后是应用方面，随着物联网在各行各业的应用越来越广泛，运行的过程中，稍有不慎，就会出现多种多样的安全性问题，给整个团队甚至是整个行业造成难以弥补的损失。

从一定层面上来讲，物联网在应用过程中可能面临以下三种安全性问题：① 隐私泄露。因为射频识别技术的广泛应用，隐私就有更多的可能被恶意地捆绑在任何物品中，通过网络输出到更多人的视线之内，给人们正常的生产生活造成很大困扰。② 拒绝服务现象。这是一个很常见的问题，当信息从感知层传输到输出层时，由于信息量的庞大或者使用人群较多，极有可能造成网络拥堵的现象，产生变相拒绝服务的情况，给人们的生活造成一定麻烦。③ 在物联网领域，还充斥着恶意代码攻击、伪造信息等各种安全威胁。因此建立严格规范的信息安全架构，保证物联网系统的安全可靠，对于社会的和谐稳定发展至关重要。

在互联网网络时代，电子商务逐渐受到众多消费者的青睐，物联网技术的广泛应用更加剧了互联网商务的发展，因此，针对物联网在运行过程中所面临的各种安全威胁，更需要采取一定的防护措施。构建安全框架、完善攻防技术是重中之重。常用的安全防护措施有：

① 芯片级别的物理安全技术：通过物理的方法如标签阻隔、屏蔽技术、结束进程命令等对物联网中的各节点加强安全机制。标签阻隔可以使信息在条件不允许的情况下不发送，另外它还可以模仿多种标签，用户可以根据情况选择性地中断信息通信。

② 信息传输的安全技术：加密技术可以保障信息在传递时的安全，通过该技术可以降低信息被截获时破译的风险。加密方式主要分为两种，一种是节点到节点的加密，对各个节点的信息全部进行加密，可以实现所有业务的安全管理；另一种是端到端的加密，该种方法是在信息发送的一端进行加密，中间如果截取信息将为不可读，只能在信息发送的另一端进行解密，安全防护水平更高。

③ 访问与认证技术：感知层中的各个节点只有通过认证技术才能保证不被人为地控制，只有通信双方都确认彼此的身份才能够进行通信。认证技术通过加强节点和网络、节点和节点来明确彼此的合法性，另外还可以设置第三方节点来进行认证的筛选。认证的方式主要包括开放式认证、基于密钥的认证、远程用户拨号认证和扩展认证等。通过这些认证方式，接收数据的一方可以确认对方的真实身份，从而确定数据的可靠性。认证服务主要应用于感知层以解决传递信息的可靠性、机密性和完整性等问题。

④ 中间件技术：该技术是综合以上三种技术，将感知层、网络层、应用层之间的业务分割开来，提供唯一的安全认证从而达到更高的安全体系。密码服务是中间件的核心，通过提供统一的接口及不同的模块来满足特定安全的服务，主要模块包括随机算法模块、对称密码模块、公钥模块和 Hash 算法模块等，通过以上模块算法产生相应的加密程序，能够适应不同业务的信息保护需要。

# 2.2　电力物联网面临的安全风险

物联网具有全面感知、传输可靠和智能处理三大基本特征。通过传感器、采集器和智能终端等感知层设备的应用，物联网可实时获取数据信息；结合 4G/5G 通信技术的应用，电力物联网可高速、可靠地传输大量数据；在人工智能的协助下，物联网可对海量数据进行分析处理，为电网稳定运行做出有效支撑。

物联网的三大特征各有优势，但也存在着一定的安全风险。纵观物联网各层次架构，感知层部署了大量感知设备，长期暴露于外界网络环境中，且受限于终端自身存储空间，容易遭到非法分子的恶意攻击，易造成电力信息数据被窃取，是物联网系统信息安全防护中最为薄弱的环节。此外，物联网传输层及服务应用也同样面临来自不同层次的安全风险威胁。

## 2.2.1　传统物联网面临的安全风险

传统物联网系统面临的主要安全风险可归纳为以下几类。

**(1) 软件漏洞**

许多物联网终端设备出厂时，其预装的系统固件就已经"过期"，或者即将过期。即使有些设备出厂时预装的是最新版本软件，但由于设备从出厂到上线使用之间存在较长闲置空档期，未能及时更新软件版本，因此可能在投入使用后就出现安全漏洞。除非物联网终端设备能普遍配置持续的软件更新机制，否则极高的软件漏洞风险将一直存在。目前，市场上的物联网终端设备大部分都缺少这种持续更新或者自动更新系统软件版本的机制，面临着极大的软件漏洞的风险。

**(2) 不安全的通信**

目前，许多安全防护功能都是针对更加通用的计算设备设计的，但受限于计算资源或底层操作系统,物联网终端设备很难通过通用的安全防护功能来实现保护,经过长期实践应用,物联网网络通信中暴露出了许多安全缺陷。例如,缺乏加密措施,大量物联网设备采用的是部分或全部明文传输的通信机制,可能导致信息泄露;缺乏成熟的授权或认证机制,设备往往未能对代码或配置项变更进行权限限制,容易引起一些恶意敏感操作或数据未授权访问的恶性事件;缺乏网络隔离,物联网设备在家庭内网络未进行网络分段隔离或防火墙设置的情况下,极易遭受同网段病毒感染、恶意访问或非法操控。

**(3) 数据泄露**

物联网系统因自身的不完善,存在较高的泄露用户个人隐私的风险,泄露风险主要存在于物联网云端和物联网终端设备本身。一方面,云端服务平台可能遭受外部攻击而泄密,云服务用户普遍存在弱密码认证等问题,这些问题均有可能导致用户敏感数据泄露;另一方面,设备与设备之间存在数据泄露的可能,设备信息可泄露给同一网段或相邻网段的其他设备,如用户名字、地理位置信息,甚至用户的个人行为信息等。

**(4) 恶意软件感染**

恶意软件通过感染物联网设备达到操控的目的,可获取未授权的访问,甚至实施攻击,如引发大规模 DDoS 攻击的 Mirai 病毒和 Gafgyt 家族等。感染病毒的物联网设备不仅可用于发动大规模的 DDoS 攻击,还可用于非法获取个人隐私和对设备的封锁勒索,甚至成为攻击者向物联网发起进一步攻击的入口。

**(5) 服务中断**

可用性或连接的丢失可能会影响物联网设备的功能特性,甚至会降级安全性。例如,若楼宇警报系统出现连接中断的情况,整体的安全性将大受影响。

## 2.2.2　电力物联网面临的安全风险

电力物联网通过部署大量智能终端与感知设备等形成感知末梢网络,构成紧密耦合、协同互动的信息空间虚拟网络和物理空间实体网络,从而组成二元异构复合系统,为智能电网提供重要的应用和功能支撑。这些感知末梢网络处于信息物理耦合界面,使原本相对封闭、专业和安全的电力工控系统不断开放,管理网和生产控制网的双向信息交互成为常态,工业生产的控制权限不断上移,生产端、研发端、管理端、消费端都可以实现对底层工业系统的访问,大大增加了攻击点、攻击面和信任网络边界,可以利用感知末梢节点脆弱性进行信息窃听,虚假信息注入,病毒、木马等攻击,使得安全威胁向工控领域迅速扩散。

电力系统是国家关键基础设施,一直以来都是网络攻击的重点目标。据国家相关部门通报,某些国家已将电力基础设施作为网络战的首要目标,以此瓦解目标国的能源系统。如美国国土安全部在 2006 年、2008 年和 2010 年分别进行了三次针对电力系统的网络风暴演习,对电网关键应用进行大规模网络攻击,导致电网控制系统瘫痪。2010 年,伊朗核电站控制终端遭受"震网"病毒攻击,导致离心机失控而瘫痪;2014 年发现的 Havex 漏洞能够让黑客取得对站点的完全监控;同年,赛门铁克公司发现,代号为"蜻蜓"的黑客组织攻击了 1 000 多家能源企业的工业生产控制系统;2015 年,乌克兰电网遭受恶意代码攻击,造成大面积停电事故。

我国相关主管部门检查发现,一些国外的工控设备(如逻辑控制器 PLC 等)存在预置后门等严重安全漏洞,安全风险极高。有别于传统电网"N-1"或"N-2"等故障性质,这些安全威胁可能会引起连锁性反应,针对信息系统的网络攻击会影响终端设备执行监测功能的能力,增加了系统的脆弱性,造成两网的相互穿透,情况严重时可能危及物理网,产生大的扰动,从而威胁电力系统的安全。因此信息安全引发的电力系统安全事故将对国家经济和社会稳定造成巨大影响。

由于无线传感器网络广泛应用在智能电网的发电、输电、变电、配电、用电以及调度等各个环节中,感知并采集海量的实时数据、非实时数据、结构化数据、非结构化数据,大量传感器、智能终端和设备以多种方式接入,给智能电网带来新的信息安全隐患,电力通信系统出现的任何安全方面的问题都可能波及电力系统的安全、稳定、经济运行,影响电网的可靠供电,因此信息安全已成为智能电网安全稳定运行和对社会可靠供电的重要保障。

同时,作为多技术、多网络融合应用的大系统,智能电网不仅面临 RFID、传感器网络、无线公网、应用系统等固有的安全问题,还存在着由于系统整合而引发的新隐患。

电力物联网通过部署无线传感器网络建立信息大规模传输和处理的基础环境。从广义上讲,这个基础环境可以包含所有无线传感器、智能终端、智能设备等,并和本地通信网络组成如智能计读数装置、相角测量单元、广域测量系统、动态线路定级系统、电磁信号测量与分析系统、用电时间实时定价设备、数字继电器设备等。通过采用射频识别技术、传感技术和短距离高速无线通信技术等,实时与智能电网相连接,实现对电力一次设备的信息采集和状态监测,同时接收主站的控制信息,控制一次设备执行相应动作,如评估阻塞情况和电网稳定性,监控设备健康情况,防止窃电,以及实现控制策略支持等。智能设备通常以群体为单位通过无线或有线方式连接智能终端,并由智能终端统一进行与外部的数据交换。在一些特殊的电力物联网系统中,终端层也可能仅由智能终端组成。智能表计、智能家居、分布式能源设备等多种智能终端的大量接入,使业务终端数量庞大、类型多样。电力物联网感知层主要面临下列安全风险。

**(1) 智能终端或设备被物理操控**

输电、配电和用电环节的智能终端或设备通常部署在无人监控或安全不可控的环境中,攻击者容易物理接触设备,实施破坏、软硬件更换等操作。同时,这些终端通常由于功能单一,在通信协议、信息内容等方面缺少足够的保护,因此容易通过反向工程等破译而失去保护。

**(2) 智能终端或设备被远程植入控制程序**

目前部分智能终端或设备支持远程的驱动或软件升级,因此除设备维护人员外,攻击者也可能利用远程升级功能,实现对系统中智能设备或终端的恶意程序植入,从而非法控制智能设备或终端。

**(3) 篡改或伪造的业务指令使设备误动**

对于未采用消息源认证和消息完整性鉴别机制的电力物联网应用系统,智能设备和终端将无法判定业务指令是否被伪造或已被恶意篡改,攻击者可使用精心编排的指令非法控制现场的智能设备或终端,造成配置更改或设备误动等。

**(4) 移动终端安全接入**

对于不具备信息内网专线接入条件,通过安全接入平台和安全专用网络接入信息内网的信息采集类、移动作业类终端,必须严禁"内外网机混用"。

在网络通信中,当采用无线公网或其他网络技术时,还存在下列信息安全风险,需加以防范。

① 已注册 APN 的 SIM 卡被非法利用。尽管移动运营商为电力公司提供了 APN 的解决方案,但在 GPRS APN 中主站与任一终端具有同等的网络地位,攻击者可窃取或盗用已注册 APN 的 SIM 卡连接入网,实施对主站或任意智能终端的网络攻击。

② 业务数据被非法监听或篡改。在 GPRS 网络中,如果未能采用加密和完整性保护等安全措施,以明文形式发送的业务数据将面临被非法监听、篡改的安全风险,这种攻击在空口(终端和基站间的接口)具有实施可行性。

此外,EPON 作为一项灵活的网络接入技术,应用越来越广泛。然而,EPON 网络除面临传统以太网的信息安全风险外,还存在着下行方向业务数据被非法监听、用户可通过伪造 MAC 帧或 OAM 帧非法更改系统配置等安全隐患。

相比于传统的"IT 系统",在应用业务层中,智能电网面临下列新的信息安全风险。

① 攻击者利用关口设备漏洞入侵系统。部署在主站侧的关口设备(通常是接入网关机)能以标准方式远程连接智能终端,获取并验证终端发来的各类信息。如果关口设备在驱动、系统、应用程序方面存在设计缺陷或配置漏洞,那么攻击者可加以利用,控制该设备并进一步实施对系统主站的攻击。

② 错误的业务数据影响智能决策和处理。尽管关口设备能按照规约对信息进行判断,但对于伪造的或在传输过程中遭到篡改的业务数据仍缺乏判断能力,若错误的业务数据进入处理程序,将可能严重影响系统的智能决策。

③ 拒绝服务攻击使系统服务中断。拒绝服务是攻击者的常用手段,攻击者可能会使用 IP 欺骗,迫使服务器把合法终端的连接复位,影响合法终端的连接;也可能设法迫使关口设备的缓冲区满,导致其不能接收新的请求,从而造成系统服务中断。

综上所述,发展电力物联网,需要构建完整的安全体系,包括物理环境安全、终端安全、边界安全、通信/信息网络安全、数据安全、应用安全等。其中电力物联网信息的安全主要考虑无线传感网络,可综合考虑身份鉴别、访问控制、安全审计、入侵防护、安全芯片、稳定的运行与网络维护等多种技术,形成重点突出、措施多样、立体纵深的电力物联网的信息安全框架,充分利用现有安全系统(例如安全接入平台)和技术手段(例如隔离网闸),开发电力物联网可信接入网关设备等,为电力物联网信息的信息安全提供技术保障。

智能电网下的信息安全体系建设,主要基于智能电网"网络更广、交互更多、技术更新、用户更广"的特征,研究各安全防护层级的安全技术,增强智能电网信息安全防护能力,提升信息安全自主可控能力,确保智能电网业务系统安全稳定运行,确保业务数据安全。智能电网层次结构及风险如图 2-2 所示。

| 电网各环节及风险 | 发电 | 输电 | 变电 | 配电 | 用电 | 调度 | 风险 |
|---|---|---|---|---|---|---|---|
| 主站系统层 | 常规电源网厂协调<br>绿色能源<br>智能发电 | 输变电设备状态监测系统<br>输电线路巡检 | 智能变电站 | 微网控制<br>配电自动化 | 用电信息采集系统<br>电动汽车充电管理系统<br>智能小区/智能楼宇(电力光纤到户)<br>95598互动平台 | 智能电网调度技术支持系统 | 1.攻击者利用关口设备漏洞入侵系统;<br>2.错误的业务数据影响智能决策和处理;<br>3.拒绝服务(DoS)攻击 |
| 通信网络层 | 光纤专网<br>IPv6<br>EPON(以太无源光网络)<br>电力宽带载波<br>新型无线网络技术(4G、WiFi、WAPI、RFID、ZigBee、WiMax…) | | | | | | 1.短距离无线通信被恶意利用;<br>2.已注册的SIM卡被非法利用;<br>3.业务数据被非法监听或篡改;<br>4.EPON被非法监听、更改等 |
| 终端层 | 发电监控终端 | PAD、笔记本等移动作业终端<br>输变电设备状态监控终端<br>站内监控终端 | 配变监控终端<br>馈线监控终端 | 移动办公终端<br>智能表计终端<br>智能互动终端 | | | 1.终端或设备被物理操控;<br>2.设备或终端被远程植入控制程序;<br>3.篡改或伪造的业务指令使设备误动 |

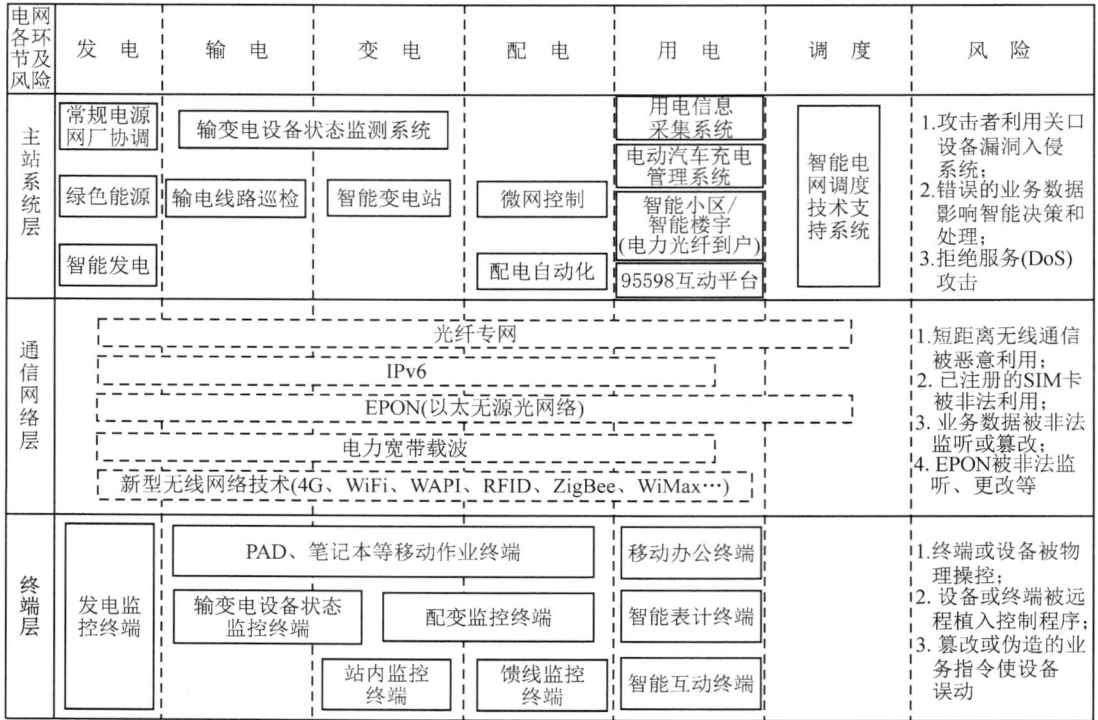

图 2－2 智能电网层次结构及风险

# 2.3 电力物联网信息安全构建

## 2.3.1 电力物联网的网络特征

物联网的本质是通信网,其传输网络一般包括无线通信网、短距离有线通信网、高速电力通信专网和高速互联网,具有开放、混合和复杂的网络特征。物联网技术在电力系统中得到大量应用,支撑电网运行、运维和管理业务,电力系统的安全稳定运行很大程度上受到物联网安全性的影响。同时,严格的用户身份识别、验证、鉴权制度应用于电力物联网中,物联网服务针对不同用户设置各种分级,因此建设电力物联网对于安全性也提出了极高的要求。

原则上,电力物联网的适用性仅限于电力系统,电力物联网内大部分的数据信息也仅能在电力系统内进行传输。物联网在电力系统中有着大量多元的应用,不同的应用对信息的需求各异。因此,为支持数据过滤、数据挖掘与决策支撑等多项功能的实现,电力物联网需要设置中间环节,以适配其应用多样性与承载平台的通用性。

电力物联网直接支撑电网业务,参与了电力系统运行中的多个环节,涉及多种设备,要求具备高度的安全性和可靠性。电力物联网的安全性很大程度上是保障电力系统安全稳定运行的前提,因此,应加强电力物联网的高安全性和高可靠性,建设更加完善的坚强智能电网。

## 2.3.2 电力物联网安全防护的必要性

建设电力物联网是国家电力系统未来发展的关键任务,电力物联网可实现电力系统中的万物互联,涉及大量电力资产数据,一旦遭遇恶意的网络入侵,将引起关键设备位置暴露、操作指令恶意篡改等事件,很可能致使电力物联网产生重大事故,造成巨大损失。

同时,电力物联网是公用能源事业的基础网,服务社会大众,关联着客户大量的隐私信息,若因电力物联网安全防护不当,造成客户隐私数据泄露,将对社会公共安全产生极大的负面影响,降低电力企业的公众信赖度。因此,构建物联网信息安全防护体系是保障电力物联网稳定运行的关键一环。

数据是电力物联网中最基础的元素,对数据的管理是电力物联网中的安全管控核心。基于物联网技术构建的电网企业的物联网应用场景,电力系统的发、输、变、配、用、调的每一瞬间都在产生海量数据。这些数据在物联网架构的各层中进行传输,结合高新技术的应用,可极大地促进电力物联网智能感知、内部管控能力及用户服务效率的提升。面对数据传输,各层存在不同程度的安全风险。

纵观物联网各层,感知层面临大量的智能感知终端接入的需求,如智能电能表、智能家居、电力生产设备和各类传感器等,终端分布地域广,数据产量庞大,但存在自身的局限问题,防护能力薄弱,是各层中数据泄露风险最大的节点。同时,感知层的安全防护能力加强也是各层中最难实现的,在实际中,尚有如下问题难以解决:

① 终端设备硬件升级改造和更新部署成本高。

② 终端设备制造商众多,难以协调统一安全标准。

③ 嵌入式操作系统种类多,难以统一要求。

④ 终端设备对攻击或非法访问的感知能力弱。

⑤ 终端设备处于低功耗、长期工作的状态,难以通过运行软件进行防护。

以智能电能表和智能家居为例,在电力物联网中,智能电能表、智能家居用电终端等都是感知层中的组成部分,尽管智能电能表的物理安全性较强,但是仍存在安全漏洞,黑客可通过漏洞以无线方式入侵设备。智能电能表一般采用安全性偏低的 ZigBee 或 GSM 协议,攻击者通过破解网络配置文件,可获取硬编码的登录凭证,迫使某区域内的所有单元与恶意节点进行连接,直接访问智能电能表固件以挖掘利用更深层的漏洞。

物联网技术正在飞速发展,若相应的设施缺乏与之相适应的安全防护能力,信息安全将会成为电力物联网最大的软肋,为电力系统带来无尽的风险。因此,加快构建电力物联网信息安全体系,加强电力物联网信息安全的风险管控和治理,是未来我国电力物联网建设的重点。

## 2.3.3　信息安全总体构建思路

构建电力物联网信息安全体系,可基于物联网安全态势感知防护平台,平台由电力物联网终端设备接入管控、信令采集行为分析、漏洞扫描探测、探针主动探测等多种技术手段相结合打造,形成以"预测"、"防护"、"探测"及"响应"的整体闭环安全管控系统,具有监测实时可靠、分析模型丰富、异常处理及时、机器学习提升等特点,可实现对物联网的一体化安全防护。电力物联网信息安全生态架构体系如图 2-3 所示。

基于物联网安全风险管控的总体思路是,智能用电终端行为异常检测、平台系统安全漏洞检测、安全风险实时感知、安全威胁及时处置、平台系统健康评估等。电力物联网信息安全处理流程如图 2-4 所示。

基于物联网的安全防护预测和防护流程如图 2-5 所示,主要有:

① 捕获和分析安全态势信息。

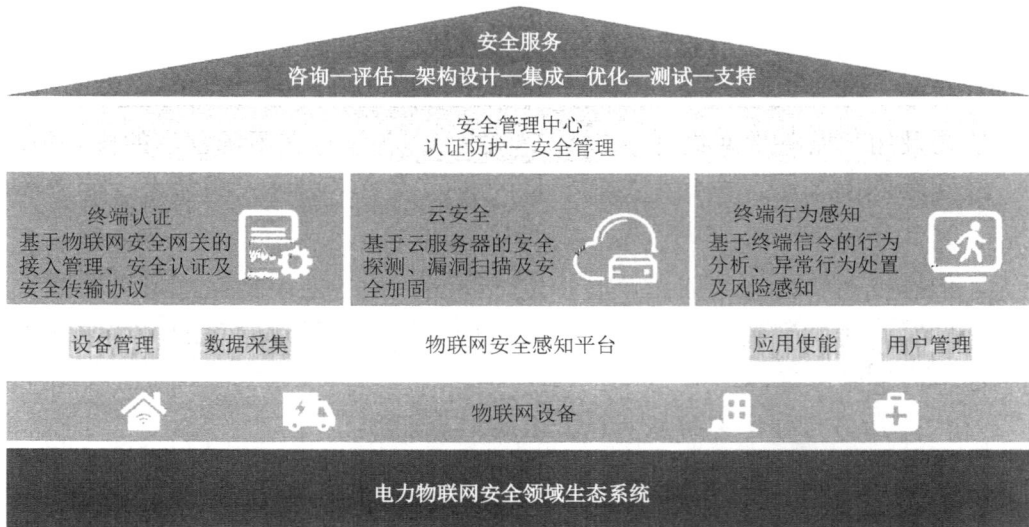

图 2-3 电力物联网信息安全生态架构体系

② 根据保护对象及其重要性定义相关安全基线并下发。

③ 检测、审计不合规配置,进行自动化修复。

④ 探测新的安全威胁。

⑤ 按优先级显示安全分析和风险评估结果。

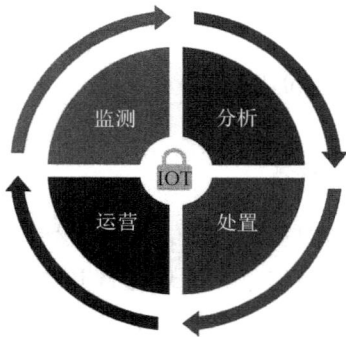

图 2-4 电力物联网信息安全处理流程

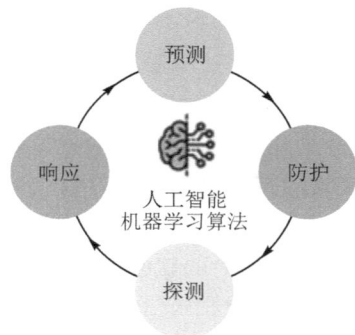

图 2-5 基于物联网的安全防护预测和防护流程

## 2.3.4 电力物联网安全防护架构

按照《国家电网有限公司电力物联网全场景网络安全防护方案》(国家电网互联〔2019〕806 号文)、《国家电网有限公司互联网业务数据安全架构典型设计》(国家电网互联〔2019〕806 号文)等要求,遵循"可信互联、精准防护、安全互动、智能防御"安全策略,构建物联网安全防护架构,形成一体化布局,支撑设备侧电力物联网多领域、多场景应用。

设备侧电力物联网安全防护架构涉及管理信息大区和互联网大区,如图 2-6 所示。管理信息大区用于承载原信息内网业务,如生产管理、输电业务、变电业务和配电自动化等;互联网大区用于承载移动巡检等原信息外网业务。

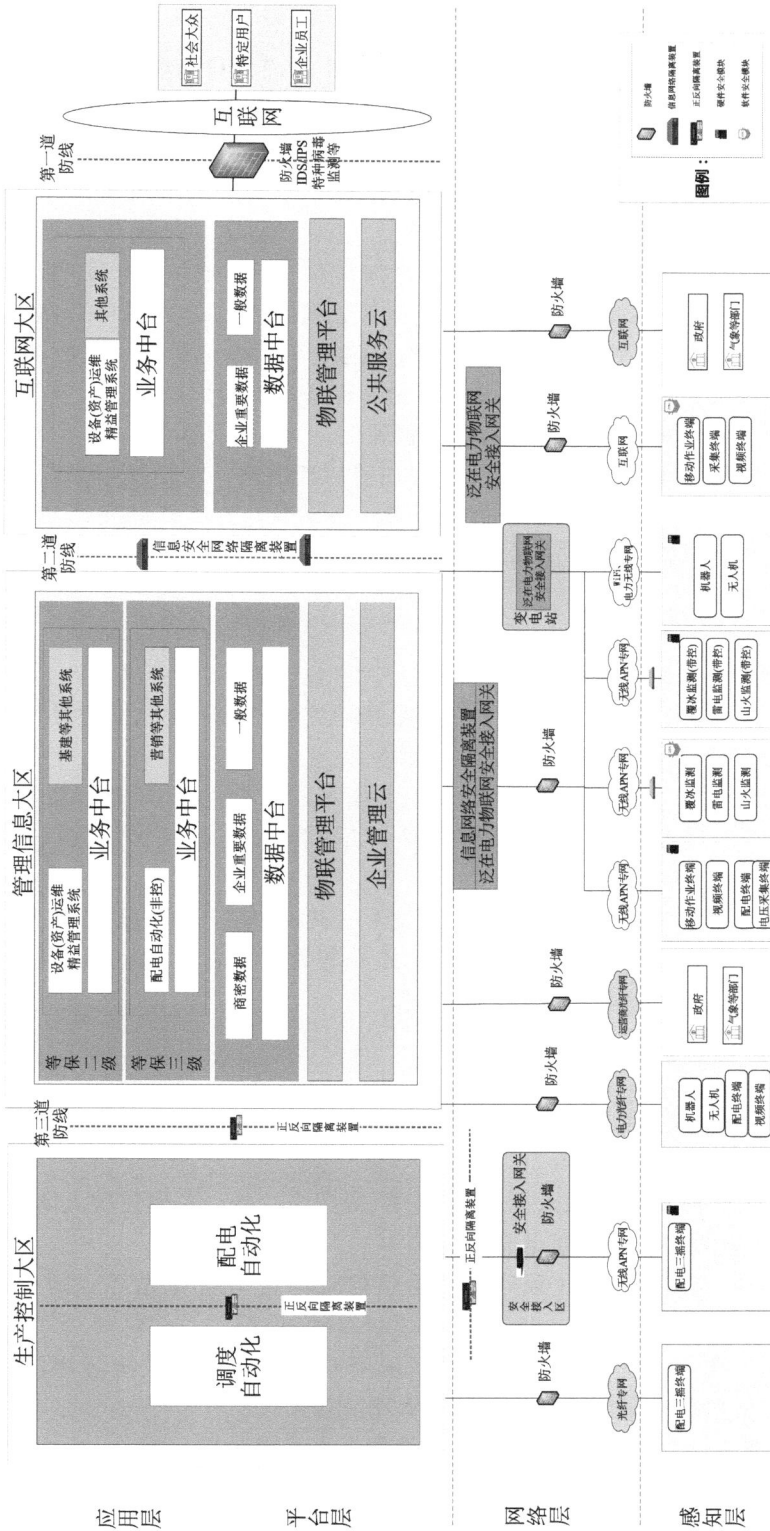

图2-6　设备侧电力物联网安全防护架构示意图

## 1．总体要求

总体要求从安全防护、数据安全、终端接入安全三个方面进行详细说明。

① 安全防护：一是管理信息大区通过信息安全网络隔离装置与互联网大区连接。二是管理信息大区各控制域之间配置防火墙或交换机访问控制策略。三是互联网出口部署防火墙（FireWall）、入侵防御系统（IPS）、应用层防火墙（WAF）、流量监控、未知威胁监测、DDoS 防护等必要的安全监测和防护设备。

② 数据安全：一是商密数据，应采用国密算法加密存储于管理信息大区，禁止在互联网大区存储和处理。二是企业重要数据，原则上应存储于管理信息大区，需临时存储于互联网大区的，应遵循最小化原则进行加密存储，存储时间不超过 3 个月。三是一般数据，可长期存储于互联网大区和管理信息大区，采取通用安全保护措施进行适度防护。

③ 终端接入安全：一是物联终端接入公司管理信息大区，应经专线（如电力光纤专网、电力无线专网、租用的 APN 和第三方专线）并采用加密认证措施。二是物联终端接入公司互联网大区，采用互联网通道并采取加密认证措施。三是终端禁止在大区间交叉使用。四是物联终端接入存在跨大区接入需求的，应报公司网络安全和信息化专家委员会审核通过。

## 2．感知层安全防护

感知层设备应具备固件完整性查询功能，支持固件安全升级，包括机器人、无人机、手持移动终端、供电电压采集终端、输变电状态监测终端、配电终端等接入终端和边缘物联代理。

终端安全防护：涉及控制指令的终端（如控制水泵、空调传感器等）和汇聚节点装置，通过无线传输应集成安全芯片，实现强身份认证和控制指令的数据加密；不涉及控制指令的终端（如配电二遥、供电电压采集、温湿度监测传感器）和汇聚节点装置，可采用软件密码模块实现身份认证和数据加密。

边缘物联代理安全防护：一是基于公司统一密码基础设施进行身份认证和加密保护。二是漏洞补丁等重要程序代码，以及配置参数和控制指令等重要操作，应具备数字签名和验证功能。三是数据传输应具备协议报文合规检查功能。

## 3．网络层安全防护

设备侧物联终端接入包括电力光纤专网、运营商光纤专网、无线 APN 专网、电力无线专网、WiFi、互联网 6 种方式。

电力光纤专网：支撑机器人、无人机、配电终端、视频终端等设备通过防火墙接入管理信息大区，该方式适用于电力光纤资源充足的单位。

运营商光纤专网：支撑政府、气象等外部单位信息通过运营商光纤专网接入管理信息大区。

无线 APN 专网、电力无线专网：物联终端应采用专用 SIM 卡＋安全芯片，通过电力物联网安全接入网关及信息网络安全隔离装置接入管理信息大区。

WiFi：变电站站内终端，不涉及控制指令的终端可采用软件密码模块，通过电力物联网安全接入网关接入管理信息大区。涉及控制指令的终端应集成安全芯片，通过电力物联网安全接入网关接入管理信息大区。

互联网：物联终端应通过电力物联网安全接入网关接入互联网大区。

### 4. 平台层与应用层安全防护

平台层、应用层的数据安全防护及系统间的数据交互安全防护严格遵照《国家电网有限公司互联网业务数据安全架构典型设计》执行。

主站系统安全防护应遵循信息系统安全等级保护相关要求进行防护，根据安全等级，采用身份认证、访问控制、安全审计、数据加密等防护措施，确保业务安全。

APP 应用及微应用的发布应符合公司要求，确保应用发布渠道可信。一是发布前应进行统一加固、统一检测，并对应用运行状态进行安全监测。二是收集用户信息前，应明示使用目的、方式和范围，并获得用户授权。三是在进行金融支付、审核授权等重要操作时应进行二次认证。四是涉及控制操作的应用，应通过数字签名，验证业务主站下发的控制命令或参数配置指令。

# 2.4　电力物联网信息安全防护技术手段

## 2.4.1　感知层的安全防护

### 1. 感知层的安全风险

感知层支撑电力物联网的基础设施，以大量传感器和智能终端构成的感知网络，可实现对设备状态、环境信息、地理位置和实时图像等信息的全面采集，信息经由汇聚节点进行统一汇聚、分析、处理及上报，最终参与数据交换及相关决策的制定。感知设备采集信息的同时，也面临着多方面的风险威胁：

① 感知设备终端直接攻击。大部分感知层终端设备的结构和功能简单，自我防护能力较弱，其长期暴露在外界网络环境中，且部署分散，极易成为攻击者的目标。通过对终端设备的暴力破坏，攻击者可直接针对设备的硬件进行改造，恶意窃取设备数据和篡改系统软件，甚至绑架设备，实施远程控制。

② 无线通信恶意攻击。感知设备主要以无线方式传输信息。由于感知层设备资源匮乏，处理能力受限，无法对信息进行有效的加密保护，针对无线通信开放性的特点，攻击者可用窃听、伪造、重放等方式攻击无线网络，入侵电力物联网非法获取数据资产。

③ 系统控制攻击。感知层设备资源大部分用于数据传输，缺乏足够的资源支撑和系统防御措施。感知层设备大部分结构简单，硬件配置上难以满足系统防御技术要求。针对感知设备薄弱的系统防御能力，攻击者可通过篡改或伪造控制指令的方式俘虏智能终端，引起极大的安全隐患。

随着电力物联网的发展，感知层的安全防护能力升级迫在眉睫。目前，感知层的安全防护能力升级主要存在两方面的难点：一方面，物联网设备终端芯片厂家众多，硬件的升级改造难以协调进行。不同终端设备所使用的系统不尽相同，有的采用 Linux 系统，有的采用 Android 系统，有的则采用自主开发的操作系统，导致底层系统防护无法统一进行。另一方面，物联网终端一般具备低功耗、低内存、长时间工作的特性，受限于存储空间，增加软件功能模块或者适配防毒软件的防护方式难以适用于物联网终端。鉴于终端长时间工作的特性，只要终端仍能行使其功能,很难发现终端是否已经受到攻击,或者是否面临安全风险。

## 2. 物理终端防护能力加固

针对电力物联网终端及网络的一体化安全防护,形成电力物联网信息安全体系。原则上,对于电力物联网体系中的网元均可提供安全防护能力。而在感知层,提高物理终端的安全风险防护能力可从硬件角度进行加固改进,例如:

① 基于终端芯片安全的防护技术。

② 增加各种验证机制与硬件加解密功能。

③ 强化嵌入式系统的硬件防护能力。

④ 对感知层设备装设物理保护装置等。

## 3. 物理终端准入安全策略

构建电力物联网终端接入安全控制策略,主要有终端接入控制及终端运行管理。

### (1) 终端接入控制

物联网终端接入控制实现的方法主要有 SDK 加密链、数字证书签约两种方式,分别如图 2-7 和图 2-8 所示。

**图 2-7 加密链鉴权准入**

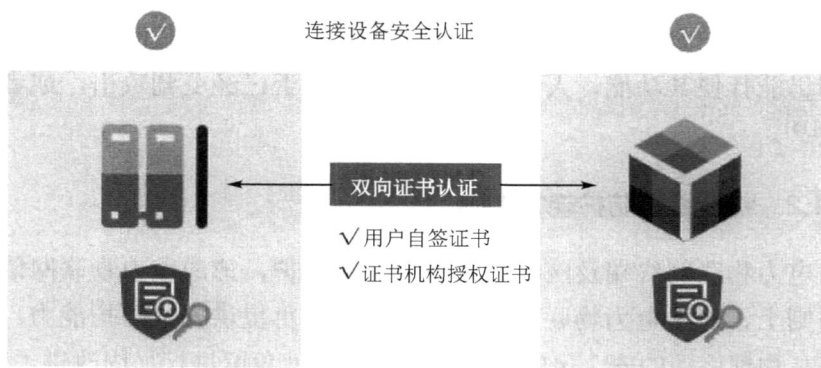

**图 2-8 数字证书签约鉴权准入**

对于支持 SDK 的终端推荐使用 SDK 加密链鉴权准入的方式,对于部分由于计算及存储资源有限的物联网终端推荐使用数字证书签约鉴权准入的方式,并且这两种方式可以在一个终端上同时使用,以提高终端的安全性能。

### (2) 终端运行管理

① 网络告警管理。告警管理的功能包括告警收集与显示、告警确认与消除、告警过滤、告警同步、告警反转、告警分析、故障测试与校正、告警级别管理、端到端告警管理等。

② 性能告警指标集。根据部分现有物联网业务的 XDR 信令和业务数据,初步筛选出 S1－U 口控制面和用户面的若干故障监控指标及建议阈值,目前正在分析更加全量的物联网业务 XDR 数据,进一步优化完善监控指标和阈值门限。

③ 终端性能管理。性能管理功能包括性能参数管理、性能监测管理、历史性能数据管理、性能门限管理、性能分析、端到端连接性能管理等。

④ 终端业务端到端监测。端到端感知体系指标应涵盖用户业务指标,可分为接入性、保持性、完整性三类指标。

⑤ 物联网资源管理。实现物联网资源全生命周期管理,进行资源统一建模、统一维护、统一展现,支撑物联网业务快速发展。

## 2.4.2　网络层的安全防护

### 1. 网络层的安全风险

网络层承载着感知层各终端设备所采集的信息,经过解析和预处理,数据传输到应用层参与后续的分析与应用。网络层汇集了海量的数据,因此,必须保证对系统中数据的安全防护。电力物联网融合有线专网、无线专网和公网等多种网络类型,通信方式和网络协议复杂,加大了网络安全防护的难度。网络层主要存在以下风险:

① 高并发上传数据风险。电力物联网感知层对终端设备需求量极大,用电信息采集过程的突发性、集中性强,网络层的统一接入网关面临着高并发上传数据的压力,可对实时信息数据的处理产生较大影响,造成系统整体性能下降,导致数据丢失、设备宕机。

② 网络拥塞和 DoS 攻击。物联网终端设备数量巨大,当大量设备在短时间内接入网络时,将导致网络拥塞,影响信息处理的及时性、有效性,为攻击者入侵网络创造了条件。

③ 异构网络的安全隐患。电力物联网包含多种网络通信方式,网络技术间存在兼容互联问题,不同网络技术存在各自的安全短板,增加了网络层安全的风险。

随着电力物联网的发展,网络层中通信协议会不断增加,更多的安全隐患将被暴露,为保障电力物联网的安全稳定性,电网企业需要及时掌握物联网网络层面的行为信息,对各种安全威胁及时做出防范,要求做到以下几点:

① 数据窃取防范。外部地址非法访问终端,盗取数据是常见的入侵行为。要求识别非法地址的访问,考虑业务的不断发展;对于不能确认的嫌疑入侵行为,可以发送给物联网网络服务提供商(SP)确认。

② 网络攻击防范。大量的外部恶意数据访问会使终端或服务器遭到数据破坏或能力瘫痪。要求网络层具备对高危的行为进行直接拦截的能力。

③ 地址异常防范。要求网络层能够识别终端访问的地址异常,识别终端的异常行为,例如,某终端向服务器之外的地址发送数据,而且这种行为是同类终端没有的。

④ 端口异常防范。要求网络层能够识别终端使用的端口异常,识别该终端不同于同类终端的服务启动或服务访问。此功能仅对 IP 承载有效。

⑤ 协议异常防范。部分业务只使用一种传输协议方式,如 TCP/SCTP/UDP。如有使用的传输协议异常的行为应及时发现和报告。

针对不同的业务大类、不同的应用小类,网络层安全防护应分别制定安全策略。由于同一 SP 的应用随着物联网的快速扩展而不断变化,应采用与时俱进、逐步完善的方式对网络层进行安全防护。网络层的安全防护应从两方面考虑:一方面是异常行为的发现;另一方面是安全漏洞的主动扫描和告警。

### 2. 网络层的安全构建

网络层汇集了感知层采集的海量数据,应从感知层设备的无线通信、无线公网的安全应用及通信边界安全等方面对网络层进行安全构建。

① 短距离无线通信网络安全。感知层设备数量庞大、分布面广、自身安全防护能力弱,且大多数短距离无线通信采用开放信道,增加了遭受攻击的风险。为保证设备数据传输安全,需构建网络层安全机制,确保信息传输的安全性和完整性。可通过建立多渠道密钥管理系统、对信息进行加密、采用消息认证码(MAC)机制验证信息等方式完成网络层安全机制的建立。同时,建立路由安全机制,采用无线多路径或信道过滤模式,对 DDoS 等攻击进行防御。

② 无线公网安全。无线公网是物联网通信网络的组成之一,具有部署容易、使用便捷的优点。然而,大部分无线传输方式采用开放的信道,增加了安全接入和传输方面的隐患。为保障信息的机密性、完整性和时效性,物联网内重要设备通过无线公网传输数据时,应采用 VPN 或 APN 服务,引入 TLS、SSL 等互联网安全协议对数据进行加密。

③ 服务器端与通信网络层边界安全。系统服务器端与通信网络层的边界是防护能力较弱的位置,也是最容易遭受网络攻击的位置。针对以上位置的特殊性,应配置独立的安全设备保障网络边界的安全,负责实现网络安全接入认证、边界访问控制、信息内容过滤等功能。同时,应为服务器端和网络层边界增加安全机制,如网络连接限制、入侵防范、恶意代码防范等,实现对这些薄弱位置的安全控制。

网络层的数据传输采用安全传输层协议(TLS),物联网终端与后端平台的数据全部封装在 TLS 的安全加密隧道里,两端在具有解密权限的前提下才能获取安全隧道内的信息,外部攻击无法获取信息或对其加以破坏,提高了数据传输的安全性。

## 2.4.3　平台层的安全防护

### 1. 平台层的安全风险

电力物联网的平台层涉及云平台、业务数据管理、物联网管理等多方面的技术应用,主要实现感应设备管理、设备接入控制、安全管理、协议转换、数据共享、大数据管理和物联网运营管理等多项功能。然而,物联网平台层本身仍然缺乏完善的安全机制,存在易被黑客攻击的漏洞。电力物联网平台层主要存在两方面的安全问题:

① 数据泄露风险。平台层数据流通量大,种类繁多,交互复杂,加剧了数据泄露、非法访问等风险。

② 物联网管理不成熟。管理中心是平台层实现安全防护的重要环节,不完善的物联网管理技术成为平台层的安全防护建设的安全隐患。

物联网平台层是物联网架构中体现"智慧"的一层,除了需要具备定期检查自身漏洞(包括系统软件及第三方软件)的能力外,物联网平台层应该具备向物联网体系提供安全管控的平台支撑能力,为感知层及网络层提供安全保障。

### 2. 业务安全策略构建

平台层的安全构建应使该层在业务安全防护方面具备异常行为发现、恶意 URL 识别、安全扫描和提示等功能。

**（1）异常行为发现**

异常行为可分为服务端的异常行为和终端的异常行为,要求具备探知、识别两种异常行为并及时报告的能力。

① 协议异常。部分业务的应用协议是固定的,应针对其应用协议做规范性分析。需求不要求覆盖所有业务,主要面向重点及规范性强的业务。

② 业务量异常。部分业务的业务量相对稳定,应监测突发的大数据量,分析是否属于异常行为。需求不要求覆盖所有业务,主要面向重点及规律性强的业务。

③ 数据异常。部分业务的数据特征相对稳定,如数据包分组和大小特征,应监测突发的数据特征变化,分析是否属于异常行为。需求不要求覆盖所有业务,主要面向重点及规律性强的业务。

④ 行为异常。部分业务的数据行为有一定的规律,如抄表业务,应监测不符合规律的行为,对比相同业务的其他终端,分析是否属于异常行为。需求不要求覆盖所有业务,主要面向重点及规律性强的业务。

**（2）恶意 URL 识别**

网络层安全系统应具备一定的恶意 URL 识别能力,能准确、实时地发现常见的恶意URL,并向用户发出提醒警告。

**（3）安全扫描和提示**

要求通过深入分析数据,扫描数据传输过程中的安全漏洞,及时报告存在的安全隐患并提出修复建议。

① 协议安全隐患。对隐私性要求较高的业务,应识别其应用协议,对采用的不安全协议提出建议。

② URL 安全隐患。对 HTTP、HTTPS 协议,扫描其 URL,主动发现其中的安全漏洞,报告问题并提出建议。

③ 参数安全隐患。对部分公有协议,如 HTTP,扫描请求和响应的头部参数,准确定位安全漏洞,报告发现的问题。

基于采集终端的交互信令等数据信息进行行为扫描分析,终端行为扫描主要方式有流量异常、通信次数异常、通信失败次数异常、交互对端数据量突发、敏感信息传输和特殊协议访问异常等,如图 2-9 所示。

**3. 异常行为发现拦截**

电力物联网平台层安全防护体系应具备拦截不安全行为的能力。对与具体业务无关的高危行为,如网络攻击,应无条件拦截;对与业务相关的安全威胁,应由平台管理人员确认后拦截。进行正常业务的时延不应因行为的拦截而产生明显的影响。

一般情况下,拦截只针对异常终端的不安全行为,予以放行异常终端的正常行为,使异常终端的正常业务仍可进行。特殊情况下,仍存在对异常终端行为完全拦截的可能性,如 SP 要求拦截被劫持的终端、极度危险的攻击、传播病毒的 IP。

高密型网络攻击是通过高频数据包致使系统瘫痪的网络攻击类型。此类网络攻击通常以终端感染病毒或被黑客控制为前提,具有爆发突然、危害极大的特点。高密型网络攻击大多利

图 2-9　终端行为扫描方式

用底层协议进行攻击,如 ARP、ICMP、TCP,也有利用应用层协议进行攻击的案例。通信拦截如图 2-10 所示。

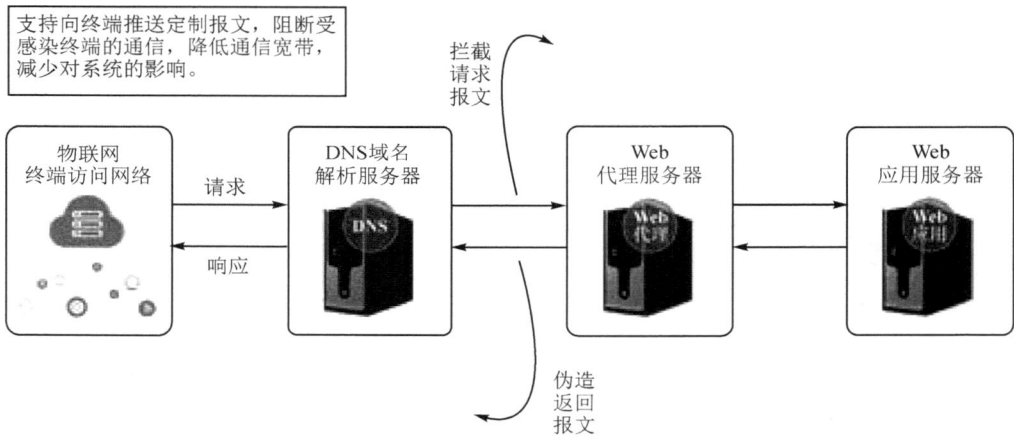

图 2-10　通信拦截示意图

通信拦截的实现基于实时控制系统对同类数据包发送频率的检查。当外部地址访问终端或相反方向,在很短时间内频度超过设定的极限时,系统识别该行为为高危级别网络攻击,立即予以拦截,并生成提示性警告。

### 4. 安全风险告警通知

平台层应建立安全风险告警通知机制,支持网页弹屏、IVR 语音、手机短信及 APP 消息等多种方式实现提示告警。

① 网页弹屏提醒。安全防护平台可根据账号权限设置分权分域的通知范围,以系统网页弹屏的方式提醒对应范围内电力物联网的管理人员,在监控室支持外接声光报警装置。

② IVR 语音外呼提醒。安全防护平台可根据账号权限设置分权分域的通知范围,以发起 IVR 语音外呼的方式提醒对应范围内电力物联网的管理人员;通过 IVR 按键交互的方式,用

户可自主选择确认安全风险。

③ 短信提醒。安全防护平台可根据账号权限设置分权分域的通知范围,以发送短信的方式提醒对应范围内电力物联网的管理人员,用户可通过回复短信交互的方式自主选择确认安全风险。

## 2.4.4　应用层的安全防护

### 1. 应用层的安全风险

物联网应用层的技术架构融合互联网、大数据、云计算及人工智能等多种先进技术,满足物联网对数据运算和交互的庞大需求。物联网与各种先进技术间相互渗透,紧密连接。

① 互联网。物联网作为互联网的延伸,可建立跨层跨域、万物相连的智慧网络。互联网为物联网提供交互平台(浏览器或 APP),物联网可基于互联网实现服务交付。

② 云计算。物联网处理应用层需要一个大规模分布式弹性的高性能计算平台,而云计算(私有云、公有云或混合云)平台是满足物联网应用系统要求的理想平台。通过云计算,物联网可实现高效存储、海量运算和便捷的服务交付。

③ 大数据。物联网处理应用层所接收的数据属于大数据范畴,具有海量异构、结构化数据和非结构化数据混合、数据体量巨大等特点,需采用大数据技术进行分布式数据存储和挖掘。目前,以 Hadoop 等大数据架构为代表的先进架构在物联网中得到广泛应用。

④ 人工智能。作为人类科技发展进程的里程碑之一,人工智能系统通过深度学习,可建立大量的感知模型,形成相互关联的人工智能知识库,具有智慧分析海量数据的能力,在物联网应用中真正充当超级大脑。

⑤ 手机应用程序(APP)。随着移动技术的发展,手机、平板电脑得到普及,成为人和网络交互的主要媒介,其数量远超桌面计算机,运行在手机、PAD 上的 APP 被广泛接受并应用。在物联网中,手机、PAD 上的 APP 因其适用性成为物联网人机交互的主要途径之一。

互联网、云计算、大数据平台等多项先进技术在不断焕发物联网生命力的同时,它们所面临的威胁都会被物联网应用层系统继承,为应用层带来安全风险。同时,应用层自身也具有一定的脆弱性,主要表现为以下几个方面:

① 平台漏洞。物联网应用系统平台本身具有漏洞,如云平台的漏洞、大数据平台的漏洞等。

② 组件漏洞。物联网应用系统会采用很多的组件,如数据库、中间件、Web 服务器、缓存、安全软件、设备等,这些组件可能会存在漏洞,导致互联网应用层存在漏洞。

③ 应用系统漏洞。物联网应用系统可能存在代码级别的漏洞。

④ 逻辑漏洞。物联网处理应用层在流程方面可能会存在逻辑漏洞,导致特殊输入产生绕过动作,使系统面临威胁。

### 2. 应用层的安全构建

为保障应用层的安全,需建立可靠的物联网应用系统安全防护体系,应从系统工程的角度出发,继承和发扬深度防御思路,针对云计算、大数据、人工智能等新技术,结合技术、管理、人三要素,以多维度视角构建立体的安全防护体系。建立应用层安全防护体系架构可参考以下方法:

①　基于全生命周期的风险评估。基于物联网应用系统全生命周期的维度，在系统规划、分析、设计、开发、建设、验收、运营和维护、系统废弃的每个阶段，对应用层信息进行安全管理。在系统设计和分析阶段，应进行安全目标、安全体系、防护蓝图等顶层设计，并将安全防护设计与系统设计相融合；在系统开发阶段，进行代码安全评估，测试阶段同期进行安全测试；在建设阶段，应进行安全管理；在验收阶段，同时进行风险评估和测评，保障安全防护的有效性和合规性；在运营和维护阶段，同时进行安全运营，并周期性地进行风险评估，跟踪威胁情报，持续改进安全管理和安全防范措施；在系统废弃阶段，应采取措施有效清除残余信息，保障应用系统全生命周期的系统安全。

②　构建深度防御体系。构建多层次的深度防御体系应结合组织、技术、管理等多个维度，合理划分安全域，以机密性、完整性、保密性为安全目标，结合国家政策标准的合规要求（如网络安全等级保护），设计整体安全解决方案，保障系统安全。

③　建立动态的风险评估机制。通过建立物联网应用系统的信息安全统一管理和态势感知系统，结合专家周期性风险评估，形成专业的风险评估机制，实现系统动态安全。

④　实施专项威胁防控。针对物联网应用层突出的安全问题，如 APT 攻击、DDoS 攻击、数据库脱敏与加密、漏洞管理，以及设备与系统、系统与系统、人与系统的双向认证机制等问题，评估和设计专项防护，加强系统安全性。

⑤　测试与研究系统安全性能。对于大型物联网的应用系统，应当建立与之同步的测试系统和攻防演练环境，开展广泛的系统安全研究工作。

# 2.5　电力物联网安全分级与防护方案

## 2.5.1　智能电网安全分级

信息系统安全等级保护应根据信息系统的安全保护等级情况，保证它们具有相应等级的基本安全保护能力，不同安全保护等级的信息系统要求具有不同的安全保护能力。基本安全要求是针对不同安全保护等级信息系统应该具有的基本安全保护能力提出的安全要求，根据实现方式的不同，基本安全要求分为基本技术要求和基本管理要求两大类。

技术类安全要求与信息系统提供的技术安全机制有关，主要通过在信息系统中部署软硬件并正确配置其安全功能来实现；管理类安全要求与信息系统中各种角色参与的活动有关，主要通过控制各种角色的活动，从政策、制度、规范、流程以及记录等方面做出规定来实现。基本技术要求从物理安全、网络安全、主机安全、应用安全和数据安全几个层面提出；基本管理要求从安全管理制度、安全管理机构、人员安全管理、系统建设管理和系统运维管理几个方面提出，基本技术要求和基本管理要求是确保信息系统安全不可分割的两个部分。

不同等级的信息系统应具备的基本安全保护能力如下：

第一级安全保护能力：应能够防护系统免受来自个人的、拥有很少资源的威胁源发起的恶意攻击，一般的自然灾难，以及其他具有相当危害程度的威胁所造成的关键资源损害；在系统遭到损害后，能够恢复部分功能。

第二级安全保护能力：应能够防护系统免受来自外部小型组织的、拥有少量资源的威胁源发起的恶意攻击，一般的自然灾难，以及其他具有相当危害程度的威胁所造成的重要资源损害；能够发现重要的安全漏洞和安全事件，在系统遭到损害后，能够在一段时间内恢复部分功能。

第三级安全保护能力:应能够在统一安全策略下防护系统免受来自外部有组织的团体、拥有较为丰富资源的威胁源发起的恶意攻击,较为严重的自然灾难,以及其他具有相当危害程度的威胁所造成的主要资源损害;能够发现安全漏洞和安全事件,在系统遭到损害后,能够较快恢复绝大部分功能。

第四级安全保护能力:应能够在统一安全策略下防护系统免受来自国家级别的、敌对组织的、拥有丰富资源的威胁源发起的恶意攻击,严重的自然灾难,以及其他具有相当危害程度的威胁所造成的资源损害;能够发现安全漏洞和安全事件,在系统遭到损害后,能够迅速恢复所有功能。

在电力物联网中,信息安全等级保护的核心是对信息系统分等级进行安全防护建设与管理,需要遵循以下基本原则:

① 自主保护,全面覆盖。按照"谁主管谁负责,谁运行谁负责"的原则。

② 统一规范,同步建设。信息安全等级保护建设按照 GB/T 22239—2008《信息安全技术信息系统安全等级保护基本要求》《国家电网公司信息化"SG186"工程安全防护总体方案(试行)》等信息安全标准规范进行设计和实施,以确保信息安全防护建设水平的一致。

GB/T 22239—2008 提出了不同安全等级信息系统应具备的基本安全功能要求,电力行业信息系统(含物联网应用系统)需按照等级保护要求进行安全设计和建设,对二级系统、三级系统提出的基本技术要求可概括为表 2-1。

表 2-1　二级系统、三级系统提出的基本技术要求

| 类　别 | 要求项 | 要求项数(二级) | 要求项数(三级) |
|---|---|---|---|
| 物理安全 | 物理位置的选择 | 1 | 2 |
| | 物理访问控制 | 2 | 4 |
| | 防盗窃和防破坏 | 5 | 6 |
| | 防雷击 | 2 | 3 |
| | 防火 | 1 | 3 |
| | 防水和防潮 | 3 | 4 |
| | 防静电 | 1 | 2 |
| | 温湿度控制 | 1 | 1 |
| | 电力供应 | 2 | 4 |
| | 电磁防护 | 1 | 3 |
| 网络安全 | 结构安全 | 4 | 7 |
| | 访问控制 | 4 | 8 |
| | 安全审计 | 2 | 4 |
| | 边界完整性检查 | 1 | 2 |
| | 入侵防范 | 1 | 2 |
| | 恶意代码防范 | 0 | 2 |
| | 网络设备防护 | 6 | 8 |

| 类　别 | 要求项 | 要求项数(二级) | 要求项数(三级) |
|---|---|---|---|
| 主机安全 | 身份鉴别 | 5 | 6 |
| | 访问控制 | 4 | 7 |
| | 安全审计 | 4 | 6 |
| | 剩余信息保护 | 0 | 2 |
| | 入侵防范 | 1 | 3 |
| | 恶意代码防范 | 2 | 3 |
| | 资源控制 | 3 | 5 |
| 应用安全 | 身份鉴别 | 4 | 5 |
| | 访问控制 | 4 | 6 |
| | 安全审计 | 3 | 4 |
| | 剩余信息保护 | 0 | 2 |
| | 通信完整性 | 1 | 1 |
| | 通信保密性 | 2 | 2 |
| | 抗抵赖 | 0 | 2 |
| | 软件容错 | 2 | 2 |
| | 资源控制 | 3 | 7 |
| 数据安全及备份恢复 | 数据完整性 | 1 | 2 |
| | 数据保密性 | 1 | 2 |
| | 备份和恢复 | 2 | 4 |

电力物联网的信息安全等级保护实施主要包括以下五个方面的内容:信息系统定级、符合性评估、制定建设方案、实施建设、等级化测评验收。对已投运的系统开展安全现状等级保护符合性评估、等级化改造实施建设、等级化测评验收。对新上线系统按照电监会与相关要求进行定级、符合性评估、制定建设方案、实施建设、等级化测评验收等工作,如表2-2所列。

表 2 - 2　电力企业信息系统安全保护五个等级

| 安全等级 | 等级名称 | 基本描述 | 安全保护要求 |
|---|---|---|---|
| 第一级 | 自主保护级 | 适用于一般信息系统。若系统所存储、传输和处理的信息遭到非授权修改、泄露或无法使用,或者系统中断、损坏、导致系统承载的业务无法正常运行,会对公民、法人和其他组织的合法权益造成损害,但不损害国际安全、社会秩序和公共利益 | 参照电网公司标准自主进行保护 |
| 第二级 | 指导保护级 | 适用于一般信息系统。若系统所存储、传输和处理的信息遭到非授权修改、泄露或无法使用,或者系统中断、损坏、导致系统承载的业务无法正常运行,会对公民、法人和其他组织的合法权益造成严重损害或对社会秩序和公共利益造成损害,但不损害国家安全 | 在国家主管部门的指导下,按照国家和公司标准自主进行保护 |

| 安全等级 | 等级名称 | 基本描述 | 安全保护要求 |
|---|---|---|---|
| 第三级 | 监督保护级 | 适用于涉及国家安全、社会秩序和公共利益的重要信息系统。若系统所存储、传输和处理的信息遭到非授权修改、泄露或无法使用,或者系统中断、损坏、导致系统承载的业务无法正常运行,会对社会秩序和公共利益造成损害,对国家安全造成损害 | 在国家主管部门的监督下,按照国家和公司标准严格落实各项保护措施进行保护 |
| 第四级 | 强制保护级 | 适用于涉及国家安全、社会秩序和公共利益的重要信息系统。若系统所存储、传输和处理的信息遭到非授权修改、泄露或无法使用,或者系统中断、损坏、导致系统承载的业务无法正常运行,会对社会秩序和公共利益造成损害,对国家安全造成严重损害 | 在国家主管部门的强制监督和检查下,按照国家和公司标准严格落实各项保护措施进行保护 |
| 第五级 | 专控保护级 | 适用于涉及国家安全、社会秩序和公共利益的极端重要信息系统。若系统所存储、传输和处理的信息遭到非授权修改、泄露或无法使用,或者系统中断、损坏、导致系统承载的业务无法正常运行,会对国家安全造成特别严重的损害 | 根据安全需求,由国家主管部门和运行单位对信息系统进行专门控制和保护 |

按照《信息安全技术信息系统安全等级保护定级指南》(GB/T 22240—2008)、《电力行业信息系统等级保护定级指导意见》〔2007〕44 号等文件要求,应用了物联网技术的电力物联网系统安全保护等级初步确定如表 2 - 3 所列。

表 2 - 3　电力物联网系统安全保护等级

| 系统名称 | 安全保护等级 | 系统名称 | 安全保护等级 |
|---|---|---|---|
| 输电线路在线监测 | 二级 | 输电线路全方位安全防护 | 二级 |
| 配电网智能防盗综合预警 | 二级 | 电气设备状态监测 | 二级 |
| 智能用电服务 | 二级 | 用电信息采集 | 二级 |
| 变、配巡检验证系统 | 二级 | 配电现场作业管理系统 | 二级 |
| 风力发电监控系统 | 三级 | — | — |

为了防范黑客及恶意代码等对电力二次系统的攻击侵害及由此引发的电力系统事故,建立电力二次系统安全防护体系,保障电力系统的安全稳定运行,2004 年 12 月,国家电力监管委员会制定并发布了《电力二次系统安全防护规定》(电监会 5 号令),并在 2007 年发布了《电力二次系统安全防护总体方案》及六个实施配套文件。

"安全分区、网络专用、横向隔离、纵向认证"是电力二次系统安全防护的基本原则。电力二次系统安全防护总体方案的框架结构如图 2 - 11 所示。

**(1) 安全分区**

发电企业、电网企业、供电企业内部基于计算机和网络技术的业务系统,原则上划分为生产控制大区和管理信息大区。

生产控制大区可以分为控制区(安全区 Ⅰ)和非控制区(安全区 Ⅱ);管理信息大区内部在不影响生产控制大区安全的前提下,可以根据各企业不同的安全要求划分安全区。

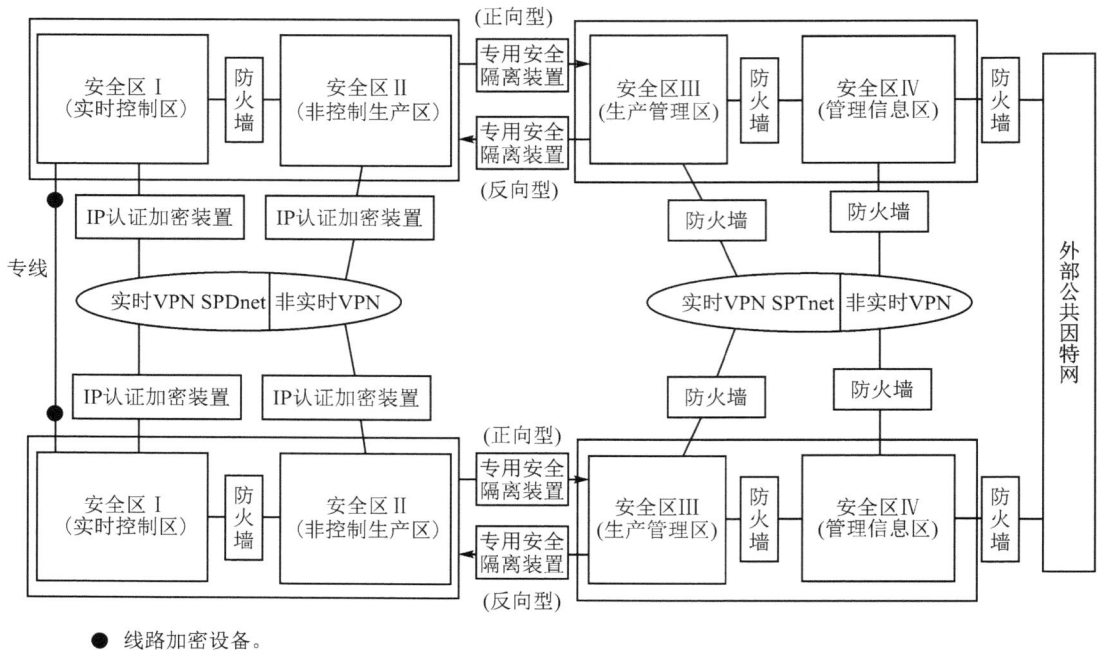

● 线路加密设备。

**图 2 - 11 电力二次系统安全防护总体方案的框架结构**

**（2）网络专用**

电力调度数据网应当在专用通道上使用独立的网络设备组网，在物理层面上实现与电力企业其他数据网及外部公共信息网的安全隔离。

电力调度数据网划分为逻辑隔离的实时子网和非实时子网，分别连接控制区和非控制区。

**（3）横向隔离**

横向隔离是电力二次安全防护体系的横向防线，在生产控制大区与管理信息大区之间必须设置经国家指定部门检测认证的电力专用横向单向安全隔离装置。

生产控制大区内部的安全区之间应当采用具有访问控制功能的设备、防火墙或者相当功能的设施，实现逻辑隔离。

**（4）纵向认证**

纵向认证是电力二次系统安全防护体系的纵向防线，采用认证、加密、访问控制等技术措施实现数据的远方安全传输以及纵向边界的安全防护。在生产控制大区与广域网的纵向交接处，应当设置经过国家指定部门检测认证的电力专用纵向加密认证装置或者加密认证网关及相应的设施。

根据电力二次系统安全防护规定要求，典型的电力物联网应用系统安全分区部署如表 2 - 4 所列。

各个物联网应用系统应按照电力二次系统安全防护规定要求实施安全防护。

表 2 - 4　典型电力物联网系统安全分区

| 系统名称 | 安全分区 | 系统名称 | 安全分区 |
| --- | --- | --- | --- |
| 输电线路在线监测 | 管理信息大区 | 输电线路全方位安全防护 | 管理信息大区 |
| 配电网智能防盗综合预警 | 管理信息大区 | 电气设备状态监测 | 管理信息大区 |
| 智能用电服务 | 管理信息大区 | 用电信息采集 | 管理信息大区 |
| 变、配巡检验证系统 | 管理信息大区 | 配电现场作业管理系统 | 管理信息大区 |
| 风力发电监控系统 | 生产控制大区 | — | — |

## 2.5.2　典型电力物联网系统安全防护方案

### 1. 输电设备状态监测系统安全防护方案

输电设施多处于变化莫测的恶劣自然环境中,会对输电设施的各种性能造成影响,必须对其进行状态监测。人工巡检无论从经济实用性还是可靠性方面均不能保障长距离高电压等级的输电线路安全运行的需求,而长距离输电线路往往经过大跨越等复杂恶劣环境区域,急需研发代替人工巡检方式的新的监测技术来提高工作效率。基于电力物联网的输电线路监测系统由现场测量感知单元、无线传感网络和远程数据管理中心三部分组成。现场测量感知单元是一种传感器节点,部署在架空输电线路杆塔上、被监测输电设备附近或之上,负责远程实时采集导线张力、温度以及绝缘子泄漏电流等信号并进行简单的状态数据的处理。无线传感器网络则是由这些大量的具有感知、计算和通信能力的智能传感器节点组成的,传感器节点之间基于 ZigBee 无线通信协议组建网络。所有节点的数据最终路由到汇聚(Sink)节点,由 Sink 节点将全部输电设备状态监测信息传送到变电站数据终端,输电线路监测系统的网络结构如图 2 - 12 所示。

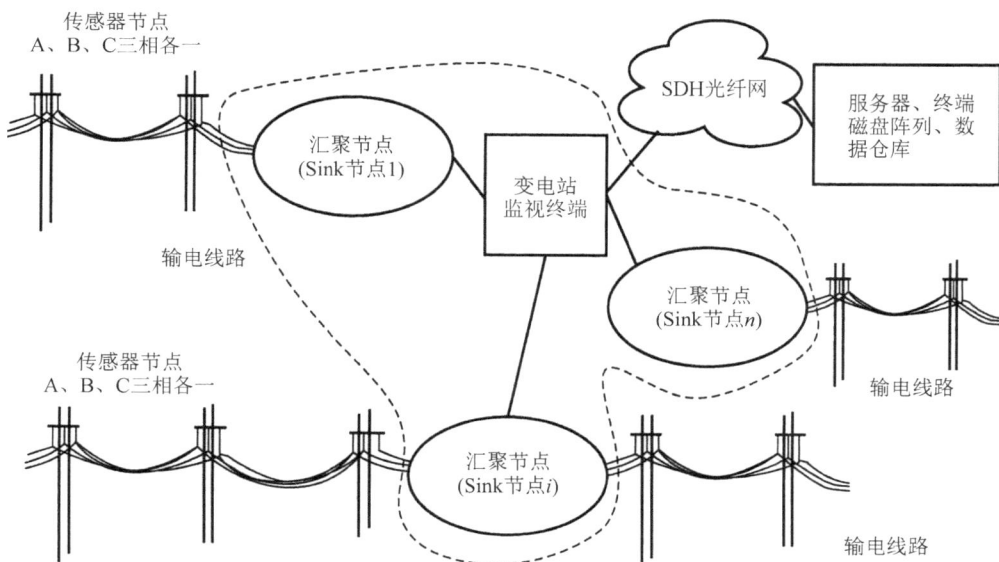

图 2 - 12　输电线路监测系统的网络结构

保护面向输电线路设备状态监测系统,建立分层网络安全防护架构,从各个层次保障网络安全,其层次架构安全示意图如图 2-13 所示。

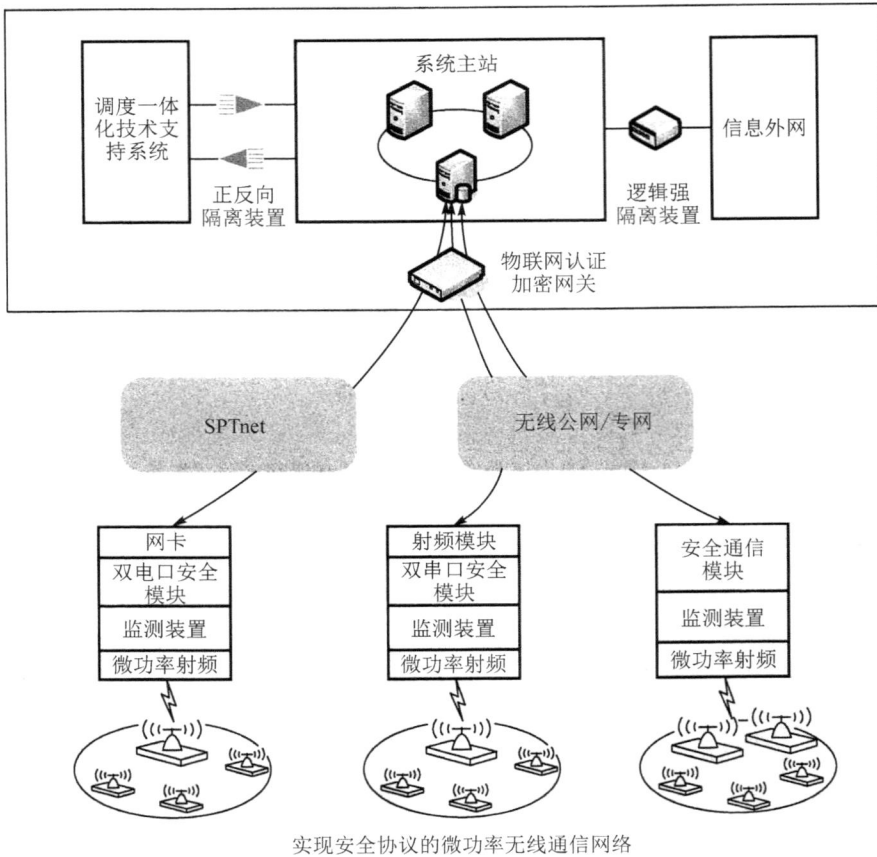

**图 2-13　输电设备状态检测系统分层网络安全防护示意图**

从图 2-13 可知,输电设备状态监测系统与电力物联网通用架构具有高度的一致性,应用服务层和通信网络层安全防护可依据前述章节开展保护。电力杆塔具有线性延长特性,图 2-14所示的输电设备状态监测系统无线传感器网络分层拓扑清晰地表示出了输电设备状态监测在杆塔和线路上无线传感器的组网方式。

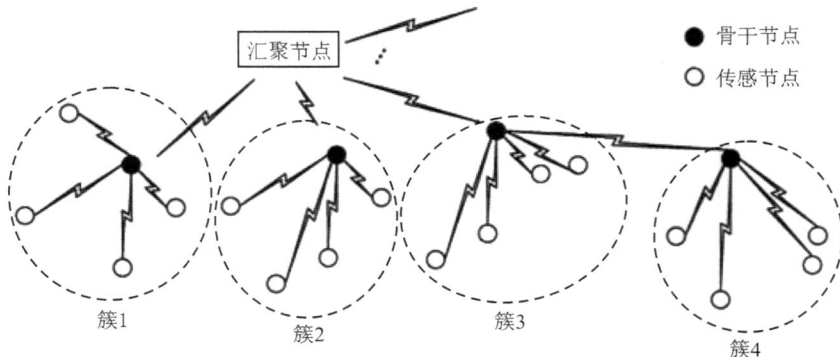

**图 2-14　输电设备状态监测系统无线传感器网络分层拓扑**

在输电设备检测系统中,无线传感器网络安全风险主要是:① 攻击者监听网络中传输的信息,以获取想要了解的杆塔、线路状态数据,或者试图了解足够的安全相关信息以便加入网络;② 攻击者伪装成合法节点加入网络,发送错误数据以影响系统、人员对输电杆塔、线路当前状态的判断;③ 攻击者采取拒绝服务攻击手段,使系统丧失工作能力。

因此,依据风险分析,安全目标总结如下:① 防止攻击节点非法接入感知层网络;② 防止系统和网络由于耗尽攻击丧失可用性;③ 防止配置信息、重要数据及鉴别信息的监听、伪造、篡改及重放。

建议采用的安全机制如下:① 入网认证(执行实体鉴别进程);② 访问控制;③ 消息源鉴别及完整性保护;④ 数据加密(配置信息、鉴别信息,其他信息可选)。安全机制在各节点间的配置如图 2-15 所示。

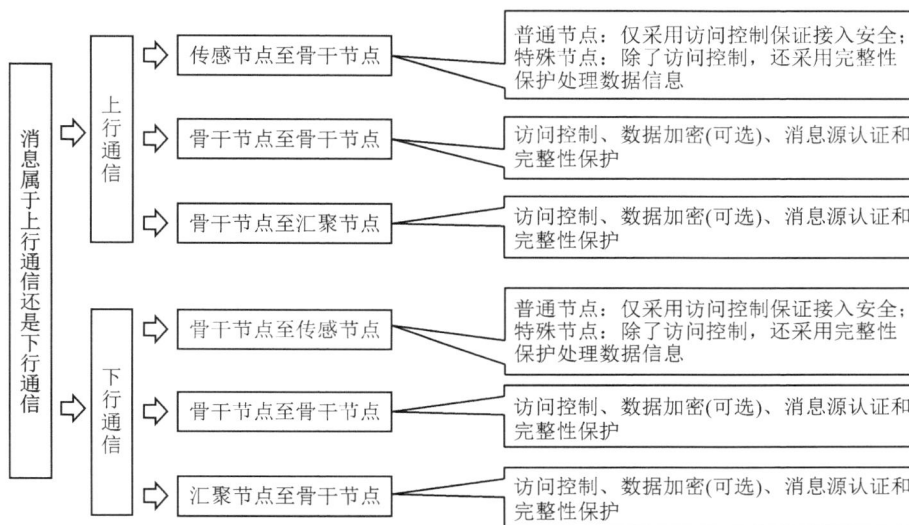

图 2-15  安全机制在各节点间的配置

## 2. 变电设备状态监测系统安全防护方案

变电站是智能电网的重要支撑节点,是电网基础运行数据的采集源头和命令执行单元,是智能电网建设变电环节的主要任务。变电设备及变电站安全将影响到整个电网的安全运行。面向建设高效、可靠、智能化变电站的需要,突破多传感器集成、多信息采集、信息融合及抗强电磁干扰等关键技术,采用可充电无线传感网技术进行变电站状态监测,可实现:① 变压器油气在线监测;② 变压器局放在线监测;③ 断路器振动特性、微水在线监测;④ 互感器、避雷器绝缘在线监测;⑤ 变电站安防监测;⑥ 变电站红外视频在线监测;⑦ 变电站移动视频监测;⑧ 互感器动态计量在线监测等。变电站采集层网络传感结构如图 2-16 所示。在线监测系统通过对变电站各种状态量的测量和报告,将数据传输到后台专家系统进行分析与决策,能准确反映出变电站的各种状态,提供安全评价。

变电设备状态监测系统采用类似的分层架构,实现变电设备状态监测系统网络安全防护,如图 2-17 所示。

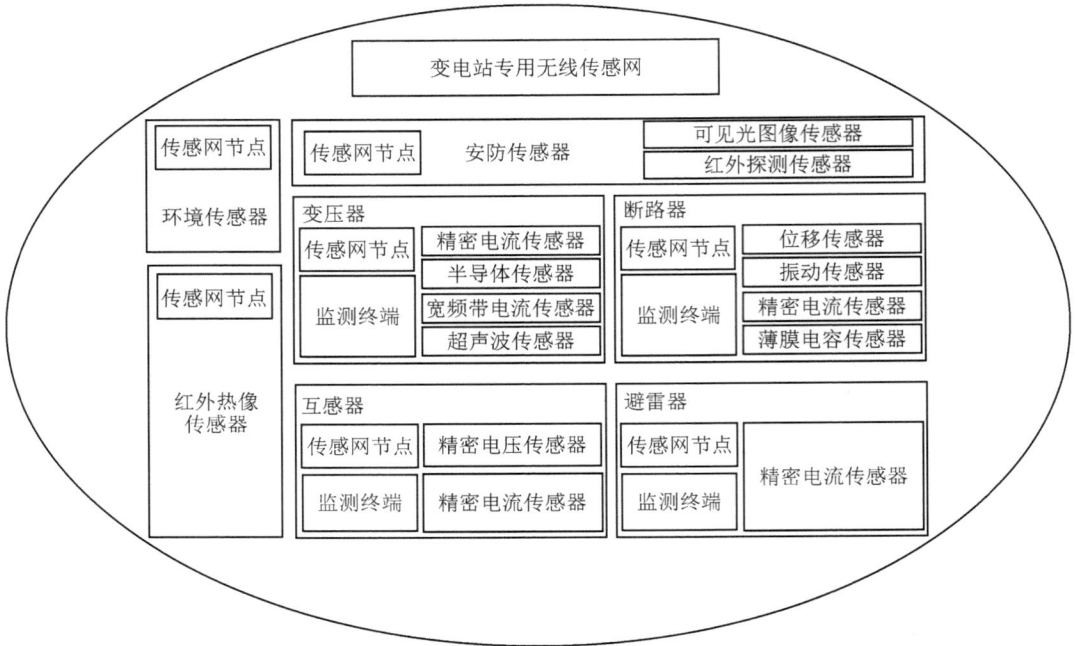

**图 2-16 变电站采集层网络传感结构图**

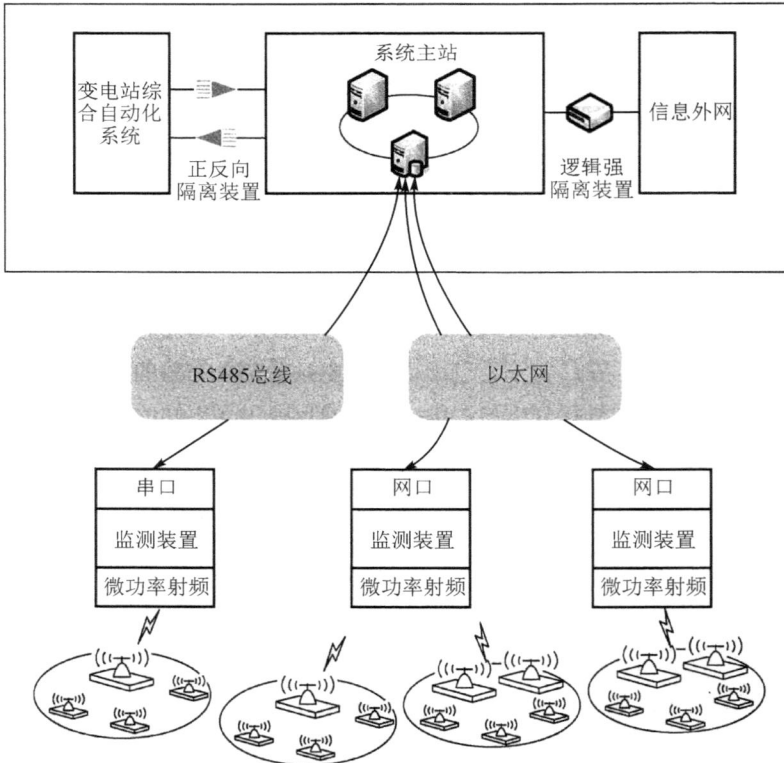

实现安全协议的微功率无线通信网络

**图 2-17 变电设备状态监测系统网络安全防护示意图**

与输电设备状态监测系统不同,变电设备状态监测系统部署在变电站内部,攻击者无法物理接触监测终端或设备,并且系统不使用广域通信网络,因此安全风险较小。现场边界和通信网络层可降低安全防护级别,无须采取物联网网关加密认证系统、边界入侵检测、边界安全监测、传输信息安全保护的技术措施。无线电波的开放特性使攻击者在无法物理接触到终端或设备的情况下也可以实施攻击。因此在感知层采取安全防护措施是必要的,本小节就系统中应用的无线传感器网络安全防护的实现提出具体方案。

变电设备状态检测系统的无线传感器网络安全主要面临如下风险:① 攻击者监听网络中传输的信息,以获取想要了解的变电设备状态数据,或者试图了解足够的安全相关信息以便加入网络;② 攻击者伪装成合法节点加入网络,发送错误数据以影响系统、人员对变电设备当前状态的判断;③ 攻击者采取拒绝服务攻击手段,使系统丧失工作能力。对于有人值守的变电站,上述感知层安全风险较低。

依据风险分析,安全目标总结如下:
① 防止攻击节点非法接入感知层网络;
② 防止系统和网络由于耗尽攻击丧失可用性;
③ 防止配置信息、重要数据、鉴别信息的监听、伪造、篡改及重放。

建议采用的安全机制如下:
① 入网认证(执行实体鉴别进程);
② 访问控制;
③ 消息源鉴别及完整性保护;
④ 数据加密(配置信息、鉴别信息,其他信息可选),访问控制、消息源鉴别及完整性保护、数据加密三类安全机制。

### 3. 集中抄表系统安全防护方案

集中抄表系统主要由两个部分组成:一是主站系统部分,二是终端设备部分。

主站系统部分负责信息的收集、存储、整理、发布、分析,利用集群化的前置机读取采集回的数据,存储在数据库中。利用基础抄表数据,对各种应用类型的工作站进行电量维护、监控、线损计量、报表等二次数据处理,为电力营销提供管理和决策依据。主站主要由前置机、工作站、任务服务器等节点组成,主要创新技术有营业所节点免安装维护(开机自动更新)、双网(互联网或局域网)抄收控制、前置机节点资源统一管理、上行信道无关、共享上行信道、系统可任意伸缩与各节点可无限扩展、任一节点故障不影响系统运行、集中器远程调试、各节点(前置机、工作站、任务服务器、集中器)程序远程升级维护等。

终端设备部分将多个电能表电能量的信息集中抄读,然后通过传输媒介(GPRS、RS485专线、载波、小范围无线等信道)远距离传送到主站,主站将集中抄收后的数据输入主站数据库,再将主站与计算机连接,方便计算机在任意时刻对主站抄收数据。主站系统部分依据抄收的数据完成对各台区的电能量数据的统计、用电情况的考核、线损的分析以及预付费管理等扩展功能。

应用无线传感器网络的集中抄表系统同样具有三层架构,与输电设备状态监测系统和变电设备状态监测系统相比,集中抄表实现用电信息的自动采集、计量异常监测、电能质量监测、用电分析和管理等功能,其重要程度更高,安全风险也更大,需要在应用服务层、通信网络层和感知层实现完善的安全防护。集中抄表安全防护示意图如图 2-18 所示。其感知层的安全主要考虑"系统内接口安全防护"和"感知层安全防护"的实现。

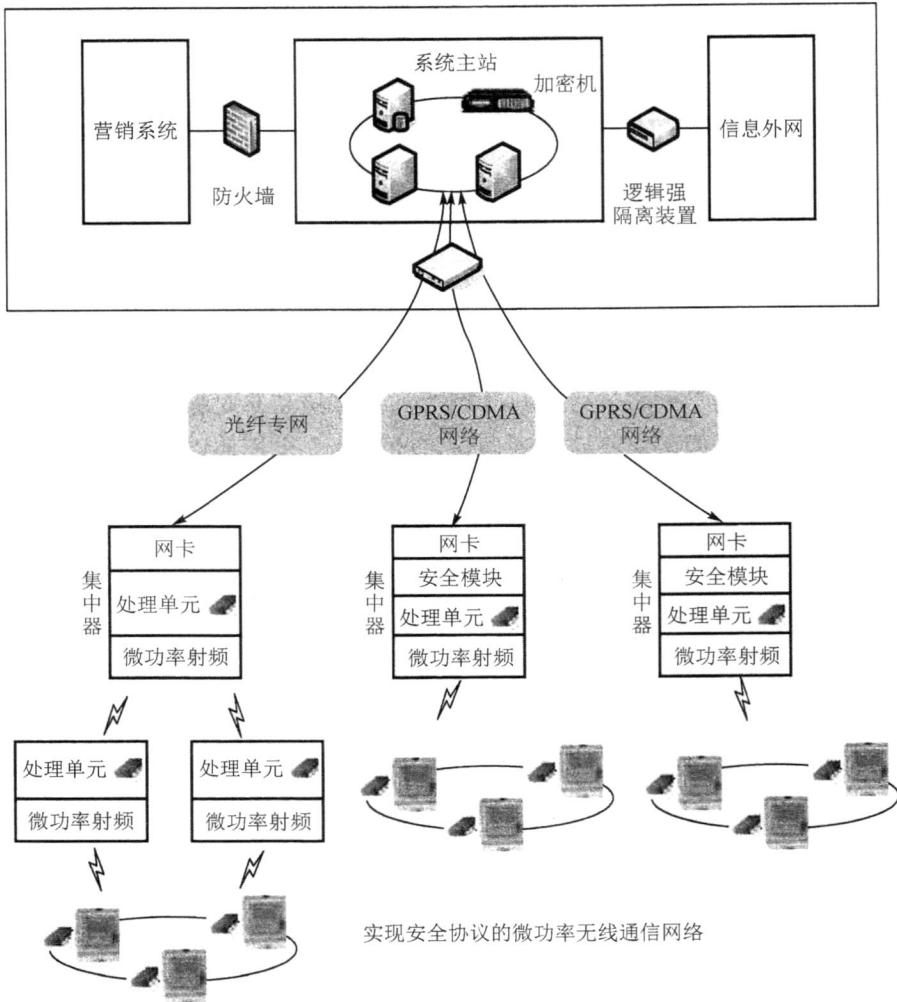

**图 2-18　集中抄表安全防护示意图**

**(1) 系统内数据接口安全防护**

　　系统内数据接口主要是针对系统中的主站与采集设备、计量设备之间的数据交互的接口。系统内数据接口主要采用信息加密技术实现安全防护。采用的信息加密技术包括对称密钥密码技术和公开密钥密码技术。对称密钥密码技术采用的对称密钥加密算法推荐选用国密 SM1 算法；公开密钥密码技术采用的非对称密钥加密算法推荐选用 RSA(1 024 bit 以上)。

　　在主站、采集设备、计量设备加装应用安全设备(密码机和安全模块)来实现信息加密，以确保数据传输中关键信息的完整性及敏感信息的安全性。

**(2) 应用安全设备的部署位置**

　　本系统内应用的安全设备主要是密码机和安全模块，其中密码机和加密模块均采用硬件加密算法。主站侧部署密码机，用于主站侧数据的加解密；在采集设备和计量设备中嵌入安全模块实现设备内部数据的加解密。

要求前置通信服务器要配备双网卡,通过其中的一个网卡将前置通信服务器与密码机部署在同一个局域网内。密码机与前置通信服务器以 TCP/IP 的方式进行通信,其中密码机为服务器,前置通信服务器为客户端。在专变终端、集中器、远程多功能表、智能电能表等设备中加装安全模块,其中采集器只是数据传输通道,不需要加装安全模块。

**(3) 系统内数据接口采用的安全防护措施**

系统内数据接口主要采用信息加密技术实现安全防护,要求所有数据加解密都应采用硬件加密的方式实现,不允许使用软件加解密方式。

主站侧应采用国家密码管理局认可的密码机实现数据的加解密,密码机必须集成对称密钥加密算法和非对称密钥加密算法。集中器中应采用国家密码管理局认可的硬件安全模块实现数据的加解密。专变终端和集中器采用的硬件安全模块应采用同时集成有国家密码管理局认可的对称密钥加密算法和非对称密钥加密算法的安全模块。电能表中应采用国家密码管理局认可的硬件安全模块以实现数据的加解密。智能电能表采用的硬件安全模块内部应至少集成有国家密码管理局认可的对称密钥加密算法。

对称密钥密码技术采用的对称密钥加密算法推荐选用国密 SM1 算法,公开密钥密码技术采用的非对称密钥加密算法推荐选用 RSA(1 024 bit 以上)。对称密钥加密算法实现方式参见 GB/T 17903.2—1999 信息技术安全技术抗抵赖第 2 部分:使用对称技术的机制(ISO/IEC 13888 - 2:1997);非对称密钥加密算法实现方式参见 GB/T 17903.3—1999 信息技术安全技术抗抵赖第 3 部分:使用非对称技术的机制(ISO/IEC 13888 - 3:1997)。

# 第 3 章　电力物联网在输电系统的应用

高压输电线路按结构形式可分为架空输电线路和地下电缆输电线路,由于输电线路运行环境复杂、气候差异大等特点,输电系统的安全稳定运行直接影响电网的可靠供电。在输电系统一次系统坚强的基础上,根据国家电网有限公司《输变电设备物联网建设方案》中输电专业的建设需求及《智慧输电线路建设方案》等技术文档,结合输电专业新一代智能管控系统建设思路,深化输电专业"立体巡检＋集中监控"运检管控模式,实现输电系统重要设备的信息感知与监测、智能预警、辅助决策等功能应用需求,提高输电系统的管理水平。

## 3.1　总体架构

### 3.1.1　目标架构

输电智慧物联体系建设依托公司级云平台和物联管理平台,实现输电专业数据的集约化、规范化管理和互联互通应用,结合实际应用深度挖掘数据价值,提升输电系统状态信息实时感知、电网自主预警及智慧决策能力,实现与各专业、各部门间的资源和数据共享应用。

按照接入数据类型,输电专业边缘物联代理装置可分为只接入在线监测装置产生的窄带数据型边缘物联代理装置以及可同时满足图像和在线监测装置数据接入的宽窄带数据融合型边缘物联代理装置。本章典型设计主要针对只接入在线监测装置产生的窄带数据型边缘物联代理(即输电接入节点)下的业务场景。

本设计结合输电运检专业实际业务需求与已有业务系统现状,聚焦输电专业 5 大业务功能(22 个典型场景),设计了如图 3-1 所示的典型输电线路智慧物联体系目标架构。本设计主要用于输电线路智慧物联业务场景中设备状态、通道环境等感知数据的物联应用,为应用单位提供决策参考。

输电设备物联网总体架构由感知层、网络层、平台层和应用层组成。

感知层:输电专业终端设备采集数据主要包括视频图像、环境量、状态量和辅助设备状态等,通过各类感知终端实现架空线路和电缆线路状态的精准感知,数据信息通过短距离低功耗网络传输至汇聚节点进行汇聚,并在接入节点进行区域汇聚和边缘计算。视频图像采集终端的数据发送至统一视频平台,无人机和机器人等移动设备的采集数据在本地进行处理,相关数据可以选择进入统一视频平台。

网络层:为输电接入节点设备与云端之间的数据传输提供通道,主要利用无线专网或公网APN;对于部分电缆线路有光纤接入条件的可以通过光纤内网接入,实现数据的可靠、安全传输。

平台层:由物联管理平台、统一视频平台和企业中台构成,物联管理平台可以实现数据管理、网络管理、设备管理、应用管理和安全管理等功能;统一视频平台用于视频图像数据的接入,企业中台可以接入已有的存量系统数据,共同为应用层提供数据服务。

应用层:基于企业中台、物联管理平台数据和服务的支撑,根据输电专业管理及应用需求,以输电专业微应用方式对多源数据进行融合分析及共享,实现高级应用和辅助决策。由专业部门根据需求开发完善输电线路物联监控、指挥决策系统、设备管理与故障诊断等各类业务应用系统,实现输电线路管理和运维的智能化。

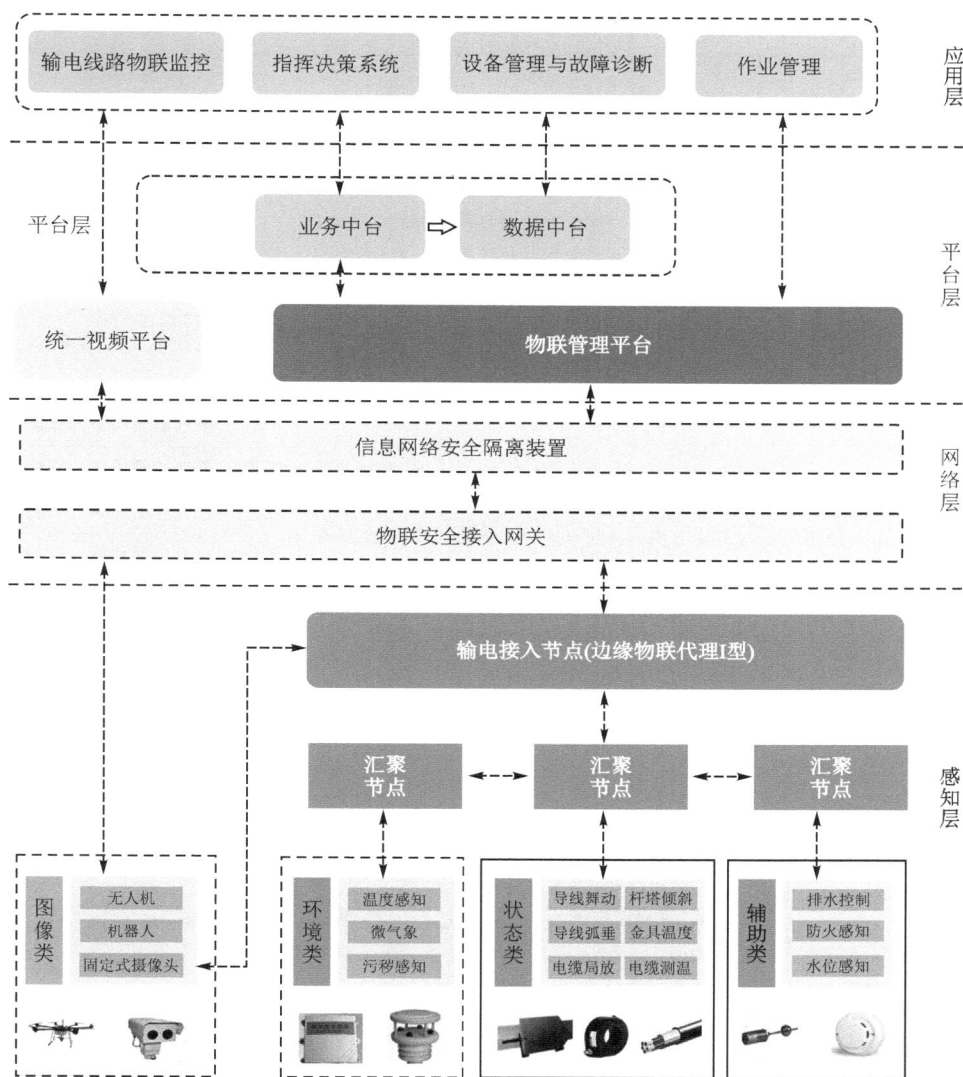

图 3 - 1 输电线路智慧物联体系目标架构

## 3.1.2 建设原则

① 突出效益。输电典型场景的设计要以业务功能的提升为目标,并综合考虑费用效率比,优先部署有利于基层减负、提质增效的重点区域。

② 因地制宜。按照架空线路、高压电缆的实际空间位置和环境特点,"因地制宜、按需落地"。

③ 按需配置。输电接入节点(边缘物联代理)、采集终端和汇聚终端沿线路走向合理配置,应用多跳通信或其他方式进行本地组网,实现一段线路或单基杆塔周围的数据汇集和边缘计算。

# 3.1.3　典型应用场景目录

输电系统典型应用场景目录如表 3－1 所列。

表 3－1　典型应用场景目录

| 序　号 | 业务名称 | 功能描述 | 场景名称 |
|---|---|---|---|
| 1 | 线路状态实时感知与智能诊断 | 通过微功率/低功耗传感网络及节点设备实现信息互联及融合,利用边缘计算实现设备状态的初步诊断及告警,依托设备物联网高级应用实现多源信息数据的融合分析与深化应用;利用大数据、云计算、人工智能等手段实现输电线路状态主动评估、智能预警及精准运维,提高线路运检效率和效益 | 场景1:线路温度监测及动态增容 |
| | | | 场景2:线路故障智能诊断与异常放电主动侦测 |
| | | | 场景3:线路外绝缘状态感知预警 |
| | | | 场景4:共享铁塔安全智能监测 |
| 2 | 自然灾害全景感知与预警决策 | 通过对雷电、覆冰、山火、台风、地质灾害、舞动等监测预警技术的攻关研究与推广应用,完善基于输电通道环境监测信息的自然灾害预测预警模型,实现通道自然灾害的可视化展示、灾害预测预警,实现对通道各类致灾因子监测预警的全覆盖、强时效、高精度,为智能抢修和智能调度提供决策依据 | 场景5:微气象重点区域监测与辅助决策 |
| | | | 场景6:雷电监测预警与智能决策 |
| | | | 场景7:覆冰监测预警与智能决策 |
| | | | 场景8:舞动监测预警与智能决策 |
| | | | 场景9:山火监测预警与智能决策 |
| | | | 场景10:地质灾害监测预警与智能决策 |
| | | | 场景11:台风监测预警与智能决策 |
| | | | 场景12:自然灾害综合评估与智能决策 |
| 3 | 空天地多维融合及协同自主巡检 | 综合边缘智能、安全连接、图像识别、实物 ID 现场交互、微源取能和移动应用等核心技术,利用无人机、直升机、可视化、卫星遥感等智能感知手段,结合人工移动巡检,构建新一代线路巡视体系,实现"设备、中台、人员"互联,从地面、空中和天上对架空输电线路本体设备、附属设施和通道环境进行全方位巡检。利用大数据、云计算、人工智能等技术,深化可见光影像、红外热图、激光点云等多源数据与运检信息的有效融合,开展多设备联合分析,实现运检业务智能辅助决策 | 场景13:全业务智能移动巡检 |
| | | | 场景14:全天候远程通道可视 |
| | | | 场景15:全视角协同自主巡检 |
| | | | 场景16:全时空卫星遥感监测 |
| 4 | 线路检修智能辅助与动态防护 | 利用无人机、直升机、机器人等辅助装置,优化检修作业流程,提升检修效率;综合物联网技术感知关键部件及环境状态信息,融合多源历史数据及标准检修方案,自动开展线路状态评价并提出检修建议,利用云计算、远程视频、大数据分析等多种技术手段,实现现场作业全过程远程监测与安全管控 | 场景17:多元辅助智能检修 |
| | | | 场景18:动态防护作业安全 |

续表 3-1

| 序　号 | 业务名称 | 功能描述 | 场景名称 |
|---|---|---|---|
| 5 | 高压电缆全息感知与智能管控 | 采用各类传感器,对高压电缆本体、中间接头、电缆隧道的环境量、物理量、状态量、电气量、行为量进行实时采集,并与运检专业数据融合分析,实现电缆设备状态及隧道环境的深度感知、风险预警和全景展示,主动触发多参量和多设备间的联合分析并推送预警信息,完成各业务系统、个人移动终端、APP、智能巡检机器人的信息共享,有效提升高压电缆状态感知的及时性、主动性和准确性,为缺陷、隐患的及时发现、处置提供保障 | 场景 19:电缆状态多维感知与诊断决策 |
| | | | 场景 20:电缆隧道环境全息感知与远程管控 |
| | | | 场景 21:电缆智能移动巡检与实时管控 |
| | | | 场景 22:电缆故障快速定位与智能抢修 |

## 3.1.4　应用场景实施策略

### 1. 边缘物联代理部署

① 对架空输电线路,边缘物联代理部署于 APN、电力专网信号、电力光纤覆盖区域杆塔上,用于接收汇聚节点或采集终端数据。

② 对输电高压电缆,当采用有线通信方式时,可在隧道合适区域部署边缘物联代理;当采用无线通信方式时,宜在电缆廊道内无线信号稳定区域部署边缘物联代理。

③ 用于汇聚状态感知类采集终端数据的边缘物联代理宜采用边端分离型;用于视频图像类数据分析的边缘物联代理宜采用边端融合型。

### 2. 采集终端及汇聚节点部署

采集(控制)终端及汇聚节点部署应根据国网设备部相关方案,进行选型及安装部署工作。其主要包括:

① 对于 APN、4G 信号未覆盖或不稳定区域的架空线路,可部署汇聚节点,通过自组网将数据传输至相应边缘物联代理;对于输电电缆,应考虑电缆通道地形、组网方式及通信协议等因素合理设置汇聚节点。

② 对于架空线路汇聚节点部署可选用两种方案,一是在杆塔上部署具备接入各类传感器及终端设备的常规汇聚节点;二是对现有舞动监测终端、覆冰监测终端等终端装置进行功能扩展,使其具备接入其他传感数据和自组网的功能。

③ 对于输电电缆,当电缆廊道内覆盖无线信号时,应综合考虑电缆通道地形、组网方式及通信协议等因素合理设置汇聚节点;采用有线通信方式时,宜结合所采用传感设备的通信方式合理设置汇聚节点。

# 3.2　输电智慧物联典型应用场景

## 3.2.1　典型应用场景

输电设备物联网应用全景图如图 3-2 所示。

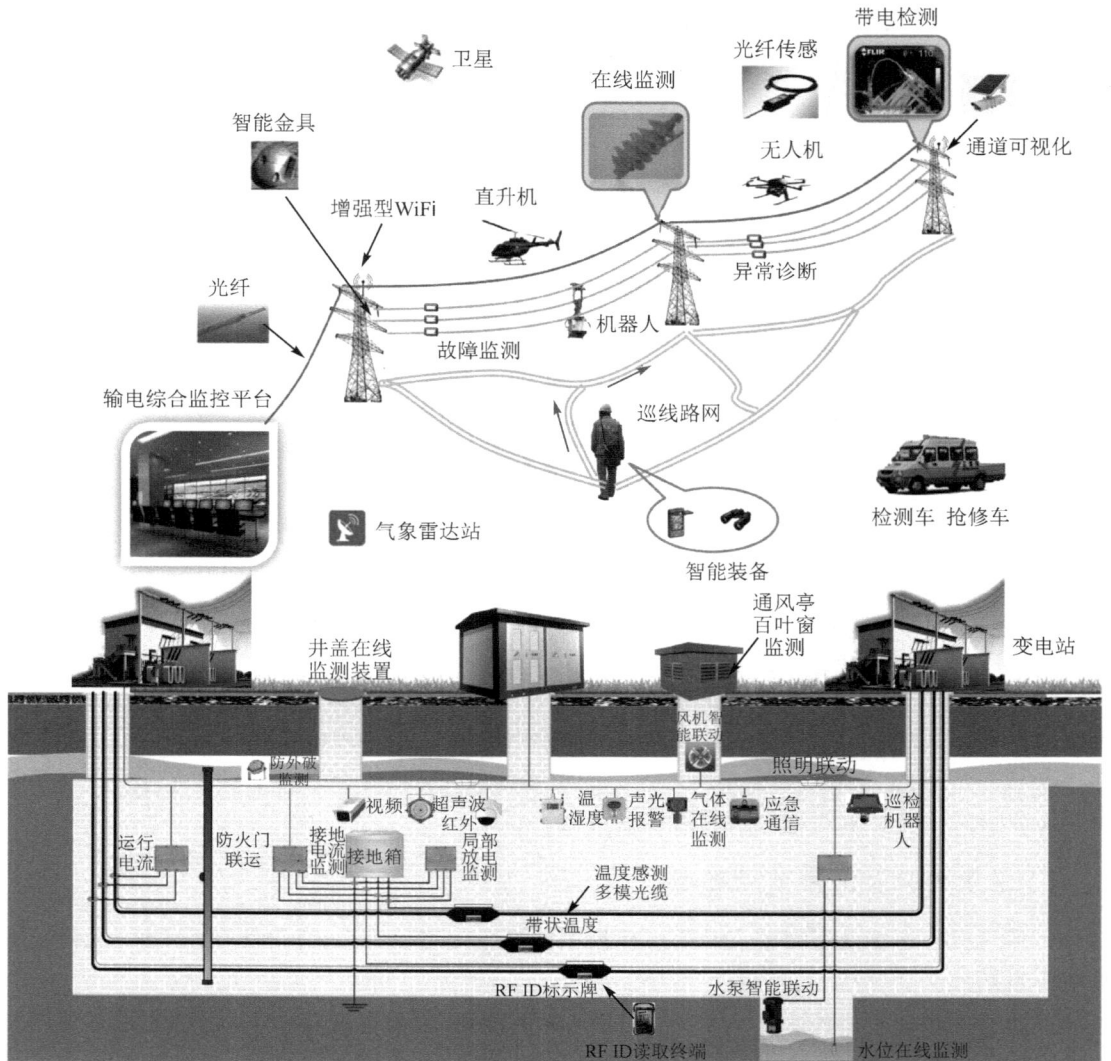

图 3-2　输电设备物联网应用全景图

## 1. 线路状态实时感知与智能诊断

通过微功率低功耗传感网、链状多跳组网及物联代理等方式实现信息互联及融合,利用边缘计算实现设备状态的初步诊断及告警,依托设备物联网高级应用实现多系统、多源信息数据的融合分析与深化应用;利用大数据、云计算等人工智能手段实现输电线路状态主动评估、智能预警及科学运维,进一步提升线路运维保障能力,提高线路运检效率效益。

**场景 1:线路温度监测及动态增容**

1)功能及成效

在输电线路导线、耐张线夹、接续管、引流板等处加装无线测温传感器,并在重点监测区适当部署环境温湿度、风速、雨量及日照强度等多参量传感器,全天候感知导线和连接金具温度及周围的气象信息,通过自组网全面汇集相关监测信息并进行边缘计算和智能分析,帮助和指导运维人员实时掌握线路运行状态,开展科学运维。在应用层融合线路交跨信息,计算导线最大负荷状况,预测线路导线温度及弧垂变化,辅助调度部门进行断面潮流控制,合理调配线路输送容量,有序开展动态增容。

2) 系统架构

通过气象传感器监测环境气象数据,测温传感器监测导线、耐张线夹、接续管、引流板的温度数据,通过本地组网方式经汇聚节点接入边缘物联代理。由边缘物联代理与物联管理平台进行数据交互。在应用层以微应用的方式,通过数据中台与业务系统数据交互和融合分析,辅助调度管理系统进行动态增容。线路温度监测及动态增容场景系统架构如图 3-3 所示。

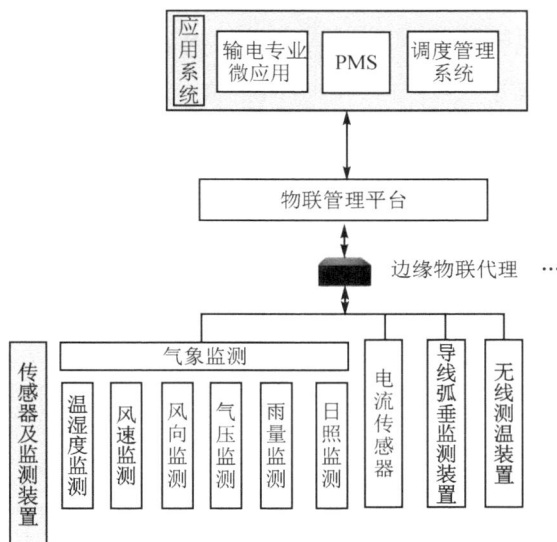

**图 3-3　线路温度监测及动态增容场景系统架构**

3) 终端配置

线路温度监测及动态增容场景的传感器层终端配置如表 3-2 所列。

**表 3-2　线路温度监测及动态增容场景的传感器层终端配置表**

| 终端名称 | 传感终端 | 感知量 | 安装位置 | 推荐配置 |
|---|---|---|---|---|
| 微气象监测装置 | 风速风向传感器 | 风速、风向 | 杆塔 | 宜选 |
| | 温度传感器 | 空气温度 | | |
| | 湿度传感器 | 湿度 | | |
| | 气压传感器 | 气压 | | |
| | 雨量传感器 | 雨量 | | |
| | 光辐射传感器 | 光辐射量 | | |
| 测温装置 | 微功率无线测温传感器 | 金具温度 | 导线、耐张线夹、接续管、引流板 | 宜选 |
| 导线电流监测装置 | 电流传感器 | 导线电流 | 导线 | 宜选 |
| 导线弧垂装置 | 导线弧垂传感器 | 导线弧垂 | 导线 | 可选 |

**场景 2：线路故障智能诊断与异常放电主动侦测**

1）功能及成效

针对 220 kV 及以上输电线路,部署异常状态监测智能终端,实时监测线路故障电流及波形;通过边缘计算,对线路本体和输电走廊雷击进行波形分析,实现故障定位和原因初步分析;在应用层,融合国网公司监测预警中心监测预警信息、故障录波动作信息和现场无人机巡视信息,建立基于多源信息的输电线路故障原因综合诊断模型,实现故障原因的精确分析,大幅缩短故障原因诊断时间,并依托人工智能算法迅速判断故障影响范围,提供后续处理方案和决策建议。在输电线路特殊区段推广应用异常状态智能监测终端,实时侦测采集线路导线异常放电行波电流;通过边缘计算,对绝缘子劣化、金具放电、植被超高、覆冰、污秽等五类典型异常进行定位、辨识及预警,提醒运维人员及时采取应对措施;通过气象数据、可视化数据、设备台账数据及历史检修数据融合分析,智能评估设备风险等级,辅助制定检修消缺策略,并为调度部门合理安排电网运行方式提供依据。

2）系统架构

分布式线路故障监测装置、异常状态智能监测装置监测数据,经边缘物联代理上送物联管理平台。在应用层以微应用的方式,由数据中台与业务系统进行数据交互,并结合异常监测数据、气象数据、可视化数据、设备数据及历史运检数据进行横向融合分析,辅助调度系统进行事故分析。线路故障智能诊断与异常放电主动侦测场景系统架构如图 3 - 4 所示。

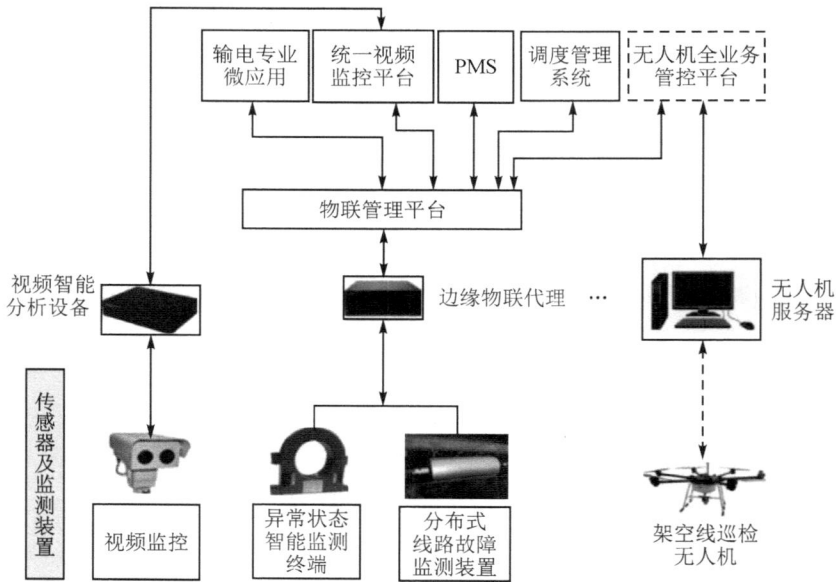

**图 3 - 4　线路故障智能诊断与异常放电主动侦测场景系统架构**

3）终端配置

线路故障智能诊断与异常放电主动侦测场景的传感器层终端配置如表 3 - 3 所列。

表 3 - 3　线路故障智能诊断与异常放电主动侦测场景的传感器层终端配置表

| 终端名称 | 传感终端 | 感知量 | 安装位置 | 推荐配置 |
|---|---|---|---|---|
| 异常状态智能监测装置 | 异常放电行波电流传感器 | 异常放电行波电流 | 导线 | 宜选 |
| 线路故障诊断装置 | 分布式故障诊断装置、网络式故障诊断装置、故障指示器等 | 暂态和稳态故障量 | 线路全覆盖 | 必选 |
| 可视化监控装置 | 图像视频监控装置 | 视频图像 | 杆塔 | 必选 |

### 场景 3：线路外绝缘状态感知预警

1）功能及成效

针对沿海高盐地区、高污染、高粉尘等特殊环境以及运行 10 年及以上的输电线路绝缘子，安装泄漏电流、雨量、温湿度传感器，监测绝缘子表面泄漏电流状态，通过边缘计算分析模块，实现外绝缘状态实时感知及异常告警，并上传物联网后台。结合设备本体信息、可视化信息及相关检测数据，在应用层智能分析瓷、玻璃绝缘子污秽度和复合绝缘子本体老化情况，指导复合绝缘子寿命评估及检修策略制定；融合平台层和应用层气象降水预报、雾霾预报等公共信息，实现污闪预警，综合判断污闪风险区和风险线路杆塔，提前预警输电线路外绝缘故障风险。

2）系统架构

通过泄漏电流、雨量、温湿度传感器监测绝缘子表面泄漏电流状态，并通过汇聚节点上送边缘物联代理后上送物联管理平台。在应用层以微应用的方式，由数据中台与业务系统进行数据交互，并融合气象降水预报、雾霾预报等公共信息进行综合分析及预警。视频监控通过视频智能分析终端，将数据和分析结果接入统一视频监控平台并与数据中台交互数据。线路外绝缘状态感知预警场景系统架构如图 3 - 5 所示。

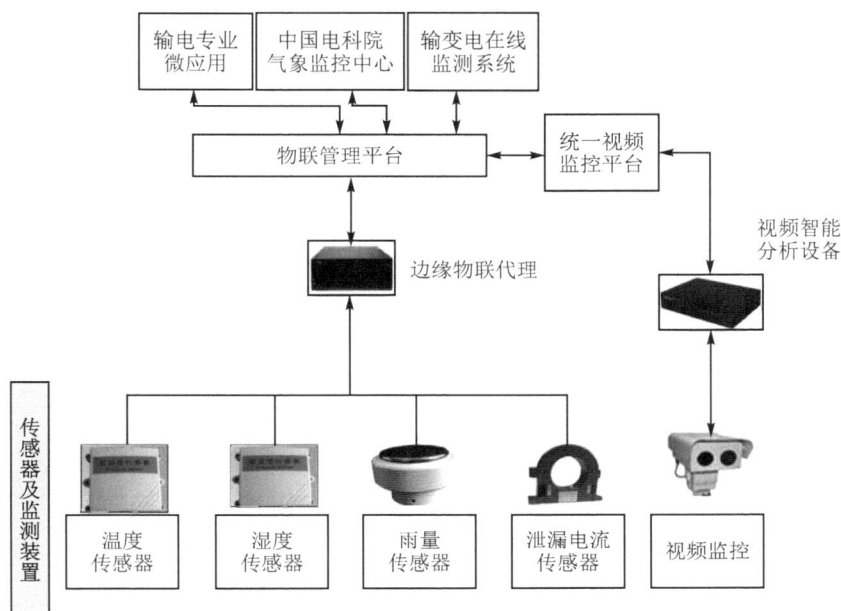

图 3 - 5　线路外绝缘状态感知预警场景系统架构

3）终端配置

线路外绝缘状态感知预警场景的传感器层终端配置如表3-4所列。

表3-4　线路外绝缘状态感知预警场景的传感器层终端配置表

| 终端名称 | 传感终端 | 感知量 | 安装位置 | 推荐配置 |
|---|---|---|---|---|
| 泄漏电流监测装置 | 泄漏电流传感器 | 绝缘子泄漏电流 | 线路绝缘子 | 可选 |
| 微气象监测装置 | 风速风向传感器 | 风速、风向 | 杆塔 | 宜选 |
| | 温度传感器 | 空气温度 | | |
| | 湿度传感器 | 湿度 | | |
| | 气压传感器 | 气压 | | |
| | 雨量传感器 | 雨量 | | |
| | 光辐射传感器 | 光辐射量 | | |
| 可视化监控装置 | 图像视频监控装置 | 视频图像 | 杆塔 | 宜选 |

**场景4：共享铁塔安全智能监测**

1）功能及成效

结合共享铁塔所处地形，在输电共享铁塔上有重点、差异化部署杆塔倾斜传感器、智能螺栓、可视化监控等感知设备，实时监测共享铁塔运行状态。在应用层建立共享铁塔安全监控及评估模块，将监测数据、结构参数和气象数据进行融合分析，智能评估共享杆塔安全状态和风险等级。

2）系统架构

杆塔倾斜传感器、智能螺栓等感知终端，通过汇聚节点上送边缘物联代理后上送物联管理平台。在应用层以微应用方式对监测数据、结构参数和气象数据进行融合分析。视频监控通过视频智能分析终端，将数据和分析结果接入统一视频监控平台并与数据中台交互数据。共享铁塔安全智能监测场景系统架构如图3-6所示。

3）终端配置

共享铁塔安全智能监测场景的传感器层终端配置如表3-5所列。

表3-5　共享铁塔安全智能监测场景的传感器层终端配置表

| 终端名称 | 传感终端 | 感知量 | 安装位置 | 推荐配置 |
|---|---|---|---|---|
| 杆塔倾斜监测装置 | 杆塔倾斜传感器 | 杆塔倾角 | 杆塔 | 宜选 |
| 智能螺栓 | 螺栓松动监测传感器 | 螺栓紧固度 | 连接金具 | 可选 |
| 可视化监控装置 | 图像视频监控装置 | 视频图像 | 杆塔 | 必选 |
| 北斗定位装置 | 北斗定位装置 | 北斗定位信号 | 杆塔 | 宜选 |

**场景5：微气象重点区域监测与辅助决策**

1）功能及成效

依据重要输电通道及微地形分布区域，网格化部署微型气象站、气象数值在线监测系统等感知装置，采集线路附近温湿度、风速、风向、雨量等关键气象数据，结合边缘计算技术实现现场气象特征及走势的基本研判，融合现场微气象监测数据、气象卫星数据及公共服务气象数

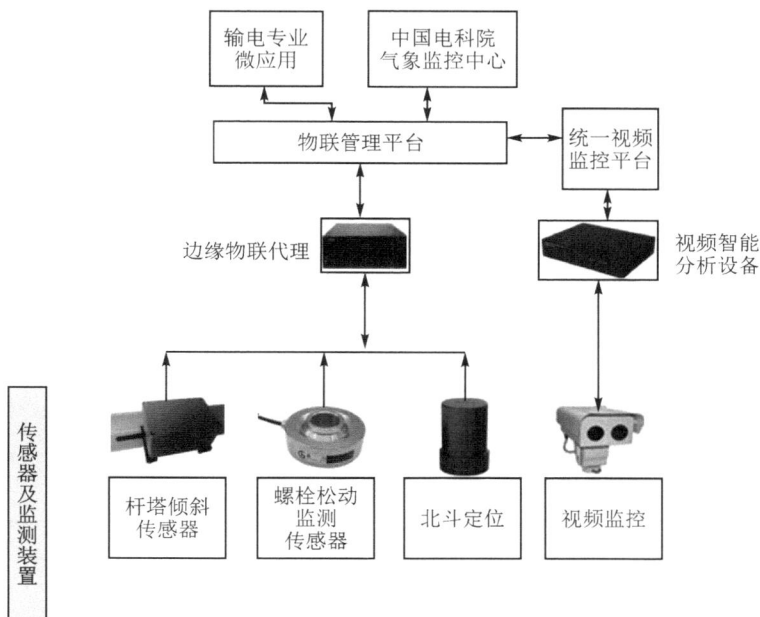

**图 3 - 6　共享铁塔安全智能监测场景系统架构**

据,实现对微地形、微气象等影响线路气象环境关键要素的准确模拟和差异化管控。

2)系统架构

气象监测终端、微型气象站监测数据通过汇聚节点,经边缘物联代理接入物联管理平台。在应用层以微应用方式,由数据中台获取气象卫星、气象站多源数据进行融合分析和应用。微气象重点区域监测与辅助决策场景系统架构如图 3 - 7 所示。

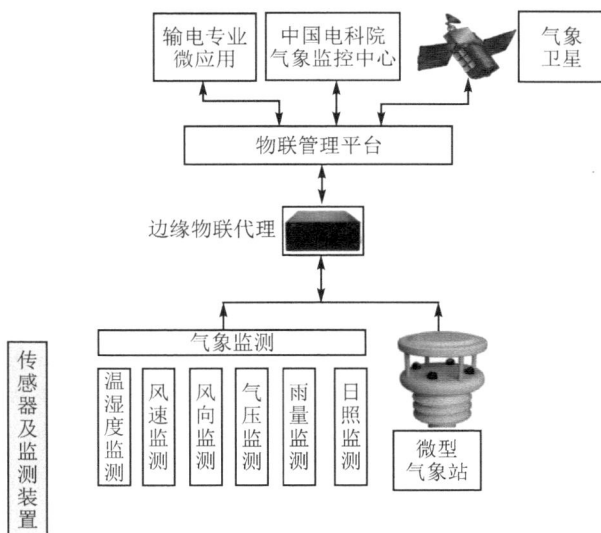

**图 3 - 7　微气象重点区域监测与辅助决策场景系统架构**

3）终端配置

微气象重点区域监测与辅助决策场景的传感器层终端配置如表3-6所列。

表3-6　微气象重点区域监测与辅助决策场景的传感器层终端配置表

| 终端名称 | 传感终端 | 感知量 | 安装位置 | 推荐配置 |
|---|---|---|---|---|
| 微气象监测装置 | 风速风向传感器 | 风速、风向 | 杆塔 | 宜选 |
| | 温度传感器 | 空气温度 | | |
| | 湿度传感器 | 湿度 | | |
| | 气压传感器 | 气压 | | |
| | 雨量传感器 | 雨量 | | |
| | 光辐射传感器 | 光辐射量 | | |
| 微型气象站 | 风速、风向、温度、湿度、气压、雨量、光辐射传感器 | 风速、风向、温度、湿度、气压、雨量、光辐射 | 输电通道及微地形分布区域网格化部署 | 宜选 |

## 2. 自然灾害全景感知与预警决策

通过对雷电、覆冰、山火、台风、地质灾害、舞动等监测预警技术的攻关研究与推广应用,完善基于输电通道环境监测信息的自然灾害预测预警模型,结合输电通道状态智能感知、微气象在线监测、自动气象站等监测数据,建立统一的数据模型,实现跨专业多系统海量数据融合。应用人工智能技术,开展通道自然灾害的可视化展示、灾害演化的仿真评估和预测预警,通过输电通道大尺度预警和重点通道精细微观化预警的精准推送,逐步实现对通道各类致灾因子监测预警的全覆盖、高精度、强时效,以及灾害预警评价方法由"经验定性"向"标准定量"转变,为智能抢修和智能调度提供决策依据。

**场景6:雷电监测预警与智能决策**

1）功能及成效

依托规模化部署的雷电探测基站、预警传感站、气象雷达、避雷器在线监测、输电线路异常诊断、输电线路分布式故障诊断等装置,实现覆盖区域内雷电数据的监测、统计分析,以及输电通道的雷电临近预警和中长期预报;采用大数据技术开展雷击敏感因子的多源数据联合分析,实现对杆塔雷击风险的评估、预测与预警,提高电网防雷水平。

2）系统架构

雷电定位系统,前端探测站通过光纤、卫星、无线网络传输等方式将监测信息传回中心站,通过中心站分析处理,将雷电定位信息推送到数据中台进行数据共享;雷电预警系统将雷电预警信息推送到数据中台进行数据共享。同时结合线路分布式故障诊断装置和避雷器在线监测装置监测数据,实现雷击故障快速查询和定位,实现雷击故障原因快速分析诊断。雷电监测预警与智能决策场景系统架构如图3-8所示。

3）终端配置

雷电监测预警与智能决策场景的传感器层终端配置如表3-7所列。

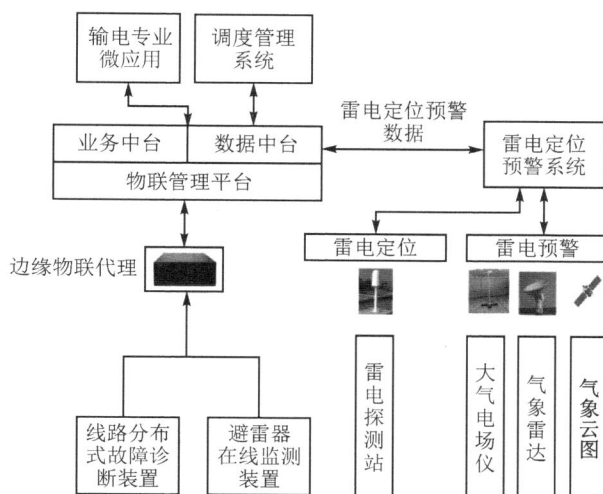

**图 3 - 8　雷电监测预警与智能决策场景系统架构**

**表 3 - 7　雷电监测预警与智能决策场景的传感器层终端配置表**

| 终端名称 | 传感终端 | 感知量 | 安装位置 | 推荐配置 |
|---|---|---|---|---|
| 线路故障诊断装置 | 分布式故障诊断装置、网络式故障诊断装置、故障指示器等 | 暂态和稳态故障量 | 线路 | 必选 |
| 避雷器在线监测装置 | 泄漏电流传感器、脱扣器等 | 避雷器泄漏电流、避雷器运行状态 | 避雷器 | 必选 |

**场景 7：覆冰监测预警与智能决策**

1）功能及成效

依托覆冰监测装置、附近自动气象站、观冰站（点）的环境气象参量监测数据以及杆塔边缘计算，建立易覆冰区（海拔较高区域和迎风山坡、垭口、风道、大型水面附近等微地形区）网格化覆冰监测体系，实时采集导地线覆冰荷载、覆冰图片和气象参量并进行边缘计算，准确获得导地线覆冰厚度并自动上传。完善输电线路覆冰监测预警系统，提升覆冰预测预警主站自动化业务功能，优化覆冰大数据挖掘分析能力，提升微地形区域覆冰监测预警能力。

2）系统架构

气象监测终端和覆冰监测终端数据通过汇聚节点上送边缘物联代理，进行边缘计算后上送物联管理平台。图像及视频监测装置经图像/视频分析终端边缘计算分析后，接入相应系统。由数据中台与覆冰预测预警中心进行数据交互，获取附近自动气象站、观冰站（点）的环境气象参量监测数据，进行融合分析，实现对线路覆冰情况的精确判别。覆冰监测预警与智能决策场景系统架构如图 3-9 所示。

3）终端配置

覆冰监测预警与智能决策场景的传感器层终端配置如表 3-8 所列。

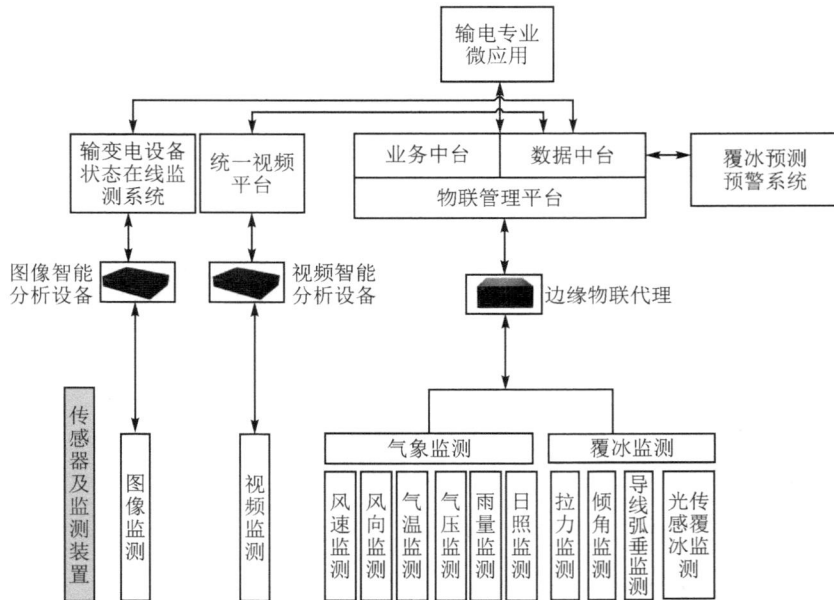

图 3-9  覆冰监测预警与智能决策场景系统架构

表 3-8  覆冰监测预警与智能决策场景的传感器层终端配置表

| 终端名称 | 传感终端 | 感知量 | 安装位置 | 推荐配置 |
|---|---|---|---|---|
| 视频、图像监测终端 | 高速球机、定焦枪机或高清数码相机 | 视频、图像 | 杆塔 | 必选 |
| 拉力覆冰监测装置 | 拉力传感器 | 导线拉力 | 导线及连接金具 | 宜选 |
|  | 弧垂监测装置 | 导线弧垂 |  |  |
|  | 倾角传感器 | 绝缘子倾角 | 绝缘子 |  |
| 光传感覆冰监测装置 | 光传感监测 | 导线覆冰量 | 导线 | 宜选 |
| 微气象监测置 | 风速、风向、温度、湿度、气压、雨量、光辐射传感器 | 风速、风向、温度、湿度、气压、雨量、光辐射量 | 杆塔 | 宜选 |

**场景 8：舞动监测预警与智能决策**

1）功能及成效

建立二级及以上舞动区域网格化舞动监测体系，依托舞动监测终端、智能间隔棒和杆塔倾斜等装置，对导线工作状态、杆塔形变及其周围的微气象信息进行实时监测和边缘计算，获取导线的工作电流、故障电流、摆动和振动等参数。结合气象数据、图像信息和舞动参数进行输电线路舞动风险等级告警和关键数据直观展示。

2）系统架构

气象、舞动等监测数据通过汇聚节点接入边缘物联代理，进行边缘计算后上送物联管理平台；采用加速度传感的舞动监测终端和北斗差分定位的舞动监测装置与北斗基准站之间采用无线公网及 Ntrip 协议交互差分定位修正参数，并且基站最终将数据传输至数据中台。图像及视频监测装置经图像、视频分析终端边缘计算分析后，接入相应系统；由数据中台与舞动预测预警中心进行数据交互和融合分析。舞动监测预警与智能决策场景系统架构如图 3-10 所示。

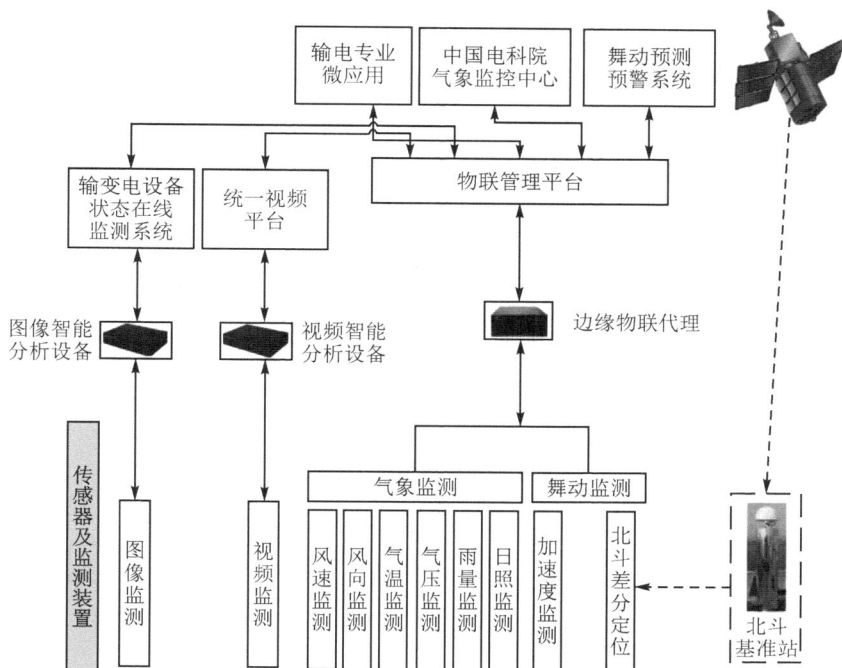

图 3-10　舞动监测预警与智能决策场景系统架构

3) 终端配置

舞动监测预警与智能决策场景的传感器层终端配置如表 3-9 所列。

表 3-9　舞动监测预警与智能决策场景的传感器层终端配置表

| 终端名称 | 传感终端 | 感知量 | 安装位置 | 推荐配置 |
| --- | --- | --- | --- | --- |
| 微气象监测装置 | 风速风向传感器 | 风速、风向 | 杆塔 | 宜选 |
| | 温度传感器 | 空气温度 | | |
| | 湿度传感器 | 湿度 | | |
| | 气压传感器 | 气压 | | |
| | 雨量传感器 | 雨量 | | |
| | 光辐射传感器 | 光辐射量 | | |
| 可视化监控装置 | 图像视频监控装置 | 视频图像 | 杆塔 | 必选 |
| 舞动监测装置 | 加速度传感器 | 舞动加速度 | 导线 | 宜选 |
| | 北斗差分定位传感器 | 导线位置 | 导线 | 宜选 |

**场景 9：山火监测预警与智能决策**

1) 功能及成效

丰富山火现场智能监测手段,在重点区段线路杆塔上部署红外山火预警及可视化装置,结合无人机、直升机等空中巡查以及卫星数据,建立空天地一体化山火综合预警体系。结合电网山火灾害蔓延模型与大数据挖掘算法,实现海量数据环境下的电网山火自动预测模型,全面提升山火监测、预警与处置能力。

2）系统架构

图像及视频监测装置经图像、视频分析终端边缘计算分析后，接入相应系统。由数据中台与山火监测预警中心进行数据交互，获取卫星监测数据，结合视频图像监控结果进行应用分析。山火监测预警与智能决策场景系统架构如图 3－11 所示。

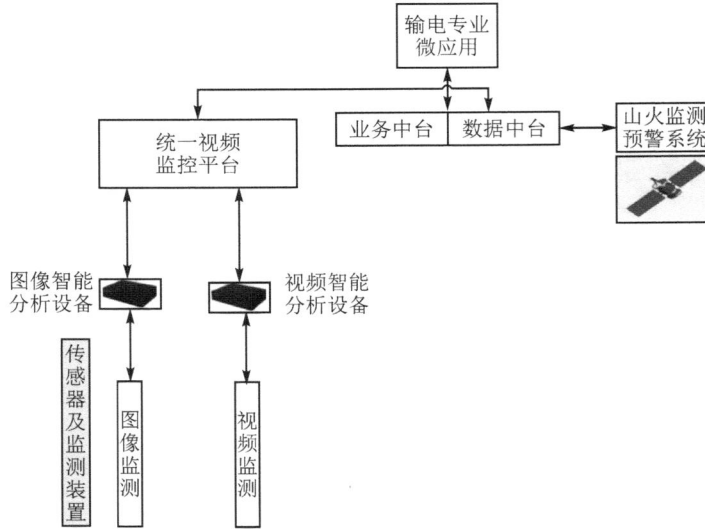

**图 3－11　山火监测预警与智能决策场景系统架构**

3）终端配置

山火监测预警与智能决策场景的传感器层终端配置如表 3－10 所列。

**表 3－10　山火监测预警与智能决策场景的传感器层终端配置表**

| 终端名称 | 传感终端 | 感知量 | 安装位置 | 推荐配置 |
| --- | --- | --- | --- | --- |
| 可视化监控装置 | 图像视频监控装置 | 视频、图像 | 杆塔 | 必选 |

**场景 10：地质灾害监测预警与智能决策**

1）功能及成效

针对线路地质灾害风险较高区段的杆塔，部署北斗差分高精度定位、卫星遥感、大型固定翼无人机、地基 SAR 等监测装备，并辅助安装位移传感器和雨量监测仪，实现对输电线路地质灾害隐患的全面实时感知。进一步融合降水预报数据和土壤湿度监测数据，开展输电设备暴雨洪涝风险综合评估和风险分级。对受灾区域开展高分辨率 SAR 影像下的水体信息提取，对输变电设备洪涝灾害进行灾情等级评估，指导及时启动相关应急措施，实现对输电线路地质灾害隐患的有效管控。

2）系统架构

形变、雨量、倾角监测数据通过汇聚节点接入边缘物联代理，进行边缘计算后，上送物联管理平台。由数据中台与地质灾害监测预警中心和业务系统进行数据交互，结合多源数据进行融合分析和应用。地质灾害监测预警与智能决策场景系统架构如图 3－12 所示。

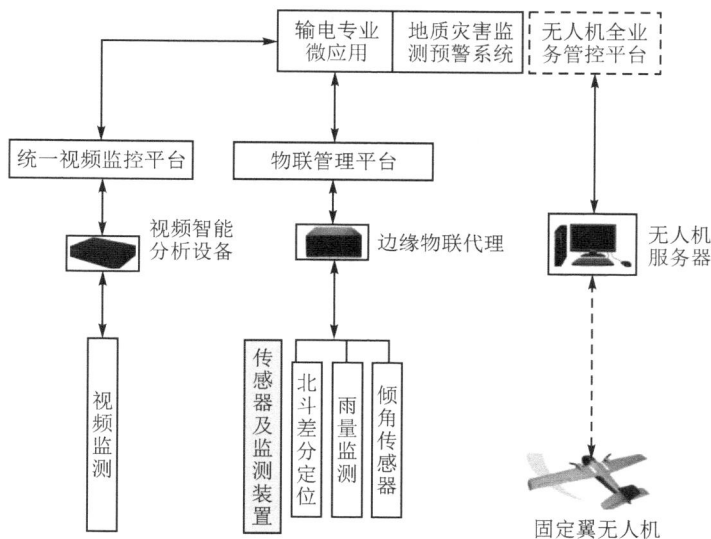

**图 3 - 12  地质灾害监测预警与智能决策场景系统架构**

3）终端配置

地质灾害监测预警与智能决策场景的传感器层终端配置如表 3 - 11 所列。

**表 3 - 11  地质灾害监测预警与智能决策场景的传感器层终端配置表**

| 终端名称 | 传感终端 | 感知量 | 安装位置 | 推荐配置 |
|---|---|---|---|---|
| 形变监测终端 | 北斗差分定位 | 杆塔差分定位信息 | 杆塔 | 宜选 |
| | 倾角传感器 | 杆塔倾角 | 杆塔 | |
| 雨量监测终端 | 雨量传感器 | 雨量 | 杆塔 | 宜选 |

**场景 11：台风监测预警与智能决策**

1）功能及成效

依托网格化线路气象监测装置、地面气象雷达、移动台风观测车、气象卫星等风场监测装备,构建风场立体感知监测网络,实现风场状态数据、权威气象部门监测预警数据的汇集与共享。基于 WRF 气象预报模型和精细化地面地形地貌,开展台风风场降尺度计算;结合线路设备结构特性与设计标准,实时评估线路风害风险,为运维人员提出辅助决策建议,向运维单位与各级调度部门实时推送风害预警信息。

2）系统架构

气象监测数据通过汇聚节点接入边缘物联代理,进行边缘计算后上送物联管理平台。由数据中台与台风监测预警中心进行数据交互,获取地面气象雷达、移动台风观测车、气象卫星等风场信息,进行融合分析和应用。台风监测预警与智能决策场景系统架构如图 3 - 13 所示。

3）终端配置

台风监测预警与智能决策场景的传感器层终端配置如表 3 - 12 所列。

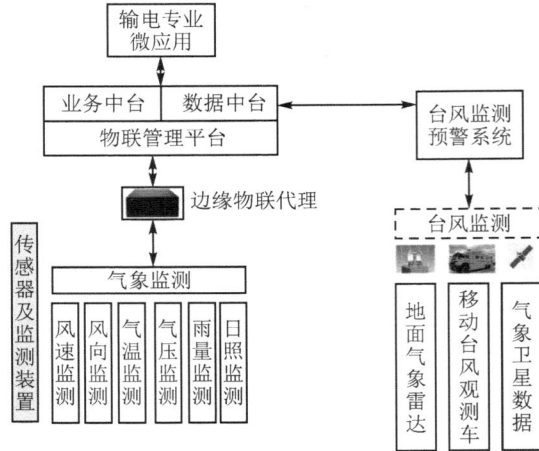

图 3 - 13    台风监测预警与智能决策场景系统架构

表 3 - 12    台风监测预警与智能决策场景的传感器层终端配置表

| 终端名称 | 传感器终端 | 感知量 | 安装位置 | 推荐配置 |
|---|---|---|---|---|
| 微气象监测装置 | 风速风向传感器 | 风速、风向 | 杆塔 | 必选 |
| | 温度传感器 | 空气温度 | | |
| | 湿度传感器 | 湿度 | | |
| | 气压传感器 | 气压 | | |
| | 雨量传感器 | 雨量 | | |
| | 光辐射传感器 | 光辐射量 | | |

**场景 12：自然灾害综合评估与智能决策**

依托雷电、覆冰、舞动、山火、台风、地质灾害等各中心监测预警信息,融合各类智能传感信息和设备本体数字化信息,应用各种仿真技术,实现自然灾害态势演化路径及趋势的分析评估与可视化展示,构建基于多重故障的输电线路安全评估模型,对大电网安全水平进行系统性评估,支撑调度及时采取预防措施。

## 3. 空天地多维融合及协同自主巡检

综合边缘智能、安全连接、图像识别、实物 ID 现场交互、微源取能和移动应用等核心技术,利用无人机、直升机、可视化在线监测、卫星遥感等智能感知手段,结合人工移动巡检,构建新一代线路巡视体系,实现"设备、中台、人员"的互联。空间上,从地面、空中和天上对架空输电线路本体设备、附属设施和通道环境等进行全方位巡检;时间上,综合各种智能感知手段,汇聚共享巡检数据,支撑巡检资源优化配置。在平台层深度融入运检业务,利用大数据、云雾计算、物联网等新技术,深化可见光影像、红外热图、激光点云等多源数据与运检信息有效融合,开展多设备联合分析,实现输电运检业务智能辅助决策。

**场景 13：全业务智能移动巡检**

1）功能及成效

利用移动作业终端、可穿戴设备等智能装备,对输电线路设备及通道开展标准化巡视,通过电网设备实物 ID,获取线路和杆塔的详细参数和缺陷隐患信息,结合语音识别、图像分析等先进技术,实现巡视签到、轨迹自动记录与回放、巡视到位智能判断等作业全过程管控;利用历史缺陷隐患的智能提醒、查询和校核等功能,及时消除缺陷隐患,实现缺陷隐患的全过程管理;实现线路收资、验收缺陷隐患登记、影像资料上传等功能智能化。

2）系统架构

利用手持 PDA、RFID 标签识别终端、图形图像识别终端进行巡视,并基于 PMS 及输电综合管控平台获取设备历史数据,对输电线路本体及输电通道环境进行全面感知和监测。全业务智能移动巡检场景系统架构如图 3-14 所示。

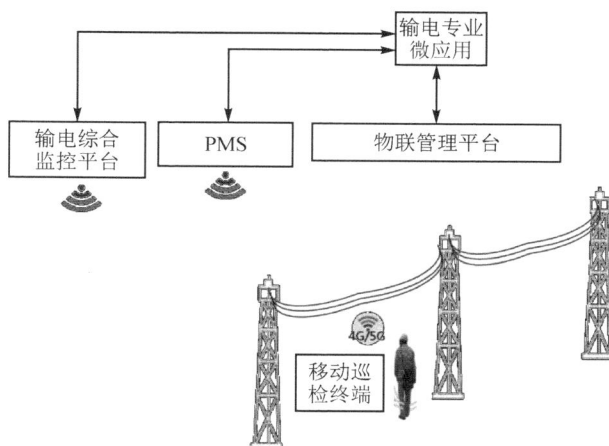

图 3-14　全业务智能移动巡检场景系统架构

3）终端配置

全业务智能移动巡检场景的传感器层终端配置如表 3-13 所列。

表 3-13　全业务智能移动巡检场景的传感器层终端配置表

| 终端名称 | 功　能 | 感知量 | 推荐配置 |
| --- | --- | --- | --- |
| 移动巡检设备 | 按线路本体及通道 RFID 电子标签布置,完成移动巡检 | 基于 RFID 电子标签的设备节点环境状态信息 | 宜选 |

**场景 14：全天候远程通道可视**

1）功能及成效

在"三跨"(跨越高速铁路、高速公路和重要输电通道)输电线路等重要交叉跨越区段、外力破坏多发区段以及线路高风险区段,规模化安装具备边缘计算能力的智能可视化监拍装置采集线路通道环境数据,融合基于深度学习的图像识别方法,实现可视化装置的管理和通道的全天候远程巡视,并将预告警信息实时推送至运维人员。打通调控云与可视化系统的信息通道,实现线路跳闸与通道拍照的在线协同,为调控人员处置跳闸故障及运维人员分析故障提供支撑。

2）系统架构

视频监控终端数据经视频分析终端分析计算后,接入统一视频监控平台;巡视人员利用移动巡检终端开展巡视工作,巡检终端经边缘物联代理与物联管理平台进行数据交互。物联管理平台将预告警信息实时推送至运维人员,联动视频监控终端实现对现场故障情况的远程监控。全天候远程通道可视场景系统架构如图 3 – 15 所示。

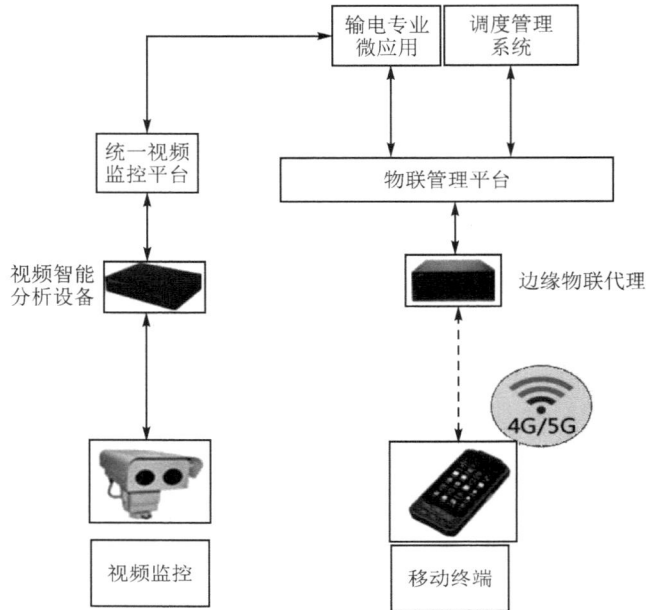

图 3 – 15　全天候远程通道可视场景系统架构

3）终端配置

全天候远程通道可视场景的传感器层终端配置如表 3 – 14 所列。

表 3 – 14　全天候远程通道可视场景的传感器层终端配置表

| 终端名称 | 功　能 | 感知量 | 推荐配置 |
| --- | --- | --- | --- |
| 移动巡检设备 | 按线路本体及通道 RFID 电子标签布置,完成移动巡检 | 基于 RFID 电子标签的设备节点环境状态信息 | 宜选 |
| 可视化监控装置 | 图像视频监控装置 | 视频图像 | 必选 |

**场景 15：全视角协同自主巡检**

1）功能及成效

采用无人机、直升机、机器人等巡检手段,搭载可见光相机、红外成像仪、激光雷达对线路进行精细巡检,实现线路状态全方位实时感知和预测。当状态量异常时,应用层主动调用数据中台相关数据,实现历史数据纵向分析;调用同类设备信息,实现状态量横向比较;开展关联数据高级分析,进行输电通道三维建模、树障和交跨检测等应用,实现线路状态自主快速感知和预警。

2）系统架构

基于无人机、直升机、机器人等巡检手段并搭载多类型智能传感设备,对输电线路进行数据采集,利用人工智能、边缘计算等技术,在前端对输电线路设备和通道进行预识别,根据识别结果对线路进行精细巡检,并传输至相应业务系统,通过数据中台进行融合分析。全视角协同自主巡检场景系统架构如图 3-16 所示。

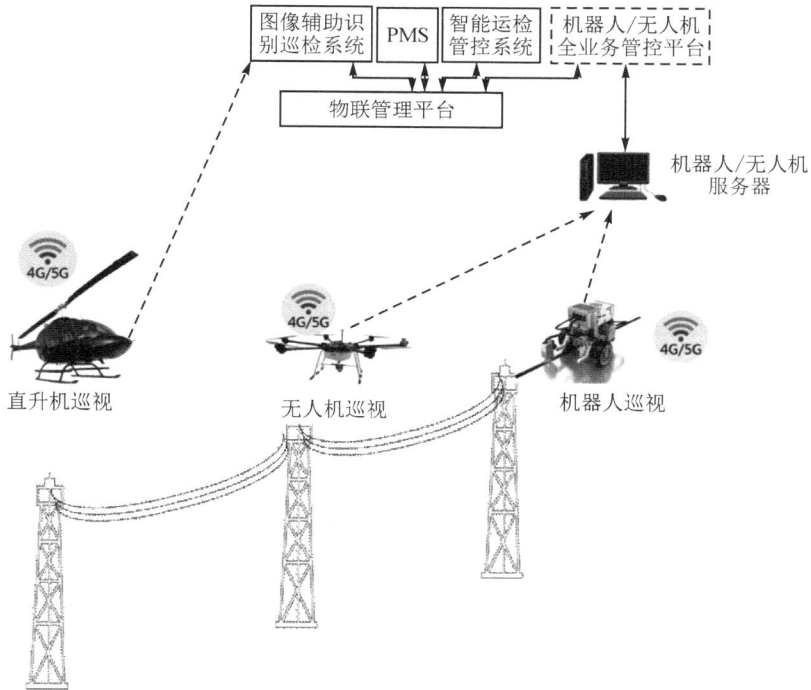

**图 3-16　全视角协同自主巡检场景系统架构**

3) 终端配置

全视角协同自主巡检场景的传感器层终端配置如表 3-15 所列。

**表 3-15　全视角协同自主巡检场景的传感器层终端配置表**

| 终端名称 | 建设标准 | 感知量 | 推荐配置 |
|---|---|---|---|
| 无人机 | 无人机巡检 100% 覆盖 | 输电线路本体状态及环境 | 可选 |
| 机器人 | 无人机、直升机应用困难地区线路按照 1 台/20 km 配置地线巡视机器人 | 输电线路本体状态及环境 | 可选 |
| 直升机 | 按年均 1 次开展直升机巡视 | 输电线路本体状态及环境 | 宜选 |

**场景 16：全时空卫星遥感监测**

1) 功能及成效

在选定输电通道周边 5 km 范围内,开展大范围、高精度、短周期的卫星巡视,建立统一的电网遥感卫星数据管理分发体系,有效管理外部和自有卫星数据资源。研究电网用遥感卫星核心指标与组网观测方案、面向多任务组合的试验验证卫星发射与组网关键技术,建立全时空卫星遥感监测体系。

2) 系统架构

利用卫星进行特殊区域输电架空线路巡视,并将结果上传至电网卫星数据管理中心,电网卫星数据管理中心对卫星进行巡视计划、范围及图像分析的管理,再将数据共享至数据中台。

全时空卫星遥感监测场景系统架构如图 3-17 所示。

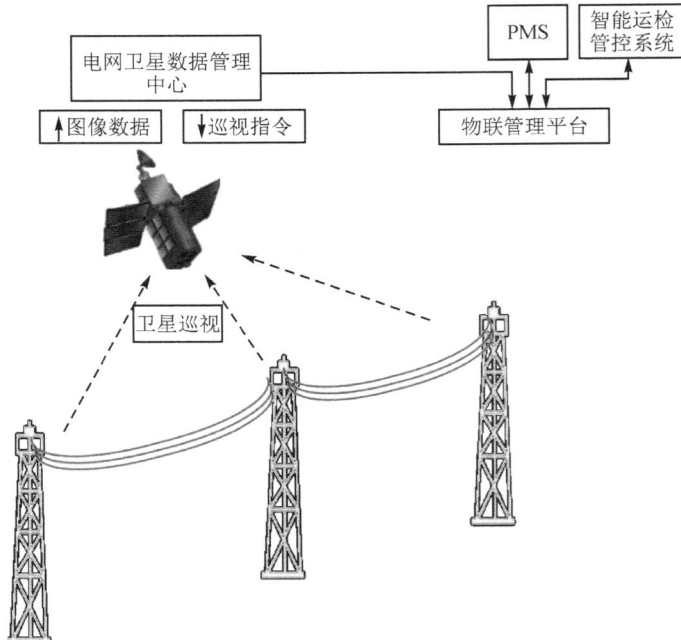

图 3-17　全时空卫星遥感监测场景系统架构

### 4. 线路检修智能辅助与动态防护

应用物联网技术感知关键部件状态信息(如贴片温度、智能间隔棒)、设备缺陷信息、线路通道不良工况(雷电、风害、覆冰等)信息,采用边缘计算技术,实时开展线路状态评价,自动提出检修建议,利用云计算、远程视频、智能穿戴设备多种技术手段,实现现场作业全过程远程监测与安全管控。

**场景 17:多元辅助智能检修**

依托前端图像识别,自动实现典型缺陷比对分析、等级确认;融合历史数据信息及典型处置方案,辅助编制检修作业指导书,提出标准化工器具配置、人员要求和工期测算建议。借助无人机、直升机、机器人等开展异物处置、导地线修补等带电作业及精细化检修验收,利用移动巡检远程视频技术,实现检修难题专家远程视频会诊与技术支持。

**场景 18:动态防护作业安全**

依托实物 ID 和移动作业手持终端、GPS 定位监测设备,实现作业人员安全管控。检修作业过程中,通过呼吸、体温、脉搏、血压等监测设备,实时监测作业人员生命体征状态,实现不良体征状态提前预警,确保作业人员工作状态良好;依托视频监测设备、智能安全帽等穿戴装备,对作业人员违规操作、误入非检修区域等危险作业行为进行实时告警。

### 5. 高压电缆全息感知与智能管控

采用各类传感器对高压电缆本体、中间接头、电缆隧道的环境量、物理量、状态量、电气量、行为量进行实时采集,并将数据实时上传至具备边缘计算功能的汇聚节点或者接入节点,汇聚节点或者接入节点将监测数据通过网络层上传至平台层和应用层,并全面融合运检专业多源数据,实现电缆设备状态及隧道环境的深度感知、风险预警和全景展示,主动触发多参量和多设备间的联合分析并推送预警信息,完成各业务系统、个人移动终端、APP、智能巡检机器人的信息共享,有效提升高压电缆状态感知的及时性、主动性和准确性,为缺陷、隐患的及时发现、处置提供保障。

**场景 19:电缆状态多维感知与诊断决策**

1)功能及成效

利用高频局放、光纤温度、红外测温、接地环流监测等各类监测传感器,实现高压隧道电缆状态的全方位自我实时感知,结合带电检测、不良工况、运行信息和停电试验等多状态量,并实时获取同类高压隧道电缆的信息,通过历史数据纵向分析、各相电缆和同类同型电缆横向比较,对电缆状态进行智能诊断,实现电缆状态的自主快速感知和预警。

2)系统架构

布置各类传感终端对电缆本体状态信息进行实时采集,由各汇聚节点对范围内各类感知数据进行汇集后上送边缘物联代理进行边缘计算,由边缘物联代理与物联管理平台进行数据交互。红外监测装置图片经图像分析终端边缘分析后由边缘物联代理上送物理平台。电缆状态多维感知与诊断决策场景系统架构如图 3-18 所示。

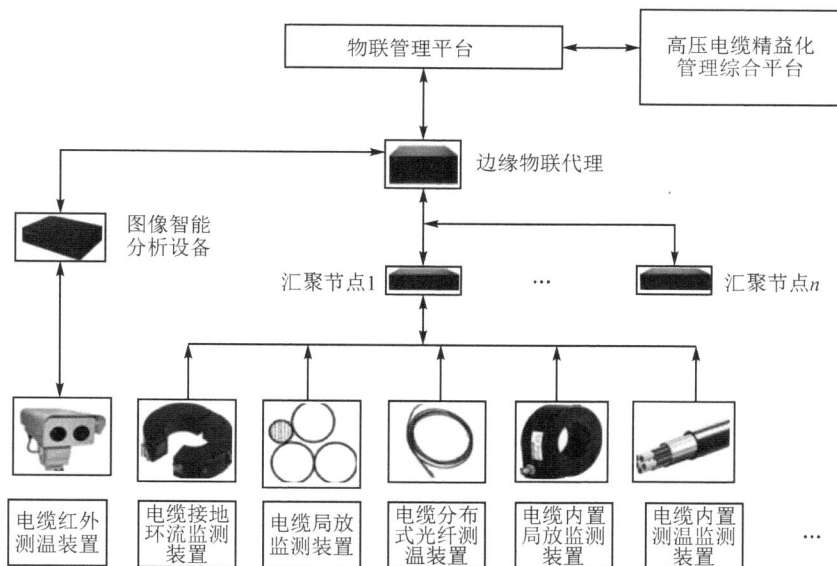

**图 3-18  电缆状态多维感知与诊断决策场景系统架构**

3)终端配置

电缆状态多维感知与诊断决策场景的传感器层终端配置如表 3-16 所列。

表 3-16 电缆状态多维感知与诊断决策场景的传感器层终端配置表

| 终端名称 | 传感终端 | 感知量 | 安装位置 | 推荐配置 | | | |
|---|---|---|---|---|---|---|---|
| | | | | 隧 道 | 排 管 | 沟 道 | 直 埋 |
| 电缆局放监测装置 | 局放传感器 | 电缆局放信号 | 终端、中间接头 | 必选 | 宜选 | 宜选 | 宜选 |
| 电缆内置局放监测装置 | 局放传感器 | 电缆温度 | 终端、中间接头 | 可选 | 可选 | 可选 | 可选 |
| 分布式光纤测温装置 | 温度传感器 | 电缆温度 | 沿电缆表皮及接头安装 | 必选 | — | 宜选 | — |
| 接地环流在线监测装置 | 电流互感器 | 接地电流 | 终端、中间接头 | 必选 | 必选 | 必选 | 必选 |
| 红外测温装置 | 红外图像传感器 | 电缆温度 | 终端、中间接头 | 可选 | 可选 | 可选 | 可选 |
| 电缆内置测温监测装置 | 温度传感器 | 电缆温度 | 终端、中间接头 | 可选 | 可选 | 可选 | 可选 |

**场景 20：电缆隧道环境全息感知与远程管控**

1）功能及成效

结合高压电缆隧道视频监控、井盖智能监控、温湿度、水位、有害气体、烟雾、隧道通风、隧道结构震动、消防装置动作等参量进行综合分析，实现电缆隧道运行环境状态快速感知。及时推送电缆隧道外部侵入、隧道火灾、隧道有害气体、隧道结构防坍塌以及隧道积水等安全运行风险预警信息，发送给运行管理人员，为电缆隧道缺陷、隐患的及时发现、处置提供保障。

2）系统架构

布置各类传感终端对电缆廊道环境信息进行实时采集，汇聚节点对该范围内各类感知数据进行汇集后上送边缘物联代理进行边缘计算，由边缘物联代理与物联管理平台进行数据交互。可视化监控终端经视频智能分析终端边缘计算后上送统一视频监控平台。电缆隧道环境全息感知与远程管控场景系统架构如图 3-19 所示。

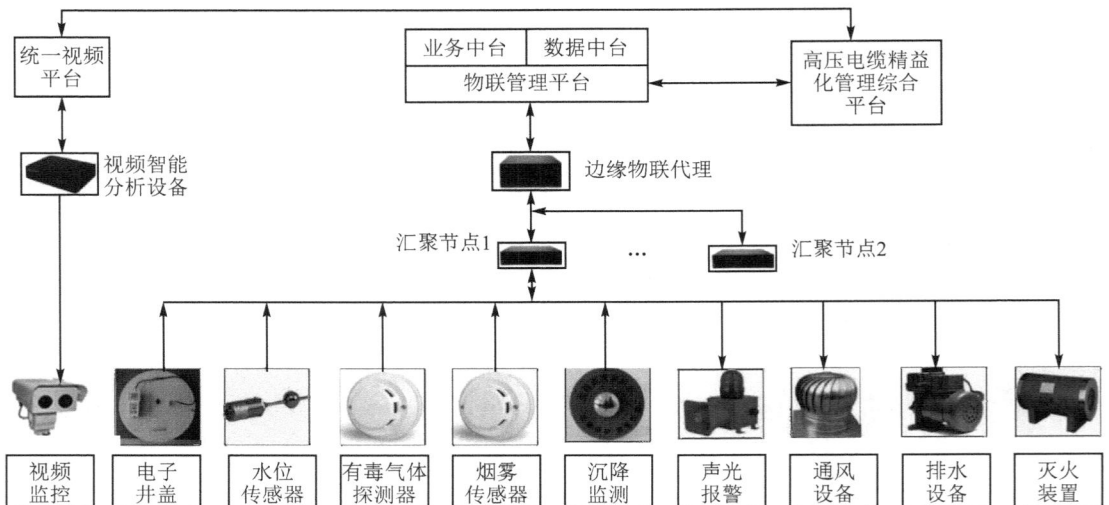

图 3-19 电缆隧道环境全息感知与远程管控场景系统架构

3）终端配置

电缆隧道环境全息感知与远程管控场景的传感器层终端配置如表 3 - 17 所列。

表 3 - 17  电缆隧道环境全息感知与远程管控场景的传感器层终端配置表

| 终端名称 | 传感终端 | 感知量 | 安装位置 | 推荐配置 | | | |
|---|---|---|---|---|---|---|---|
| | | | | 隧 道 | 排 管 | 沟 道 | 直 埋 |
| 火灾报警系统 | 烟雾传感器、声光报警装置 | 烟雾情况 | 全线布置 | 必选 | — | 可选 | — |
| 自动灭火装置 | 自动灭火装置 | — | 中间接头等重点区段 | 宜选 | — | 可选 | — |
| 水位探测装置 | 液位传感器 | 水位情况 | 集水井 | 必选 | — | — | — |
| 排水装置 | 水泵 | — | 集水井 | 必选 | — | — | — |
| 有毒有害气体监测报警装置 | 气体传感器 | 有毒有害气体含量 | 电缆隧道及竖井 | 必选 | — | — | — |
| 通风系统 | 通风装置 | — | 全线布置 | 必选 | — | — | — |
| 出入口安防系统 | 电子井盖等 | 外部入侵 | 出入孔、人孔、物孔，排灌井盖 | 宜选 | 宜选 | — | — |
| 沉降监测系统 | 沉降传感器 | 廊道沉降信息 | 易沉降区 | 宜选 | 可选 | 可选 | 可选 |
| 防外力破坏系统 | 光纤振动监测系统 | 外破情况 | 终端站、外破隐患区 | 宜选 | 宜选 | 宜选 | 宜选 |
| 视频监控系统 | 视频图像监控装置 | 视频、图像 | 隧道全线覆盖、终端站、外破隐患区 | 必选 | — | — | — |

**场景 21：电缆智能移动巡检与实时管控**

1）功能及成效

通过 RFID 电子标签、二维码等标识的现场加装，配合探测器、智能移动终端的应用，实现高压电缆及通道移动巡检，确保高压电缆通道巡视工作的质量。实现电缆和通道巡检及时率与到位率监控、巡检轨迹展示、巡检超周期自动预警。

2）系统架构

移动终端通过无线方式与边缘物联代理进行数据交互，可视化监控终端经图像分析终端边缘计算后上送统一视频监控平台。巡检机器人根据人员控制信息开展巡视工作或者根据电缆设备状态及廊道环境状态信息，开展自动巡视，由数据中台对多源数据进行融合分析和应用。电缆智能移动巡检与实时管控场景系统架构如图 3 - 20 所示。

3）终端配置

电缆智能移动巡检与实时管控场景的传感器层终端配置如表 3 - 18 所列。

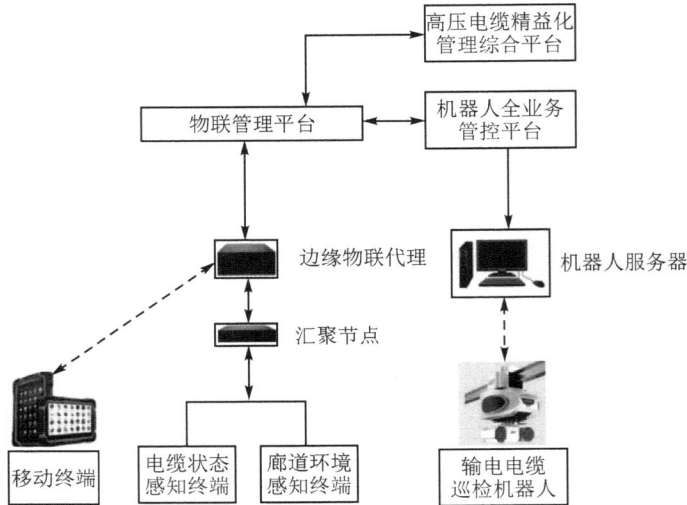

**图 3 - 20　电缆智能移动巡检与实时管控场景系统架构**

**表 3 - 18　电缆智能移动巡检与实时管控场景的传感器层终端配置表**

| 终端名称 | 功　能 | 安装位置 | 推荐配置 | | | |
|---|---|---|---|---|---|---|
| | | | 隧　道 | 排　管 | 沟　道 | 直　埋 |
| 智能巡检机器人 | 可挂载音视频采集设备、影音播放设备、温控检测设备、红外热成像设备等 | 电缆隧道密集敷设等重点区段 | 可选 | — | — | — |
| 移动巡检设备 | 基于电子标签完成移动巡检 | 按线路本体及通道RFID电子标签布置 | 必选 | 必选 | 必选 | 必选 |

**场景 22：电缆故障快速定位与智能抢修**

1）功能及成效

针对 110(66) kV 及以上混合线路的电缆段、线路段两侧和电缆线路部署分布式故障监测装置,实时监测线路故障电流及波形,实现故障点地理位置快速定位;基于故障时电缆本体状态、通道环境信息,融合雷击定位、缺陷隐患、通道三维模型等多源系统数据,实现故障点精确定位与故障原因分析,并提供后续处理方案和决策建议;运维人员迅速启动故障应急抢修预案,应用电缆故障快速恢复技术,通过单兵装备实现应急指挥中心与抢修现场的实时交互与远程指挥。

2）系统架构

线路及电缆廊道电缆上部署的分布式故障监测装置实时感知架空线路运行参数,通过无线或有线方式上送边缘物联代理,经边缘计算后上送物联管理平台。电缆故障快速定位与智能抢修场景系统架构如图 3 - 21 所示。

3）终端配置

电缆故障快速定位与智能抢修场景的传感器层终端配置如表 3 - 19 所列。

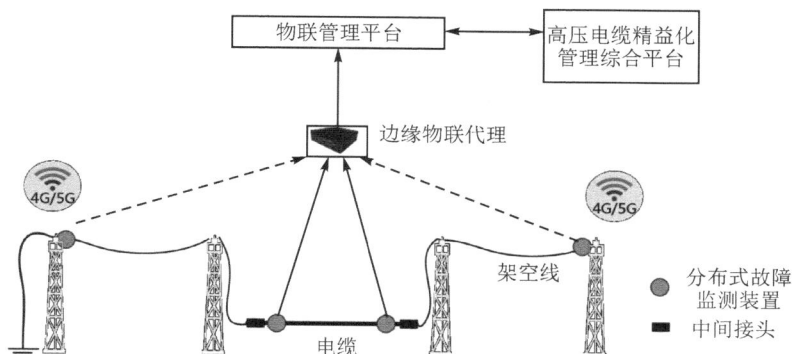

**图 3 - 21　电缆故障快速定位与智能抢修场景系统架构**

**表 3 - 19　电缆故障快速定位与智能抢修场景的传感器层终端配置表**

| 终端名称 | 传感终端 | 感知量 | 安装位置 | 推荐配置 | | | |
|---|---|---|---|---|---|---|---|
| | | | | 隧 道 | 排 管 | 沟 道 | 直 埋 |
| 电缆故障诊断装置 | 分布式故障诊断装置、故障指示器等 | 电缆故障暂态和稳态故障量 | 架空线路段两侧、电缆段两侧或每隔 10 km 一组 | 必选 | 必选 | 必选 | 必选 |

# 3.2.2　组网方式及通信协议

## 1. 架空线路物联组网方式

在输电线路物联组网方面,各类采集终端、汇聚节点和边缘物联代理,根据实际情况可分为无线组网和有线组网两种组网方式,详见图 3 - 22、图 3 - 23。具体应用应根据现场实际情况灵活选择通信方式。

**(1) 无线组网方式**

无线组网方式可分为单点组网方式和多跳组网方式:

① 单点组网方式:适用于 APN、电力专网信号稳定覆盖区域,通过部署于杆塔的边缘物联代理汇聚其覆盖范围内杆塔及线路上采集终端数据。

② 多跳组网方式:为了增加网络的覆盖范围,实现一定范围内数据可靠的传输,在 APN、无线专网信号未覆盖或不稳定区域,将部分汇聚节点作为中继节点,通过标准传感网协议进行组网,将数据传输至相应边缘物联代理。采用多跳组网方式时,应统筹考虑选择的组网技术及通信协议、传输距离与功耗间的关系及地形等因素,合理设置多跳组网的级数,确保数据可靠传输。架空线路物联组网方式(无线组网)如图 3 - 22 所示。

**(2) 有线组网方式**

对于 110(66) kV 及以上输电线路,配置 OPGW 光纤且备用光纤芯数冗余的情况,可采用有线通信方式。对于大面积无线覆盖盲区的输电线路,建议优先采用有线组网方式,通过边缘物联代理对采集终端数据进行汇聚并进行边缘计算后,采用 OPGW 将数据传输至就近变电站,然后上送物联管理平台。架空线路物联组网方式(有线组网)如图 3 - 23 所示。

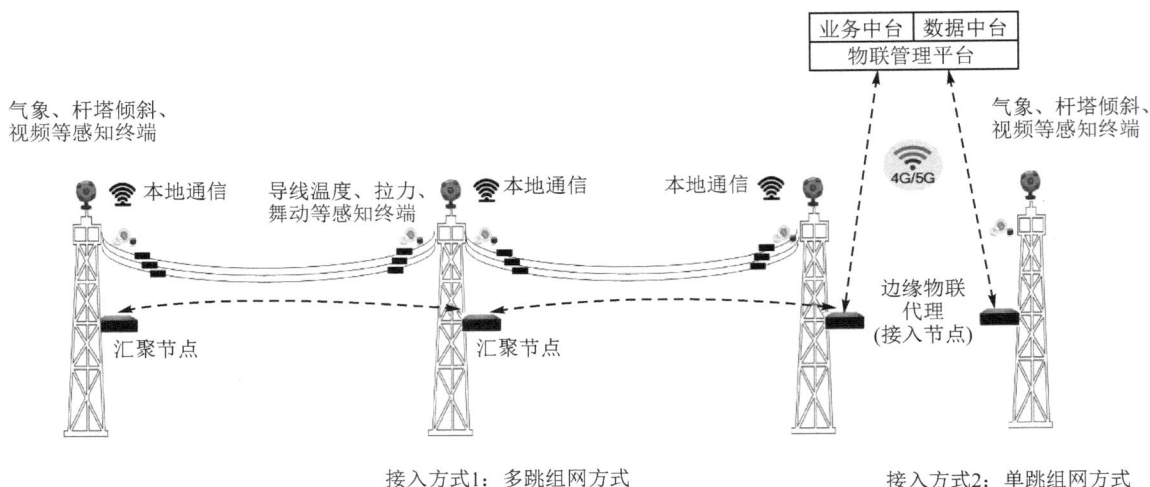

图 3 - 22　架空线路物联组网方式（无线组网）

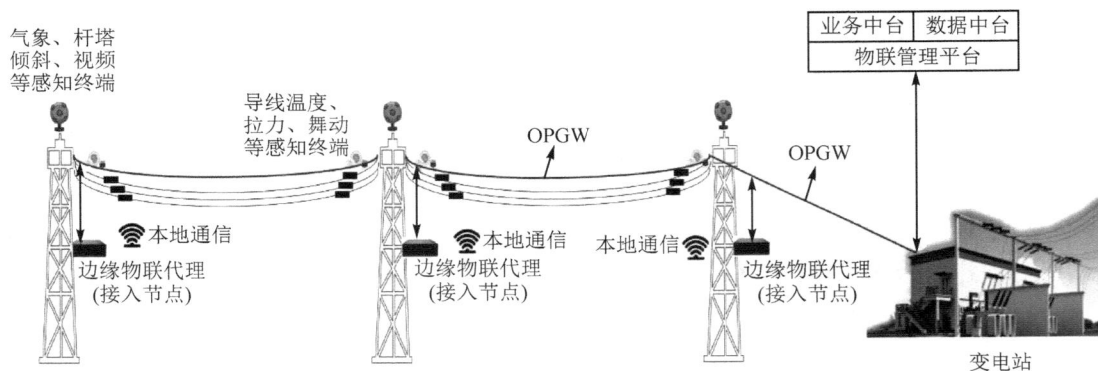

图 3 - 23　架空线路物联组网方式（有线组网）

## 2. 高压电缆物联组网方式

① 当隧道内覆盖无线信号,各类采集（控制）终端通过无线或有线方式接入边缘物联代理或就近的汇聚节点,采用无线方式时根据传感器类型选用《输变电设备物联网微功率无线网通信协议》或《输变电设备物联网节点设备无线组网协议》的要求;汇聚节点通过有线或无线自组网方式接入边缘物联代理,采用无线方式时应满足《输变电设备物联网节点设备无线组网协议》的要求;边缘物联代理通过无线 APN、电力专网等无线信号将数据接入物联管理平台。

② 当隧道内安装有线通信系统时,应根据各类采集（控制）终端采用的通信方式合理设置汇聚节点,并通过有线方式传输至边缘物联代理。

## 3. 通信协议

通信原则基于设备部《输变电设备物联网建设方案》进行设计,具体应用应结合现场实际情况灵活选择。

① 电池供电、自取能的微功率传感器通过《输变电设备物联网微功率无线网通信协议》接

入汇聚节点或边缘物联代理;局部放电、泄漏电流等采样频率低、单次采集功耗较大的低功耗传感器通过《输变电设备物联网节点设备无线组网协议》接入边缘物理代理,或经汇聚节点组网后与边缘物联代理连接。

② 有线传感器通过有线方式直接接入边缘物联代理,或有线接入汇聚节点后经无线传感网接入边缘物联代理。

③ 汇聚节点间、汇聚节点与边缘物联代理采用《输变电设备物联网节点设备无线组网协议》组网。

④ 边缘物联代理应支持无线 APN、电力专网及光纤通信方式,并采用《物联管理平台技术和功能规范第 4 部分:边缘物联代理与物联管理平台交互协议规范》与物联管理平台进行数据交互。

# 3.2.3 节点配置

## 1. 汇聚节点部署及配置原则

① 输电专业汇聚节点装置的形态、研发、检测及部署安装工作,由国网设备部统一组织实施。

② 汇聚节点的形态:一是具备接入各类传感器及终端设备,实现导线舞动监测、覆冰监测等功能的新型终端装置,此时每基杆塔按需部署唯一汇聚节点;二是对现有舞动监测终端、覆冰监测终端等终端装置进行扩展,使其具备接入其他传感数据扩展能力和自组网的功能,此时每基杆塔的汇聚节点可能不唯一。

③ 对于架空线路汇聚节点部署于 APN、无线专网信号未覆盖或不稳定区域的杆塔,基于汇聚节点进行组网实现数据汇聚,将数据传输至相应的边缘物联代理。

④ 对于输电电缆,当电缆廊道内覆盖无线信号时,应综合考虑电缆通道地形、组网方式及通信协议等因素合理设置汇聚节点;采用有线通信方式时,宜结合所采用传感设备的通信方式合理设置汇聚节点。

⑤ 对于输电线路杆塔上的汇聚节点,宜采用太阳能板加蓄电池等供电方式;对输电电缆汇聚节点,可采用感应取能或高能电池供电等方式。

## 2. 边缘物联代理部署及配置原则

① 输电专业边缘物联代理装置的形态、研发、检测及部署安装工作,由国网设备部组织实施。

② 边缘物联代理,应按照国网设备部的统一要求,通过搭载安全芯片或软件加密的方式,实现数据的安全、可靠传输。

③ 对架空输电线路,边缘物联代理应部署于 APN、电力专网信号、电力光纤覆盖区域杆塔上,用于接收汇聚节点或采集终端数据。

④ 对输电电缆,当采用有线通信方式时,可在隧道合适区域部署边缘物联代理;当采用无线通信方式时,宜在电缆廊道内无线信号稳定区域部署边缘物联代理。

⑤ 用于汇聚状态感知类采集终端数据的边缘物联代理宜采用边端分离型;用于视频图像类数据分析的边缘物联代理宜采用边端融合型。

⑥ 对于输电线路杆塔上边缘物联代理,宜采用太阳能板加蓄电池等供电方式;对输电电

缆,边缘物联代理部署在隧道内时,可采用感应取能或高能电池供电等方式,具备条件时应采用稳定电源供电。

## 3.2.4　采集终端配置

### 1. 线路状态实时感知与智能诊断业务配置原则

① 导线温度状态监测宜安装在需要提高线路输送能力的重要线路和跨越主干铁路、高速公路、桥梁、河流、海域等区域的重要跨越段。重载线路宜在引流板(耐张线夹)布置微功率无线测温传感器。

② 微气象状态监测宜安装在大跨越、易覆冰区和强风区等特殊区段(如高海拔地区的迎风山坡、垭口、风道、水面附近、积雪或覆冰时间较长的地区),也可安装在因气象因素导致故障(如风偏、非同期摇摆、脱冰跳跃、舞动等)频发的线路区段、传统气象监测盲区,以及行政区域交界、人烟稀少区、高山大岭区等无气象监测台站的区域。

③ 异常状态智能监测装置宜安装在绝缘子劣化、金具浮放电、植被超高、覆冰、污秽等严重影响线路运行的区段。

④ 污秽状态监测装置宜安装在人工测量开展困难的区域、需短期高频率监测的特殊污秽区域、重要输电通道主要污染源区域,还可安装在曾经发生过污闪事故或现有爬距不满足要求的区域。

⑤ 分布式故障诊断分布安装于输电线路的导线,监测输电线路故障发生时刻的故障行波电流及谐波电流。

### 2. 自然灾害全景感知与预警决策业务配置原则

① 雷电监测网监测范围应按国网设备部的统一要求部署。

② 导线覆冰状态监测宜安装在重冰区线路,迎风山坡、垭口、风道、大水面附近等易覆冰区域线路,还可安装在与冬季主导风向夹角大于 $45°$ 的线路易覆冰舞动区。

③ 舞动状态监测宜安装在曾经发生舞动的区域,也可安装在与冬季主导风向夹角大于 $45°$ 的输电线路、档距较大的输电线路,还可安装在大跨越或易发生舞动的微地形、微气象区的输电线路,安装于Ⅱ、Ⅲ级舞动区线路每个耐张段。

④ 微风振动状态监测宜安装在跨越通航江河、湖泊、海峡等大跨越和可观测到较大振动或发生过因振动断股的档距。风振严重区、地质灾害区等杆塔宜配置螺栓松动监测装置。

⑤ 防山火红外监测部署在山火易发区段线路。山火易发区线路可采用山火卫星监测。

⑥ 杆塔倾斜状态监测宜安装在采空区、沉降区和不良地质区段,如土质松软区、淤泥区、易滑坡区、风化岩山区或丘陵区等,滑坡、泥石流等地质灾害易发区杆塔宜配置北斗地质灾害监测。

⑦ 台风影响区域线路宜配置气象雷达监测。

### 3. 空天地多维融合及协同自主巡检业务配置原则

① 图像/视频状态监测宜安装在外力破坏易发区(跨高铁、跨高速公路、跨重要输电通道、违章建房、开山炸石、吊车施工等外力破坏易发区域)、火灾易发区、易覆冰区、通道树木(竹)易生长区、偏远不易到达区和其他线路危险点、缺陷易发区段。

② 直升机巡视按照年均 1 次开展。无人机、直升机应用困难地区线路可配置导线巡视机器人。

③ 人员难以到达地区线路可开展卫星遥感监测，必要时进行卫星遥感特巡。

### 4. 线路检修智能辅助与动态防护业务配置原则

检修作业按需配置移动作业终端、智能可穿戴设备。

### 5. 高压电缆全息感知与智能管控业务配置原则

① 在高压电缆隧道内全线无线通信系统覆盖或安装有线通信系统。

② 电缆线路接头和终端处应安装电缆接地环流在线监测装置。

③ 在隧道内电缆线路接头和终端处应安装电缆局部放电在线监测装置，对于排管、沟道及直埋电缆宜在接头工作井处安装。

④ 在隧道内电缆表皮及接头处可安装电缆分布式光纤测温装置。在电缆线路终端及接头处可安装红外测温装置和内置测温监测装置。

⑤ 在电缆线路两侧和沿电缆每 10 km 宜安装一组电缆分布式故障诊断装置。

⑥ 在电缆隧道全线、电缆沟内重点防火区段应布置火灾报警系统并安装自动灭火装置，与火灾报警系统联动。

⑦ 在电缆隧道及竖井内应设置水位探测装置，并与排水系统联动。

⑧ 在电缆隧道及竖井内应安装有毒有害气体监测报警装置，监测范围覆盖全隧道。隧道全线安装通风系统，应与有毒有害、易燃易爆气体监测装置联动。

⑨ 在电缆隧道出入口、人孔、物孔、排管工作井盖安装出入口安防系统。

⑩ 当通道与轨道交通隧道或地下构筑物等产生交叉、穿越或位于易沉降区时，宜装设沉降监测装置。

⑪ 在电缆终端站、在外破隐患区域宜安装可视化监测装置防外力破坏。在排管及沟道的外破隐患区域电缆通道可安装光纤振动监测系统。

# 第4章 电力物联网在变电系统的应用

变电站是电网的重要组成部分,变电站内设备多、种类杂、管理难度大。应通过变电智慧物联体系建设,采用各种先进采集终端,将变电站设备的状态汇集起来,进行统一管理、分析与决策,提升变电站运行状态的感知水平和运维效率,保障操作安全、人身安全及设备安全,实现"全面监控、数据融通、智能运检、精益管理、本质安全"的变电智慧物联体系建设目标。

按照变电站业务提升的需求,变电站通过智慧物联体系建设实现变电设备智能巡检、设备缺陷主动预警、设备故障智能诊断等功能,减轻变电运维人员的作业负担,提高管理成效。

## 4.1 总体架构

### 4.1.1 目标架构

变电站场景设计以支撑变电智能运检为目标,其场景特点是在一个固定的空间运用多种物联网技术进行状态感知、数据分析与人员行为管控,总体思路是在站端部署边缘物联代理,接入站内各类采集终端,通过标准的物联管理协议接入物联管理平台,实现智能运检的各类业务功能。

变电边缘物联代理分为两种物理形态:一是硬件平台化、软件容器化的通用装置,即边端分离型边缘物联代理;二是以软件形态部署在通用服务器架构,形成边缘计算节点,即边缘节点型边缘物联代理。变电站场景独立设置边缘物联代理,对视频监控装置、机器人、无线传感设备等数据进行汇聚和处理,可采用边端分离型、边缘节点型。

本章典型设计主要针对只接入在线监测装置产生的数据型边缘物联代理(即变电接入节点)下的业务场景。

根据变电站智慧物联体系建设的总体要求,设计了如图4-1所示的典型变电站智慧物联体系目标架构。

变电站智慧物联体系总体架构主要由感知层、网络层、平台层和应用层组成。

感知层:变电站终端设备采集视频图像、红外图像、环境量、状态量和辅助设备状态等,感知层由视频监控、巡检机器人、无线传感设备、各类汇聚节点及边缘物联代理构成;其中智慧物联感知数据主要是各类无线传感器的采集数据,通过边缘物联代理实现数据汇聚、边缘计算并将结果上传至物联管理平台,视频图像等数据单独发送至统一视频平台,视频图像接入节点所需的边缘应用APP,由物联管理平台下发。

网络层:为变电接入节点设备与云端之间的数据传输提供通道,主要依托内网光纤。

平台层:由物联管理平台、统一视频平台和企业中台等构成,实现变电站感知数据的汇聚整理与分析推理。平台层主要为应用层提供基础数据。

应用层:包括变电基础类应用、分析管控类应用、决策指挥类应用、移动作业类应用等,这些应用建立在数据中台和业务中台基础之上,采用微应用方式为客户提供服务。物联管理平台接收生产控制大区的主辅设备监控系统数据,实现变电设备管理和运维的智能化。

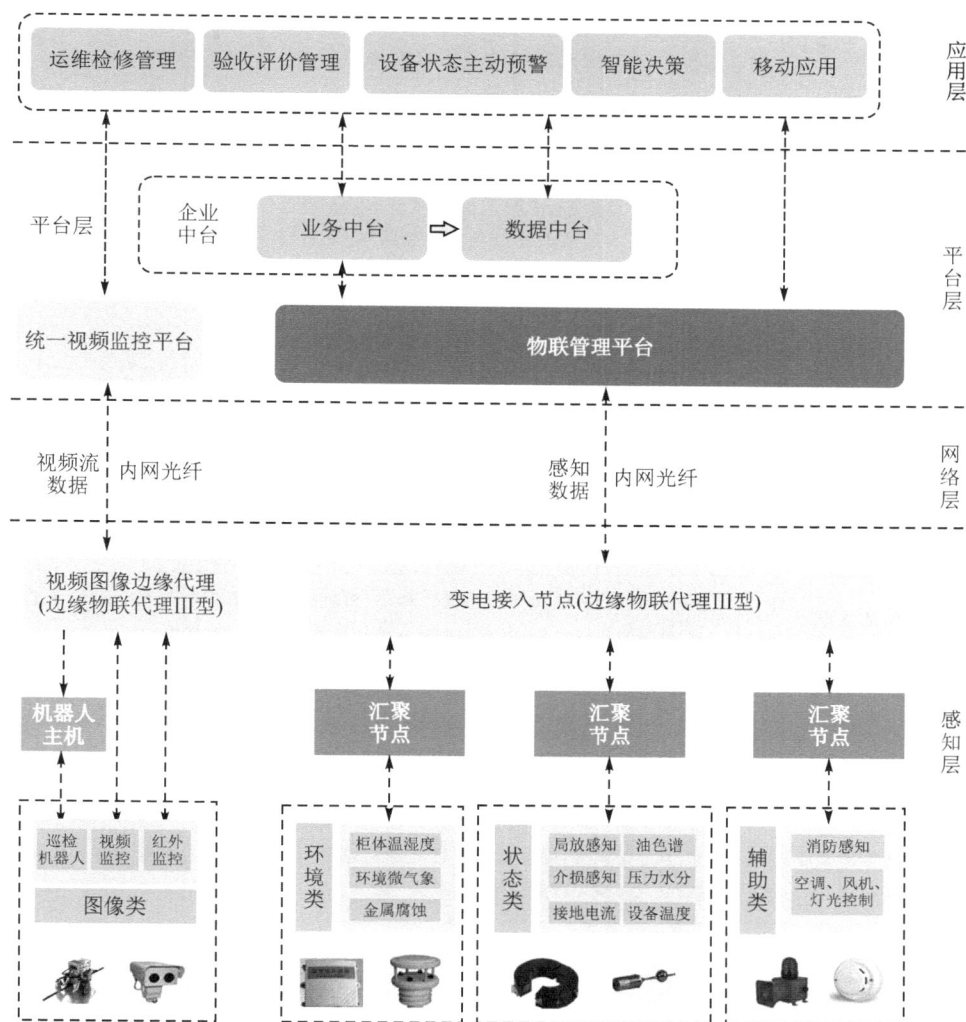

**图 4 - 1　典型变电站智慧物联体系目标架构**

## 4.1.2　建设原则

① 突出效益。变电站典型场景的设计要以主要业务功能的提升为目标,并综合考虑费用效率比,优先部署有利于减轻基层负担、提质增效的设备和系统。

② 因地制宜。按照因站因需、灵活匹配的原则,充分考虑客户重要程度和实际需求等因素,结合本地资源禀赋、区位特征等特点,强调"因地制宜、按需落地"。

③ 按需配置。变电接入节点(边缘物联代理)按照变电站的感知层采集终端和汇聚终端数量合理配置,一般情况下,每个变电站配置 1 套在线智能巡视边缘物联代理装置,配置 1 套无线传感边缘物联代理。采集终端宜优先选用安装方便、易于维护、运行稳定的无线传感器。

## 4.1.3　典型应用场景目录

在变电站应用场景,可以根据不同电压等级要求,进行差异化细分设计,电压等级高、重要的变电站优先考虑。变电系统的典型应用场景目录如表 4-1 所列。

表 4-1　变电系统的典型应用场景目录

| 序　号 | 业务名称 | 功能描述 | 场景名称 |
|---|---|---|---|
| 1 | 变电主辅设备全面监控 | 采用先进传感技术对变电站环境量、状态量、电气量、行为量进行实时采集,集成变电站全面运行信息,实现变电站设备的有效感知、风险预警、远程监控和智能联动等 | 场景 1:变电主设备的状态感知 |
| | | | 场景 2:变电站运行环境的状态感知 |
| | | | 场景 3:变电主辅设备智能联动 |
| 2 | 倒闸操作一键顺控 | 转变以现场操作为主的传统倒闸操作模式,实现自动顺序执行的一键顺控,减少现场劳动,降低误操作风险,提升运检效率效益 | 场景 4:倒闸操作一键顺控 |
| 3 | 变电站智能巡检 | 应用成熟的图像识别和导航技术,采用"机器人＋视频"的联合巡检方式,开展站内无人智能远程巡检 | 场景 5:变电设备自动巡检 |
| 4 | 变电站智能管控 | 利用智能分析单元开展边缘计算,分析各类异常情况并实时告警,实现变电站安全智能管控 | 场景 6:变电运检人员作业行为智能管控 |
| 5 | 变电设备缺陷主动预警 | 利用变电设备状态实时预警模型、设备缺陷自动分析模型及设备缺陷处理策略等,构建基于多物理量感知的变电设备缺陷主动预警机制 | 场景 7:变电设备缺陷主动预警 |
| 6 | 变电设备故障智能决策 | 建立变电设备故障应急决策、试验决策及检修决策分析模型,构建基于多维故障信息分析的变电设备故障智能决策体系 | 场景 8:变电设备故障智能决策 |
| 7 | 变电设备运维成本精益管理 | 扩展实物 ID 变电设备覆盖范围,开展单体设备运维期成本精益核算 | 场景 9:变电一次设备统一身份编码建设 |
| | | | 场景 10:变电一次单体设备运行期成本精益核算 |

# 4.1.4　应用场景实施策略

## 1. 边缘物联代理部署

变电站边缘物联代理宜采用室内部署方式,若无线信号强度不足,可经汇聚节点进行中继后实现传感器数据接入。

## 2. 采集终端及汇聚节点部署

采集终端及汇聚节点应根据国网设备部相关方案进行选型及安装部署。汇聚节点可在一次设备场地就近安装,按照无线传感网络的覆盖范围以及汇聚节点的接入容量进行配置。

# 4.2　变电智慧物联典型应用场景

## 4.2.1　典型应用场景

变电站智慧物联体系部署架构图如 4 - 2 所示。

变电站智慧物联体系部署架构自下而上分为感知层、平台层和应用层；自左而右横跨生产控制大区、信息管理大区、互联网大区。每层主要部署内容如下。

**（1）感知层**

感知层主要由视频监控、巡检机器人、移动作业终端、无线传感器、汇聚节点、边缘物联代理和安全接入网关等构成。

视频监控、巡检机器人（经安全接入网关）采集的视频图像类数据接入在线智能巡视边缘物联代理，进行图像识别、分析判断等边缘计算，分析结果上传至物联管理平台；同时，实时视频流分别接入统一视频监视平台和在线智能巡视集中监控系统。

以状态感知功能为主的非涉控无线传感器可直接接入，或经过汇聚节点接入无线传感边缘物联代理；其他涉控无线传感器感知数据需经安全接入网关接入无线传感边缘物联代理，无线传感边缘物联代理对传感器数据进行边缘计算，并将处理后的结果上传至物联管理平台。

移动作业终端分为涉密移动作业终端和非涉密移动作业终端，其中涉密移动作业终端经安全接入平台接入内网统一移动门户；非涉密移动作业终端直接接入外网统一移动门户。

**（2）平台层**

平台层由物联管理平台、企业中台、人工智能平台、统一视频监控平台、统一移动门户等构成，实现感知数据的汇聚、大数据分析、人工智能训练、移动作业终端安全接入等功能。

**（3）应用层**

应用层部署变电专业内网微应用和移动微应用，主要基于感知层上传的各类感知数据进行高级分析应用；其中变电移动微应用分为涉密类和非涉密类，涉密类部署在信息管理大区，非涉密类部署在互联网大区。

变电设备物联网应用全景图如图 4 - 3 所示。

**1. 变电主辅设备全面监控**

采用先进传感技术对变电站环境量、状态量、电气量、行为量进行实时采集，集成变电站全面运行信息，实现无人值守变电站设备本体及变电站运行环境的有效感知、风险预警、远程监控及智能联动，提升变电站状态感知的及时性、主动性和准确性。

**场景 1：变电主设备的状态感知**

一是通过实时上传站内电流、电压等设备运行信息及设备异常告警信号，实现运维班对所辖站设备设施运行状态准确掌握，强化运维班设备感知能力。二是利用先进在线监测传感器，如电流互感器、油压监测装置、变压器套管一体化内部状态监测装置、数字化气体继电器、声学照相机等，实现变电设备状态全方位实时感知；利用站内辅助监控主机开展边缘计算，根据阈值初步判断状态量，实现设备状态自主快速感知和预警。对于异常设备，及时向运行人员推送预警信息，调整状态监控策略，并将数据上传至平台层和应用层进行更精确的诊断和分析。三

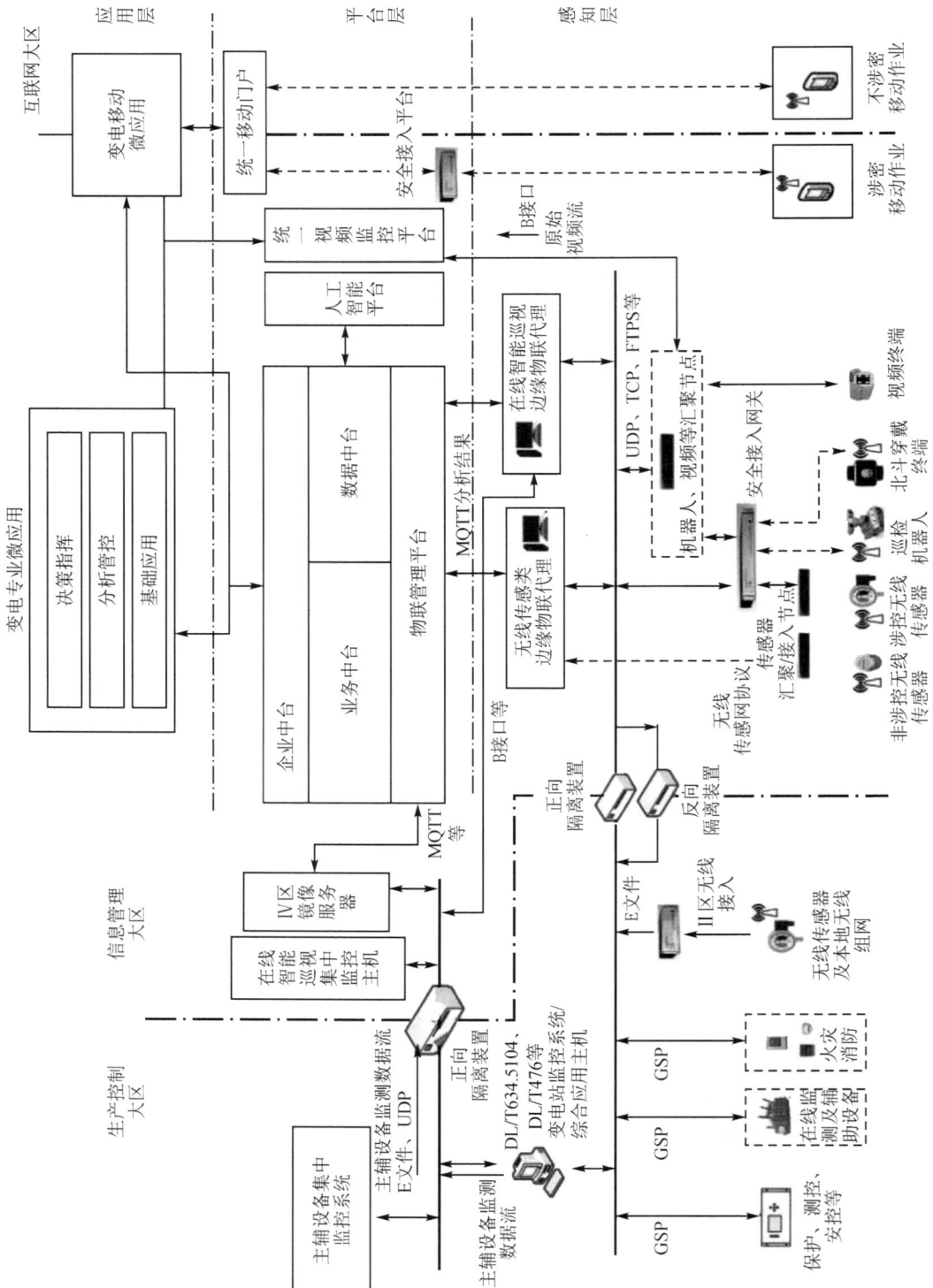

图4-2 变电站智慧物联体系部署架构图

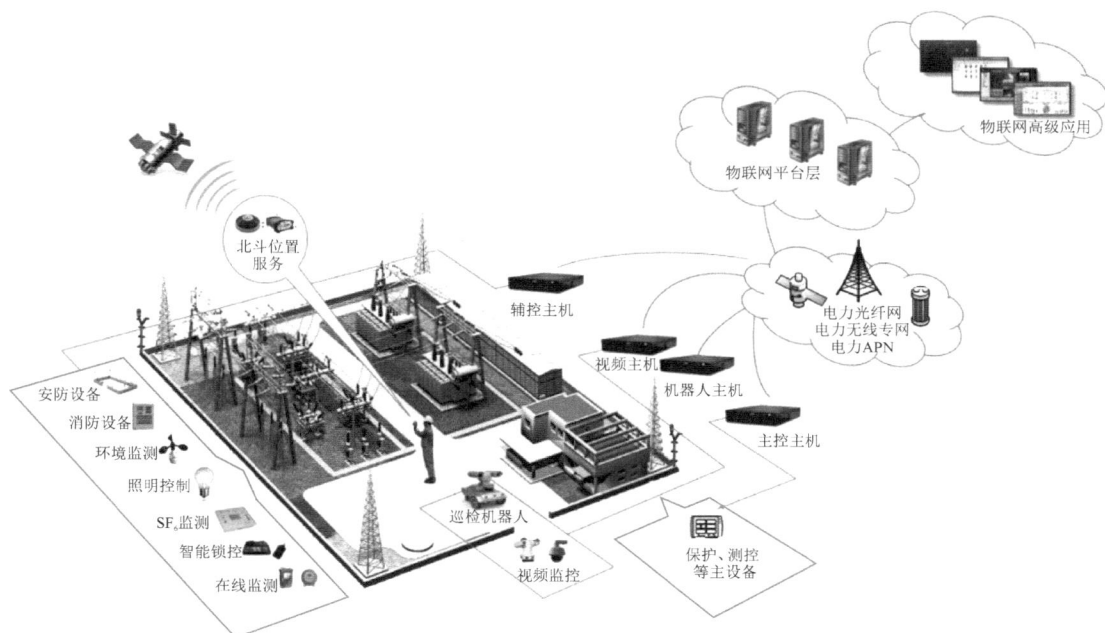

图 4 - 3　变电设备物联网应用全景图

是利用变压器实时油温、功率等运行信息和历史试验数据,结合变电站微气象参数,运用变压器热路模型算法,实现变压器过载能力动态预测和寿命安全评估。

**场景 2:变电站运行环境的状态感知**

通过站内辅助监控主机,采集分析变电站微气象、烟雾、温湿度、电缆沟水位、$SF_6$ 气体浓度等传感器数据,实现变电站运行环境状态感知,并及时推送站内安全运行风险预警。一是根据烟雾传感器、感温电缆与设备温度监测数据,实现变电站站房火灾隐患的监测和感知,并与灭火装置智能联动,实现自动触发、及时灭火。二是利用 $SF_6$ 气体传感器,感知变电站站房内有害气体含量,并进行实时告警。三是通过水浸传感器,监测电缆沟道积水情况。

**场景 3:变电主辅设备智能联动**

如站内发生预警、异常、故障、火灾、暴雨等情况,站内辅助监控主机主动启用机器人、视频监控、灯光、环境监测、消防等设备设施,立体呈现现场的运行情况和环境数据,实现主辅设备智能联动、协同控制,为设备异常判别和指挥决策提供信息支撑。

## 2. 倒闸操作一键顺控

基于传感监测、边缘计算、智能判别及自动控制等手段,转变以现场操作为主的传统倒闸操作模式,实现自动顺序执行的一键顺控,减少无效劳动,降低误操作风险,提升运检效率效益。

**场景 4:倒闸操作一键顺控**

依托断路器与隔离开关位置接点、互感器、压力传感器、监控视频、姿态传感器等传感设备,实时采集设备位置信息,传输至站内主设备监控主机,通过边缘计算,利用阈值判断、模式识别等方法,采用"位置遥信＋遥测"双确认机制,判别设备分合闸状态。主设备监控主机根据判别结果,分析操作条件是否满足及操作是否到位,替代传统操作中的人工现场确认,最终实现倒闸操作自动顺序执行。当顺控程序执行异常时,主设备监控主机智能联动异常设备附近监控视频或巡检机器人,辅助判别异常原因。

### 3. 变电站智能巡检

在变电站配置户内、户外巡检机器人及各类视频摄像头,应用成熟的图像识别和导航技术,采用"机器人＋视频"的联合巡检方式,开展站内无人智能远程巡检。

**场景5:变电设备自动巡检**

采用"机器人＋视频"联合方式,将人工智能、图像识别、声纹识别、定位导航等技术应用于变电站设备设施巡检,具备自主导航、自动记录、智能识别、远程遥控等功能,全面覆盖户内外设备,提升巡检效率,降低巡检成本。

### 4. 变电站智能管控

在变电站合理布设备类视频摄像头和视频监控主机(含智能分析单元),充分利用成熟的人员行为分析、缺陷检查、入侵诊断、烟火感知等视频图像识别技术,实时获取安全作业生产、站内关键设备外观及站内环境等情况,利用智能分析单元开展边缘计算,分析各类异常情况并实时告警,实现变电站安全智能管控。

**场景6:变电运检人员作业行为智能管控**

针对变电运检人员的手机或者手持终端APP,配备具有位置信息和近场通信传感器的间隔边界设备,应用现场视频监控、移动云台等物联网技术,通过边缘计算,智能开展作业人员入场检测、分组定位、电子围栏布设、作业范围划分、区域检测、运动检测、作业监控、违规告警,实现运检人员、设备间隔、作业范围的人人互联、人物互联,避免运检人员误入带电间隔或失去工作现场监护,确保运检人员的人身安全。

### 5. 变电设备缺陷主动预警

通过获取主辅设备监视信息,结合规程和专家经验,基于图像识别、智能推理及大数据等智能分析技术,建立多个设备状态与缺陷之间的关联规则,利用变电设备状态实时预警模型、设备缺陷自动分析模型及设备缺陷处理策略等,构建基于多物理量感知的变电设备缺陷主动预警机制。

**场景7:变电设备缺陷主动预警**

基于主辅设备全面监视产生的变电设备状态全方位感知信息,利用阈值判断、变化趋势判断及同类同型横向比较等设备状态实时预警模型,初步判断状态量是否存在异常。当状态量异常时,自动融合边缘计算结果、带电检测、运行信息、停电试验和不良工况等运检专业多源数据,应用设备缺陷自动分析模型对设备状态进行全面诊断分析,判断设备是否存在缺陷,并诊断缺陷类型和严重程度。对于存在缺陷的设备,依据缺陷等级及设备重要程度,结合设备缺陷处理策略,及时向运行人员推送预警和运维决策信息,通过加强感知层在线监测状态量获取频次、缩短带电检测及智能巡检周期等措施,调整状态监控的运维策略。同时,在应用层对缺陷设备进行动态跟踪监视,结合设备历史负荷、温度等信息,应用大数据分析技术,预测设备缺陷的劣化发展趋势;对于劣化明显或运行风险较大的设备,建议设备停电检修,推送包括检修周期、检修等级及检修措施等内容的设备检修决策信息,指导设备的检修工作。

### 6. 变电设备故障智能决策

基于设备状态信息数据库、设备故障案例样本数据库及相关规程,应用智能推理、大数据等智能分析技术与专家经验,总结设备特征状态量与故障之间的判断规则,建立变电设备故障应急决策、试验决策及检修决策分析模型,构建基于多维故障信息分析的变电设备故障智能决策体系。

#### 场景 8:变电设备故障智能决策

当变电设备发生故障时,依据设备主动预警记录、边缘计算结果及开关变位、保护动作等各类故障特征信息,结合故障应急决策模型定位故障设备,判断故障类型,并依据故障案例库及故障处理规则库推送包括现场检查、人员组织、主辅设备应急操作、联系汇报、保障人身和设备安全注意事项在内的各种应急处理措施及顺序的典型故障应急处理参考方案,辅助工作人员进行故障的应急处理,防止故障范围的扩大。应急处理决策后,可形成决策建议案例入库。故障认定后,可结合故障检修决策规则,形成设备检修辅助决策建议并推送。

### 7. 变电设备运维成本精益管理

在公司电网资产统一身份编码(实物 ID)试点建设及推广实施成果和经验的基础上,进一步研究物料、设备类型"一对多、多对一和多对多"的对应关系,扩展实物 ID 变电设备覆盖范围,开展单体设备运维期成本精益核算。

#### 场景 9:变电一次设备统一身份编码建设

以"国网芯"RFID 电子标签为载体,运用状态感知、边缘计算等先进电力物联网技术,按照"整站整线"全覆盖原则,推进变电一次设备实物 ID 建设,实现变电站设备智能移动巡检、实物资产精确管理等应用。在招标采购环节,开展变电一次增量设备实物 ID 源头赋码贴签;在运维检修环节,开展变电一次存量设备赋码贴签和数据追溯,实现公司物联网数据一处录入、多处应用和综合分析。

#### 场景 10:变电一次单体设备运行期成本精益核算

选择主变、断路器、隔离开关等变电一次设备,运用视频跟踪识别、图像智能匹配等技术,研制变电一次设备运检作业场景的实物 ID 智能感知装备,实现作业现场设备类型智能匹配与现场作业人员工作时长自动统计;制定变电一次单体设备直接成本和间接成本智能归集方法与分摊规则,实现信息自动获取、成本自动分摊,为规划方案比选、供应商绩效评价、物资招标策略制定、财务多维精益管理等业务精益化开展提供大数据支撑。

## 4.2.2　组网方式及通信协议

变电站采用单星形以太网络对视频终端进行组网,对于 220 kV 及以上电压等级的变电站,可配置双星形网络;巡检机器人、无线传感器等采用无线组网。

无线传感器分为非涉控和涉控两类。非涉控类传感器通过汇聚节点或者直接接入无线传感边缘物联代理;涉控类传感器通过无线传感网实现数据汇聚,需经过安全接入网关接入无线传感边缘物联代理。无线传感边缘物联代理对传感器数据进行就地计算分析,并将监测数据及计算结果上传至物联管理平台。无线传感器接入及无线传感网组网应符合《输变电设备物联网微功率无线网通信协议》和《输变电设备物联网节点设备无线组网协议》;无线传感器数据规约应符合《输变电设备物联网传感器数据通信规约》;传感器数据接入安全防护要求应满足

《输变电设备物联网通信安全规范》。

巡检机器人数据经安全接入网关上传至机器人汇聚节点,并采用 FTPS 或 TCP 等协议发送至在线智能巡视边缘物联代理。

原始视频数据流采用 Q/GDW 1514.1 通信协议(B 接口)通过汇聚节点发送至统一视频监视平台和在线智能巡视边缘物联代理;在线智能巡视边缘物联代理视频数据采用 Q/GDW 1514.1 通信协议(B 接口)发送至在线智能巡视集中监控系统。

集控站Ⅳ区镜像服务器采用 MQTT 协议,将主辅设备监测数据转发至物联管理平台。

## 4.2.3 节点配置

每个变电站应配置 1 套在线智能巡视边缘物联代理,宜为边缘节点型边缘物联代理,实现机器人巡检、视频监控等在线智能巡视分析。

每个变电站可配置 1 套无线传感边缘物联代理,宜为边端分离型边缘物联代理,实现设备运行状态、环境状态等远程监测分析。

变电站边缘物联代理采用有线或无线通信接口接入各汇聚节点。站内汇聚节点宜采用标准化设备,按照业务需求以及汇聚节点的接入容量进行配置。

## 4.2.4 采集终端配置

### 1. 变电站终端配置

#### (1) 变电主设备的状态感知

利用状态监测传感器,如油压监测装置、声纹装置等,实现变电设备状态全方位实时感知;根据智能算法对状态量进行诊断,实现设备状态自主快速感知和告警。对于异常设备,及时向运行人员推送告警信息,并上传至平台层进行进一步综合诊断分析。

为实现以上功能,需要在变电站主设备上部署多种传感器,监测对象包括变压器、互感器、GIS、断路器、开关柜、避雷器等设备。变电站主设备状态感知数据如表 4-2 所列。

表 4-2 变电站主设备状态感知数据

| 采集对象 | | 采集数据 |
|---|---|---|
| 子系统 | 设备对象 | |
| 在线监测系统 | 主变压器 | 风冷运行信息、局放监测信息、铁芯接地电流、夹件接地电流、绕组光纤测温、变压器振动波谱、有载分接开关状态信息、变压器声学指纹、变压器套管介损状态监测信息、油色谱状态监测信息 |
| | 断路器 | 局放监测信息、$SF_6$ 气体状态信息、动作/打压次数 |
| | 电容型设备 | 绝缘监测信息(电容量、介损因数、三相不平衡电流、三相不平衡电压、全电流、系统电压、相角) |
| | 避雷器 | 绝缘监测信息(全电流、阻性电流、系统电压、相角、计数器动作次数、最后一次动作时间) |
| | 电流互感器、电压互感器 | 局放监测信息、套管介损监测信息 |
| | 站内电力电缆 | 电缆温度、电缆护层电流、地网接地电阻 |

考虑到不同电压等级设备应用需求的差异性,其采集终端配置如表 4-3 所列。

**表 4-3　变电站主设备状态采集终端配置**

| 被感知对象 | 感知量 | 传感器 | 必配 | 推荐 | 选配 |
|---|---|---|---|---|---|
| 变压器 | 铁芯接地电流 | 电流传感器 | | | √ |
| | 夹件接地电流 | 电流传感器 | | | √ |
| | 局部放电 | 局放传感器 | | | √ |
| | 油中溶解气体 | 油色谱传感器 | | √ | |
| | 套管介损 | 电流传感器 | | | √ |
| | 套管电容量 | | | | √ |
| 电抗器 | 局部放电 | 局放传感器 | | | √ |
| | 套管介损 | 电流传感器 | | | √ |
| | 套管电容量 | | | | |
| 断路器 | 振动 | 振动传感器 | | | √ |
| | 动作次数 | 电磁计数器 | | | √ |
| | 打压次数 | 电磁计数器 | | | √ |
| | SF$_6$气体压力 | 气体压力传感器 | | √ | |
| | SF$_6$水分 | 微水传感器 | | √ | |
| GIS | SF$_6$气体压力 | 气体压力传感器 | | √ | |
| | SF$_6$水分 | 微水传感器 | | √ | |
| | 局部放电 | 局放传感器 | | √ | |
| 避雷器 | 高频局放 | 局放传感器 | | | √ |
| | 运行泄漏电流 | 避雷器泄漏电流传感器 | | √ | |
| | 放电计数 | | | | |
| | 交流泄漏电流阻性分量 | | | | |
| 电容器 | 形变 | 电容器形变传感器 | | | √ |
| | 高频局部放电 | 局放传感器 | | | √ |
| | 相对介损 | 电流传感器 | | | √ |
| | 相对电容量 | | | | |
| 开关柜 | 热点温度 | 温度传感器 | | | √ |
| | 触头温度 | 温度传感器 | | | √ |
| | 局部放电 | 局放传感器 | | | √ |
| 隔离开关 | 触头温度 | 温度传感器 | | | √ |
| | 电机线圈电流及扭矩 | 机械特性传感器 | | | √ |
| 电流互感器 | 高频局部放电 | 局放传感器 | | | √ |
| | 相对介损 | 电流传感器 | | | √ |
| | 相对电容量 | | | | √ |

续表 4 - 3

| 被感知对象 | 感知量 | 传感器 | 必配 | 推荐 | 选配 |
|---|---|---|---|---|---|
| 电压互感器 | 高频局部放电 | 局放传感器 | | | √ |
| | 相对介损 | 电流传感器 | | | √ |
| | 相对电容量 | | | | √ |

**（2）变电站运行环境的状态感知**

通过站内环境监测设备,采集分析变电站微气象、烟雾、温湿度、电缆沟水位、室内 $SF_6$ 气体浓度等传感器数据,实现变电站运行环境状态感知,并及时推送站内安全运行风险预警。

为实现以上功能,需要在变电站布置环境监测无线传感器,变电站运行环境感知数据如表 4 - 4 所列。

表 4 - 4　变电站运行环境感知数据

| 采集对象 | | 采集数据 |
|---|---|---|
| 子系统环境 | 感知对象 | |
| 外部环境 | 微气象 | 温度、湿度、雨量、风速、风向、日照时间 |
| | 电缆沟 | 水浸、水位、有害气体浓度 |
| 内部环境 | 控制室 | 室内温度、湿度、烟雾、噪声 |
| | 汇控柜、端子箱、机构箱 | 温度、湿度、水浸 |

考虑到不同电压等级应用需求的差异性,变电站运行环境采集终端配置如表 4 - 5 所列。

表 4 - 5　变电站运行环境采集终端配置

| 被感知对象 | 感知量 | 传感器 | 必配 | 推荐 | 选配 |
|---|---|---|---|---|---|
| 微气象 | 温度监测、湿度监测 | 微气象传感器 | | √ | |
| | 风速监测、风向监测、雨量监测、气压监测、光辐射强度监测 | | | | √ |
| 电缆沟 | 水浸状态 | 水浸传感器 | | √ | |
| 汇控柜、端子箱、机构箱 | 温湿度及控制 | 温湿度传感器、温湿度控制其器 | | | √ |
| 变压器噪声 | 噪声监测 | 噪声传感器 | | √ | |
| 金属腐蚀速率 | 大气、土壤腐蚀速率 | 腐蚀速率传感器 | | | √ |

**（3）变电站在线智能巡视**

采用"机器人＋视频"联合巡检方式,将人工智能、图像识别、定位导航等技术应用于变电站设备设施巡检,具备自主导航、自动记录、智能识别、远程遥控等功能,全面覆盖户内外设备,提升巡检效率、降低巡检成本。

为实现以上功能,需要在变电站布置在线智能巡视边缘物联代理、视频监控和巡检机器人,变电站智能巡检采集数据如表 4 - 6 所列。

表 4 - 6　变电站智能巡检采集数据

| 采集对象 | | 采集数据 |
|---|---|---|
| 子系统 | 信息类别 | |
| 视频巡检系视 | 设备状态信息 | 指针型表计读数、数字型表计读数、油位读数、断路器分合指示、隔离开关位置状态、屏柜指示灯状态、开关把手状态、压板位置等图像视频数据 |
| | 设备外观缺陷信息 | 设备表面渗漏油、部件金属锈蚀、绝缘子破损、呼吸器异常等外观缺陷等视频图像数据 |
| | 异物入侵信息 | 异物信息如鸟窝、风筝等视频图像数据 |
| | 设备周界信息 | 设备周界监测、人员越界监测、吊车越界监测等视频图像数据 |
| 机器人巡检系统 | 变压器高压侧数据 | 套管避雷器本体二段温度、套管避雷器本体一段温度、套管避雷器泄漏电流表、套管避雷器引线接头温度、套管本体温度、套管引线接头温度、高压侧出线温度 |
| | 变压器中压侧数据 | 套管避雷器本体二段温度、套管避雷器本体一段温度、套管避雷器泄漏电流表、套管避雷器引线接头温度、套管本体温度、套管引线接头温度、中压侧出线温度 |
| | 变压器低压侧数据 | 套管本体温度、套管引线接头温度、低压侧出线温度 |
| | 变压器本体及控制柜数据 | 本体温度、地面油污照片、冷却器控制柜照片、油色谱在线监测柜照片、油枕油位、呼吸器油位、硅胶照片 |
| | 断路器数据 | 接头温度、本体温度、分合指示照片、端子箱照片、气室压力照片、开关动作次数照片、开关打压次数照片 |
| | 电容型设备数据 | 本体一段温度、本体二段温度、接头温度 |
| | 避雷器状态监测 | 避雷器本体二段温度、避雷器本体一段温度、避雷器泄漏电流表、避雷器引线接头温度、避雷器动作次数照片 |
| | 电流互感器、电压互感器 | 地面油污照片、接线温度、油位、引线接头温度 |
| | 站内电力电缆 | 电缆温度、电缆外观照片 |
| | 隔离开关 | 隔离开关温度、母线温度、电抗器温度、母线伸缩节温度 |
| | 户内一次设备 | 温度、照片图像 |
| | 户内二次设备 | 保护装置温度、保护装置指示灯、保护装置名称编号、保护压板位置、保护装置声音 |

考虑到不同电压等级的应用需求差异性,变电站智能巡检采集终端配置如表 4 - 7 所列。

表 4-7　变电站智能巡检采集终端配置

| 采集终端 | 汇聚节点 | | 感知量 | 传感器 | 必 配 | 推 荐 | 选 配 |
|---|---|---|---|---|---|---|---|
| | 安装位置 | 配置原则 | | | | | |
| 视频监控 | 视频主机主控室 | 全站1台 | 人员作业、人员行为、周界安全、烟火、物体遗留移除、入侵、车辆安全、表计读取、隔离开关状态、断路器状态、外观、视频质量、图像抓拍 | 球形摄像机、枪形摄像机、云台摄像机、全景摄像机、移动布控球形摄像机等 | | √ | |
| | | | 区域温度阈值、区域温差 | 红外热成像摄像机 | | √ | |
| 巡检机器人 | 巡检机器人主机主控室 | 全站1台 | 设备红外测温图像、设备巡视图像、环境温湿度、噪声等 | 基于移动巡检机器人的环境采集传感器、可见光摄像机、红外热成像摄像机等 | √（220 kV及以上变电站） | | √（110 kV及以下变电站） |

**（4）变电主辅设备智能联动**

在站内发生预警、异常、故障、火灾、暴雨等情况，主动启用机器人、视频监控、灯光、环境监控、消防等设备设施，立体呈现现场的运行情况和环境数据，实现主辅设备智能联动、协同控制，为设备异常判别和指挥决策提供信息支撑。为实现以上功能，需要布置在线智能巡视边缘物联代理，接收主辅设备联动命令，控制变电站在线智能巡视终端设备实现智能联动，同时将联动结果上送物联平台。变电主辅设备智能联动采集数据如表 4-8 所列。巡检机器人和视频监控配置参见表 4-7。

表 4-8　变电主辅设备智能联动采集数据

| 采集对象 | | 采集数据 |
|---|---|---|
| 子系统 | 信息类别 | |
| 安全防范 | 电子围栏、红外对射、红外双鉴、门禁等 | 电子围栏、红外对射、红外双鉴的布防状态、防区告警、故障告警等信息；采集门禁控制器的门开/闭状态、故障告警、运行工况等信息 |
| 照明控制 | 照明控制器 | 照明回路通断状态、照明控制器的运行状态、故障告警等信息 |
| 视频监控 | 摄像机、视频录像机 | 实时视频 1/4/9/16 多画面的方式预览，视频监控窗口集成云台、调焦、变倍控制，支持视频抓拍、多画面视频轮巡、视频分析等监视模式 |

# 第5章　电力物联网在配电系统的应用

配电网与用户密切相连,合理的配电网结构和高质量的电网一次设备直接影响用户的可靠供电。为更好地实现配电网的可观、可测和可控,遵循国网设备侧电力物联网建设理念,按各类采集(控制)终端科学配置进行设计,规范配电台区侧公司产权的各类设备物联感知配置;考虑投资规模、经济性、可靠性及运维便利性,存量台区应主要利用已有感知单元的数据应用,新建或改造台区则应推进低压配电网一、二次融合的新型智能设备应用,降低生产人员劳动强度和设备安装运维成本,实现配电网的高效管理和科学运维,最终达到稳定优质供电的目标。

## 5.1　总体架构

### 5.1.1　目标架构

在配电领域,目前涉及的采集测控主站有,面向中压配电网的配电自动化主站和面向低压配电网的配电自动化主站,按照是否在地市级部署情况分为"1+1"、"N+1"和"N+N"三种建设模式。目前配电云主站系统,主要部署在省公司管理信息大区,物联管理平台主要支撑配电云主站建设。配电云主站主要包括物联网服务、公共服务、数据存储与分析等功能,为上层应用提供基础能力。

物联网服务主要支撑配电云主站建设:

① 物联网服务主要提供设备接入、设备管理和数据汇聚等功能,对下连接配电台区边缘设备(融合终端/TTU),总体上与物联管理平台定位类似。

② 公共服务主要包括基础服务和面向配电业务的公共微服务,如模型服务、多态应用、图形服务、拓扑服务等,为配网业务应用提供公共服务支撑。

③ 数据存储与分析主要提供统一的数据存储和数据挖掘分析的公共组件和运行环境。

#### 1. 总体设计

遵循国网智慧物联体系总体设计,同时充分考虑现有存量终端设备管理以及数据接入,兼顾各专业业务系统持续稳定应用需求,由物联管理平台来实现台区融合终端的统一接入、管控和应用,实现智能终端设备和传感设备的统一管理。电网资源业务中台与物联管理平台进行协作,完成边和端的配置、管理,云端和边端分析能力的协同,电网感知数据通过边端汇聚层(前置机等)以分布式消息的方式推送量测数据和实时事件,电网资源业务中台通过消息机制接入、存储量测数据和实时事件,结合电网拓扑信息,支撑实时故障智能研判等服务能力。电网资源业务中台以数据交换的方式定期同步数据至数据中台,业务中台仅保留近期数据。数据中台按分析模型进行清洗、存储、管理,对外提供数据多维分析、挖掘分析等服务能力。配电台区智慧物联体系目标架构如图5-1所示。

感知层:包括边缘汇聚层及末端传感层。"边缘汇聚层"主要由智能融合终端、能源控制器等设备(以下统称"台区融合终端")组成,根据具体业务应用场景,汇聚层利用HPLC(宽带载

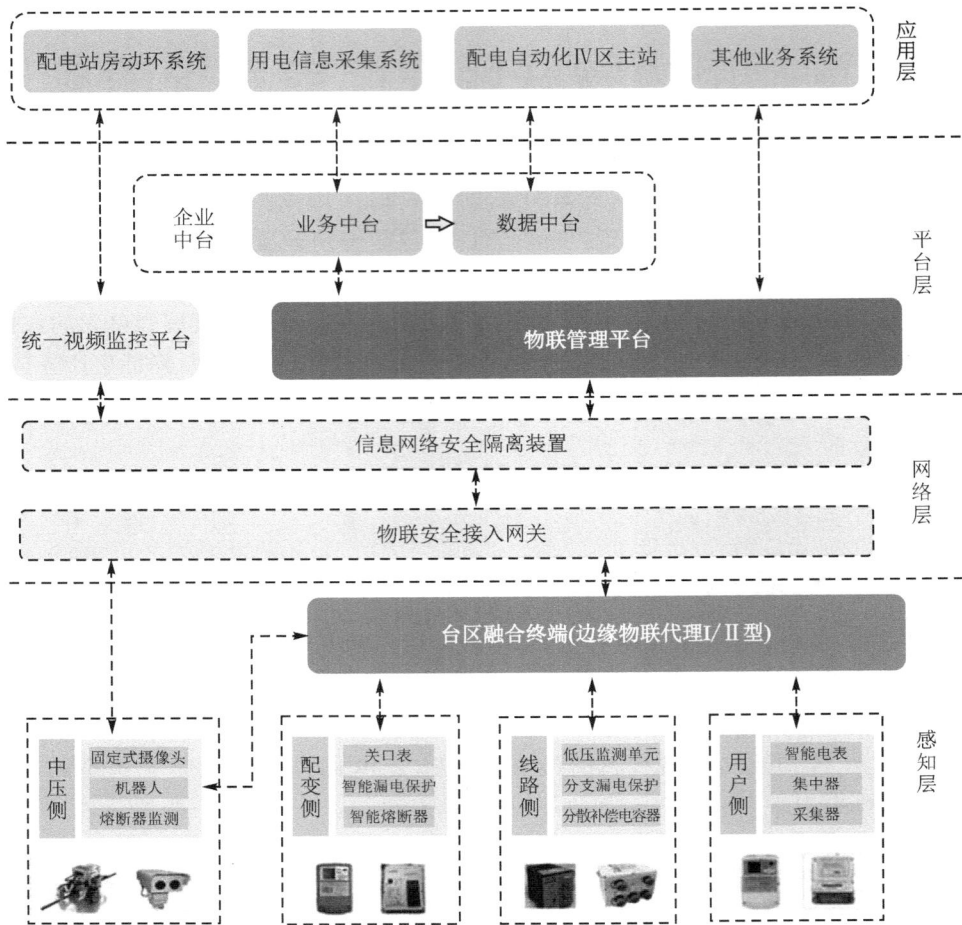

**图 5 - 1　配电台区智慧物联体系目标架构**

波)、微功率无线等通信网络,将传感器层采集的数据统一汇聚至台区融合终端内,满足传感层和节点设备单点接入、链式分布多态组网的需求。同时,利用台区融合终端边缘计算框架,实现一定范围内传感器数据的汇聚、边缘计算及回传、区域自治,满足数据实时采集、即时处理、就地分析。"末端传感层"主要由微功率/低功耗无线传感器、常规无线传感器、有线传感器等监测装置组成,主要对电网设备的运行状态、环境数据、可视化信息、作业信息进行采集,实现设备状态全方位感知与需求快速响应。

网络层:由无线网(公网 APN 和电力专网)、有线电力光纤网和相关网络设备组成。通过扩大电力无线专网试点及业务应用,进一步优化骨干传输网和数据网,满足设备管理专业业务处理的实时性和带宽需求,为设备侧电力物联网提供高可靠、高安全、高带宽的数据传输通道。

平台层:主要由物联管理平台、电网资源业务中台组成。将设备管理专业业务、数据、物联等共性需求沉淀封装成共享服务,支撑前端应用创新。电网资源业务中台将具有共性特征的业务沉淀,形成企业级共享服务中心,为公司核心业务处理提供共享服务,包括电网资源业务中台、客户服务中台、项目中台等。物联管理平台是连接终端和业务应用的枢纽,支撑物联管理业务的设备接入、管理、控制,负责物联感知终端的实时感知、实时控制、汇聚分发,实现源网荷储协调统一。

应用层：主要由各专业业务应用主站系统组成。基于物联管理平台提供设备监测、设备管理、应用管理等功能接口来实现各类设备的有效管理。利用电网资源业务中台和数据中台微服务共享来构建配电台区管理和运维的智能化体系。

### 2. 信息安全

配电台区智慧物联体系信息安全防护方案应同时满足营销、配电专业的信息安全要求，同时兼容配电台区融合终端和早期同类产品安全接入，可覆盖物联体系的各个环节。基于业务系统目前现状，结合各专业业务和系统建设情况，以及未来发展规划，配电台区智慧物联体系总体信息安全防护方案可分为"目标"和"过渡"两种架构进行推进。

配电台区信息安全目标架构如图 5－2 所示。

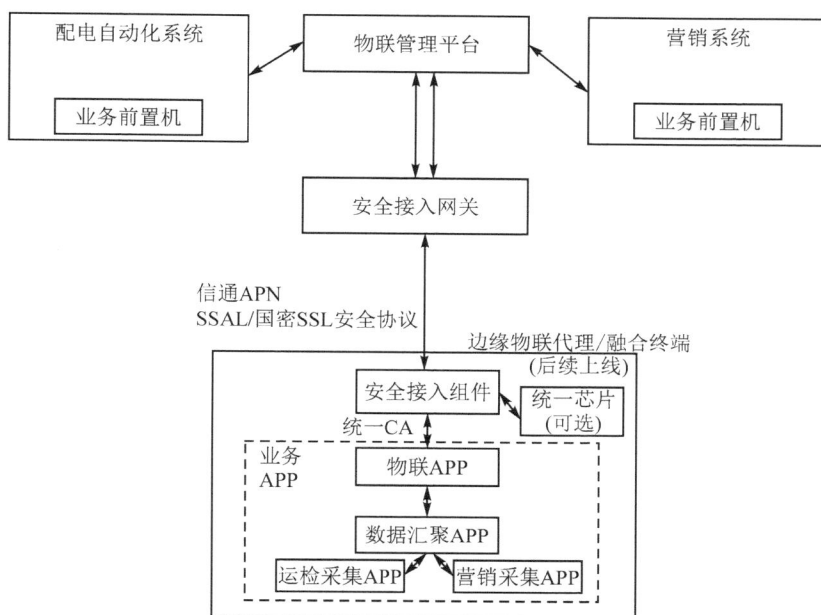

**图 5－2　配电台区信息安全目标架构**

在台区融合终端内置安全芯片或软件 SDK，具备统一 CA 证书体系。业务 APP 通过边缘侧的安全接入组件对接安全接入网关后，接入物联管理平台，不再直接接入业务系统。物联管理平台将终端上报数据汇总分发至供配电自动化系统、用电信息采集系统等业务系统。各单位可遵照安全接入要求，部署安全接入网关客户端等必要措施，按需采用软件加密模块或硬件密码模块，经安全接入网关实现统一安全接入。

配电台区信息安全过渡架构如图 5－3 所示。

"过渡架构"包括了两种安全方案。方案①适配已有存量不改造台区的智能配变终端信息安全接入，沿用原配电/营销专业安全防护方案。方案②适配新建台区融合终端，因为在物联管理平台未完成大规模终端业务数据接入能力验证的情况下，物联管理平台暂时只接入终端管理通道信息，终端业务通道数据仍直送原有业务系统前置。

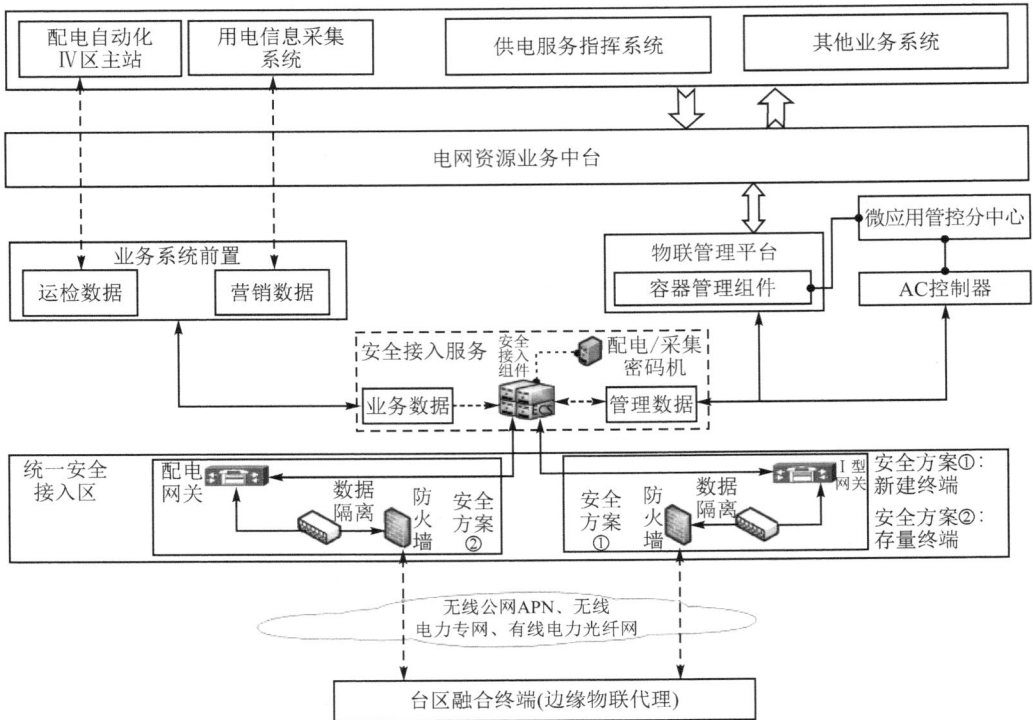

**图 5 - 3　配电台区信息安全过渡架构**

## 3. 业务协同

台区融合终端是配电物联网边层中的数据汇聚、边缘计算、应用集成的中心,是信息节点与物理节点的融合,具备采集、通信、计算和分析的功能,支撑着各业务系统数据交互和业务融合。各业务系统都基于电网资源业务中台统一服务来进行数据融合及共享应用。配电台区与上层应用系统关系如表 5 - 1 所列。

**表 5 - 1　配电台区与上层应用系统关系**

| 序　号 | 业务系统 | 支撑业务功能 |
|:---:|:---|:---|
| 1 | 配电自动化主站/<br>配电云主站 | 支撑精准故障定位、线损管理、电能质量分析及治理等业务。<br>配电自动化系统包括省级部署、地市级部署两种模式。<br>配电云主站为省级部署 |
| 2 | PMS 系统 | 支撑配电网综合线损分析、三相不平衡治理、无功优化、电压调节、反窃电分析等功能。<br>系统为总部部署、省级部署两级 |
| 3 | 供电指挥服务系统 | 配电网停电类型判定、停电故障点定位、停电影响范围分析、停电原因分析等。<br>系统主要有省级和地市级部署两种模式 |
| 4 | 用电信息采集系统 | 支撑台区线损计算、用户停电分析、"抄核收"智能化、费控执行效率提升、反窃电智能诊断、供售电量日监测分析、营销大数据分析、客户投诉精准辨别、用电负荷自动辨识等功能。<br>系统主要在省级部署 |
| 5 | 车联网平台 | 支撑智慧能源有序充电、V2G 等应用功能的基础数据来源 |

#### 4. 智能感知

台区融合终端是集配电台区用电信息采集、设备状态监测及通信组网、就地化分析决策、主站通信及协同计算等功能于一体的智能化终端设备,典型场景中户外独立配电变压器场景,宜按配电变压器配 1 套台区融合终端;配电房等多配电变压器场景,宜按配电房配置 1 套台区融合终端。台区融合终端应满足国网公司最新发布的台区融合终端相关技术规范要求,取得电力系统专业检测机构入网检测报告才可应用于现场。台区融合终端在配电台区(柱上变台区、箱变台区、配电室台区)典型场景中作为数据汇聚、边缘计算、应用集成的中心,远程通道可采用光纤、电力无线专网、公网 APN 等通信方式与业务主站系统、物联管理平台进行数据交互;本地通道可支持营销标准化 HPLC、微功率无线、RS485 等通信方式与低压末端感知单元进行数据的本地汇聚、分析决策和执行设备的管理。

配电台区智慧物联体系建设典型通信组网包括远程通信网和本地通信网两种,详细说明如下:

远程通信。远程通信网主要满足物联管理平台与台区融合终端之间高可靠、低时延、差异化的通信需求,具有数据量大、覆盖范围广、双向可靠通信的特点。低压配电台区远程通信网以 4G 为主,并可根据配电台区光纤网络、电力无线专网覆盖情况来灵活选择。

本地通信。本地通信网主要满足台区融合终端与低压末端感知单元之间的通信需求,因配电台区业务种类、设备类型、部署方式等不同,故本地通信网对通信网络带宽、容量、实时性、可靠性、安全性等要求存在较大差异。低压配电台区本地通信网宜以 RS485 有线、HPLC 为主,并结合配电台区业务的实际需求,因地制宜选取微功率无线等辅助通信方式。

配电系统智慧物联体系通信组网架构如图 5-4 所示。

## 5.1.2　建设原则

① 突出效益。配电典型场景的设计要以业务功能的提升为目标,并综合考虑费用效率比,优先部署有利于基层减负、提质增效的重点区域。

② 因地制宜。按照架空线路、电缆的实际空间位置和环境特点,"因地制宜、按需落地"。

③ 按需配置。配电接入节点(边缘物联代理)、采集终端和汇聚终端根据线路和台区合理配置,应用多跳通信或其他方式进行本地组网,实现一定范围内的数据汇集和边缘计算。

## 5.1.3　典型应用场景目录

配电台区智慧物联体系由"感知层"、"网络层"、"平台层"和"应用层"四层构成。感知层指配电台区融合终端和各类末端感知单元,包括用户智能电能表和采集终端等;网络层包括远程和本地通信网;平台层指电网资源业务中台、物联管理平台;应用层指配电自动化系统、用电信息采集系统和供电服务指挥系统等业务应用系统。

配电台区智慧物联体系主要建设内容是电网资源业务中台、物联管理平台和台区融合终端,最终目标的业务数据流向是"业务系统⇌电网资源业务中台⇌物联管理平台⇌台区融合终端⇌末端智能感知设备"。具体建设宜按过渡阶段和最终目标分阶段实施。其中过渡阶段:台区融合终端将上传数据分类别、分通道上传,业务数据仍采用原通道上送业务系统,管理数据上送物联管理平台。最终目标:台区融合终端将所有数据统一上送物联管理平台,由物联管理平台将业务数据同步至电网资源业务中台,业务系统向中台调用数据服务。

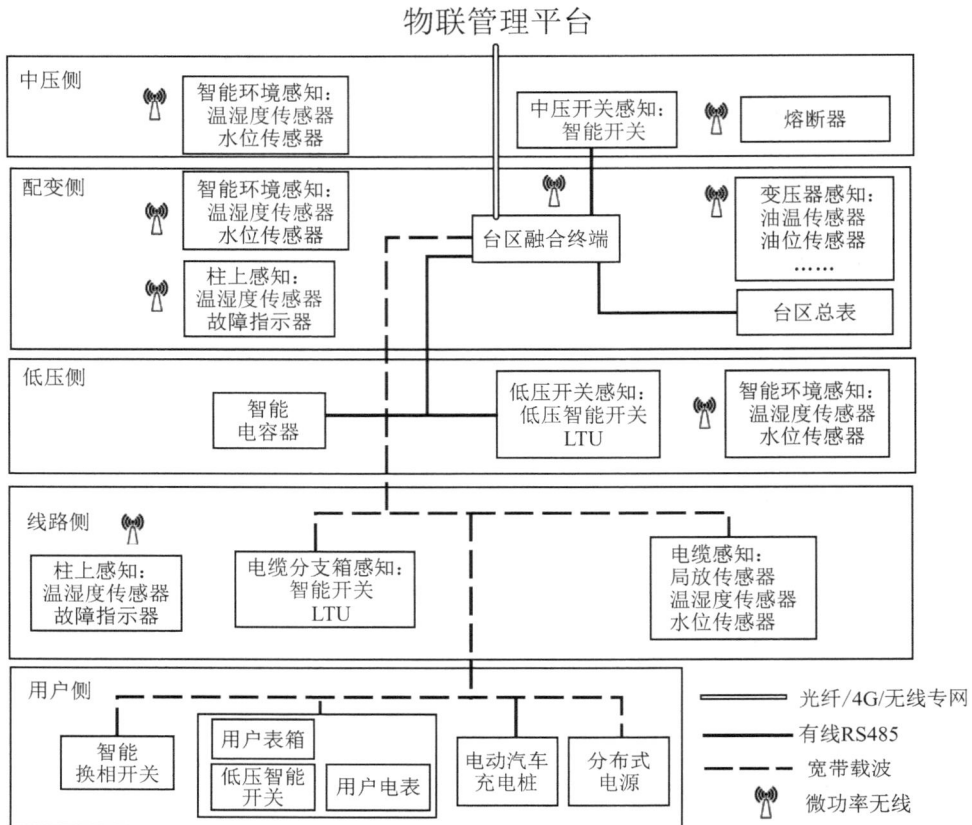

**图 5 - 4　配电系统智慧物联体系通信组网架构**

台区融合终端的远程通信网建议选择 4G 公网 APN，本地通信网宜以 RS485、HPLC 为主，以微功率无线等为辅的通信方式。

配电台区智慧物联体系建设的配置方案分为基本型、标准型、增强型 3 种。基本型：只新建/改造台区融合终端，实现配变监测等基本功能，高级功能仍沿用主站大数据分析，投资较少，优先选择；标准型：在基本型上对配变、综合配电柜、站房环境监测等进行智能化改造，实现运行环境监测等高级功能，投资适中，小范围试点；增强型：对台区全设备智能化改造，基于边缘计算实现故障精准定位与抢修、台区线损精益分析等高级功能，投资较多，谨慎选择。

在配电台区智慧物联体系建设中，对存量、拟改造及新建台区，按照规划的类区域选择配置方案，并结合一次设备改造，按如下原则循序渐进地开展建设，避免大拆大建。存量台区：不改造台区融合终端，而改造物联管理平台；改造台区：改造台区融合终端，按规划供电区域选择基本型或标准型配置；新建台区：同步新建台区融合终端，A＋、A 类区域新建台区可选增强型，A、B 类区域选用标准型，其余选基本型。在建设时，宜按照国网设备部、营销部联合印发的《关于开展营配采集装置数据本地交互工作的通知》的要求，营配专业共同制定建设实施方案，充分考虑专业需求及管理协同，全面开展营配数据本地交互应用，挖掘台区侧营配数据价值。

配电台区典型业务场景可分为 5 大类、23 个业务，如表 5 - 2 所列。

表 5 - 2　配电台区典型业务场景

| 序　号 | 业务分类 | 应用场景 |
|---|---|---|
| 1 | 配网运行状态感知 | 配电台区运行状态监控 |
| 2 | | 电气拓扑/户变关系自动识别 |
| 3 | | 台区状态评估预警 |
| 4 | | 供电可靠性分析决策 |
| 5 | | 资产精益管理与设备全寿命管控 |
| 6 | 营配业务贯通提升 | 台区线损精益分析管理 |
| 7 | | 反窃电精准定位 |
| 8 | | 台区负荷智能预测 |
| 9 | | 业扩报装动态优化 |
| 10 | 优质服务精益管理 | 供电方案优化与辅助决策 |
| 11 | | 故障精准定位与主动抢修 |
| 12 | | 停复电精准感知与主动推送 |
| 13 | | 负荷特性识别与用电优化 |
| 14 | 源网荷储综合优化 | 新能源灵活消纳与智能控制 |
| 15 | | 电动汽车有序充电与充电桩布点优化 |
| 16 | | 台区储能动态调节 |
| 17 | | 台区能源自治与电能质量优化 |
| 18 | | 配电网项目需求辅助决策 |
| 19 | | 区域能源灵活组网与时空协调互补 |
| 20 | 企业平台生态共建 | 配电网科学规划与精准投资 |
| 21 | | 能源平台构建与综合服务拓展 |
| 22 | | 智能设备生态链建设 |
| 23 | | 配用电数据服务共享 |

　　本次应用场景典型设计全面覆盖了柱上变、箱变、配电室等三种主流低压配电台区环境,并从部署结构、采集终端清单和感知内容配置等三个方面进行了配电台区典型部署环境配置。

　　根据低压配电台区物联感知及边缘计算的功能必需程度,将其划分为基本型、标准型、增强型三种可选配置类型:

　　① 基本型。主要实现配变监测、用户电表数据采集、台区线损计算、台区电能质量监测、台区户变关系识别、台区负荷预测等基本功能,适用于投资费用较少,供电可靠性较低的C类、D类、E类地区。

　　② 标准型。主要在基本型的基础上增加了变压器、柜/箱体、进出线开关等主设备的运行状态监测,扩展了线损精益化分析、业扩报装动态优化、供电方案优化与辅助决策等高级数据分析类业务应用,适用于投资费用适中,供电可靠性中高要求的 A 类、B 类地区。

　　③ 增强型。在标准型的基础上,增加了温度、湿度、地理位置情况等环境采集终端,分布式电源状态监测,电动汽车有序充电,基于台区全面覆盖的智能感知数据信息,全面拓展典型

业务应用场景的各项高级分析应用功能,适用于投资费用较高、供电可靠性高要求的 A 类和 A＋类地区。配电台区典型部署环境配置如表 5－3 所列。

表 5－3　配电台区典型部署环境配置

| 序　号 | 典型部署环境 | 差异化配置类型 |
| --- | --- | --- |
| 1 | 柱上变台区 | ①基本型;②标准型;③增强型 |
| 2 | 箱变台区 | ①基本型;②标准型;③增强型 |
| 3 | 配电室台区 | ①基本型;②标准型;③增强型 |

## 5.1.4　应用场景实施策略

### 1. 台区融合终端部署

考虑到各单位的配电台区安装环境、智能设备应用水平、主站系统应用模式、智慧物联体系改造进度等方面都存在较大的差异,因此需要根据各单位对新建台区、存量台区和即将改造台区的实际业务应用需求来优化选择台区融合终端部署模式、智能感知单元应用方案、感知层组网方式等。

原则上,对存量、拟改造及新建台区,按照规划的 A＋、A、B、C、D、E 类供电区域选择配置方案,配置方案如表 5－4 所列;并在建设改造过程中,二次设备结合一次设备改造,按如下原则循序渐进地开展智慧物联体系建设,避免大拆大建。

表 5－4　规划供电区域典型配置方案

| 规划供电区域 | 配置方案 | | |
| --- | --- | --- | --- |
| A＋ | 增强型 | — | — |
| A | 增强型 | 标准型 | — |
| B | — | 标准型 | — |
| C | — | — | 基本型 |
| D | — | — | 基本型 |
| E | — | — | 基本型 |

### (1) 存量不改造台区

对于保留原有集中器、TTU 等现场设备继续运行,暂不进行台区融合终端改造的存量台区,可采用以下两种方式进行系统侧优化来对接配电台区智慧物联体系:一是通过改造原有业务系统前置将台区采集数据及设备信息通过主站侧接入物联管理平台;二是采用物联管理平台定制开发来实现对原业务系统前置的功能替代,将台区采集数据及设备信息直接接入物联管理平台。

对于已安装满足《国网设备部关于做好智能配变终端应用工作的通知》(设备配电〔2018〕35 号)要求的 TTU(智能配变终端)的存量台区,不宜再进行台区融合终端改造,优先通过在 TTU 部署统一边缘计算框架实现接入物联管理平台,考虑到各网省实施过程差异部分,可暂时选择物联管理平台加装"AC 控制器系统模块"的方式来实现 TTU 数据接入作为过渡。

**（2）存量拟改造台区**

对于 TTU 和集中器临近寿命周期的配电台区宜优先安排进行台区融合终端改造,且不应在保留原有 TTU 的情况下加装台区融合终端,台区集中器是否保留可根据各单位管理部门的要求决定,原则上建议充分发挥台区融合终端融合功能来实现台区采集终端全面融合。此类改造台区建议优先选择"基本型"或"标准型"功能配置,按规划供电区域选择。

**（3）新建台区**

对于新建台区,应配套部署台区融合终端,台区集中器是否保留可根据各单位管理部门的要求决定,原则上建议充分利用台区融合终端融合功能来实现低压末端采集终端全面融合。示范建设的"增强型"配置建议在此类 A＋类、A 类区域的新建台区中选择。

## 2. 营配数据本地交互部署

根据国家电网设备部、营销部联合发布的《关于开展营配采集装置数据本地交互工作的通知》相关要求,电力行业在建设配电台区智慧物联体系时,应全面开展营配数据本地交互应用,进一步加强营配贯通优化提升,更好地发挥配电台区侧营配信息的价值。各单位应充分利用现有资源,统筹台区融合终端和营销专业 HPLC 模块建设改造计划,同步按照以下几类营配采集终端部署模式来进行营配数据本地交互方案选择。

**（1）Ⅰ型集中器台区**

此类存量"Ⅰ型集中器＋Ⅱ型采集器＋智能电能表""Ⅰ型集中器＋载波模块智能电能表"采集模式的台区,可采用以下两种方式来实现用户电能表数据的集成应用:

① 利用台区融合终端本地 RS485/以太网口与Ⅰ型集中器进行本地数据级联交互,来快速实现台区侧营配数据贯通、本地计算及业务应用,此方案可能涉及Ⅰ型集中器的本地级联功能升级。若存量Ⅰ型集中器因为设备本身硬件版本不支持本地级联功能扩展升级,则建议直接按"新建台区模式"进行全面改造。

② 通过改造原有业务系统前置将用户智能电能表数据通过主站侧接入物联管理平台。

**（2）Ⅱ型集中器台区**

此类存量Ⅱ型集中器台区可采用以下两种方式来实现用户电能表数据的集成应用:

① 在Ⅱ型集中器旁边加装通信转换单元(HPLC/微功率无线),利用台区融合终端、通信转换单元的透传通道来与Ⅱ型集中器本地数据级联交互,实现台区侧营配数据贯通、本地计算及业务应用,此方案可能涉及Ⅰ型集中器的本地级联功能升级。若存量Ⅱ型集中器因为设备本身硬件版本不支持本地级联功能扩展升级,则建议直接按"新建台区模式"进行全面改造。

② 通过改造原有业务系统前置将用户电能表数据通过主站侧接入物联管理平台。

**（3）HPLC 改造台区**

此类 HPLC 改造台区可分为已改造台区、待改造台区来进行分类选择。

① 已改造台区:一是利用台区融合终端本地 RS485 口与Ⅰ型集中器进行本地数据级联交互,实现台区侧营配数据贯通、本地计算及业务应用,此方案可能涉及Ⅰ型集中器的本地级联功能升级;二是通过改造原有业务系统前置将用户电能表数据通过主站侧接入物联管理平台。

② 待改造台区:宜按照"台区总表＋台区融合终端＋HPLC 模块电能表"的模式一步到位

开展建设,全面推进台区融合终端的融合应用。

# 5.2 配电系统典型业务场景

配电系统智慧物联实现中低压配电台区全面、实时可观可测,构建以台区融合终端为中心的低压配电网一体化管控体系。促进营配调信息贯通、业务融合,实现配电设备状态全管控、业务流程全穿透,配电网业务和信息处理在线化、透明化、智能化、移动化,提高中低压配电网故障综合研判能力,提升故障抢修效率、供电可靠性和客户服务水平。

营销用电采集智慧物联实现对居民用户、专变用户、变电站关口进行电量数据采集、参数下发以及电量统计和线损计算操作,为电网企业经营管理和分析决策提供准确的基础数据,可以完成电力公司计量、抄表、收费等营销工作,提高采集系统的整体价值。

配电系统物联网应用全景如图 5-5 所示。

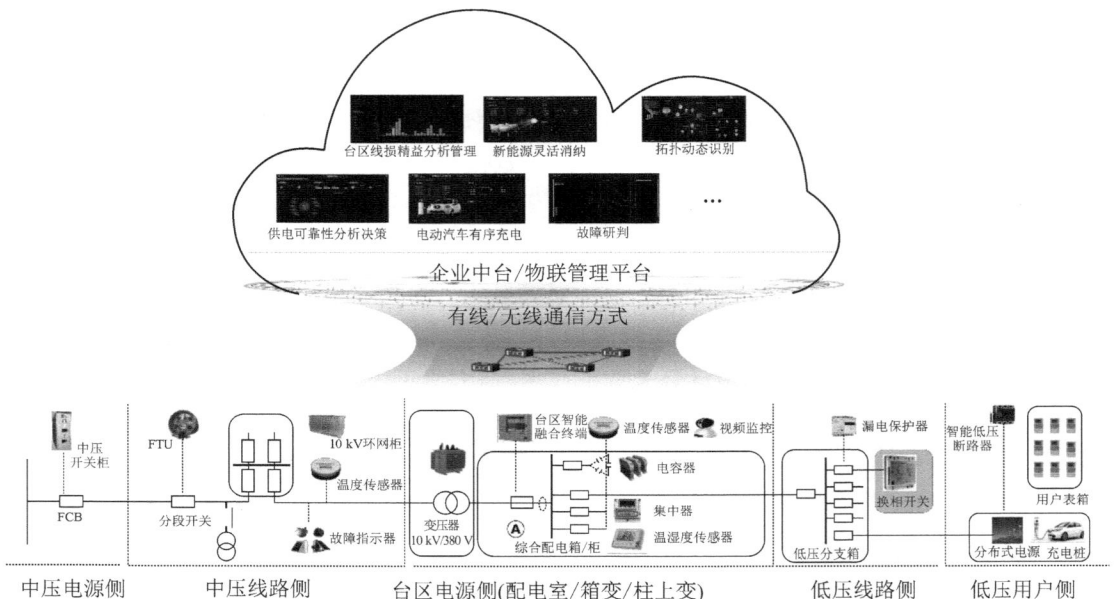

图 5-5 配电系统物联网应用全景图

# 5.2.1 典型业务场景

基于配电台区智慧物联体系的总体技术思想,应充分发挥台区融合终端物联网技术架构的优势,利用云边协同计算技术,在台区融合终端中开展边缘侧 APP 设计及应用,落实各项配电系统典型业务场景的应用实践。

## 1. 配电网运行状态感知

基于物联网及边缘计算技术,在感知层实现配电台区实时运行工况、设备状态等信息的实时采集监控,实现对低压配电网整体运行状态及配电设备的实时监控与风险预警,提升低压配电网运行与设备管理水平。

**场景 1：配电台区运行状态监控**

通过部署一、二次融合设备和具备边缘计算功能的台区融合终端等装置，智能感知和识别配电网运行工况、设备状态、环境情况及其他辅助信息；并根据生产及管理需要，上传必要数据到云主站。通过云边相互协同处理数据，结合大数据、人工智能等技术实现对配电台区运行状态精准监控，并对数据进行在线分析与深度挖掘，实现广泛的配电网运行状态全景感知。

**场景 2：电气拓扑/户变关系自动识别**

通过配电台区线路关键节点监测单元以及末端用户智能电能表，实现各类节点拓扑信息动态获取，基于即插即用与自动注册维护技术，结合物联网设备模型、PMS、主站侧拓扑信息进行自动校核，实现台区变压器-用户关系、供电相位异常等信息的主动发现与自动维护，提升低压配电网拓扑模型的准确性，实现低压网络拓扑可视化管理。

**场景 3：台区状态评估预警**

基于配电台区及设备基础台账、资产净值、资产折损率、故障历史情况统计等信息，结合配电网全景状态感知数据进行智能综合性研判分析，实现低压配电网及设备当前状态的精确评估并智能预测未来趋势；采用大数据、人工智能等技术，结合全景感知数据，针对异常情况开展分级评级，计算判断隐患风险，通过低压配电网及设备的动态风险管理和预警体系建立，生成策略和预案，实现针对性主动检修。

**场景 4：供电可靠性分析决策**

基于配电台区感知层部署的各类感知单元来获知低压配电网及设备的状态信息、电量信息等全景数据，在边缘计算节点完成本地用户停电时间、类型、原因、性质等事件的统计汇总，实时计算中低压供电可靠性指标和参考指标，对供电可靠率不合格的区域制定相应的提高策略，全面提升配电网安全、可靠、优质、高效的供电服务。

**场景 5：资产精益管理与设备全寿命管控**

通过配电台区本地通信网、实物 ID、地理信息系统、智能传感等技术，基于统一的配电设备资产信息模型，构建全寿命核心价值链，实现配电设备资产检测、运行缺陷信息全环节集成共享，从源头提升设备质量和物资运营能力，提高配电网生产管理系统的深度、广度和精度，提升资产精益管理水平。

**2. 营配业务贯通提升**

基于配电台区实时运行状态与历史运行数据，开展台区线损精益化管理，为故障研判、拓扑识别等业务应用提供数据支撑，为业扩报装方案进一步优化提供决策依据，进一步提升营配业务贯通水平。

**场景 6：台区线损精益分析管理**

通过配电台区感知层各类智能感知单元的有效覆盖，就地化获取低压台区冻结电量等关键数据，利用边缘计算技术，结合台区动态电气拓扑关系，对低压台区线损进行准确计算分析，及时将异常等各类情况上送至平台层，实现对配电台区的分级、分层线损的精益化分析管理。

**场景 7：反窃电精准定位**

基于配电台区内分时、分段精益化线损管理功能实现，利用台区融合终端边缘计算就地分析，精准定位低压配电网上的窃电行为，并上报云主站。破解台区内线路密集、用户类型繁多的复杂供电条件,以及日趋专业性强、隐蔽性强、随机性高的窃电手段,减少人工分析、定位和取证的工作量,提高反窃电管理的实时性和准确性。

### 场景 8：台区负荷智能预测

利用台区融合终端存储的配电台区全链路监测节点的历史运行数据,建立典型日负荷曲线的预测模型,基于历史数据的聚类结果及待预测日的温度、湿度、气压、风速等相关参数,对台区负荷情况进行预测,得出待预测日负荷曲线预测结果,为配电台区增容改造、业扩报装等提供基础数据支撑,也为电网规划、网架优化调整、变电站建设时序、年电网建设规模测算等不同业务推送差异化方案。

### 场景 9：业扩报装动态优化

利用台区融合终端存储的配电台区全链路监测节点的完整运行数据,精准分析配电台区客户用电需求及实际负载趋势,对台区进行分相可开放容量评估,对接入负荷和设备进行容量扫描和预测,基于预测结果进行相别和容量裕度计算,保证各区段设备负载不越限,提高配电网供电可靠性,并自动生成业扩配套接入方案、动态优化方案,将极大提升业扩配套建设时效,缩短用户接电时长,优化电力营商环境。

### 3. 优质服务精益管理

依托配电台区各类智能感知单元和台区融合终端的有效覆盖,充分发挥台区融合终端与云主站的数据协同能力,分析优化供电方案。精准研判配电台区故障及停电事件,结合客户历史用电数据,分析客户用电特性,调整供电策略,进一步优化供电质量,提升优质服务水平。

### 场景 10：供电方案优化与辅助决策

依托设备侧电力物联网,通过中低压配电网全景状态感知,开展基于配电网及设备承载能力的可开放容量综合计算,综合考虑客户用电需求及增长趋势、主配网规划设计、电力通道路径造价等,为客户提供最优供电方案,利用基于配电物联网的各类 APP 微应用,实现用电客户接入的线上全景展示和交互。

### 场景 11：故障精准定位与主动抢修

发挥台区融合终端就地化边缘计算能力和处置优势,结合配电台区电气拓扑/户变关系自动识别功能和地理信息,支撑故障停电精准分析,实现故障点和停电地理分布的即时展示,综合考虑人员技能约束、物料可用约束,采用智能优化算法,制订抢修计划,提高故障抢修效率与优质服务水平,实现区域内故障快速处理,整体提升配电网故障智能处置和自愈能力。

### 场景 12：停复电精准感知与主动推送

利用台区融合终端来汇聚末端感知单元的停复电监测及主动告警,结合配电台区电气拓扑/户变关系自动识别功能和地理信息,自动识别停电影响范围及重要敏感用户,并将精准研判结果上报云主站来分析制定解决方案并提供处理服务,生成结构化停电信息并通过短信或微信点对点精准推送至用电客户,全面提升客户的用电体验。

### 场景 13：负荷特性识别与用电优化

利用台区融合终端就地汇聚存储庞大海量的客户用电行为数据,对家庭、企业不同客户群体的用电行为特征进行识别并画像,通过配置合理的中低压终端,为用户提供台区直至用户户内的用电和电能质量等关键运行及服务信息,结合用户用能特性,为客户提供电能质量治理、用电用能等优化策略,提升用户电力获得感。

### 4. 源网荷储综合优化

依托配电台区各类智能感知单元和台区融合终端的有效覆盖,综合应用历史数据分析结果,提升台区新能源消纳能力,使电动汽车充电效益最大化。通过台区电能质量异常的响应与治理,为配电项目科学立项提供数据支撑,实现配电各台区间弹性互联。

#### 场景 14：新能源灵活消纳与智能控制

依托台区融合终端对分布式光伏、储能等新能源的综合接入管控,结合配电台区综合运行工况,形成符合用户用能方式的新能源工作策略,以协助用户开展电源管理,优化设备工作性能,实现配网双向潮流有序化和谐波治理,依据云端分析,采用典型控制策略完成电源输出功率实时控制,并监视、削减谐波影响。

#### 场景 15：电动汽车有序充电与充电桩布点优化

依托台区融合终端对电动汽车充电桩的综合接入管控,实现用户充电情况的实时掌控及精准预测;同时,结合配电台区负载运行历史曲线数据及未来趋势分析,动态拟合台区所属区域的最优化充电曲线。结合分时电价、用户申请充电模式和预测负荷曲线,提供多种优化充电策略,引导用户选择适当充电方式,实现充电效益最大化和电网削峰填谷要求,并为后续充电桩布点优化提供参考。

#### 场景 16：光储充一体化策略优化

将台区电动汽车充电桩、光伏发电、储能以及用电负荷信息实时接入智能台区融合终端,通过台区负荷情况,控制充电桩在负荷高峰时段优先采用储能充电,网供电量在负荷低谷时段进行补充,实现台区负荷动态平衡调节,进而有序引导分布式储能、电动汽车移动储能充放电,柔性调控用电负荷分布,从而达到削峰填谷、提高电网设备利用率的效果。同时还可基于云主站侧台区负载约束和激励机制,在用电高峰期,由平台发出需求响应指令,对可调节负荷进行精准功率调节,对参与响应的用户给予补偿,缓解配电网高峰压力,保障配电网安全运行。

#### 场景 17：台区能源自治与电能质量优化

充分利用台区融合终端边缘计算优势和就地管控能力,就地统筹协调换相开关、无功补偿装置、SVG 等电能质量优化治理设备,实现对配电台区三相不平衡、谐波、低电压和无功等电能质量问题的快速响应及治理;同时,在应用层分析所有台区历史数据和区域特性等数据,优化改进区域电能质量智能调节策略,进一步满足用户高质量用电需求。

#### 场景 18：配电网项目需求辅助决策

通过台区融合终端及末端智能感知单元的有效覆盖,实现对配电台区重过载、低电压、三相不平衡等异常事件的精准监测。通过分析反馈数据,结合政府规划,构建负荷预测模型,对配变负荷进行短期、中期预测,为项目立项提供数据支撑,进一步提高配变新增布点和扩容项目储备立项的科学性、针对性、经济性和合理性。

#### 场景 19：区域能源灵活组网与时空协调互补

通过台区融合终端对分布式电源、储能装置、能量分配转换装置、用电智能控制监测及保护装置的实时监测数据有效汇聚及综合分析计算,实现台区源网荷储全面协调控制。以配电台区为单位,将一个或多个智能微电网弹性互联,灵活定制组网,构建区域能源管理平台,实现各微电网之间的时空能源协调互补,为微电网提供全新的协作手段和优化能力,为每个用户提供准确的智能化发电、蓄电和用电三位一体的平衡服务。

### 5. 企业平台生态共建

基于配电台区各类智能化感知与传输装置的有效覆盖应用,深挖低压配电网数据价值,实现各类数据对配电网规划的指导,进而实现对低压光伏、电动汽车、台区储能等多类能源负荷的有机协调,为外部决策与服务提供支撑。

#### 场景 20:配电网科学规划与精准投资

兼顾配电网的可靠性、可行性、经济性和前瞻性需求,平台充分利用边端全息感知数据,结合区域网架结构、设施设备现状、配网薄弱环节、用电规模、负荷分布等信息,考虑区域内用电用户特征、经济发展状况、环境地貌、分布式电源等情况,在云端智能制定具有灵活性和经济性的配电网规划和投资方案,实现配电网的科学规划与精准投资。

#### 场景 21:能源平台构建与综合服务拓展

在供电、供气、供冷、供热等各种能源供应系统的规划、设计、建设和运行的过程中,依托设备侧电力物联网在配电侧的平台和通道,对各类能源的分配、转化、存储、消费等环节进行有机协调与优化,实现用户需求、负荷预测、设备管理、信息化管理、配电运维、需求响应,提供有效的决策支撑服务,支撑供能多元化、服务多元化、用能方式多元化的客户需求。

#### 场景 22:智能设备生态链建设

基于配电台区智慧物联体系的落地实践,引入一、二次融合智能开关及物联网环网柜等新型智能设备,革新传统电力装备智能感知、决策能力,降低生产人员劳动强度和设备安装运维成本,促进设备制造智能化水平和配电运检自动化水平提升,建立新型配电一次设备转型升级和智能化融合的产业生态链。

#### 场景 23:配用电数据服务共享

基于物联管理平台和企业中台大数据采集、处理、分析、可视化等技术,深度挖掘数据价值,提供电费诊断管理、能源管理等信息咨询服务,充分服务于政策制定、企业决策和个人生活;同时,根据海量数据的分析结果,能够为理财投资服务、能源保险服务、信贷服务等电力金融业务提供丰富的数据支撑。

## 5.2.2 业务需求分析

为了满足配电系统典型业务场景的实现,针对各项业务功能特性列举了以下基础数据支撑需求清单,具体如表 5-5 所列。

表 5 - 5　业务需求分析表

| 序　号 | 业务分类 | 应用场景 | 数据来源 | 支撑数据 | 数据密度 | 采集频率 |
|---|---|---|---|---|---|---|
| 1 | 配网运行状态感知 | 配电台区运行状态监控 | 台区融合终端、低压智能开关、低压监测单元、用户电表 | 电量、电压、电流、功率因数、设备状态等 | 5 min | 15 min |
| | | | | 停上电告警 | 实时 | 实时 |
| 2 | | 电气拓扑/户变关系自动识别 | 台区融合终端、低压智能开关、低压监测单元、用户电表 | 电压、电流、功率 | 5 min | 15 min |
| | | | | 户变关系 | 5 min | 15 min |
| | | | | 台区电气网络拓扑 | 1 日 | 1 日 |
| 3 | | 台区状态评估预警 | 台区融合终端、低压智能开关、低压监测单元、用户电表 | 电压、电流 | 5 min | 15 min |
| | | | | 回路阻抗 | 1 日 | 1 日 |
| 4 | | 供电可靠性分析决策 | 台区融合终端、低压智能开关、低压监测单元、用户电表 | 停上电告警 | 实时 | 实时 |
| 5 | | 资产精益管理与设备全寿命管控 | 变压器、台区融合终端、配电柜 | 停电时户数统计 | 1 日 | 1 日 |
| | | | | 网络标识 | 5 min | 15 min |
| | | | | 地理信息 | 1 日 | 1 日 |
| | | | | 实物 ID | 按需 | 按需 |
| 6 | 营配业务贯通提升 | 台区线损精益分析管理 | 台区总表、台区融合终端、用户电表 | 台区电气网络拓扑 | 1 日 | 1 日 |
| | | | | 正/反向有功电能示值 | 5 min | 15 min |
| | | | | 有功功率(功率法) | 5 min | 15 min |
| 7 | | 窃电精准定位 | 低压居民用户电表 | 电表异常事件 | 实时 | 实时 |
| | | | | 电表运行状态字 | 5 min | 15 min |
| | | | | 正/反向有功电能示值 | 5 min | 15 min |
| | | | | 电压、电流、有功功率 | 5 min | 15 min |
| 8 | | 台区负荷智能预测 | 台区融合终端、用户电表 | 日冻结最大需量 | 1 日 | 1 日 |
| | | | | 有功功率 | 5 min | 15 min |
| 9 | | 业扩报装动态优化 | 台区融合终端、用户电表 | 电压、电流、有功功率 | 5 min | 15 min |
| | | | | 业扩报装优化方案 | 按需 | 按需 |

| 序 号 | 业务分类 | 应用场景 | 数据来源 | 支撑数据 | 数据密度 | 采集频率 |
|---|---|---|---|---|---|---|
| 10 | 优质服务精益管理 | 供电方案优化与辅助决策 | 台区融合终端、低压智能开关、低压监测单元、用户电表 | 电压、电流、有功功率 | 5 min | 15 min |
| | | | | 台区运行状态综合评价数据 | 按需 | 按需 |
| 11 | | 故障精准定位与主动抢修 | 台区融合终端、低压智能开关、低压监测单元、用户电表 | 正/反向有功电能示值、有功功率 | 5 min | 15 min |
| | | | | 地理信息 | 1 日 | 1 日 |
| | | | | 台区电气网络拓扑 | 1 日 | 1 日 |
| 12 | | 停复电精准感知与主动推送 | 台区融合终端、开关辅助触底遥信、低压智能开关、低压监测单元、用户电表 | 电压、电流、功率 | 5 min | 15 min |
| | | | | 开关状态 | 实时 | 实时 |
| | | | | 停复电告警 | 实时 | 实时 |
| 13 | | 负荷特性识别与用电优化 | 台区融合终端、用户电表 | 电压、电流、功率 | 5 min | 15 min |
| | | | | 负荷特性综合分析数据 | 1 日 | 1 日 |
| 14 | 源网荷储综合优化 | 新能源灵活消纳与智能控制 | 台区融合终端、分布式电源并网点电表 | 正/反向有功电能示值 | 5 min | 15 min |
| | | | | 1～4 象限无功电能示值 | 5 min | 15 min |
| | | | | 电压、电流、功率 | 5 min | 15 min |
| 15 | | 电动汽车有序充电与充电桩布点优化 | 台区融合终端、充电桩主机/电表 | 正/反向有功电能示值 | 5 min | 15 min |
| | | | | 电压、电流、功率 | 5 min | 15 min |
| | | | | 充电告警 | 实时 | 实时 |
| | | | | 启动/停止充电 | 实时 | 实时 |
| 16 | | 台区储能动态调节 | 台区融合终端、储能装置主机/并网电表 | 电压、电流、功率 | 5 min | 15 min |
| | | | | 储能装置量能 | 5 min | 15 min |
| | | | | 并网状态 | 实时 | 实时 |
| 17 | | 台区能源自治与电能质量优化 | 台区融合终端、用户电表、无功补偿装置、智能换相开关 | 电表异常事件 | 实时 | 实时 |
| | | | | 电压、电流、功率因数、电表运行状态字 | 5 min | 15 min |
| | | | | 电容投切容量、电容投切状态 | 1 min | 15 min |
| | | | | 换相投切容量、换相投切相别 | 5 min | 15 min |

续表 5－5

| 序　号 | 业务分类 | 应用场景 | 数据来源 | 支撑数据 | 数据密度 | 采集频率 |
|---|---|---|---|---|---|---|
| 18 | 企业平台生态共建 | 配电网项目需求辅助决策 | 台区融合终端、无功补偿装置、智能换相开关 | 电压、电流、功率、三相不平衡度 | 5 min | 15 min |
| | | | | 重过载、低电压、三相不平衡越限等异常事件 | 实时 | 实时 |
| 19 | | 区域能源灵活组网与时空协调互补 | 台区融合终端、电动汽车充电桩、分布式电源、储能装置 | 电压、电流、功率、功率因数 | 5 min | 15 min |
| | | | | 储能装置量能 | 5 min | 15 min |
| | | | | 并网状态 | 实时 | 实时 |
| 20 | | 配电网科学规划与精准投资 | 台区融合终端、用户电表 | 电压、电流、功率、功率因数 | 5 min | 15 min |
| | | | | 负荷特性综合分析数据 | 1 日 | 1 日 |
| | | | | 台区运行状态综合评价数据 | 按需 | 按需 |
| 21 | | 智能设备生态链建设 | — | — | — | — |

## 5.2.3　标准功能配置

针对配电台区智能物联体系涵盖的基本型、标准型、增强型三种模式,列出了配电台区功能配置表(见表 5－6),可供各单位进行差异化选择应用。

表 5－6　配电台区功能配置表

| 序　号 | 功　能 | 基本型 | 标准型 | 增强型 |
|---|---|---|---|---|
| 1 | 配电台区运行状态监控 | √ | √ | √ |
| 2 | 电气拓扑/户变关系自动识别 | √（户变识别） | √（户变识别） | √（拓扑识别） |
| 3 | 台区状态评估预警 | √ | √ | √ |
| 4 | 供电可靠性分析决策 | √ | √ | √ |
| 5 | 资产精益管理与设备全寿命管控 | | √ | √ |
| 6 | 台区线损精益分析管理 | | | √ |
| 7 | 反窃电精准定位 | | | √ |
| 8 | 台区负荷智能预测 | √ | √ | √ |
| 9 | 业扩报装动态优化 | | √ | √ |
| 10 | 供电方案优化与辅助决策 | | | √ |
| 11 | 故障精准定位与主动抢修 | | | √ |

| 序　号 | 功　能 | 基本型 | 标准型 | 增强型 |
|---|---|---|---|---|
| 12 | 停复电精准感知与主动推送 | √ | √ | √ |
| 13 | 负荷特性识别与用电优化 | | | √ |
| 14 | 新能源灵活消纳与智能控制 | | √ | √ |
| 15 | 电动汽车有序充电与充电桩布点优化 | | | √ |
| 16 | 台区储能动态调节 | | | √ |
| 17 | 台区能源自治与电能质量优化 | | | √ |
| 18 | 配电网项目需求辅助决策 | | | √ |
| 19 | 区域能源灵活组网与时空协调互补 | | | √ |
| 20 | 配电网科学规划与精准投资 | | | √ |

# 5.3　典型配电台区配置及设计

## 5.3.1　柱上变台区

### 1. 设备部署结构

柱上变台区智能物联感知设备部署结构可分为中压侧、配变侧、低压侧、线路侧和用户侧五个层级,各层级感知数据及信息都应统一汇聚至台区融合终端内进行本地数据计算及分析应用。柱上变台区设备部署结构图如图 5－6 所示。

① 中压侧。包括配电台区 10 kV 架空线、熔断器信息感知,可安装母线状态、熔断器状态等感知设备,主要通过微功率无线通信方式接入台区融合终端,实现对熔断器电压、电流、开合状态等信息的监测。传感器宜采用内置电池无源信号发送,免接线、易维护。

② 配变侧。包括配电变压器,可安装变压器传感器、柱上传感器,主要通过微功率无线通信方式接入台区融合终端,实现对变压器油温、油位、分接头档位、变压器套管/接线端子测温等信息的监测。

③ 低压侧。低压综合配电箱(JP 柜)包含熔断式隔离开关、低压开关(塑壳断路器/剩余电流动作保护器)、电流互感器、浪涌保护器、台区总表、无功补偿装置、智能环境传感器等),可通过 RS485、遥信量、微功率无线等多种通信方式接入台区融合终端,实现对综合配电箱内环境变量、进出线开关数据监测及开关状态信息、柜内无功补偿装置数据监测及投切状态、剩余电流数据及跳闸信息、台区总表电量计量数据等信息的采集。

④ 线路侧。包括柱上感知设备低压监测单元等,可通过微功率无线、HPLC 等多种通信方式接入台区融合终端,实现对杆塔环境变量、地理位置、电压、电流、有功/无功功率的监测,找出造成线路异常的分支,实现线路运行状态的监测以及线路故障状态的指示功能。

⑤ 用户侧。包括智能换相开关、低压智能开关、用户电表、电动汽车充电桩、分布式电源等,宜通过 HPLC 直接采集或加装通信转换单元对用户侧感知数据进行有效监测。

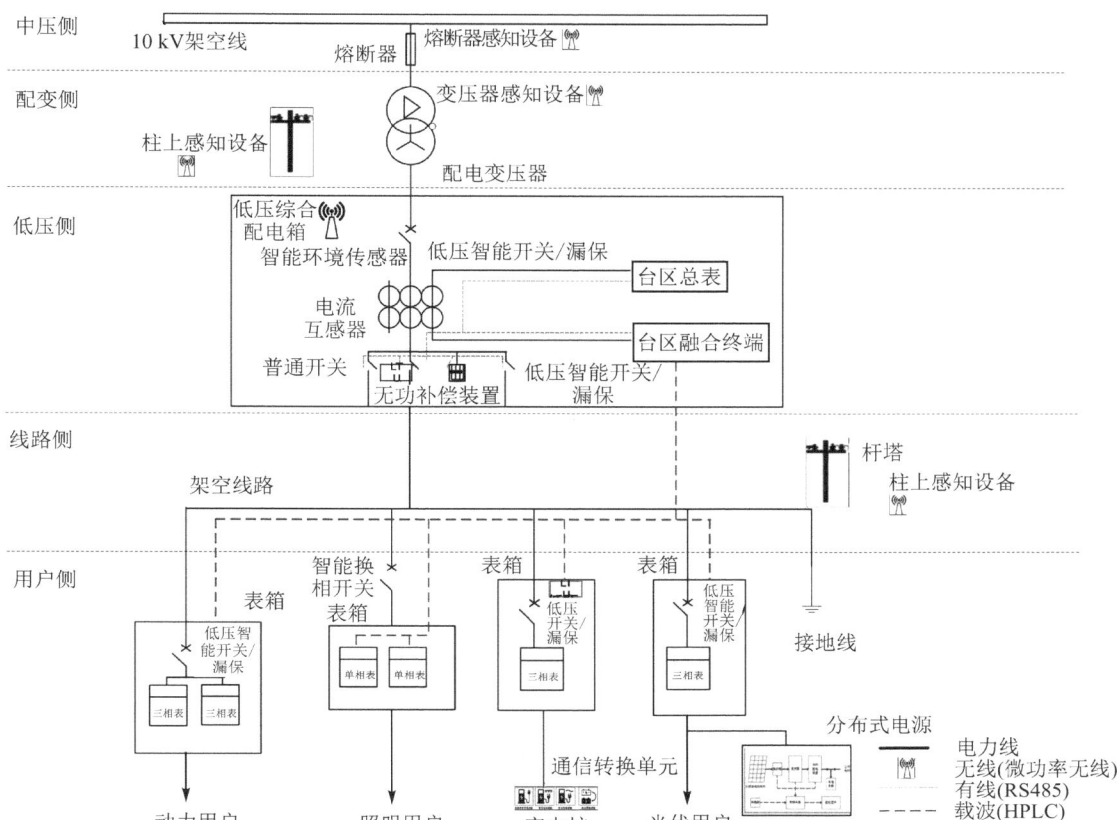

**图 5 - 6　柱上变台区设备部署结构图**

## 2. 典型设备配置

根据低压配电台区所属区域、供电可靠性、用电需求的差异化需求,按照配电台区典型环境部署类别对杆上变台区进行典型设备配置,具体配置说明如表 5 - 7 所列。

**表 5 - 7　柱上变台区典型设备配置说明**

| 序　号 | 感知对象 | 感知内容 | 感知设备 | 功　能 | 通信方式 | 简单型 | 标准型 | 增强型 | 选　配 |
|---|---|---|---|---|---|---|---|---|---|
| 1 | 变压器 | 桩头温度 | 温度传感器 | 高低压接线桩头温度监测 | 微功率无线/2.4G/多模单网 | | √ | √ | |
| 2 | | 油温、油位监测 | 传感器、汇聚单元 | 变压器油温、油位状态监测 | 2.4G/RS485 | | | | √ |
| 3 | | 低压侧电压 | 智能融合终端 | 变压器低压出线监测 | 直连 | √ | √ | √ | |
| 4 | | 低压侧电流 | 智能融合终端 | | | √ | √ | √ | |

| 序 号 | 感知对象 | 感知内容 | 感知设备 | 功 能 | 通信方式 | 简单型 | 标准型 | 增强型 | 选 配 |
|---|---|---|---|---|---|---|---|---|---|
| 5 | 整体 | 环境监测及门状态 | 柜内温湿度传感器 | JP柜内环境监测 | 2.4G/多模单网通信 | | √ | √ | |
| 6 | | | 烟雾传感器 | | | | | | √ |
| 7 | | | 门磁传感器 | | | | √ | √ | |
| 8 | JP柜 | 出线开关 | 三相电压 | 开关本体感知,数据发送至智能融合终端 | 开关状态检测 | RS485/HPLC/多模单网 | √ | √ | √ | |
| 9 | | | 三相电流 | | | | √ | √ | √ | |
| 10 | | | 剩余电流 | | | | √ | √ | √ | |
| 11 | | | 动作次数 | | | | √ | √ | √ | |
| 12 | | | 开关状态 | | | | √ | √ | √ | |
| 13 | | | 开关控制 | 智能融合终端 | 开关分合控制 | RS485/HPLC/多模单网 | √ | √ | √ | |
| 14 | | 无功补偿装置 | 母线电压 | 智能融合终端 | 无功补偿 | RS485/HPLC/多模单网 | | | √ | |
| 15 | | | 补偿电流 | | | | | | √ | |
| 16 | | | 投切状态 | | | | | | √ | |
| 17 | | | 有功功率 | | | | | | √ | |
| 18 | | | 无功功率 | | | | | | √ | |
| 19 | | | 功率因数 | | | | | | √ | |
| 20 | | 低压智能断路器 | 开关状态 | 智能断路器感知,通信同JP柜内出线开关组网 | 分支箱 | RS485/HPLC/多模单网 | | √ | √ | |
| 21 | | | 触头温度 | | | | | | √ | |
| 22 | | | 三相电压 | | | | | √ | √ | |
| 23 | | | 三相电流 | | | | | √ | √ | |
| 24 | | | 开关控制 | 智能融合终端 | 开关分合控制 | RS485/HPLC/多模单网 | | √ | √ | |
| 25 | 跌落式熔断器 | | 开闭状态 | 智能融合终端 | 跌落式熔断器 | HPLC/多模单网 | | | | √ |
| 26 | 集中器 | | 台区电能数据 | 智能融合终端 | JP柜内 | RS485/HPLC | √ | √ | √ | |
| 27 | 台区总表 | | 电能表数据 | 电表 | 电表处 | RS485 | √ | √ | √ | |
| 28 | 用户电表 | | 电能表数据 | 电表 | 电表处 | HPLC/多模单网 | √ | √ | √ | |

| 序　号 | 感知对象 | 感知内容 | 感知设备 | 功　能 | 通信方式 | 简单型 | 标准型 | 增强型 | 选　配 |
|---|---|---|---|---|---|---|---|---|---|
| 29 | 智能换相开关 | 电压 | 智能融合终端 | 表箱进线侧 | HPLC/多模单网 | | | | √ |
| 30 | | 电流 | | | | | | | √ |
| 31 | | 开关状态 | | | | | | | √ |
| 32 | 表箱进线状态监测 | 电气量及设备状态 | LTU/微断 | 开关处 | HPLC/多模单网 | | | √ | |
| 33 | 分布式能源状态 | 电压 | 光伏并网智能断路器 | 分布式光伏并网点 | HPLC/多模单网 | | | | √ |
| 34 | | 电流 | | | | | | | √ |
| 35 | | 功率 | | | | | | | √ |
| 36 | | 电能质量 | | | | | | | √ |
| 37 | | 开光状态 | | | | | | | √ |
| 38 | | 防孤岛保护 | | | | | | | √ |
| 39 | | 电压 | 监测装置 | 分布式能源适当位置 | HPLC/多模单网 | | | | √ |
| 40 | | 电流 | | | | | | | √ |
| 41 | | 开关状态 | | | | | | | √ |
| 42 | 充电桩有序用电监控 | 电压 | 监测装置 | 充电桩适当位置 | HPLC/多模单网 | | | | √ |
| 43 | | 电流 | | | | | | | √ |
| 44 | | 开关状态 | | | | | | | √ |
| 45 | 可视化监测 | 图像/视频 | AI可视化监测终端 | 台变立杆 | 网口 | | | | √ |
| 46 | 杆塔倾斜 | 杆塔倾斜状态 | 智能融合终端 | 所在杆塔变压器上方 | HPLC/多模单网 | | | | √ |

# 5.3.2　箱变台区

## 1. 设备部署结构

箱变台区智能物联感知设备部署结构可分为中压侧、配变侧、低压侧、线路侧和用户侧五个层级,各层级感知数据及信息都应统一汇聚至台区融合终端内进行本地数据计算及分析应用。箱变台区设备部署结构图如图 5 - 7 所示。

① 中压侧。包括配电台区 10 kV 母线、环网柜(断路器、负荷开关、负荷开关熔断器组合电气)、智能环境传感器、智能开关等,主要通过 RS485、微功率无线通信方式接入台区融合终端,实现开关柜内环境、开关状态、环境量、负荷数据等感知信息的采集。传感器宜采用内置电池无源信号发送,免接线、易维护。

② 配变侧。包括配电变压器、台区总表、智能环境传感器等,主要通过 RS485、微功率无线通信方式接入台区融合终端,实现对配变侧环境量、电气量、油位、分接头档位、低压侧电压电流、台区总表电量计量数据等信息的监测。

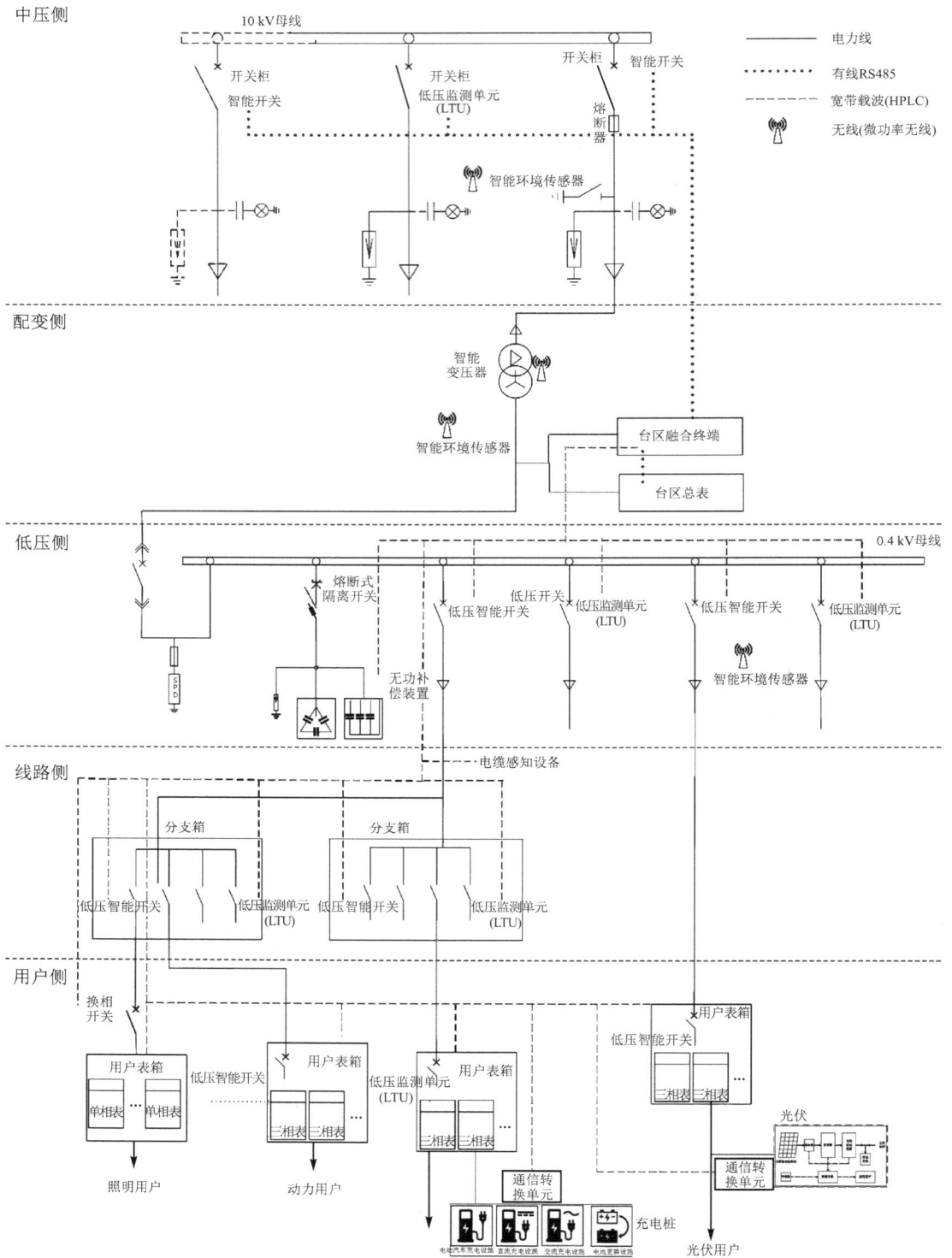

图 5-7　箱变台区设备部署结构

③ 低压侧。包括 0.4 kV 母线、低压柜、无功补偿装置(智能电容器)、智能环境传感器、低压智能开关等,可通过 RS485、遥信量、微功率无线等多种通信方式接入台区融合终端,实现对低压侧环境量、电气量、开关状态、负荷数据、无功补偿监测数据等信息的监测。

④ 线路侧。包括低压线路、分支箱、低压智能开关、电缆采集终端等,可通过微功率无线、HPLC 等多种通信方式接入台区融合终端,实现对线路侧环境、分支箱状态、负荷数据、开关状态、电缆通道数据(井盖位移、可燃气体、有害气体、环境温湿度、电缆温度等)等信息的监测。

⑤ 用户侧。包括智能换相开关、低压智能开关、用户电表、电动汽车充电桩、分布式电源等,可通过 HPLC 直接采集或加装通信转换单元实现对用户侧感知数据的有效监测。

### 2. 典型设备配置

根据低压配电台区所属区域、供电可靠性、用电需求的差异化需求,按照配电台区典型环境部署类别对箱变台区进行典型设备配置,具体配置说明如表 5-8 所列。

表 5-8　箱变台区典型设备配置说明

| 序　号 | 感知对象 | 感知内容 | 感知设备 | 配置参考 | 安装位置 | 通信方式 | 简单型 | 标准型 | 增强型 | 选　配 |
|---|---|---|---|---|---|---|---|---|---|---|
| 1 | 开关柜 | 电压 | 智能断路器 | 每个开关 1 个 | 开关柜内 | RS485/ HPLC/ 多模单网 | √ | √ | √ | |
| 2 | | 电流 | | | | | √ | √ | √ | |
| 3 | | 开关状态 | | | | | √ | √ | √ | |
| 4 | 变压器 | 桩头温度 | 温度传感器 | 每个桩头 1 个 | 高低压接线桩头 | 微功率无线/2.4G/ 多模单网 | √ | √ | √ | |
| 5 | | 油温、油位监测 | 传感器、集中器 | 每个变压器 1 个 | 变压器 | 2.4G/RS485 | | | | √ |
| 6 | | 低压侧电压 | 电压互感器 | 每根出线 1 个 | 变压器出线 | 直连 | √ | √ | √ | |
| 7 | | 低压侧电流 | 电流互感器 | 每根出线 1 个 | | | √ | √ | √ | |
| 8 | 台区总表 | 电能表数据 | 电表 | 每个台区 1 个 | 电表处 | RS485 | √ | √ | √ | |
| 9 | 用户电表 | 电能表数据 | 电表 | 每个用户 1 个 | 电表处 | HPLC/多模单网 | | | √ | |
| 10 | 箱变环境感知 | 温度 | 温湿度传感器 | 每个箱变 1 个 | 箱变内 | 微功率无线 | | √ | √ | |
| 11 | | 湿度 | | | | | | √ | √ | |
| 12 | | 水浸 | 水浸传感器 | 每个箱变 1 个 | | | | √ | √ | |
| 13 | | 地理位置 | 地理位置传感器 | 每个箱变 1 个 | | | | | | √ |

续表 5-8

| 序号 | 感知对象 | 感知内容 | 感知设备 | 配置参考 | 安装位置 | 通信方式 | 简单型 | 标准型 | 增强型 | 选配 |
|---|---|---|---|---|---|---|---|---|---|---|
| 14 | 低压开关柜 | 电压 | 智能断路器 | 每个开关1个 | 开关处 | HPLC/多模单网 | | √ | √ | |
| 15 | | 电流 | | | | | | √ | √ | |
| 16 | | 接头温度 | | | | | | √ | √ | |
| 17 | | 开关状态 | | | | | | √ | √ | |
| 18 | 无功补偿装置 | 电压 | 无功补偿装置 | 每个变压器1套 | 无功补偿 | RS485/HPLC/多模单网 | | | | √ |
| 19 | | 电流 | | | | | | | | √ |
| 20 | | 投切状态 | | | | | | | | √ |
| 21 | | 有功功率 | | | | | | | | √ |
| 22 | | 无功功率 | | | | | | | | √ |
| 23 | | 功率因数 | | | | | | | | √ |
| 24 | 电缆采集终端 | 接头温度 | 温度传感器 | 每条监控接头配置3个 | 电缆接头 | HPLC/微功率无线/多模单网 | | √ | √ | |
| 25 | | 电缆井综合监测 | 电缆井综合监测传感器 | 每个监控电缆井配置1个 | 电缆井 | HPLC/微功率无线/多模单网 | | | | √ |
| 26 | 电缆分支箱 | 电压 | 智能断路器 | 每个开关1个 | 开关处 | HPLC/多模单网 | | √ | √ | |
| 27 | | 电流 | | | | | | √ | √ | |
| 28 | | 接头温度 | | | | | | √ | √ | |
| 29 | | 开关状态 | | | | | | √ | √ | |
| 30 | 换相开关 | 电压 | 智能换相开关 | 每个换相开关1个 | 换相开关处 | HPLC/多模单网 | | | | √ |
| 31 | | 电流 | | | | | | | | √ |
| 32 | | 开关状态 | | | | | | | | √ |
| 33 | 表箱进线 | 开关状态 | 智能断路器/微断+LTU | 每个开关1个 | 开关处 | HPLC/多模单网 | | | √ | |
| 34 | 分布式能源状态监测 | 电压 | 光伏并网智能断路器 | 每个分布式光伏并网点1台 | 分布式光伏并网点 | HPLC/多模单网 | | | | √ |
| 35 | | 电流 | | | | | | | | √ |
| 36 | | 功率 | | | | | | | | √ |
| 37 | | 电能质量 | | | | | | | | √ |
| 38 | | 开光状态 | | | | | | | | √ |
| 39 | | 防孤岛保护 | | | | | | | | √ |
| 40 | | 电压 | 监测装置 | 每个分布式能源1套 | 分布式能源适当位置 | HPLC/多模单网 | | | | √ |
| 41 | | 电流 | | | | | | | | √ |
| 42 | | 开关状态 | | | | | | | | √ |

| 序　号 | 感知对象 | 感知内容 | 感知设备 | 配置参考 | 安装位置 | 通信方式 | 简单型 | 标准型 | 增强型 | 选　配 |
|---|---|---|---|---|---|---|---|---|---|---|
| 43 | 充电桩<br>有序用电<br>监测 | 电压 | 监测装置 | 每个充电<br>桩 1 套 | 充电桩适<br>当位置 | HPLC/<br>多模单网 | | | | √ |
| 44 | | 电流 | | | | | | | | √ |
| 45 | | 开关状态 | | | | | | | | √ |

# 5.3.3　配电室台区

## 1. 设备部署结构

配电室台区智能物联感知设备部署结构可分为中压侧、配变侧、低压侧、线路侧和用户侧五个层级,各层级感知数据及信息都应统一汇聚至台区融合终端内进行本地数据计算及分析应用。配电室台区设备部署结构图如图 5 - 8 所示。

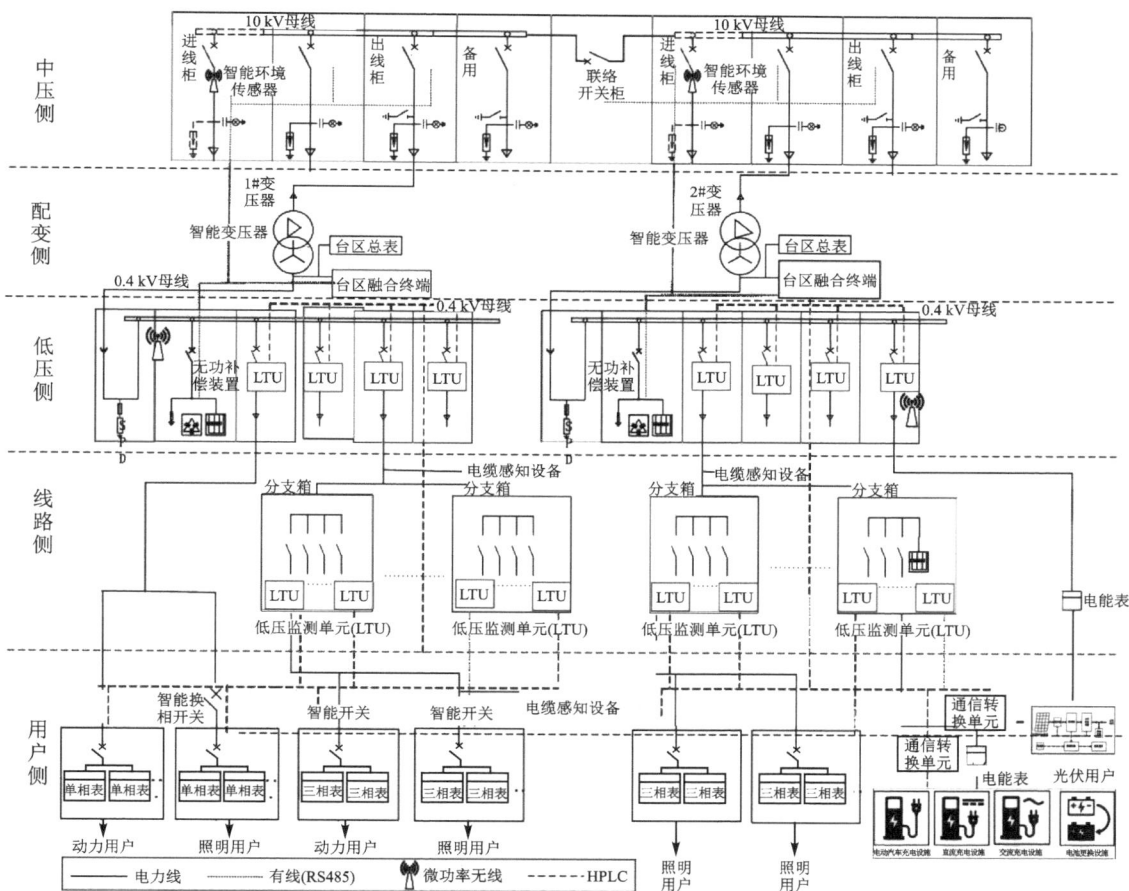

**图 5 - 8　配电站房台区设备部署结构图**

① 中压侧。包括 10 kV 母线、开关柜/环网柜(断路器、负荷开关、负荷开关熔断器组合电器)、智能环境传感器、智能开关等,主要通过 RS485、微功率无线通信方式接入台区融合终端,实现配电站房环境量、进出线开关状态、负荷数据等感知信息的采集。传感器宜采用内置

电池无源信号发送,免接线、易维护。

② 配变侧。包括配电变压器、台区总表、智能环境传感器等,主要通过 RS485、微功率无线通信方式接入台区融合终端,实现对配电室环境量、接头温度、电气量、油位、分接头档位、低压侧电压电流等信息的监测。

③ 低压侧。包括 0.4 kV 母线、低压柜、无功补偿装置(智能电容器)、智能环境传感器、低压智能开关等,可通过 RS485、遥信量、微功率无线等多种通信方式接入台区融合终端,实现对低压侧环境量、电气量、开关状态、负荷数据、无功补偿监测数据等信息的监测。

④ 线路侧。包括低压线路、分支箱、低压智能开关、电缆采集终端等,可通过微功率无线、HPLC 等多种通信方式接入台区融合终端,实现对线路侧环境、分支箱状态、负荷数据、开关状态、电缆通道数据(井盖位移、可燃气体、有害气体、环境温湿度、电缆温度等)等信息的监测。

⑤ 用户侧。包括智能换相开关、低压智能开关、用户电表、电动汽车充电桩、分布式电源等,可通过 HPLC 直接采集或加装通信转换单元实现对用户侧感知数据的有效监测。

**2. 典型设备配置**

配电站房区根据低压配电台区所属区域、供电可靠性、用电需求的差异化需求,按照配电台区典型环境部署类别对配电室台区进行典型设备配置,具体配置说明如表 5-9 所列。

表 5-9 配电室台区典型设备配置说明

| 序 号 | 感知对象 | 感知内容 | 感知设备 | 配置参考 | 安装位置 | 通信方式 | 简单型 | 标准型 | 增强型 | 选 配 |
|---|---|---|---|---|---|---|---|---|---|---|
| 1 | 开关柜 | 电压 | 智能断路器 | 每个开关1个 | 开关柜内 | RS485/HPLC/多模单网 | ✓ | ✓ | ✓ | |
| 2 | | 电流 | | | | | ✓ | ✓ | ✓ | |
| 3 | | 开关状态、遥控 | | | | | ✓ | ✓ | ✓ | |
| 4 | 变压器 | 桩头温度 | 温度传感器 | 每个桩头1个 | 高低压接线桩头 | 微功率无线/2.4G | | ✓ | ✓ | |
| 5 | | 油温、油位监测 | 传感器、集中器 | 每个变压器1个 | | 2.4G/RS485 | | | | ✓ |
| 6 | | 低压侧电压 | 电压互感器 | 每根出线1个 | 变压器出线 | 直连 | ✓ | ✓ | ✓ | |
| 7 | | 低压侧电流 | 电流互感器 | 每根出线1个 | | | ✓ | ✓ | ✓ | |
| 8 | 台区总表 | 电能表数据 | 电表 | 每个台区1个 | 电表处 | RS485 | ✓ | ✓ | ✓ | |
| 9 | 用户电表 | 电能表数据 | 电表 | 每个用户1个 | 电表处 | HPLC | | | ✓ | |

| 序　号 | 感知对象 | 感知内容 | 感知设备 | 配置参考 | 安装位置 | 通信方式 | 简单型 | 标准型 | 增强型 | 选　配 |
|---|---|---|---|---|---|---|---|---|---|---|
| 10 | 智能环境感知 | 温度 | 智能环境感知 | 每个配电房按需配置 | 站房 | 微功率无线 | √ | √ | √ | |
| 11 | | 湿度 | | | | | √ | √ | √ | |
| 12 | | 水浸 | | | | | √ | √ | √ | |
| 13 | | 水位 | | | | | | | | √ |
| 14 | | 烟雾 | | | | | | | | √ |
| 15 | | 变压器局放 | | | | | | | | √ |
| 16 | | 充气柜局放 | | | | | | | | √ |
| 17 | | 有害气体 | | | | | | | | √ |
| 18 | | 噪声 | | | | | | | | √ |
| 19 | | 门磁 | | | | | √ | √ | √ | |
| 20 | | 可见光 AI 图像监测 | | | | | √ | √ | √ | |
| 21 | | 红外双鉴 | | | | | | | | √ |
| 22 | | 空间局放 | | | | | | | | √ |
| 25 | 低压开关柜 | 电压 | 智能断路器 | 每个开关1 个 | 配电箱处 | HPLC/多模单网 | √ | √ | √ | |
| 26 | | 电流 | | | | | √ | √ | √ | |
| 27 | | 接头温度 | | | | | √ | √ | √ | |
| 28 | | 开关状态、遥控 | | | | | √ | √ | √ | |
| 29 | 无功补偿装置 | 电压 | 无功补偿装置 | 每个变压器 1 套 | 无功补偿 | RS485/HPLC/多模单网 | | | | √ |
| 30 | | 电流 | | | | | | | | √ |
| 31 | | 投切状态 | | | | | | | | √ |
| 32 | | 有功功率 | | | | | | | | √ |
| 33 | | 无功功率 | | | | | | | | √ |
| 34 | | 功率因数 | | | | | | | | √ |
| 35 | 电缆采集终端 | 接头温度 | 温度传感器 | 每条监测接头配置3 个 | 电缆接头 | HPLC/微功率无线 | √ | √ | √ | |
| 36 | | 电缆井综合监测传感器 | 电缆井综合监测传感器 | 每个监控电缆井配置 1 个 | 电缆井 | HPLC/无线 | | | | √ |

| 序号 | 感知对象 | 感知内容 | 感知设备 | 配置参考 | 安装位置 | 通信方式 | 简单型 | 标准型 | 增强型 | 选配 |
|---|---|---|---|---|---|---|---|---|---|---|
| 37 | 电缆分支箱 | 电压 | 智能断路器 | 每个开关1个 | 开关处 | HPLC/多模单网 | | √ | √ | |
| 38 | | 电流 | | | | | | √ | √ | |
| 39 | | 接头温度 | | | | | | √ | √ | |
| 40 | | 开关状态 | | | | | | √ | √ | |
| 41 | 换相开关 | 电压 | 智能换相开关 | 每个换相开关1个 | 换相开关处 | HPLC/多模单网 | | | | √ |
| 42 | | 电流 | | | | | | | | √ |
| 43 | | 开关状态 | | | | | | | | √ |
| 44 | 表箱进线 | 开关状态 | 微断/LTU | 每个开关1个 | 表箱进线处 | HPLC/多模单网 | | | √ | |
| 45 | 分布式能源状态监测 | 电压 | 光伏并网智能断路器 | 每个分布式光伏并网点1台 | 分布式光伏并网点 | HPLC/多模单网 | | | | √ |
| 46 | | 电流 | | | | | | | | √ |
| 47 | | 功率 | | | | | | | | √ |
| 48 | | 电能质量 | | | | | | | | √ |
| 49 | | 开光状态 | | | | | | | | √ |
| 50 | | 防孤岛保护 | | | | | | | | √ |
| 51 | | 电压 | 监测装置 | 每个分布式能源1套 | 分布式能源适当位置 | HPLC/多模单网 | | | | √ |
| 52 | | 电流 | | | | | | | | √ |
| 53 | | 开关状态 | | | | | | | | √ |
| 54 | 充电桩有序用电监控 | 电压 | 监测装置 | 每个充电桩1套 | 充电桩适当位置 | HPLC/多模单网 | | | | √ |
| 55 | | 电流 | | | | | | | | √ |
| 56 | | 开关状态 | | | | | | | | √ |

# 第6章  新一代用电信息采集系统

用电信息采集系统是对电力用户的用电信息进行采集、处理和实时监控的系统,实现用电信息的自动采集、计量异常监测、电能质量监测、用电分析和管理、相关信息发布、分布式能源监控、智能用电设备的信息交互等功能。

## 6.1  用电信息采集与监控系统

用电信息采集系统是通过对变压器和终端用户的用电数据进行采集和分析,实现用电监测、实施阶梯电价、负荷管理、线损分析,最终达到自动抄表、错峰用电、用电检查(防窃电)、负荷预测和节约用电成本等目的。

### 6.1.1  用电信息采集对象

按照电力用户的性质和营销业务的需要,可将电力用户划分为以下 6 种类型:

① 大型专变用户(A 类):用电容量在 100 kV·A 及以上的专变用户;

② 中小型专变用户(B 类):用电容量小于 100 kV·A 的专变用户;

③ 三相一般工商业用户(C 类):执行非居民电价的低压三相电力用户,包括低压商业、小动力、办公等用电性质的非居民三相用电;

④ 单相一般工商业用户(D 类):执行非居民电价的低压单相电力用户,包括低压商业、小动力、办公等用电性质的非居民单相用电;

⑤ 居民用户(E 类):执行居民电价的城乡居民及居住区公用设施、医院、学校等用户;

⑥ 配变关口计量点(F 类):公用配变关口,即公用配变上的用于内部考核的计量。

依据不同的用户类型,可以制定不同的用电数据采集和控制方式,例如:居民用户和一般工商业以及配变关口计量,采用低压配电台区集中抄表方式,将集中器作为现场终端,使用本地通信方案(载波、无线、RS485 等)抄表;中小型专变一般采用 GPRS 表或负控终端作为现场终端,采集用户数据并控制用户负荷;大型专变用户一般均采用负控终端形式采集和控制。

### 6.1.2  用电信息采集与监控系统组成

用电信息采集与监控系统由系统主站、用电信息采集与监控终端(简称终端)、主站与终端间的通信信道及客户侧的智能电能表、配电开关等配套设施组成。目前各网省用电信息采集系统架构图如图 6-1 所示。

#### 1. 用电信息采集系统主站

主站设备包括前置服务器、数据库服务器、工作站和防火墙等。采集系统主站是对电力用户的用电信息进行采集、处理和实时监控的系统,实现用电信息的自动采集、计量异常监测、电能质量监测、用电分析和管理、相关信息发布、智能用电设备的信息交互等功能。采集系统主站采用符合国网营销业务应用系统标准化设计的营销业务应用系统电能信息采集模块(即采

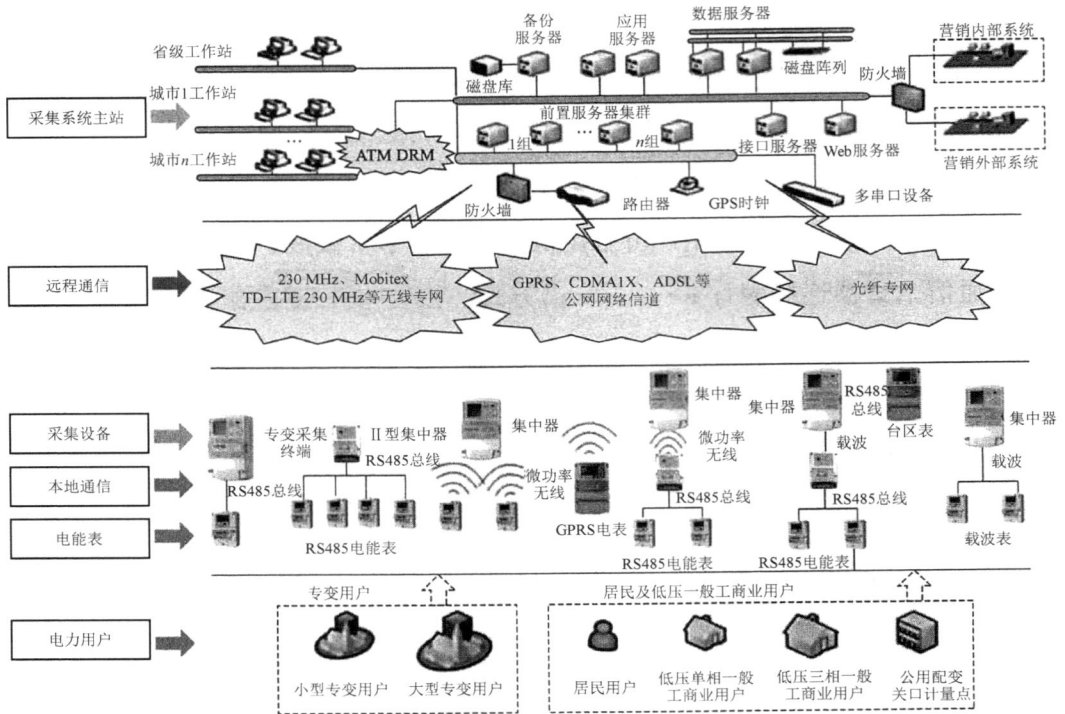

**图 6 - 1  各网省用电信息采集系统架构图**

集系统),整合各个地市大用户负荷管理系统和低压集抄系统。采集系统主站采用与营销业务应用系统一致的集中式部署模式。

### 2. 采集设备

采集设备是对用户用电信息进行采集的设备,可以实现电能表数据的采集,并根据终端类型的不同实现不同的监测、控制功能。例如,电能计量设备工况和供电电能质量监测,以及客户用电负荷和电能量的监控,并对采集数据进行管理和双向传输。常见的采集设备包括专变终端、集中器及 GPRS 智能电能表等。

### 3. 智能电能表

智能电能表是由测量单元、数据处理单元、通信单元等组成的,具有电能量计量、数据处理、实时监测、自动控制、信息交互等功能。目前智能电能表按用户类型可分为单相表和三相表。

### 4. 通信信道

采集系统中的通信信道可分为远程信道和本地信道。远程通信信道也称为上行通信信道。它用于完成主站系统和现场终端之间的数据传输通信。目前主要有 GPRS/CDMA、4G 等无线公网,230 MHz 无线专网,光纤专网;中压电力线载波转 GPRS 等通信方式也属于远程通信信道。本地通信信道也称为下行通信信道。用于现场采集终端到表计的通信连接,高压用户一般采用 RS485 通信方式连接专用变压器采集终端和计量表计;公变考核用户一般采用

RS485 通信方式连接集中器；公网台区下的低压用户可采用低压电力线窄带载波、微功率无线通信、载波通信采集器连接表计 RS485 通信方式，以及微功率无线通信采集器连接表计 RS485 通信方式等。

# 6.1.3　用电信息采集系统工作方式

## 1. 数据采集方式

采集系统的主要数据采集方式有以下 3 种：

① 自动采集。按采集任务设定的时间间隔自动采集终端数据，设置好自动采集时间、间隔、内容、对象。当定时自动数据采集失败时，主站具有自动及人工补采功能，保证数据的完整性。

② 随机召测。根据实际需要随时人工召测数据。如出现事件告警，则随即召测与事件相关的重要数据，供事件分析使用。

③ 主动上报。在全双工通道和数据交换网络通道的数据传输中，允许终端启动数据传输过程（简称主动上报），将重要事件立即上报主站，以及按定时发送任务设置将数据定时上报主站。主站支持主动上报数据的采集和处理。

## 2. 数据传输模式

电力用户用电性质的不同决定了现场安装的采集设备不同，现场采集设备主要包括专变负荷控制终端、低压集中器、载波采集器、无线采集器、微功率无线采集器等。每种类型的采集设备设计方案不同，现场安装环境不同，以及采用的采集模式不同。另外，采集设备与采集系统主站的通信又包括光纤专网、无线专网、载波专网或 GPRS/CDMA 的无线公网数据通信，采集设备与采集设备之间也有好几种通信方式。目前常见的采集传输模式如下：

① GPRS/无线专网专变终端＋RS485 模式，如图 6-2 所示。

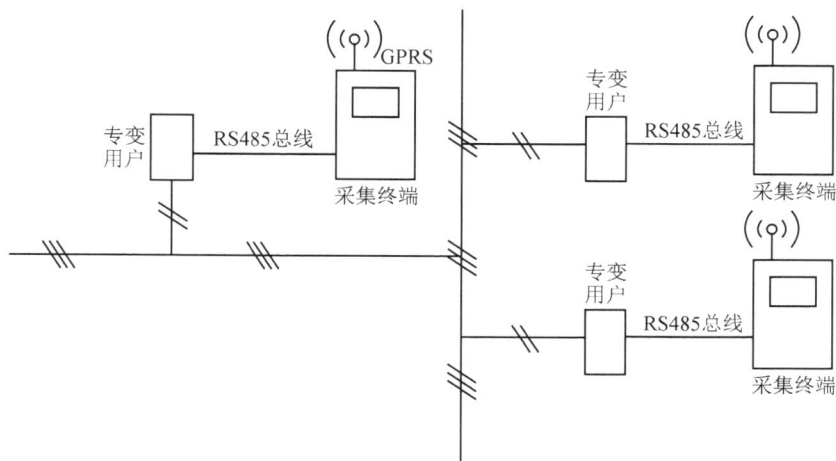

图 6-2　GPRS/无线专网专变终端＋RS485 模式

本模式下终端设备搜集到的数据是利用 GPRS 或 230 MHz 无线专网这一通信渠道传递给主站的。该方案的优点为采集成功率高，通信稳定，故障排查简单，对现场操作人员的要求低。其缺点是现场公网通信信号没有覆盖就无法使用,采集设备及通信成本较高,不便在偏远山区或者地下室等通信信号较弱的地区安装。

② GPRS 集中器＋载波采集器＋RS485 和 GPRS 集中器＋载波通信模块模式,如图 6－3和图 6－4 所示。

在这两种模式下,集中器和采集器或电能表载波模块是以电力线载波作为通信介质保持联系的,采集器或电能表载波模块搜集到的用电信息需要先传递给集中器,然后集中器利用GPRS 将所有的数据信息传递给主站。

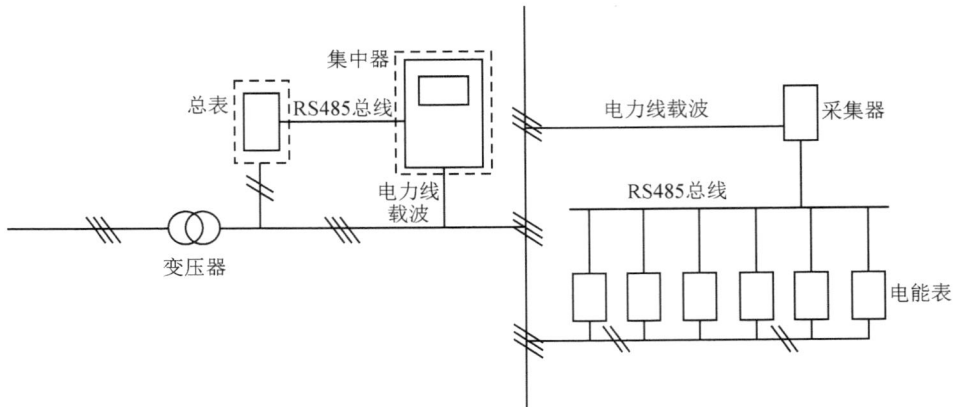

**图 6－3　GPRS 集中器＋载波采集器＋RS485 模式**

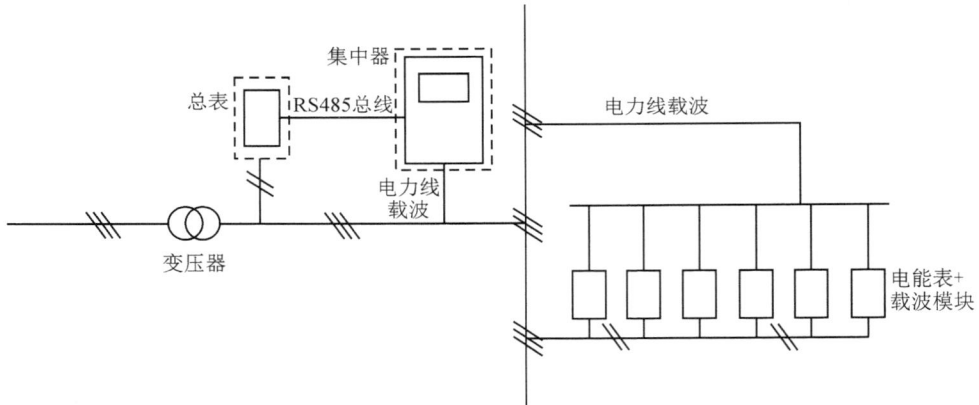

**图 6－4　GPRS 集中器＋载波通信模块模式**

## 6.1.4　用电信息采集与监控系统的主要功能

用电信息采集与监控系统整合了专用变压器终端、公用变压器终端、低压集抄集中器的电能信息,包括负荷数据、电量数据、抄表数据、工况数据、电能质量数据、异常告警信息和其他实时数据,并对这些原始数据进行统计和分析,实现了分变电站、分线路、分压、分台区的电能量管理及线损统计分析功能。用电信息采集与监控系统的主要功能如图 6－5 所示。

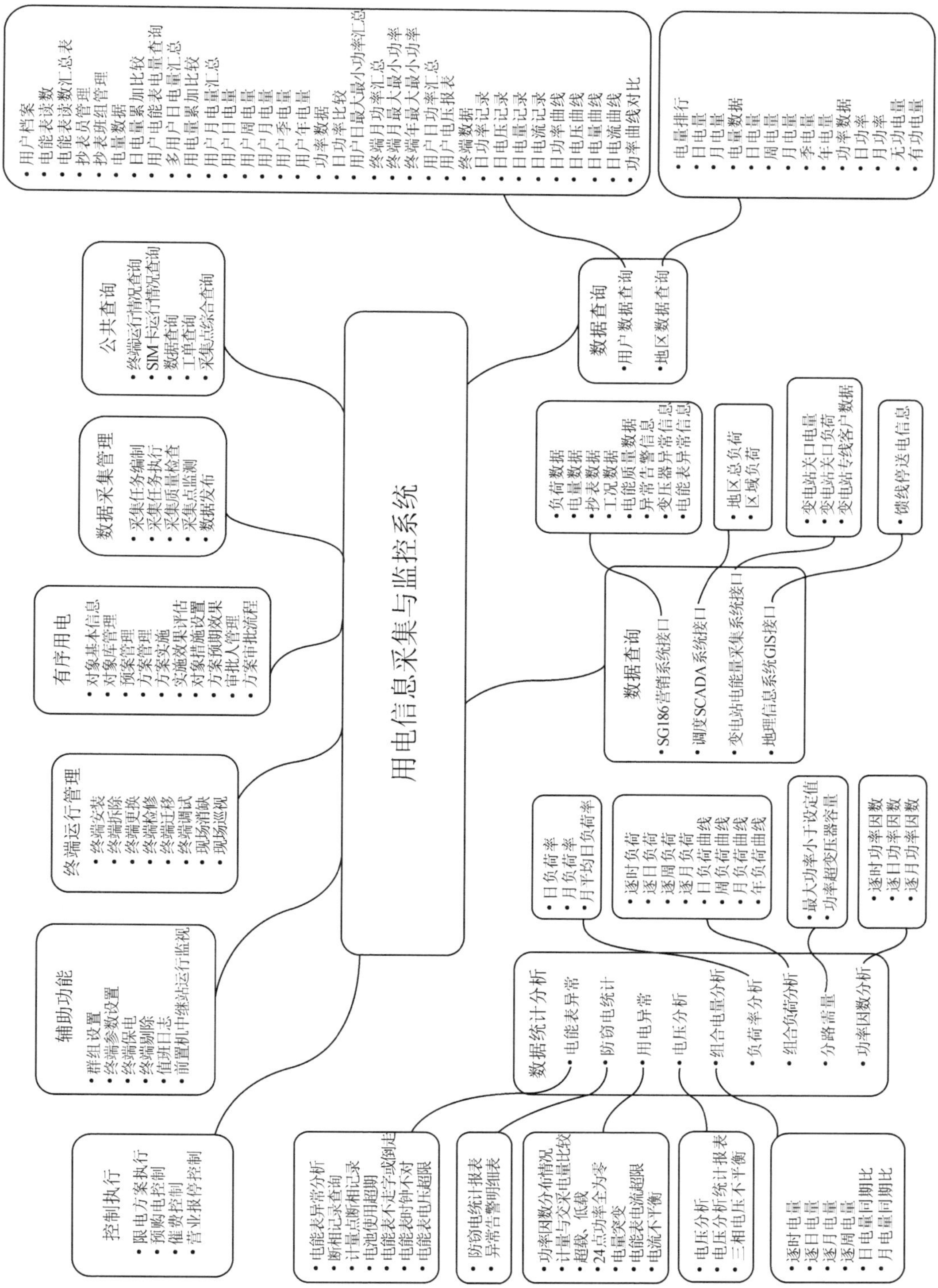
用电信息采集与监控系统
用户档案
电能表读数
电能表读数汇总表
抄表员管理
抄表班组管理
电量数据
日电量累加比较
用户电能表电量查询
多用户日电量汇总
用电量累加比较
用户月电量汇总
用户日电量
用户周电量
用户月电量
用户季电量
用户年电量
功率数据
日功率比较
用户日最大最小功率汇总
终端月功率汇总
终端月最大最小功率
终端年最大最小功率
用户日功率汇总
用户电压报表
终端数据
日功率记录
日电压记录
日电量记录
日电流记录
日功率曲线
日电压曲线
日电量曲线
日电流曲线
功率曲线对比
电量排行
日电量
月电量
电量数据
日电量
周电量
月电量
季电量
年电量
功率数据
日功率
月功率
无功电量
有功电量
数据查询
用户数据查询
地区数据查询
公共查询
终端运行情况查询
SIM卡运行情况查询
数据查询
工单查询
采集点综合查询
数据采集管理
采集任务编制
采集任务执行
采集质量检查
采集点监测
数据发布
有序用电
对象基本信息
对象库管理
预案管理
方案管理
方案实施
实施效果评估
对象措施设置
方案预期效果
审批人管理
方案审批流程
终端运行管理
终端安装
终端拆除
终端更换
终端检修
终端迁移
终端调试
现场消缺
现场巡视
辅助功能
群组设置
终端参数设置
终端保电
终端剔除
值班日志
前置机中继站运行监视
控制执行
限电方案执行
预购电控制
催费控制
营业报停控制
数据查询
SG186营销系统接口
调度SCADA系统接口
变电站电能量采集系统接口
地理信息系统GIS接口
负荷数据
电量数据
抄表数据
工况数据
电能质量数据
异常告警信息
变压器异常信息
电能表异常信息
地区总负荷
区域负荷
变电站关口电量
变电站关口负荷
变电站专线客户数据
馈线停送电信息
数据统计分析
电能表异常
防窃电统计
用电异常
电压分析
组合电量分析
负荷率分析
组合负荷分析
分路需量
功率因数分析
日负荷率
月负荷率
月平均日负荷率
逐时负荷
逐日负荷
逐周负荷
逐月负荷
日负荷曲线
周负荷曲线
月负荷曲线
年负荷曲线
最大功率小于设定值
功率超变压器容量
逐时功率因数
逐日功率因数
逐月功率因数
电能表异常分析
断相记录查询
计量点断相记录
电池使用超期
电能表不走字或倒走
电能表时钟不对
电能表电压超限
防窃电统计报表
异常告警明细表
功率因数分布情况
计量与交采电量比较
超载、低载
24点功率全为零
电量突变
电能表电流超限
电流不平衡
电压分析
电压分析统计报表
三相电压不平衡
逐时电量
逐日电量
逐月电量
逐周电量
日电量同期比
月电量同期比

**图6-5　用电信息采集与监控系统的主要功能**

**（1）数据采集**

数据采集是用电信息采集与监控系统的基本功能之一，按数据形成的时间可分为实时数据、历史日数据、历史月数据。按数据的信息内容又可分为以下几种：

① 负荷数据。包括实时有功功率总加、实时无功功率总加、每日和当前有功及无功功率曲线、功率最大/最小值及出现时间、最大需量及出现时间等。

② 负荷监控。系统可以一定间隔提供采集用户用电的实时信息，并以曲线或报表的形式显示或打印输出。同时，根据数据可以形成电力用户的三相平衡率曲线，统计分析负荷率、电压合格率、供电可靠性等数据。提供设定用户的用电计划曲线，在用户用电越限后及时报警。

③ 电能量数据。包括每月、每日和当前有功及无功电能量累积值、分时有功电能量累积值、有功及无功电能量曲线等；同时，包括终端与电能表直接通信读取的电能表计量数据。

④ 电能质量数据。包括每日和当前电压、功率因数、谐波、停电时间及相关统计数据等。

⑤ 工况类数据。包括电能计量装置工况、终端运行工况、开关状态等。

⑥ 事件记录数据。包括负荷越限事件、控制事件、工况变化事件、运行异常事件、操作事件等。

⑦ 用户侧其他相关设备提供的数据，例如远方自动抄表等。系统可定时自动或随机采集终端记录的各种数据，同时还能实现公网终端数据与记录的主动上报，对采集失败的数据可进行补采。

**（2）负荷控制**

负荷控制功能也是用电信息采集与监控系统的基本功能之一，终端在系统主站的集中管理下，通过对用户侧配电开关的控制操作，达到调整和限制负荷的目的。负荷控制主要有以下几种方式：

① 遥控。系统主站对终端直接下达控制命令，实现对用户端配电开关的远距离控制，达到调整负荷的目的。

② 功率定值闭环控制。系统终端监测用户用电负荷，以负荷定值自动判断越限用电，告警和控制用户侧配电开关，实现闭环控制，将用电负荷限制在规定的定值水平之下。根据控制方式的不同，功率定值闭环控制可分为时段控制、厂休控制、营业报停控制、当前功率下浮控制等控制类型。

③ 电能量定值闭环控制。系统终端监测用户用电量，以电量定值自动判断越限用电，告警和控制用户侧配电开关，实现闭环控制，将用电量限制在规定的定值水平之下。根据控制方式的不同，电能量定值闭环控制可分为月电能量控制、购电能量（费）控制、催费告警等控制类型。

**（3）基础管理**

① 资产管理。该功能主要包括对终端及 SIM 卡等资产全生命周期的过程管理与结果控制。

② 业务流程管理。该功能主要实现终端安装的全业务流程管理，以及当用户用电变更时终端的更换、拆除、调试等业务管理。

③ 终端故障流程管理。该功能主要实现终端异常巡视、故障确认、故障处理、故障维修的流程化管理。

④ 用户用电档案配置管理。提供在线添加、删除、修改各种电力对象功能。提供计量点

的定义、管理功能,并能设定操作、维护权限。

**(4) 需求侧管理与服务支持应用**

① 通过用电信息采集与监控系统的控制功能,为合理调度负荷提供可靠数据。

② 负荷电量分析和预测。

③ 用户个性化服务。向用户提供用电负荷等用电数据,发布用电信息,为用户提供个性化服务与管理,引导用户科学合理用电。利用系统的中文信息发布功能,可以发布电力系统检修、电力预测等供电信息,以中文方式进行显示,以利于用电客户适当安排生产。

**(5) 用电信息采集与监控系统在电力营销中的应用**

① 电量电费结算。实现每日定时抄表,可完整地采集用户电能量数据,把采集的数据传送到营销电量电费系统进行电费预结算。

② 用户用电异常分析。实现对用户端电能计量装置运行状况的在线监测,对电能表断相、欠电压、逆相序、编程计数、时钟超差及计量柜门异动等异常工况能及时记录,并发送异常情况报警,为电能计量装置的技术管理提供依据。

③ 反窃电技术和电压合格率监测。窃电的直接反映就是电量的丢失。用电信息采集与监控系统能够监视用户用电特征,在用户用电异常时第一时间报警,并记录现场状态,基本上可以杜绝用户采用的各种各样的窃电行为。对于专线用户,还可以将变电站出口的电能表的信息与用户端用电信息进行比较,完全杜绝窃电行为。另外,远程自动抄表功能可以实时或定时将用户电能表读数抄回,这样供电企业就可以连续获取实时客户用电量情况。

④ 实施催费限电、购电控制。利用系统的信息发布功能,向用户发送相应的催费信息;利用预购电、费控等功能,实现催费限电。

⑤ 线损分析。收集线路各计量点的负荷数据,为线损计算分析提供数据支持。

⑥ 用户端电能质量在线监测,提供电压、功率因数、谐波等电能质量的统计分析数据。

⑦ 配电变压器综合监测和集抄转发功能。公用配电变压器综合监测系统可以实现10 kV线路上公用配电变压器的监测。对监控供区内的用户变压器,可以通过现有的用电信息采集与监控系统终端采集数据并用现有的无线通道传回主站进行统一分析、处理;而且配电变压器监测终端可直接作为附近区域集中抄表系统的集中转发器,节省大量的单建用户集抄系统所花费的重复投资。

⑧ 为配电网安全运行提供决策依据。负控管理中心能不断汇总各用户的现阶段用电水平和各条配电线路的负荷分布状况,为生产管理部门的决策适时提供分析依据,及时修正与调整负荷下达计划和配网改造计划;为逐步降低线损、合理进行电力网络的建设提供明确的技术数据。

⑨ 为事故(障碍)处理提供数据支持。监控终端装置能够准确测量出用户进线侧电压、电流,并能及时发现高压熔断器的熔断,便于抢修人员快速地恢复供电,为电力企业不间断供电提供有力的保证。

**(6) 系统管理**

① 权限管理。对系统用户进行分级管理,可对登录系统的所有操作员实现身份和权限认证,用户仅能根据授权权限使用规定的系统功能。

② 运行状况监测。对终端设备的数据采集情况、通信情况进行分析和统计;实时显示前置机、数据库、网络、服务器以及通信设备的运行状况;实时召测中继站的运行状态、工作环境

参数。

③ 操作记录管理。通过权限确认机制,确认操作人员情况、操作权限等内容。对重要操作,系统自动记录当前操作员、操作时间、操作内容、操作结果等信息,并生成操作日志。

**(7) 设备管理**

对用电信息采集与监控终端、公用配电变压器终端、抄表终端、备品备件等设备的申购、验收、保管、安装、维护等的管理。

# 6.2 智慧物联体系及新型采集系统

智慧物联体系建设,为电网运行更安全、管理更精益、投资更精准、服务更优质开辟了一条新路,同时也可以充分发挥坚强智能电网的电能可靠供应和用能分析。

## 6.2.1 智慧物联体系技术构架

从技术视角看,营销智慧物联体系包括感知层、网络层、平台层、应用层4个层次(见图6-6),通过应用层承载对内业务、对外业务2个方向的建设内容,通过感知层、网络层和平台层承载数据共享、基础支撑2个方向的建设内容,技术攻关和安全防护2个方向的建设内容贯穿各层次。

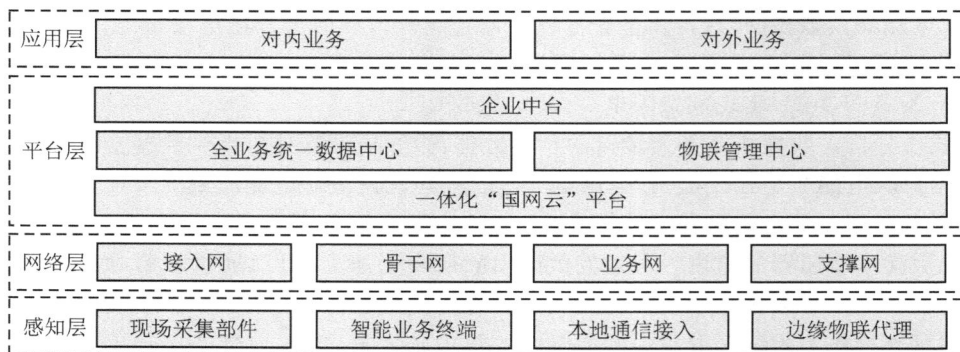

图 6-6 营销智慧物联体系架构

智慧物联体系通过配电网设备间的全面互联、互通,实现配电网的全面感知、数据融合和智能应用,满足配电网精益化管理需求,支撑能源互联网快速发展;配电物联网的应用具有终端即插即用、设备广泛互联、状态全面感知、应用模式升级、业务快速迭代、资源高效利用等特点。整体技术架构包括"云"、"管"、"边"和"端"四大核心层级。

"云"是云化的主站平台。关键技术:统一部署应用程序(APP)、海量终端接入技术、海量数据存储技术、大数据分析技术。

"管"是"端"和"云"之间的数据传输通道。关键技术:云边间4G、5G通信安全,边端间双模通信组网,地址IPv6化。

"边"是一种靠近物或数据源头、处于网络边缘的分布式智能代理,就地或就近提供智能决策和服务。关键技术:多容器的终端轻量级通用应用软件技术、不同应用程序(APP)之间信息交互、GPS定位。

"端"是配电物联网架构中的状态感知和执行控制主体终端单元。关键技术:感知终端IP

化、即插即用技术、时间精确同步,带有时间戳。

　　智慧物联体系充分应用"大云物移智链"等现代信息技术、先进通信技术,实现电力系统各个环节万物互联、人机交互,大力提升数据自动采集、自动获取、灵活应用能力。

　　① 对内业务:实现数据一次采集或录入、共享共用,实现全电网拓扑实时准确,端到端业务流程在线闭环;全业务统一入口、线上办理,全过程线上即时反映。

　　② 对外业务:建成"一站式服务"的智慧能源综合服务平台,各类新兴业务协同发展,形成"一体化联动"的能源互联网生态圈;在综合能源服务等领域处于引领位置,新兴业务成为公司新利润增长点。

　　③ 基础支撑:推动电力系统各环节终端随需接入,实现电网和客户状态"实时感知";推动公司全业务数据统一管理,实现内外部数据"即时获取";推动共性业务和开发能力服务化,实现业务需求"敏捷响应、随需迭代"。

## 6.2.2　新型用电信息采集系统

　　智慧物联体系时代下的新型采集系统,按照技术构架来划分,主要涉及的建设层次是感知层和应用层。

　　感知层主要是将智慧物联体系中的边缘技术应用于现场终端中,形成融合型末端感知层,感知目标是原有采集系统包括抄表数据在内的各种数据、低压台区配电运行数据的监视和管理等。

　　应用层主要是通过建立边缘微应用和主站端云应用来实现多种功能,例如:"四分线损"的监测和治理,"站—线—变—分—箱—户"的物理拓扑关系、本地化的智能电能表防窃电看护、时钟自动校对等。

　　新型采集系统智慧物联体系架构如图 6-7 所示。

### 1. 感知层

　　感知层是智慧物联体系架构中的感知主体,是构建智慧物联体系海量数据的基础。其主要包括各种类型的传感节点(如环境监测感知设备、电气量测保护控制设备)、分布式能源、智能电能表、电动汽车充电设备、能效监测终端、智能路灯等各类用电基础设施。

**(1) 低压配电台区智能感知**

　　响应国家电网公司"五位一体"的建设思路,落地"台区经理制度",实现低压台区营配调"末端融合",采集系统需要扩展对低压台区配电侧的数据感知,不仅要在配抢定位上提升效率,提升客户满意度,还要用多层次的数据监控提升营销线损业务、稽查业务等多方面的效率。

　　低压配电台区智能感知体系架构如图 6-8 所示。

　　① 智能融合终端(智能配变终端)低压配电台区智能化感知体系的核心,采用可灵活配置的模块化结构,同时可通过 LoRa 方式采集高压数据采集单元和分布式台区智能终端的信息;通过 RS485 总线采集三相不平衡治理装置、集中器/专变终端数据,通过光纤/环网柜载波/4G/中压载波等方式与主站交互;同时,可实现:

　　a. 变压器高压侧的实时电流、电压数据采集。

　　b. 变压器每一条分支线路和台区电能表箱的状态信息,包括电压、电流、负荷、三相不平衡、漏电流等数据采集。

　　c. 专变台及表箱的温度信息,包括变压器散热片、开关接点、铜排、箱体、设备等温度信息的采集。

d. 替代集中器抄读智能电能表的电量信息、电气量数据等,更适用于新装台区。

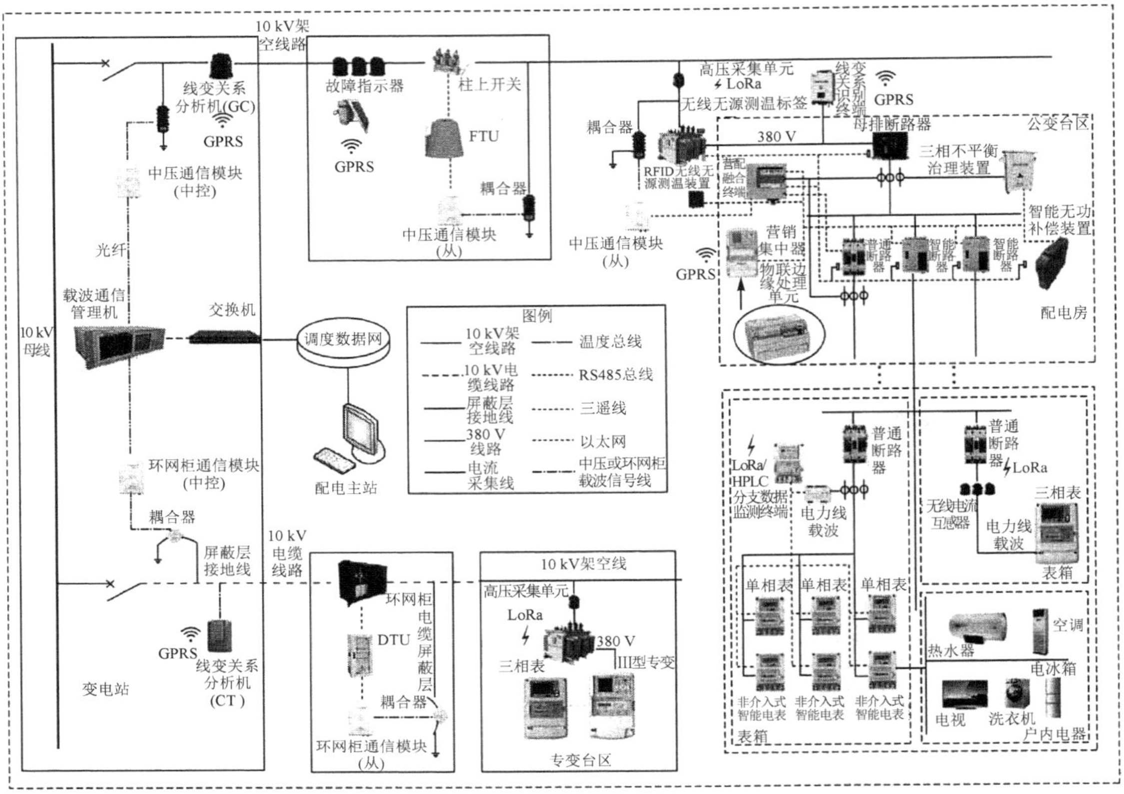

图 6-7　新型采集系统智慧物联体系架构

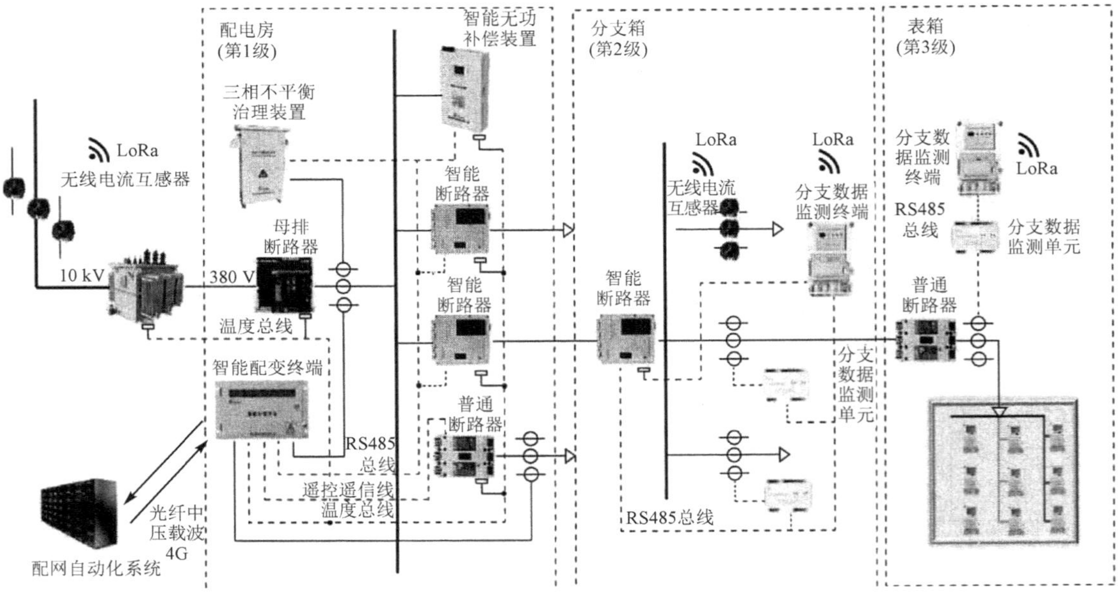

图 6-8　低压配电台区智能感知体系架构

②　边缘物联代理单元与智能融合终端功能基本相同,应用于集中器存量台区。形状与集中器端盖相同,替换端盖后不需额外增加安装空间,易于安装。

③　高压数据采集单元安装在变压器高压侧的入线上,可以实时采集 10 kV 高压线路的电流、对地电场信息,并通过 LoRa 等无线射频通信方式与智能配变终端进行实时的数据交互。同时可以实现:

a. 实时采集并上传变压器高压侧电流信息,精度 0.5 级。

b. 通过高低压数据综合分析 10 kV 线路断相故障。

c. 通过主站与智能配变终端的低压侧数据进行对比,实时监测变压器损耗。

d. 针对专变用户,可通过主站与低压表计的视在功率实时对比进行线损异常的监测,实现专变用户的异常用电监察功能。

④　低压智能断路器集剩余电流继电器、接触器、塑壳断路器于一体,适用于三相四线中性线直接接地的低压电网,用来对人身触电危险提供间接接触保护,也可对线路或用电设备的接地故障、过电压、欠电压及缺相故障等进行保护。

⑤　分支数据监测终端/单元(LTU)。该终端安装在低压配电网络的电缆分支箱和电能表箱处,能够实时监测多条线路的电压、电流、温度状态,实时分析多条线路的掉电、负荷超标、三相不平衡、温度超标等问题,可以通过 LoRa、载波、RS485 等方式实现数据的采集和实时上传。

⑥　有源无功补偿装置:是一种用于动态治理配网三相不平衡、补偿无功和谐波治理的新型电力电子装置。DSP 控制器实时检测负荷电流,计算分析得到负荷电流的无功电流、谐波电流和不平衡电流数据作为控制器的参考值,控制器实时驱动 IGBT 产生满足要求的无功补偿电流、谐波电流和不平衡补偿电流,最终达到动态补偿的目的。

**(2) 中压线路防窃电及线损监控**

"站—线—变—户"四分线损监测与治理是智慧物联体系建设的一项重要目标,治理线损首先要核实清楚供用电负荷间的关系,低压台区拓扑可以实现"变—分—箱—户"之间的关系;而中压线路部分在目前阶段,中压配网自动化体系尚未达到全覆盖,数据采集率更加低下,调度、配电运行与营销间数据的不畅通更是使数据、状态的变化无法有效传递,对高压窃电更是缺少有效监控手段和治理方法。

因此,引入线变关系识别装置和线变关系识别应用,用于监测中压线路的负荷切换情况;引入负荷监测设备和负荷监测应用,用于监视高压用户异常用电状态和线路电量损失点定位。

1) 线变识别装置

线变关系识别终端:线变关系识别终端主要由三个部分组成:终端机、分析机(CT/GC)、调试掌机,配合远程系统使用。线变关系识别设备如图 6 - 9 所示。

①　终端机安装在待识别变压器的低压侧,在低压侧生成载波信号,穿越变压器耦合入高压侧,传输至 10 kV 出线从机检测点,最终被从机所识别。

②　分析机分为两种产品形态:一种是应用于电缆线路的 CT 型,另一种是应用于架空线路的 GC 型。CT 型分析机将信号取样 CT 卡接在线路进线侧保护或测量 CT 的二次出线上,可带电装卸;GC 型从机则直接卡装 10 kV 架空线,亦可带电装卸;分析机通过提取线路中的载波信号完成线路与变压器隶属关系的识别。

线变关系分析机(CT)　　线变关系分析机(GC)　　调试掌机　　中压线变关系识别终端
(用于电缆线路首端)　　(用于架空线路首端)

图 6 - 9　线变关系识别设备

2）负荷监测设备

负荷监测设备由多组 4G 高压采集单元组成,高压采集单元具备自取能和备电,每日与远程应用同步时钟,自身记录固定间隔时间的电流数据并在每日定时统一回传远程应用。

方式 1:采集变压器进线数据,与专用变压器终端数据进行比对,实现负荷监测。

方式 2:为避免执法行为暴露,可采集变压器分支 T 接点前、后数据,做差后与专用变压器终端数据进行比对,实现负荷监测。

方式 3:采集一段线路首尾两端数据,对比判断区间内的异常窃电,实现负荷监测。

方式 4:全线路线损定位,实现负荷监测。

## 2. 应用层

应用层包含云端应用和边端应用。一般能够通过边端的边缘计算等技术完成的应用将以类似 APP 的方式由物联管理平台管理和下发,由边端设备执行;云端需要多种类或多数量边端数据来完成,且边端设备间难以实现数据共享的应用,采用云端应用来执行。另外,云端应用还需建立边端应用的远程展现、数据反馈和远程操作等功能。

### (1) 末端融合业务应用

末端融合业务应用,用于实现和验证本地通信层各种深化应用和低压台区智能感知的综合型应用。

除去 09 规约表计实现 13 规约、时钟治理、多协议兼容、即装即采等仅需本地实现的功能外,还需提供本地边缘计算后主动上报类的数据展示和事件功能生成能力,例如:停复电事件、台区拓扑、台区区分、回路阻抗、反窃电分析等。

此外,末端融合业务应用还提供了综合型大数据分析应用,包括智能研判、故障抢修、运行检修和低压配电台区运行监控等部分。

1）智能研判

根据用户用电信息、表计状态信息、全量数据曲线,以及低压台区内末端融合系统采集的电压、电流、温度、功率等电能信息,利用建立的故障模型进行大数据研判,实现三相表接错线判断、专变用户异常用电判断、电能表异常用电状态判断、低压台区末端低电压判断、变压器及开关等设备异常状态判断等。

2）故障抢修

依据高压采集单元、智能开关、分布式智能终端和电能表智能通信模块等设备的开关量信息、电流电压信息，以及停上电信息，精确判断停电的故障点位置及影响范围，快速生成抢修工单，实现快速故障抢修。可以判断：10 kV 缺相、台区停电、分支停电和户表停电等。

3）状态检修

利用各关键电力设备监控中已发生的超限报警、故障及跳闸等信息，并以发生概率、发生时段等方式对电力设备进行状态评价，提醒设备运行状态以备巡视注意和检修更换。

4）低压台区在线监控

提供实时的低压台区进线、分支出线等关键位置的电压、电流、功率、故障等信息显示，提供历史曲线及故障显示，提供实时的智能开关远程操控及各设备报警、故障阈值等参数下发。

5）台区供电关系拓扑

提供由边缘侧分析计算得到的台区物理拓扑关系，由云端应用做出图形结构展示，在发现供电关系发生变化，或与系统档案录入关系对照错误时给出明确提示和自动修复，有利于精确线损分析，为后续"一台一指标"精确台区线损治理提供档案数据保障，亦为台区分段式线损定位提供精确档案关系校核。

**（2）线变关系识别应用**

线变关系识别主站的主要功能为向线变关系识别终端发送线变关系识别指令，接收线变关系分析机检测到的特征信号，采用相似性特征提取算法进行线变关系识别分析、展示并记录。支持远程参数设置、状态查询。

远程应用通知配变低压侧的线变关系识别终端发送超低频载波信号；变电站线路首端的线变关系分析机（CT/GC）检测到该特征信号；分析机将信号特征上传至主站；主站通过综合比对，来确定变压器的线路归属。

线变关系识别示意图如图 6 - 10 所示。

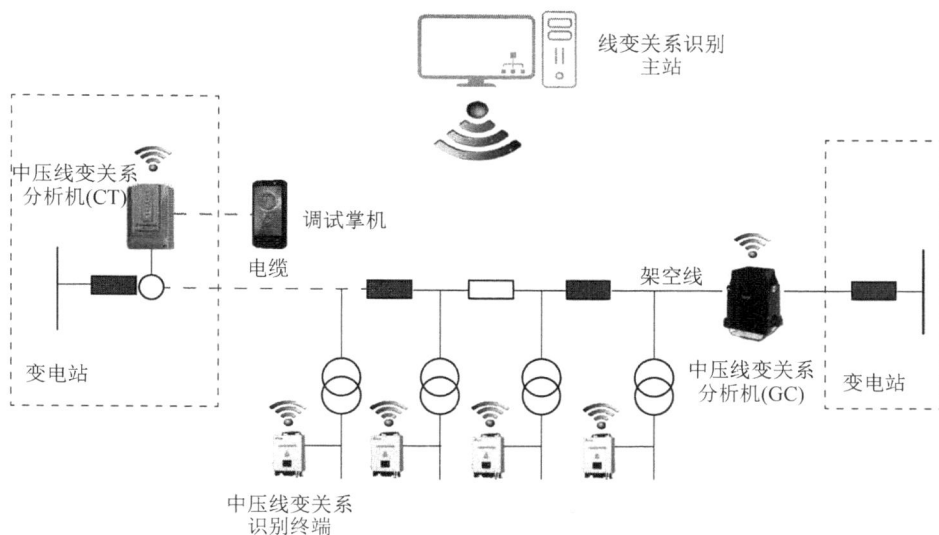

**图 6 - 10　线变关系识别示意图**

线变关系识别主站支持自动巡探、手动点探两种工作模式，满足后台静默探测和人工立即探测两种应用需求。

1）自动巡探模式

系统根据可配置的时间间隔进行全覆盖探测,将探测结果进行比较、存库。线变关系结果以拓扑着色的形式进行可视化展示,既支持查看当前线变关系情况,又支持追溯历史某时间点的线变关系情况。

2）手动点探模式

用户可自由选择一个变压器,发起点探请求,系统会优先进行该变压器的线变关系探测,并将结果直接推送给用户。

**（3）负荷监测远程应用**

通过在 10 kV 线路上安装负荷监测单元实现对线路电流信息的同步采集,在此基础上,通过主站处理建立监测点位与线路负荷的拓扑关系,结合线路上专公变考核计量数据以及关口考核数据,实现对线路负荷异常用电情况的监测和定位。

负荷监测远程应用能够通过对同期数据的加减运算,生成比对曲线,精准分析异常用电发生的区段和时间段。

# 6.3　采集系统与物管平台的集成

智慧物联体系下,由物管平台统一边缘代理的接入、统一数据存储、统一业务应用体系调用、统一边缘应用管理等,一系列由物联管理平台作为管理系统的数据应用综合管理平台,已成为目前电力企业打破内部专业壁垒、统一数据融合的最佳方式,也是智慧物联体系的发展方向,而采集系统作为营销体系应用的一种,其发展方向也必须要融入物管平台。目前,全国范围内各省采集建设均已基本完成,现场存量终端并不符合全新物管平台的接入方式,主要问题在于:

① 存量采集终端多为嵌入式系统,内存、计算单元无法支持框架式系统,无法实现边缘应用的开发应用;

② 存量采集终端上行协议不支持 MQTT（消息队列遥测传输）协议,亦无法为非计量装置类设施提供代理接入。

然而,现有运行态采集终端存量超大,若全部一次性更换,不仅投资成本大,造成资源浪费,更换工程所耗费的时长更加拖延了智慧物联体系的整体建设进度。因此,将现有采集系统整体有机纳入物联管理平台,融合到智慧物联体系中是十分必要的。

## 1. 物联管理平台通信架构

物联管理平台作为一个整体的管理平台,其通信架构分为南向和北向两部分。南向是指平台与现场边缘代理的通信,采用高速 Hub 接入,平台建立边缘代理、终端等设备的物模型,并以物模型为基准分配对应的属性定义,建立对应的档案关系和数据调用关系等,传输协议使用标准 MQTT 协议;北向是指平台与各业务中台,包括数据中台的数据连接,同样采用MQTT 标准协议,通过 Kafka（一种高吞吐量的分布式发布订阅消息系统）消息队列格式进行数据推送。物联管理平台数据连接结构如图 6-11 所示。

平台通过边缘应用管理,实现对现场设备的管理;边缘代理按照平台下发的边缘应用,计算、分析做代理的终端和自身采集的数据,并按设定主动向平台推送数据,存储于数据中台;业务中台应用可以调取数据中台数据进行云分析和展示,亦可通过 Kafka 消息队列向平台请求召测边缘代理、终端数据。

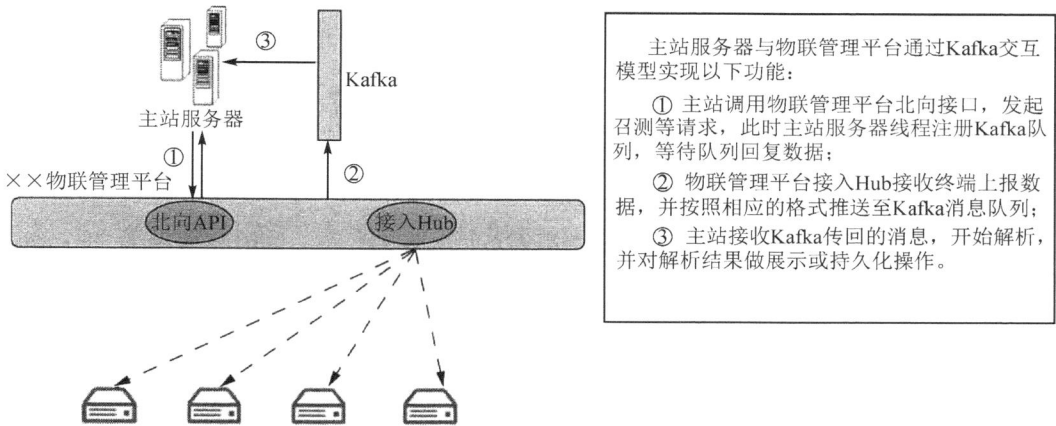

图 6 - 11　物联管理平台数据连接结构

右侧说明框内容：

主站服务器与物联管理平台通过Kafka交互模型实现以下功能：

① 主站调用物联管理平台北向接口，发起召测等请求，此时主站服务器线程注册Kafka队列，等待队列回复数据；

② 物联管理平台接入Hub接收终端上报数据，并按照相应的格式推送至Kafka消息队列；

③ 主站接收Kafka传回的消息，开始解析，并对解析结果做展示或持久化操作。

## 2. 采集系统与物联管理平台的数据融合

采集系统的主站由业务主服务器组、数据主服务器组、数据备份服务器组、前置服务器组等组成。前置服务器作为与现场终端直接数据交互的部分，一般也采用分布式多机房的组合形式，运算功能、存储功能均较强大。因此将采集系统前置服务器作为"边缘代理设备"并打开与物联管理平台的数据接口，即可保持在原有采集系统的完整性不变的情况下实现智慧物联体系的整合。在现场终端改造或采集业务中台完善后，可以逐步迭代替换现有采集系统。

因此，前置服务器需要部分升级，开放数据接口的同时进行协议格式转换，实现 MQTT 标准协议的接入。采集系统与物联管理平台的集成如图 6 - 12 所示。

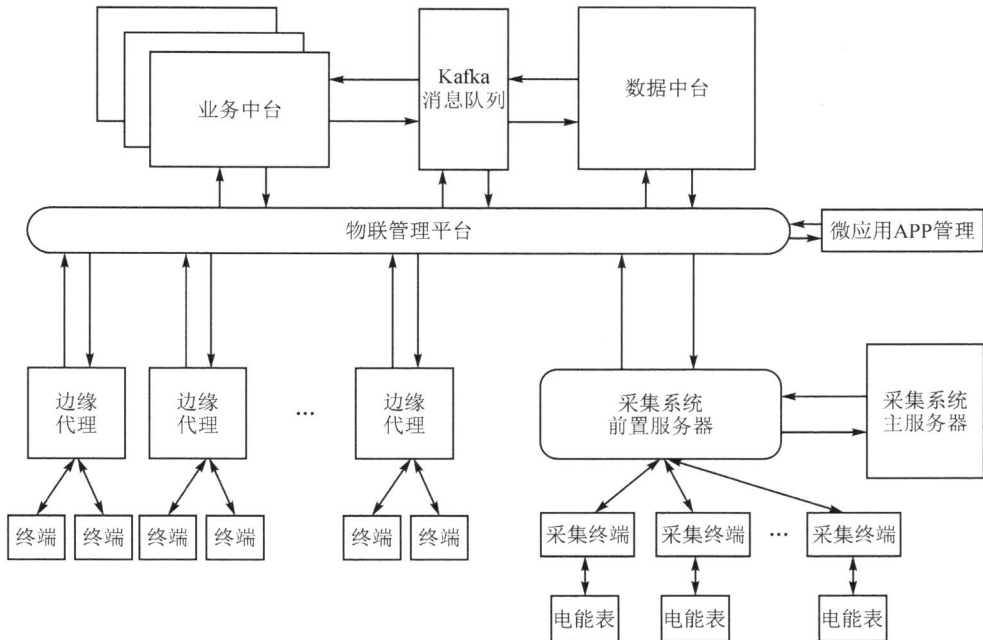

图 6 - 12　采集系统与物联管理平台的集成

# 6.4 用电信息采集系统应用

## 6.4.1 采集系统主站侧应用

采集系统主站侧应用主要是对现有采集系统的补充,利用综合采集大数据完成对采集业务管理相关类型的应用功能。采集系统应用功能较多,已经比较全面地从档案关系的建立和同步数据的采集,再到数据的统计分析等。

### 1. 台区线损分析与治理

线损是指电力在传输过程中的损耗,但受到数据采集故障、计量器具误差等多种因素的影响,因此在电力系统中所说的线损一般指的是综合因素下的供电量与售电量之差。根据供电等级来划分,可以分为 10 kV 线路线损和低压台区线损两部分。线损的衡量指标一般是指损失电量与供电量的比值,是用线损率来衡量的,一般认为线损率在 0~8% 是正常范围。线损管理对供电企业具有十分重要的意义,这将关系到供电企业的经济效益和进一步发展空间。

**(1) 台区线损分类及指标定义**

1) 台区线损分类

按照线损的性质,一般将公变台区线损分为以下 5 大类:

① 理论线损。理论线损指根据供电设备的参数、电力网当时运行方式和潮流分布以及负荷情况,由理论计算得出的线损。理论线损的降低需要改造线路或调整负荷分布。

② 技术线损。技术线损指电网中线路或者用电设备在用电过程中,因为漏电而导致的电能损耗。

③ 管理线损。管理线损指由于电力公司在电力系统的管理过程中,在计量方面因人为因素、设备因素造成的管理不当或者设备故障而导致的线损,如计量错误、接线错误、TA 故障等原因导致的电能损耗。

④ 档案线损。档案线损指用户用表注册的营销台区与实际台区不符而导致的线损。

⑤ 窃电线损。窃电线损指用户因窃电行为造成电能表无法对一部分电量进行计算,从而造成的线损。

2) 台区线损指标定义

① 营销台区总数。营销台区总数是"营销业务应用系统"中公变运行台区个数。

② 采集台区数。采集台区数是营销台区中智能电能表全覆盖、全采集的台区个数。

③ 台区覆盖率。台区覆盖率是采集台区数占营销台区总数的百分比。

④ 可计算台区数。可计算台区数是采集台区中成功率达到 98% 以上的台区个数。

⑤ 可计算率。可计算率是可计算台区数占采集台区数的百分比。

⑥ 合格台区数。合格台区数是可计算台区线损率在合格范围内的台区个数。

⑦ 台区合格率。台区合格率是合格台区数占可计算台区数的百分比。

**(2) 采集系统对台区线损的指标监控**

采集系统中线损模块下有台区线损监测、台区线损统计、线损明细三个版块,作用如下:

① 台区线损监测。台区线损监测是监测各地市分中心每月、每日整体台区线损率等情况。

② 台区线损统计。台区线损统计是统计各地市分中心每月、每日整体公变台区线损情况。

③ 线损明细。线损明细是监测各地市分中心所有公变线路、台区的日线损情况。

**(3) 利用采集系统提升台区线损管理的思路**

1) 台区线损提升管理思路

第一步:提升台区覆盖率,就是需要台区智能电能表全覆盖、全采集;第二步:提升可计算率,需要将台区成功率提升至 98% 以上;第三步:提升台区线损合格率。

目前,电力公司规定台区线损率在 0~8% 时为线损合格台区,线损率在 8% 以上的为高线损台区,线损率在 0 以下的为负线损台区。常见的线损不合格原因说明框图如图 6-13 所示。

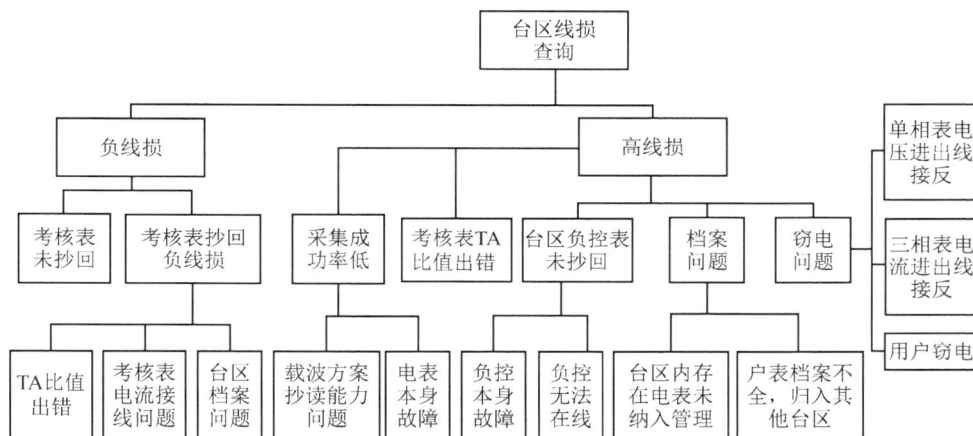

**图 6-13　常见的线损不合格原因说明框图**

2) 负线损台区分析思路

负线损台区分析思路如图 6-14 所示。

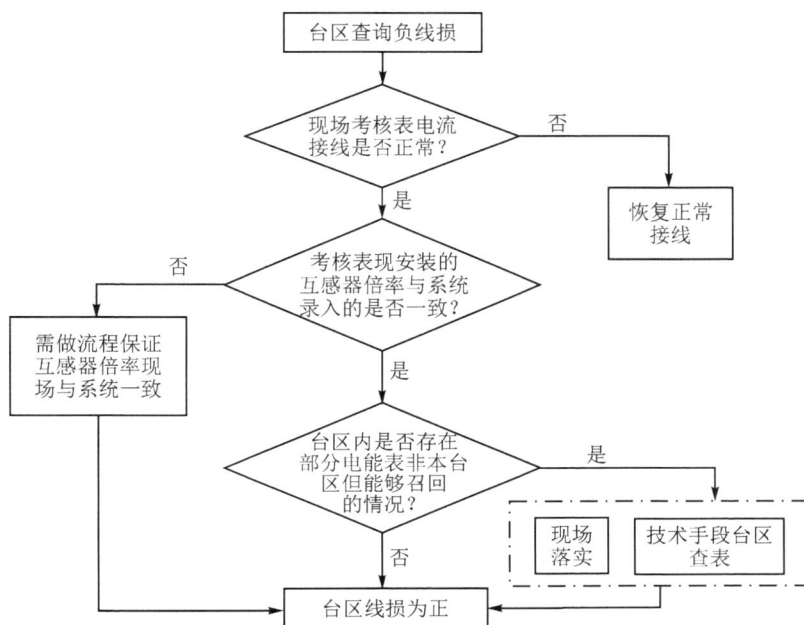

**图 6-14　负线损台区分析思路**

3）高线损台区分析思路

对于台区线损超过 8% 的地方，需要加强线损分析及治理。高线损台区问题描述与处理方法如表 6-1 所列。

表 6-1　高线损台区问题描述与处理方法

| 序　号 | 问　题 | 描　述 | 处理方式 |
|---|---|---|---|
| 1 | 电流接线错误 | 台区动力表电流进出线接反或者电流线虚接或者接线盒处电流线短路 | 恢复正常接线，并根据实际情况决定是否换表 |
| 2 | 电压接线错误 | 台区用户电能表进出线接反 | 恢复正常接线并换表 |
| 3 | 串台区 | 非本台区电能表也被抄回 | 正确落实台区内电能表，营销系统调档 |
| 4 | 台区电能表漏抄 | 因档案问题、电能表故障、载波模块故障、载波抄读能力差、台区噪声干扰等造成用户电能表未能实现远程采集 | 根据现场实际情况作出正确应对 |
| 5 | 用户偷电 | 电能表不计量或者用户私拉线 | 大量数据分析后确认疑似偷电用户现场排查并处理 |

**（4）台区线损分析与治理实例**

采集系统依据营销档案关系和各公变台区考核表、用户表等表计的日冻结数据，可以自动生成台区线损查询和分析，应用此功能可以快速定位线损不合格台区，并通过大数据分析定位可能存在的不合格原因。

实例 1：台区损失电量与供电量长时间处于平稳比例状态，参考低压台区考核表倍率中经常使用的倍率值，分析考核表 CT 倍率错误，现场核实并调整后线损合格。

实例 2：台区线损隔日正、负变动情况，分析用户表计时钟偏差与集中器抄表时钟重合，部分用户表抄读日冻结数据的时刻表计本身尚未过零点冻结新数据，从而抄读回前一日数据，而在次日再次抄读日冻结数据的时刻表计已过零点，抄读回的数据为两日的电量。

此外，通过考核表、三相表的电流、电压、功率因数等曲线数据，可以分析表计接线虚接、断相、失压、失流、接线错误等问题；通过台区损失电量与三相用户表曲线的对比，可以判断用户表倍率问题。此部分功能在目前的采集系统中尚未完全智能化，仍需要人员手动分析。

## 2. 采集运维平台

随着电能采集的"全覆盖"，营销工作重心也将由电能采集全覆盖建设逐步过渡到电能采集全面运维，如何利用有限的资源准确、高效处理各类突发的大规模计量设备故障，成为各基层单位面临的新挑战。目前，已建成全覆盖的单位在大规模计量设备异常处理方面缺乏有力的技术手段，故障诊断和定位不够准确，故障分析和处理不够高效，信息支撑手段传统、单一。为加强采集运维工作，强化采集数据监控，提高故障处理效率，优化采集运维方法，创新运维质量评价体系，稳步提高采集数据指标，成为当前采集运维工作的重中之重。

电能信息采集技术复杂、环节繁多，计量设备是关节，通信信道是肌腱，主站系统是大脑，要完成有效的数据采集必须确保各环节协同工作、流畅衔接。任何环节的异常都将导致数据采集失败，从而影响后续营销业务的应用。为此，需要全面梳理各关键环节的协作关系，分析各类设备异常的诱因，提取各种故障继承现象，为快速定位故障原因，减少重复故障分析和派工提供前提条件。另一方面,采集全覆盖将带来随机的大规模异常事件,如何处理大规模故障,如何减少或避免大规模故障将是新的研究课题。在现有的技术条件和信息集成环境下,首先要确保第一时间发现大规模故障的诱因,如区域供电问题、计量设备厂商产品质量问题或者通信运营商通信服务问题,再制定科学合理的质量评价体系,提高设备厂家、通信运营商和运维外包团队的服务质量和产品性能,逐步实现采集运维工作的良性循环。

① 建成一体化的电能采集运维监控平台。将电能采集涉及的各类异常诊断和故障处理集中至统一的信息平台,集中诊断采集终端、电能表计的各类异常,系统自动处理与人工远程处理相结合,以现场 PDA 手持终端为有力支撑,实现故障处理流程全过程信息化闭环。

② 设计严密的采集故障诊断逻辑。梳理采集各环节故障的继承关系,设计完成故障诊断逻辑,避免故障重复分析,反复抢修派工,提供故障诊断一次研判成功率。根据各类故障的影响范围和重要等级,设定故障处理优先级,确保各类故障按轻重缓急逐个有序处理。

③ 构建采集故障诊断及处理专家库。收集、总结、提炼采集各环节故障原因及各相关处理办法,形成采集系统故障原因及处理办法专家库,为后续故障快速处理提供参考建议。

④ 制定开发科学的采集运维质量评价体系。将采集运维工作按责任人进行划分,制定科学合理的运维质量评价体系对计量设备、通信运营商和运维外包队伍等责任人进行产品质量的检查和运维服务评价,促进电能采集运维工作由事后分析向事前预防、事中控制转变。

⑤ 创新设计电能采集运维工作处理方法。设计基于 GIS 的故障诊断和处理方法,引入基于 PDA 手持终端的现场故障处理工具,实现采集故障分析、派工、抢修和归档等全过程信息化流转,积累故障处理方法,提高故障处理效率,降低故障抢修不可控风险。

**(1) 采集故障处理**

1) 系统自动处理

① 档案同步。主站自动比对营销系统档案,是否有异常自动同步。

② 参数下发。同步营销系统的电能表档案,根据最新的电能表地址下发参数。

③ 中继抄表。判断电能表与主站通信是否正常,通过中继抄表实现。

④ 任务下发。通过召测终端当前的任务参数,比对与主站的差异,自动下发正确的任务配置。

⑤ 自动对时。主站通过召测终端时钟,分析差异,自动对时。

2) 人工远程调试

① 实时工况查询。查询终端的通信报文和最后一次通信时间等内容。

② 档案同步。发生终端或电能表设备故障时,主站第一步先把营销系统最新的档案同步到采集系统。

③ 参数下发。同步最新的电能表档案,下发电能表地址、表规约、波特率等抄表参数,同时也进一步判断通信是否良好。

④ 中继抄表。主站下发中继抄表命令,调试电能表与主站的通信是否良好。

⑤ 任务下发。参数下发成功、中继抄表成功后,主站下发最新的任务配置。终端对时,终端时钟不对会影响数据解析,主站最后做终端对时工作。

3) 故障派工

故障处理最小单位为表计故障,派工则以终端为单位进行,原则上以一天的工作量作为派工量。根据省公司机构设置及安排,考虑以采集班或供电营业所台区经理(或采集班)进行派工。系统应支持二次派工和改派。

**（2）GIS 支持**

电能采集运维平台通过 GIS（地理信息系统）地图，在地图上展现故障设备的分布情况并支持在地图上进行区域选择派工，详细功能支持如下：

① 支持各类查询条件，在地图上把故障点标识出来。

② 按区域选择，多选形、自定义等区域多选或单独故障点，进行派工（或改派），并实时显示所选区域内的不同故障类型（终端、电能表）的故障数量及所涉及的表计数量。

③ 故障点用不同颜色标识不同流程进度，终端/表计故障状态有：新故障、已派工、处理中、营销处理中、待归档、归档。颜色标识可以归类为三种，新故障、故障未归档、已处理故障。

**（3）PDA 支持**

借助 PDA 电子数据设备，以采集系统采集运维平台为依托，支持现场运维功能。PDA 的功能包括采集运维平台的故障处理技术宝典阅读、采集故障信息下装、采集故障点查询、采集故障处理调试和处理结果反馈等。

**（4）采集质量评价体系**

创新研发采集质量评价体系，包括故障处理质量评分、终端厂家评分、电能表厂家评分、通信运营商评分、外包队伍评分等多维度的评分。

根据用户类型、采集方式、故障类型、本身故障的优先指数（优先指数高的处理越好则处理质量越好），通过函数对工单得出处理质量汇总评价，按处理人进行评价和查询。将采集运维工作按责任人进行划分，制定科学合理的运维质量评价体系，对计量设备、通信运营商和运维外包队伍等责任人进行产品质量和运维服务评价，对于采集运维人员的工作质量、工作饱和度、故障处理的复杂性进行综合的加权平均评价，极大程度地促进了电能采集运维工作由事后分析向事前预防、事中控制转变，具有较高的实践应用意义。

**3. 准实时线损分析**

现有台区线损以日线损作为考核标准，而得益于数据采集频度提升，可以实现台区准实时线损分析。该功能的数据实效性为小时级，可以形成对台区每小时电能损耗的分析。

通过准实时线损分析功能，可以帮助运维人员观察到更细颗粒度的数据变化，对判别用电负荷异常、防窃电分析、计量点通信异常等方面提供帮助，提升管理的精细化水平，帮助运维人员更能及时地发现台区存在的异常情况，及时解决违章用电、窃电、漏电、电能计量装置故障、接线异常等问题。

# 6.4.2 采集系统本地侧应用

采集系统本地通信采用低压电力线高速载波通信技术，为采集系统的新应用提供了基础支撑，在不更换电能表的前提下挖掘采集系统的潜力，提高计量和采集业务的精益化管理水平，有效地支撑智能运检、深化应用等新型业务。

大数据分析依托于大数据采集，传统的大数据采集方式受抄读频次、远程数据传输数据量等客观因素的限制，无法实现分钟级数据采集。电能表通信模块本身与电能表可实现本地化高频数据采集，物联网通信模块将原本由主站完成的数据分析工作固化至模块本体完成，即实现了分钟级海量数据分析。

① 传统模式：表计小时级数据采集到主站，主站对数据集中分析计算。此模式分析效率

低,资源占用大,无用数据多。

②　创新模式:表计分钟级海量数据采集到本地通信模块,运用边缘计算技术,由物联网管理模块进行数据分析处理,将分析结果上报给主站。物联网管理模块,将传统载波模块发展为一颗本地的"超级大脑"。

### 1. 表前停、复电上报

物联网管理模块中增加超级电容,当低压用户表停、复电时,事件主动上报采集系统,由采集系统推送到供电服务指挥系统。综合分析判断故障地点、性质、范围,支撑了低压故障的主动快速抢修,提高停电故障抢修的准确性、及时性;减少 95598 投诉。

### 2. 供电相位识别

物联网管理模块配备过零检测电路,在模块正常入网、抄表过程中可实现电能表相位的智能识别;集中器可以通过模块获取的电能表相位信息来区分线路上的电能表数量,分别对各线路上的供电量、用电量、损耗电量情况进行识别。

通过对相位的准确识别,主站获取基本数据后,对分相数据分别进行统计及计算,实现分相管理,为分相线损治理、供电线路优化等工作提供准确的依据。

### 3. 台区户变关系识别

两个或多个"背靠背"台区,由于负荷不同,导致交流电相位偏移、电压波动存在差异,据此特点,物联网管理模块能够同步获取交流电过零相位偏移量、电压波动量等海量数据,加以分析,可准确判断集中器的供电台区,给出准确可靠的台区归属,正确识别率应不低于 99.5%。户变关系识别示意图如图 6-15 所示。

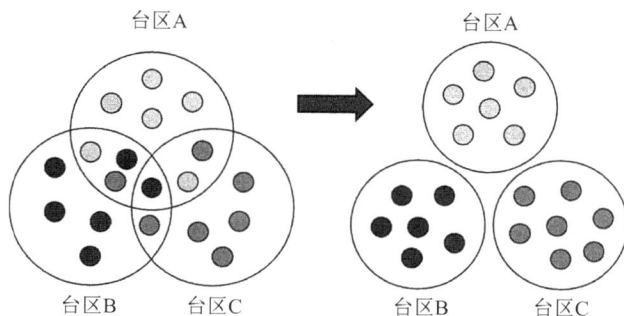

图 6-15　户变关系识别示意图

台区档案混乱仍是影响采集成功率的一个普遍因素。此问题不仅影响采集成功率,还影响自动出账率和线损合格率等。目前,很多地区仍在依靠电力人员到现场逐户排查台区归属,不仅效率低下,而且费时费力。利用物联网模块的台区区分功能能够快速有效地解决此类问题。采用电压、频率、信噪比、工频过零时刻相似性比对技术比较不同节点之间的相似性,并使用关联分析技术加权统计上述相似性数据,从而建立待识别电能表与不同台区之间的对应关系。

基于 HPLC 数据的户变关系识别如图 6-16 所示。

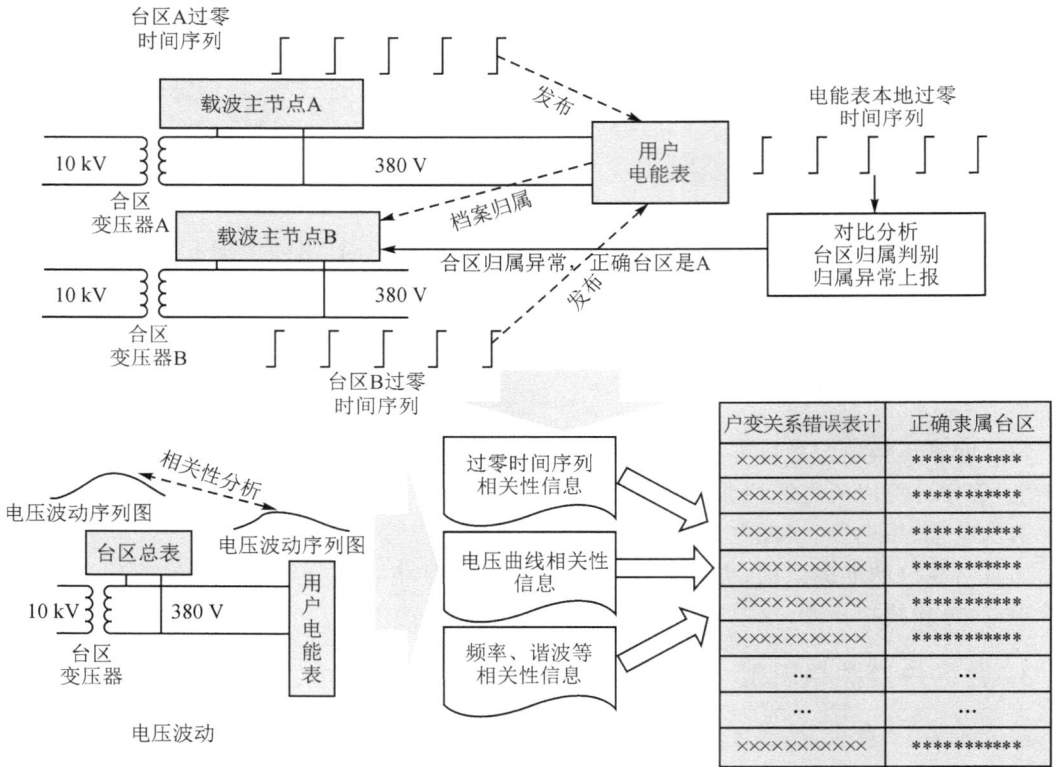

**图 6 - 16　基于 HPLC 数据的户变关系识别**

## 4. 台区户变关系识别(停电事件法)

　　为实现普适性的台区区分,在不更换模块的情况下,通过升级集中器程序,采集表计的停上电时间。具有相同停上电时间的表计为同一台区。

　　事件法台区识别示意图如图 6 - 17 所示。

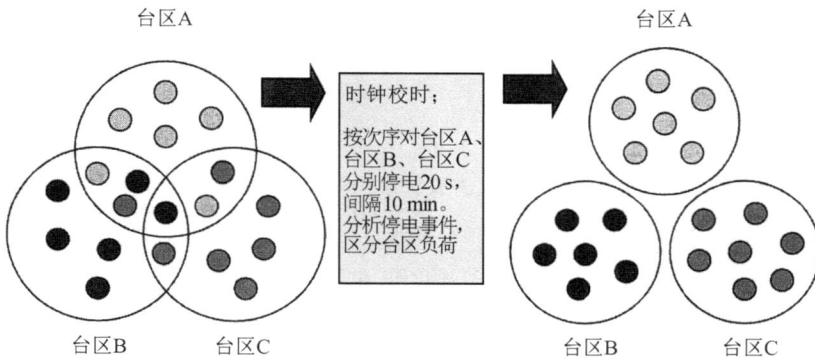

**图 6 - 17　事件法台区识别示意图**

　　事件法是一种通过台区短时停电后在主站召测表计掉电事件,从而准确区分负荷的方法。在不影响用户用电的晚间,如凌晨 1 点,对台区进行一次短时停电 20 s;这时,凡是在本台区的表计,均会在表计中生成一个掉电事件;主站读取该掉电事件和电能表时钟,凡是掉电时间相同的表计,均为本台区表计,从而实现了台区自动识别。由于该法现场操作简单,可以节省大量人力,并且可以多台区同时进行,大大加快了工作进度。

新装台区/改造台区停上电数据:当某个台区进行系统新装或整体更新/供电线路的切割与合并时,人工开展 30 s 停复电操作。主站对终端和用户电能表的停上电事件进行数据清理,根据停上电时间的重叠情况,获取台区终端和用户电能表的真实对应关系。

存量台区停上电数据:一方面,在凌晨时分或用电负荷最小时间段开展计划停电或抢修停电,获取终端及电能表停上电事件数据;另一方面,滚动积累台区历史停上电事件数据,终端上报停上电事件后,主站侧触发召测台区全量表计停上电事件,根据停上电时间的重叠情况,获取台区终端和户表的真实对应关系。基于停上电数据的户变关系识别如图 6 - 18 所示。

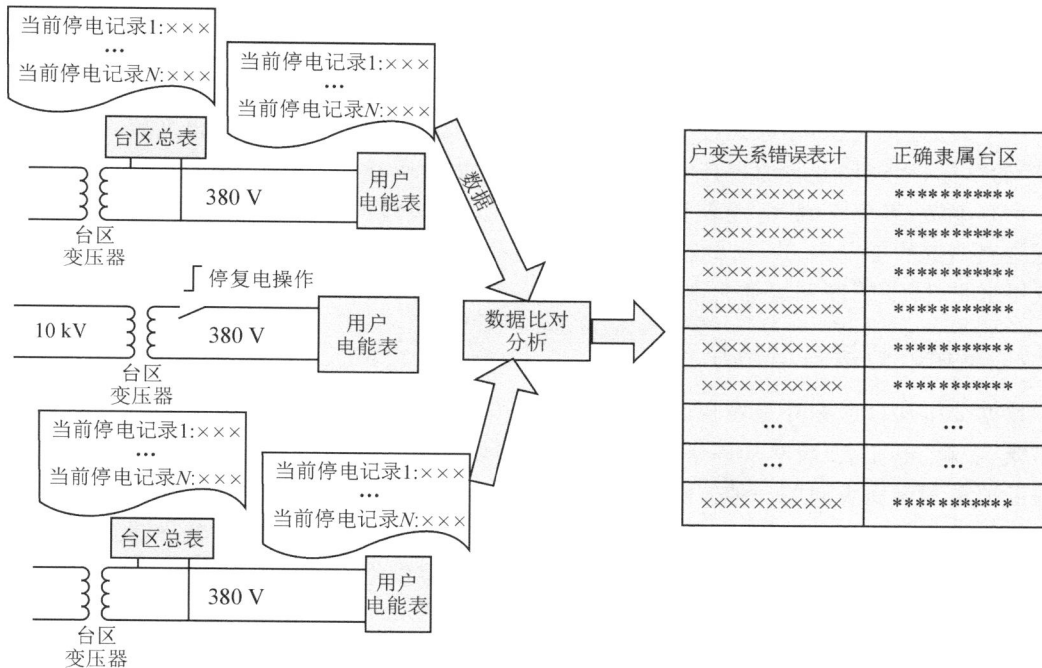

**图 6 - 18　基于停上电数据的户变关系识别**

### 5. 2009 规范智能电能表与 2013 规范智能电能表差异支持

目前 2009 规范智能电能表基本已达到轮换期,但存量较大,若全部轮换为 2013 规范智能电能表不仅耗费资金较大,而且周期较长。2009 规范智能电能表由于规范老旧,目前已不能满足采集系统需要,更无法满足智慧物联体系建设的需要。通过 HPLC 本地通信单元深化应用来弥补 2009 规范智能电能表与 2013 规范智能电能表的差异,具有巨大的实用价值,可以实现日冻结补冻、整点冻结存储深度扩充、负荷记录、过流事件、重要事件主动上报等功能。

### 6. 电能表时钟超差治理

物联网管理模块同时拥有网络精准时钟和本地表计时钟,能够对表计进行周期性的自动时钟校时,保证电能表时钟的准确性,提高各类数据的时标一致性。

　　模块上电后会进行同步时钟操作,当它发现电能表时钟与自身时钟不一致时,即会在每日固定时间对电能表进行对时操作,此命令由模块自动发送给电能表。当电能表时钟误差超过5 min时,每日校时5 min,持续校时,直到电能表时钟与终端时钟一致。

　　目前时钟治理依托于主站自动或手动校时,校时效率低下,且超差大于5 min的表计无法进行远程校时。物联网管理模块提供的校时功能能够完美解决此类问题。

### 7. 供电回路阻抗计算

　　物联网管理模块对表计的供电回路阻抗进行监测和数据分析,当回路阻抗值偏离正常范围的时候给出提示。可以及时发现线路老化、接触不良等缺陷,进行用电质量和用电异常监测,进行及时维护,避免异常损耗和损失,从而预防停电故障、表计烧毁事故的发生,提高供电可靠性。

### 8. 即装即采

　　基于采集系统的即装即采技术,能够实现"安装一块电能表,甄别一块电能表,采集一块电能表"的目标,用现场安装的表计实物作为源头和依据来驱动整个电能表档案关系的生成和管理。采集主站、采集终端、电能表及通信模块相互协作,实现电能表地址的智能化更新,从而提高电能表档案的准确率,进一步提升数据采集质量,提升台区档案数据管理水平,深化采集系统应用水平,降低管理和运维成本。

### 9. 数据分析法台区拓扑

　　数据分析法台区拓扑是在台区负荷准确、线损合格的情况下,对各关键节点(台区总表、分支出线、表箱、电能表)瞬时功率采样类别进行分析的一种概率排除法的应用,是用于推断台区供用电关系和电缆走向的一种方法。

　　对于采集系统,HPLC载波通信网络一般会以集中器为中心、以分接箱终端为中继代理,连接所有智能电能表,形成树形拓扑网络图表,有效支撑供电所对低压台区以及低压供电线路的管控。

### 10. 特征信号注入法台区拓扑

　　所谓特征信号注入法,是指在设备中性线和相线之间加装负荷投切装置,控制负荷投切方式(如通断规律),在电网中馈送设定规律的电流型特征信号,在供电线路上游对应的位置检测电流型特征信号,即可完成点对点供电关系校核,如在台区内所有表箱位置或电能表位置添加信号注入装置,供电站房配电分支及低压总出线位置配置检测装置,即可实现低压台区供电关系的物理拓扑。注入式台区拓扑如图6-19所示。

　　注入式拓扑识别设备中,注入型分支数据监测终端(LTU)和智能断路器具备信号注入和信号提取功能,融合终端、新型采集终端可具备信号提取功能,HPLC＋HRF双模智能电能表通信模块亦可具备特征信号注入功能。由此实现:

　　① 智能电能表通信模块信号注入,表箱智能断路器或注入型LTU提取,实现表箱与用户的拓扑;

　　② 智能电能表通信模块信号注入,台区总出线位置终端提取,实现变压器与用户的台区档案校核;

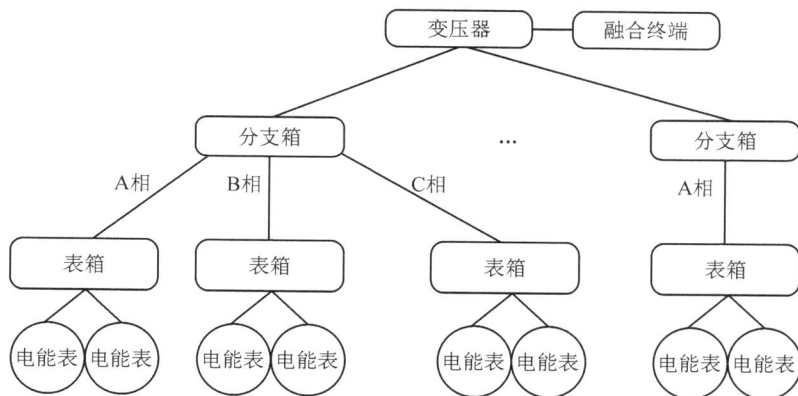

**图 6 - 19　注入式台区拓扑**

③ 表箱智能断路器或注入型 LTU 信号注入,配电分支智能断路器或注入型 LTU 提取,实现分支与表箱供电关系拓扑;

④ 配电分支智能断路器或注入型 LTU 信号注入,台区总出线位置终端提取,实现变压器与分支供电关系拓扑(用于多变压器存在负荷切换的台区)。

### 11. 反窃电分析

物联网管理模块能够实现三相表错接线分析、单相表中性线相线异常分析,及时发现有窃电嫌疑的表计,并提供数据监测依据,为反窃电工作提供强有力的技术支撑。

**(1) 单相表中性线相线电流异常分析**

通过高频数据采集,采集单相表中性线相线电流数据,通过数学算法分析判断单相电能表用户的异常用电情况。

**(2) 三相表错接线分析**

通过高频数据采集和 296 种错接线数学模型,利用数学算法,可以精准判断三相表错接线的情况。

**(3) 电能表异常状态监控分析**

通过读取智能电能表的状态字信息和智能电能表主动上报的事件信息,如失流、失压、开表盖、清零等信息,依据异常用电状态判断模型,分析用户是否存在窃电行为。

### 12. 低压台区分段式线损治理与反窃电定位

依据台区变户关系识别和台区供电关系拓扑结果,可以将低压台区分解为:台区考核计量点至配电分支开关段、配电分支开关至表箱段、表箱开关至用户表段几个段落(按需要亦可增加中间续接箱等分段),低压台区供电段落的分解点分别装有台区计量考核表、LTU 或智能断路器、智能电能表等可以实现电量计量的装置,通过同周期数据采集,即可实现台区线损的分段式管理,达到台区线损异常定位,并为反窃电提供判据。

# 6.5 新型电力负荷管理系统

## 6.5.1 建设背景

从供需平衡上看,电力需求持续增长,新能源出力具有随机性、波动性,给电力系统的安全稳定运行带来挑战。

从优质服务上看,供电服务保障事关国计民生,要坚决守住"限电不拉闸"的红线底线和原则要求,保障居民、公共服务和重要客户的用电需求。

从营销体系上看,需要建设新型电力负荷管理系统,支撑需求侧管理工作体系常态化运行,实现用电侧负荷精准管控。

新型电力负荷管理系统按照"一二三"的体系框架开展建设,即坚持一个定位:打造国网公司级负荷管理系统,全面提升负荷管理能力,助力新型电力系统建设。实现两大功能:实现有序用电下的负荷控制功能和常态化的需求侧管理功能。推进三个统一:推进负荷资源统一管理、统一调控、统一服务。

整体目标:建设完成新型电力负荷管理系统,打造公司级负荷管理系统。完成有序用电下的负荷控制功能建设和常态化的负荷管理功能建设。按照国网公司营销部《关于推进新型电力负荷管理系统建设工作的意见(国家电网营销〔2022〕93号)》文件要求,辽宁公司积极开展新型电力负荷管理系统建设,实现负荷管理系统能力提升,实现有序用电下的负荷控制。公司深化完善负荷管理系统功能建设和应用,推广智慧能源管理新型技术应用,支持各类负荷资源的全接入、全监测、全管理和全方位服务,逐步实现常态化的负荷管理。

## 6.5.2 新型电力负荷管理系统整体架构及功能

新型电力负荷管理系统依据国家、行业和公司的有关标准、规范,采用"总部—省"两级部署方式。新型电力负荷管理系统总体架构图如图6-20所示。

省侧系统基于省级智慧能源服务平台建设,充分复用用电信息采集系统前置服务资源,由负荷调控模块、负荷应用模块等模块组成。

新型电力负荷管理系统总部系统独立建设,省侧系统与调度管理应用系统、营销业务应用系统、用电信息采集系统及绿色国网等4个系统进行集成,实现数据交互。通过与调度管理应用系统交互,接收负荷缺口信息,进行负荷分解,并反馈负荷调控结果;与营销业务应用系统交互,获取客户基础档案信息;与用电信息采集系统交互,获取客户量测数据,实现对客户的分轮次控制;与绿色国网交互,实现与客户互动。新型电力负荷管理系统集成架构如图6-21所示。

基于系统监测和控制业务需求,新型电力负荷管理系统在省侧开展负荷资源管理、负荷管理、负荷控制、运行管理、指挥演练等5类10项业务应用,为总部侧开展负荷监测、指标监测、统计管理、指挥演练等管理应用提供支持。该系统实现电力负荷调控业务的两级贯通、全景统计、精准调控、智能分析等。新型电力负荷管理系统业务架构如图6-22所示。

总部侧大屏调取省侧负荷控制、有序用电、需求响应数据,实现电力负荷调控业务的两级贯通、全景统计、精准调控、智能分析。

新型电力负控系统数据图如图6-23所示。负控指标数据29项,29项指标数据每天进

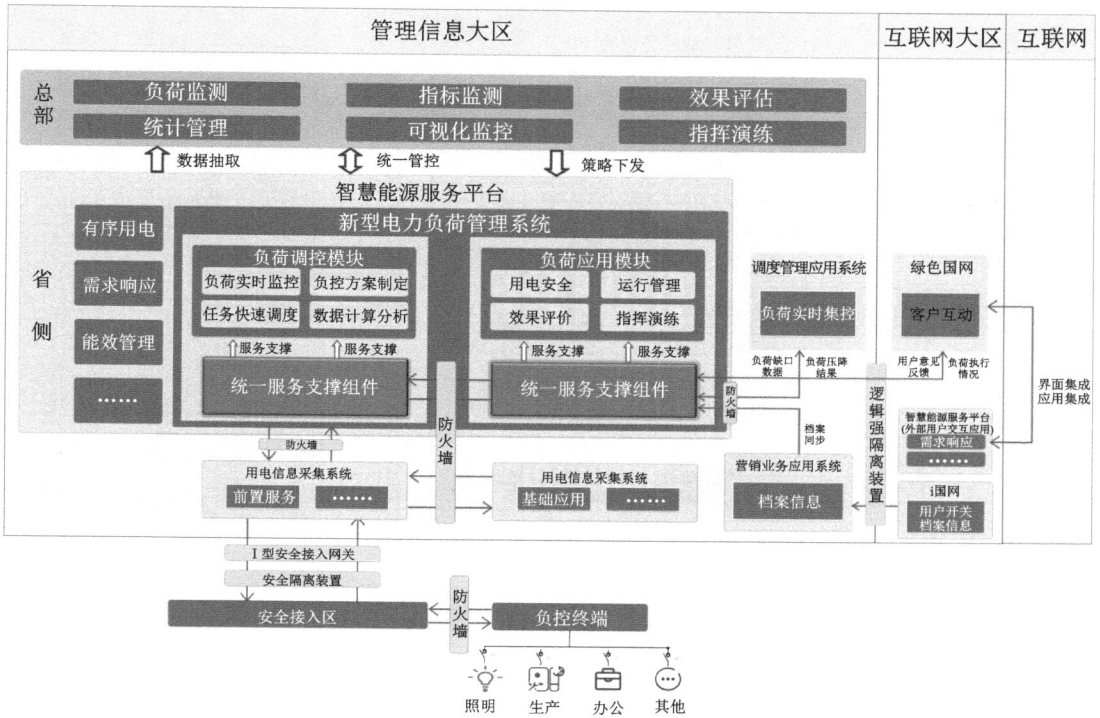

**图 6 - 20　新型电力负荷管理系统总体架构**

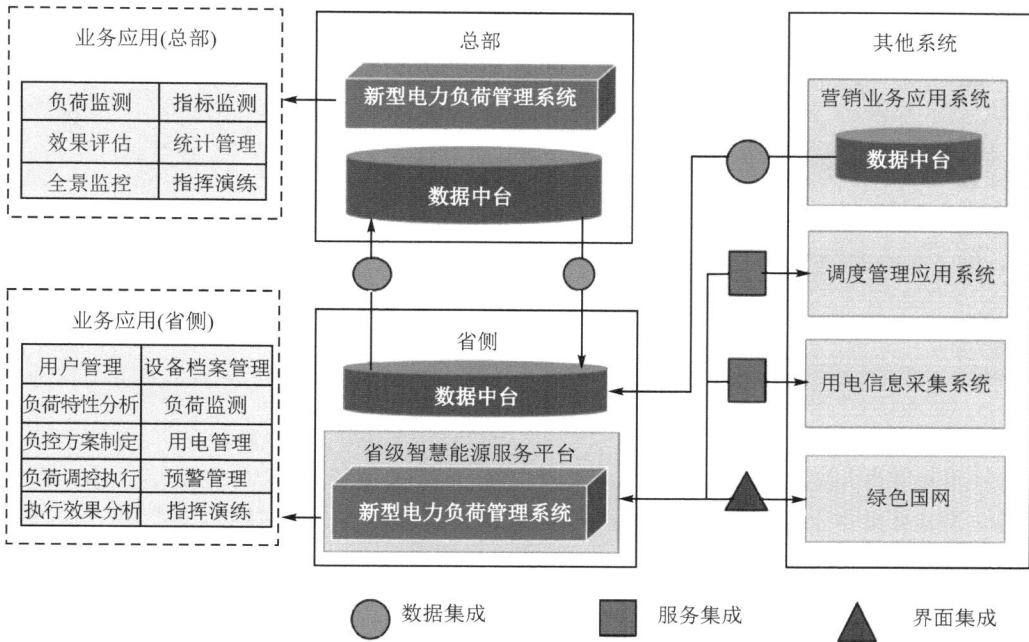

**图 6 - 21　新型电力负荷管理系统集成架构**

行动态上传更新,包括全省可监测户数、可监测负荷规模、可控用户数及可控负荷规模等。

　　其中需求响应指标 19 项,包括需求响应协议签订户数、签约容量等;有序用电指标 22 项,

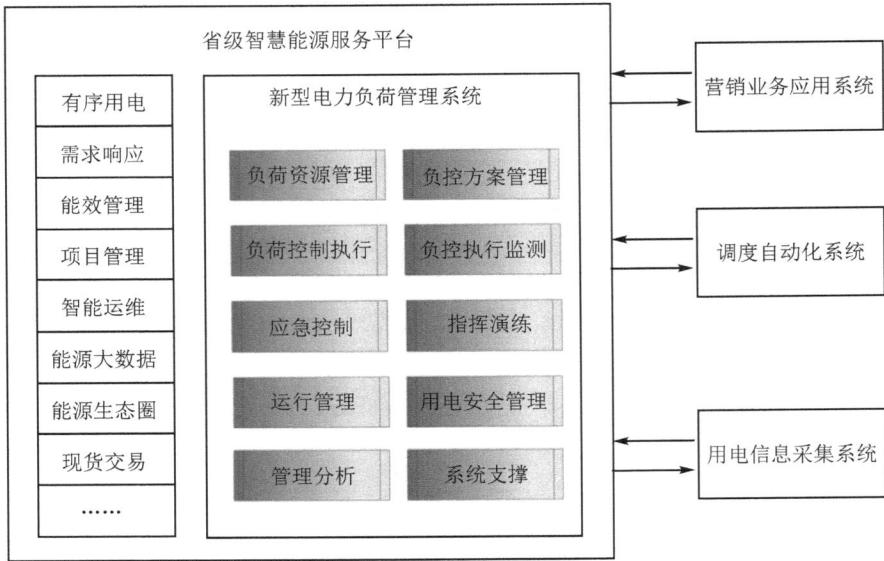

图 6-22　新型电力负荷管理系统业务架构

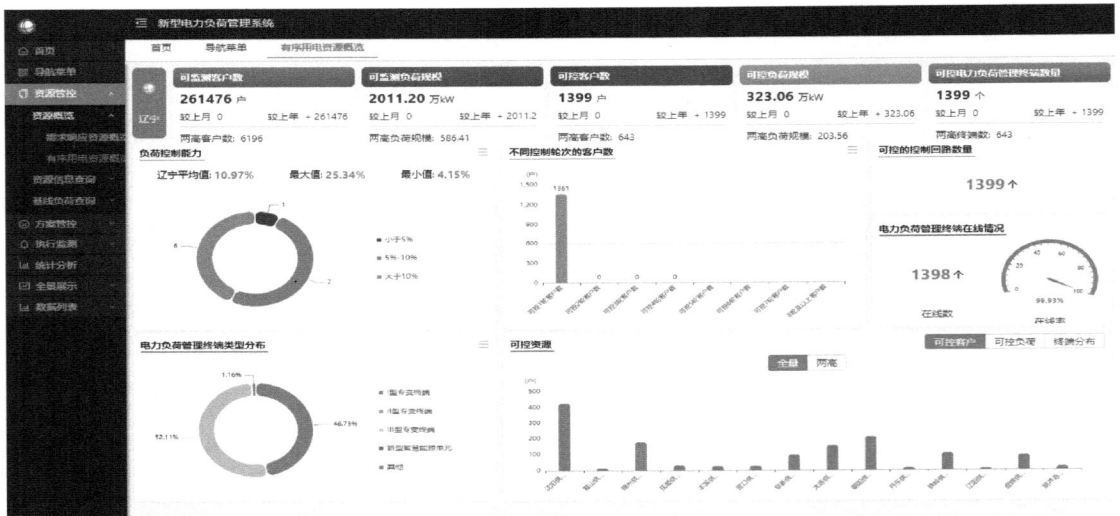

图 6-23　新型电力负控系统数据图

包括政府印发有序用电方案客户数、有序用电方案、负荷规模等;需求响应及有序用电 24 项指标数据每天进行动态上传更新。17 项执行类数据在需求响应、有序用电实际执行时进行上传。需求响应及有序用电数据图如图 6-24 所示。

　　省侧大屏实时监控界面对比总部侧,展示省侧负荷管理业务实时监控数据,实现电力负荷调控业务省侧全景统计、精准调控、智能分析等功能。新型电力负荷管理系统实时监控界面如图 6-25 所示。

　　省侧大屏资源总览界面基于负荷管理、需求响应、有序用电三个业务维度,对全省可控用户数、可控终端数、需求响应签约用户数、有序用电方案户数等数据进行全景展示。新型电力负荷管理系统资源总览界面如图 6 - 26 所示。

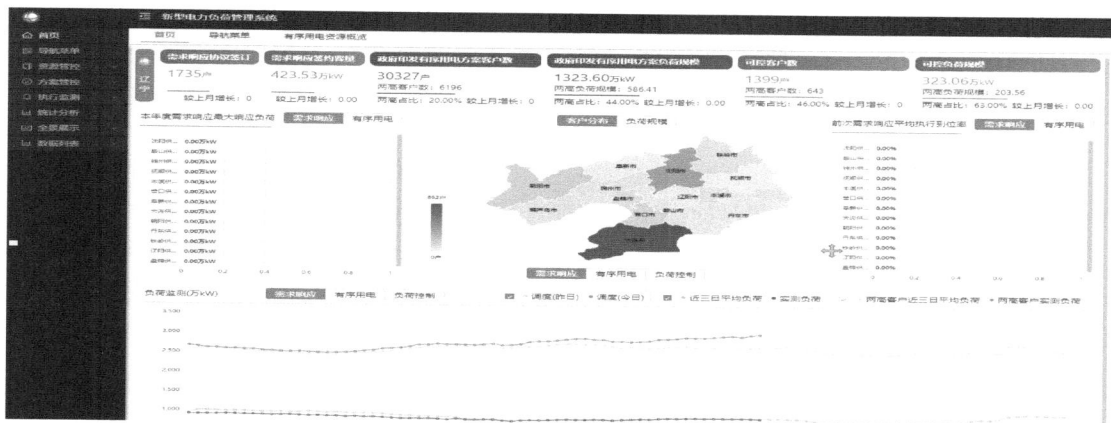

**图 6 - 24　需求响应及有序用电数据图**

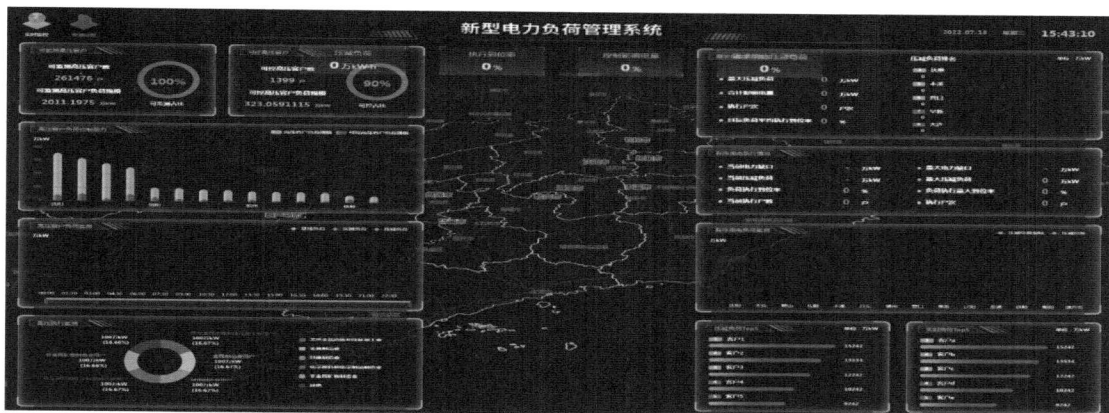

**图 6 - 25　新型电力负荷管理系统实时监控界面**

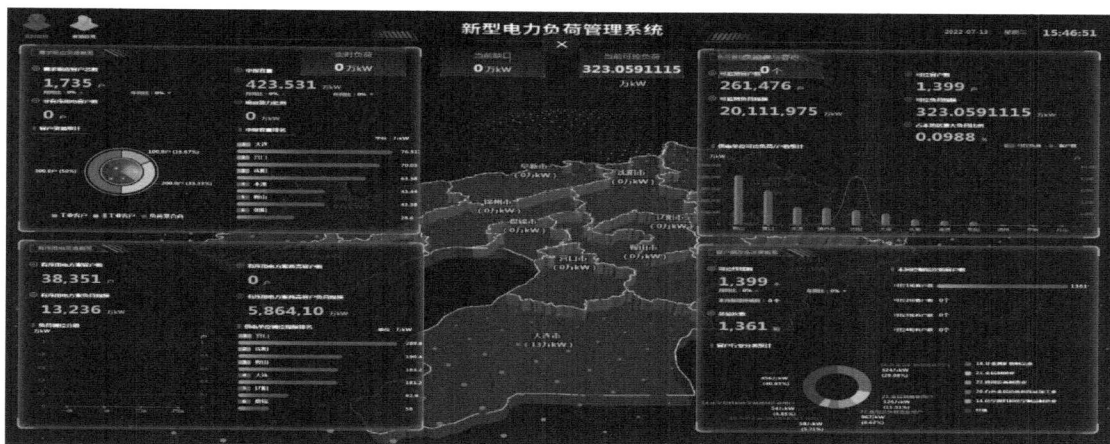

**图 6 - 26　新型电力负荷管理系统资源总览界面**

# 第7章 配电网自动化系统

配电网自动化系统是运用现代信息技术和控制技术等多种先进技术,实现配电网运行监视和控制的自动化系统,其主要目的在于提高配电网的供电可靠性、电能质量和运行效率,更好地满足用户用电需求。配电网自动化系统主要由配电网自动化系统主站、配电网自动化系统子站、配电网自动化终端和通信网络等部分组成,具有数据采集与监视控制、故障诊断与定位、故障隔离与恢复供电、负荷管理等功能。本章重点介绍了配电网自动化系统架构、配电网自动化主站系统、配电网通信系统、信息安全防护体系、典型配电网自动化主站系统、馈线自动化。

## 7.1 配电网自动化系统架构

配电自动化(DA)以一次网架和设备为基础,综合利用计算机、信息及通信等技术,并通过与相关应用系统的信息集成,实现对配电网的监测、控制和快速故障隔离。配电自动化系统是实现配电网运行监视和控制的自动化系统,具有配电 SCADA(数据采集与监视控制系统)、故障处理、分析应用及相关应用系统互联等功能。配电自动化系统主站主要实现电网数据采集与监控等基本功能和分析应用等扩展功能,为调度运行、生产运维及故障抢修指挥服务。配电自动化主要涉及以下相关术语。

① 配电自动化系统(DAS)。实现配电网运行监视和控制的自动化系统,具有配电 SCA-DA、故障处理、分析应用及与相关应用系统互连等功能,主要由配电自动化系统主站、配电自动化系统子站(可选)、配电自动化终端和通信网络等部分组成。

② 馈线自动化(FA)。利用自动化装置或系统,监视配电网的运行状况,及时发现配电网故障,进行故障定位、隔离和恢复对非故障区域的供电。

③ 配电自动化主站系统。配电自动化主站系统(即配电网调度控制系统,简称配电主站),主要实现配电网数据采集、运行监控、馈线自动化、故障处理等功能,为调度运行、生产及故障抢修指挥服务。

④ 配电自动化终端(RTU)。配电终端是安装在配电网的各种远方监测、控制单元的总称,完成数据采集、控制、通信等功能。

⑤ 配电自动化子站系统。配电子站是配电主站与配电终端之间的中间层,实现所辖范围内的信息汇集、处理、通信监视等功能。

⑥ 信息交换。系统间的信息交换与服务共享。

⑦ 信息交换总线。遵循 IEC 61968 标准、基于消息机制。

⑧ 多态模型。针对配电网在不同应用阶段和应用状态下操作控制的需要,建立的多场景配电网模型一般分为实时态、研究态、未来态等。

一个典型的配电网自动化系统架构如图 7 - 1 所示。配电主站通过基于 IEC 61986 的信息交换总线或综合数据平台与上级调度自动化系统、专变及公变监测系统、居民用电信息采集系统等实时/准实时系统实现快速信息交换和共享;与配电网地理信息系统(GIS)、生产管理、营销管理、企业资源计划（ERP）等系统管理接口，扩展配电管理方面的功能，并具有配电网的高级应用软件，实现配电网的安全经济运行分析及故障分析功能等。系统中的配电主站是整个配电网自动化系统的监控、管理中心。配电子站是为分布主站功能、优化信息传输及系统结构层次、方便通信系统组网而设置的中间层，实现所管辖范围内的信息汇集与处理、故障处理、通信监视等功能。配电终端是用于中低压配电网的各种远方监测、控制单元及其外围接口电路模块等的统称，主要包括：配电开关监控终端（FTU），配电变压器监测终端（TTU），开闭所、公用及用户配电站监控终端（DTU）等。其中 FTU 和 DTU 统称为馈线监控终端。通信网络实现配电网自动化系统与其他系统、配电主站与配电子站、配电主站或配电子站与配电终端之间的双向数据通信。如图 7-1 所示，这个架构层上的 FTU、DTU 等是架构的感知层，这些感知层与中间的通信网络之间可能还会包括一些子站，通过通信骨干网或主干网汇入到主站层。主站层一般指决策或者系统层，在主站层系统之外还可以横向或者纵向地通过信息交换总线与其他系统进行交互处理。物联网控制一般包括物理本体、感知、通信、物理决策，以及对外的信息分享与信息交互。

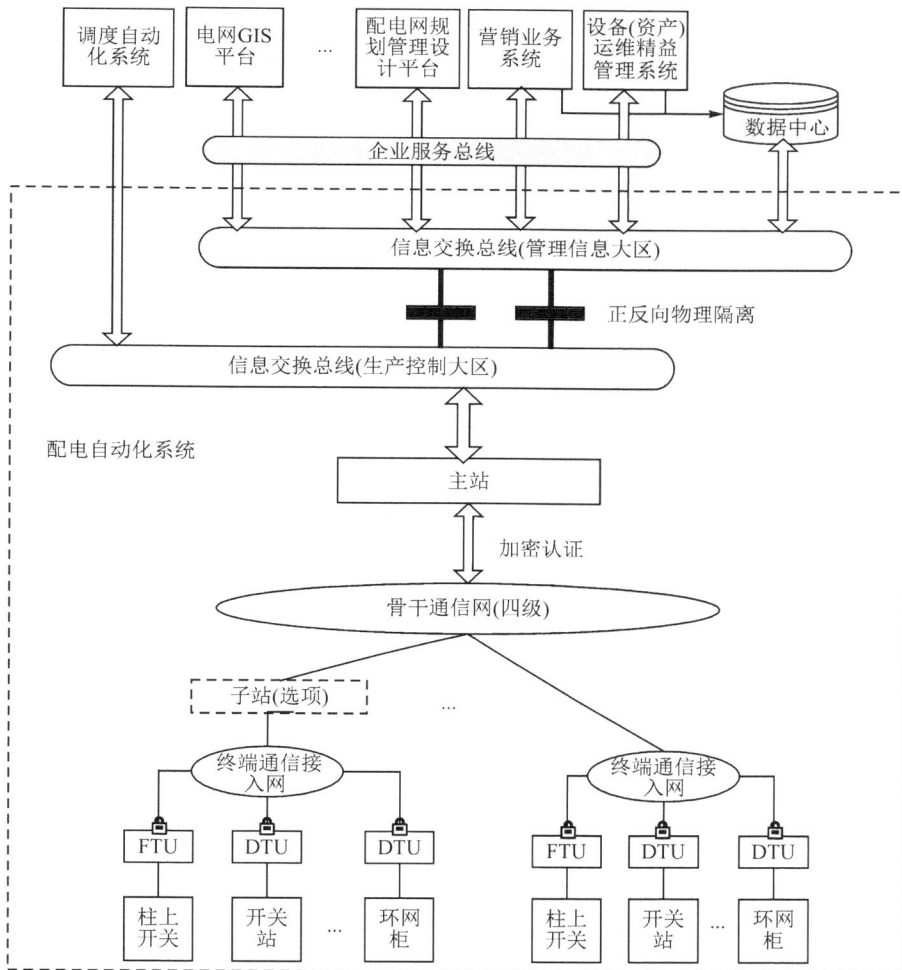

图 7-1　配电网自动化系统架构

**（1）配电自动化主站**

配电自动化主站是实现数据采集、处理及存储、人机联系和各种应用功能的核心，主要由计算机硬件、操作系统、支撑平台软件和配电网应用软件组成。其中支撑平台包括系统数据总线和平台的多项基本服务；配电网应用软件包括配电 SCADA 等基本功能以及电网分析应用、智能化应用等扩展功能，支持通过信息交互总线实现与其他相关系统的信息交互。

**（2）配电自动化子站**

配电自动化子站是主站和终端连接的中间层设备，一般用于通信汇集，也可根据需要实现区域监控，配电子站通常根据配电自动化系统分层结构的情况而选用。

**（3）配电自动化终端**

配电终端为安装于中压配电网现场的各种远方监测、控制单元的总称，根据具体应用对象选择不同的类型，直接采集一次系统的信息并进行处理，接收配电站子站或主站的命令并执行，主要包括馈线终端、站所终端、配变终端等。配电网自动化终端外观图如图 7-2 所示。

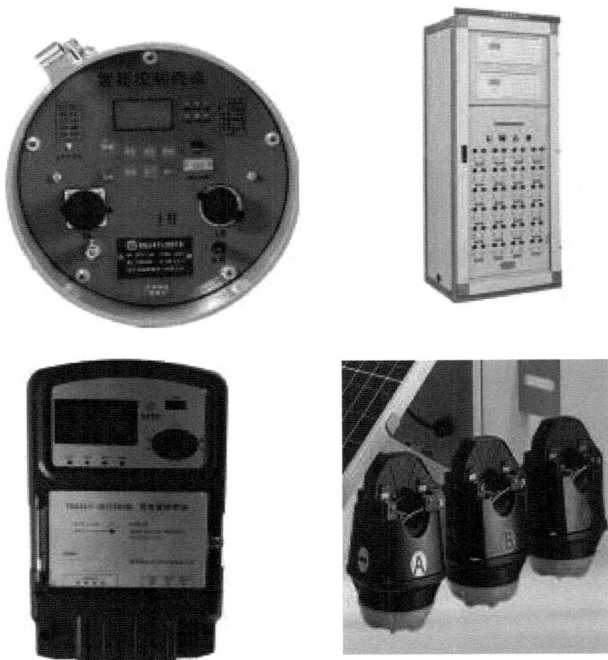

**图 7-2　配电网自动化终端外观图**

① 馈线终端（FTU）。它是安装在配电网架空线路杆塔等处的配电终端，按照功能分为"三遥"终端和"二遥"终端，其中"二遥"终端又可分为基本型终端、标准型终端和动作型终端。FTU 通常具有模拟量信息的采集与处理、数字量信息的采集与处理、控制、统计、设置、对时、事故记录、自检和自恢复、通信等功能。

② 站所终端（DTU）。它是安装在配电网开关站、配电室、环网单元、箱式变电站、电缆分支箱等处的配电终端，依照功能分为"三遥"终端和"二遥"终端，其中"二遥"终端又可分为标准型终端和动作型终端。DTU 通常具有状态量采集与监控、模拟量采集与监控、控制、设置、通信、自诊断等功能。

③ 配变终端(TTU)。它是安装在配电变压器低压出线处,用于监测配电变压器各种运行参数的配电终端。TTU 通常具有信息采集和控制、通信等功能。

④ 故障指示器(FI)。它是安装在配电线路上用于检测线路发生短路和单相接地并发出报警信息的装置。主要有:

a. 架空线型故障指示器。其传感器和显示部分集成于一个单元内,通过机械方式固定于架空线路的某一相线路上。

b. 电缆(母排)型故障指示器。其传感器和显示部分集成于一个单元内,通过机械方式固定于某一相电缆线路上,通常安装在电缆分支箱、环网柜、开关柜等配电设备上。

c. 面板型故障指示器。其由传感器和显示单元组成,通常显示单元镶嵌于环网柜、开关柜的操作面板上。传感器和显示单元采用光纤或无线等方式进行通信,一次和二次部分之间应可靠绝缘。

配电网管辖范围内的典型配电线路示意图如图 7 - 3 所示,其中变电站 10 kV 出口开关以内的部分为调度管辖范畴;从 10 kV 站外线路开始,智能开关、配电变压器、FTU、DTU、故障指示器、智能电容等相关设备都纳入配电网的管理范畴,其接线方式较为复杂。配电自动化系统通过配电自动化终端采集电流、电压以及开关状态等信息,并通过通信设备上传到配电自动化系统主站,以此来实现配电网运行监视和控制的自动化,具备配电网运行监控、故障处理、分析应用及系统互联等功能。

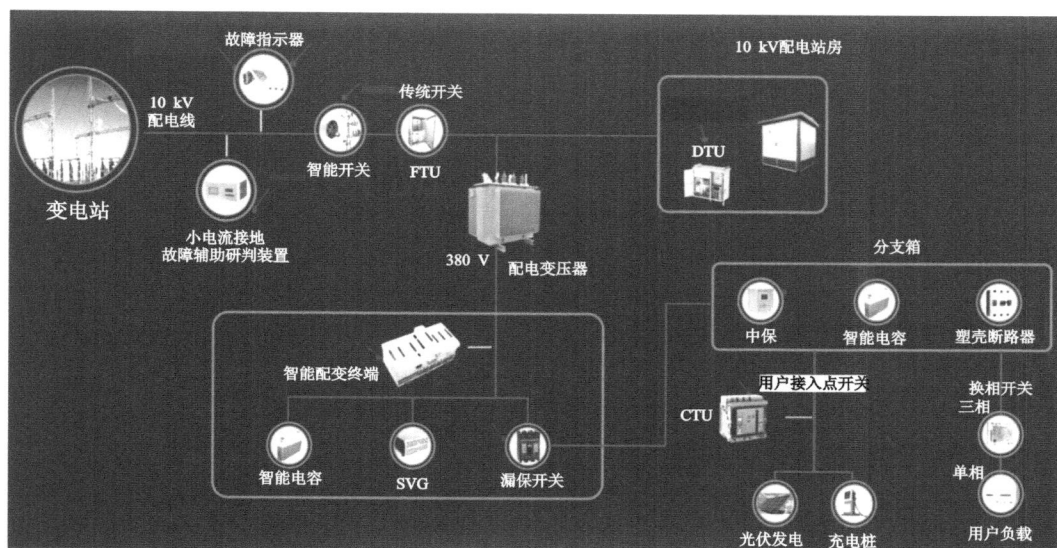

**图 7 - 3　典型配电线路示意图**

配电网运行环境复杂,设备种类繁多,用户故障频发,依托配电物联网技术广泛部署感知层,突出实效性,以新型断路器、跌落式熔断器、0.4 kV 低压监测终端等物联设备为基础,通过光纤、电力载波、无线通信网络、电力专网等网络层构建配网用户侧管理云数据平台层,并完成包括手机 APP、客户端、Web 端、短信端在内的定制化综合分析应用层的研发设计。全面支撑配电网业务智慧化运营,提升配网用户侧的精益化管理及运维水平。

建立在电力物联网基础上的配电网主站系统通过智能配电变压器终端上送的综合用户停电信息、配电变压器低压出线和分支故障信息,实现低压故障的主动感知、精准定位,同时结合配电自动化系统的中、低压故障信息,进行综合故障研判,将故障结果推送至供服系统,供服系统下派工单至抢修人员进行精准抢修,实现低压故障的主动抢修,保证配电网的可靠性和安全性。

　　未来的配电网将更加智能,具备可控性、灵活性、自愈性、经济性等内涵和特征,能够满足不同用户对电能质量供应的要求,这些都必须依赖于配电自动化技术的进步。适应于智能配电网技术发展要求,配电自动化技术的发展呈现下列趋势:

　　① 智能终端功能日益丰富。融合录波功能的新型配电终端以及暂态录波型故障指示器等新型终端将得到大批量应用,利于实现配电网接地故障判断和处理分析;同时新型配电终端还可以实现电能计量和线损计算,进一步丰富配电终端的功能;基于 IEC 61850 实现配电终端的自描述和自动识别,从而使得配电终端可以更快捷地接入配电主站。

　　② 馈线自动化模式多种多样。虽然馈线自动化集中智能模式目前仍是国内配电自动化的主流,但智能分布式馈线自动化模式已在不少地区开始应用。同时就地馈线自动化技术,如电压时间型、电压电流型、电压电流后加速型等技术将在不同的应用场景得到应用,进一步丰富馈线自动化的实现模式。

　　③ 主站高级应用功能逐步得到拓展。随着配电自动化技术的不断进步,大量的采集数据将汇聚并得到充分利用,配电主站中状态估计、潮流计算、无功电压分层分区控制等高级应用功能将逐步实现实用化,配电网的智能化水平得到大幅度提升。

　　④ 物联网技术逐步渗透。配电自动化系统建设与电力物联网是最为融洽的应用,配电物联网"云、管、边、端"技术路线通过配电自动化系统平台的"云、管、边、端"的数据传输通道,满足配电网业务灵活、高效、可靠、多样的自动运行需求;同时根据配电物联网中的数据汇聚、计算和应用,为供电企业和电力用户架构可靠坚实的基础平台,配电自动化系统建设是构建配电物联网海量数据的可靠基础。

　　⑤ 适应分布式电源接入。随着智能电网建设,光伏发电、风电、大容量储能系统等分布式电源都有可能分散接入配电网,一方面对配电网的短路电流、潮流分布、保护配合等带来一定影响,另一方面又能在故障时支撑孤岛供电,增强应急能力。因此适应分布式电源接入并发挥其作用也是配电自动化的发展趋势之一。

# 7.2　配电网自动化主站系统

　　配电网自动化主站系统是配电网调度的重要技术支持系统,支撑配电网调度运行、故障研判及抢修调度等业务管理需求,实现配电网安全、经济、优质运行。

　　配电网自动化主站系统应采用标准通用的软硬件平台,宜按照"地县一体化"架构进行设计,根据各地区(城市)的配电网规模、可靠性要求、配电自动化应用基础等情况,合理选择和配置软硬件。系统应按照标准性、可靠性、可用性、安全性、扩展性、先进性原则进行建设。

　　配电网自动化主站系统图形、模型及对外接口规范等应遵循相关技术标准。系统在横向上应贯通生产控制大区与信息管理大区,按照"源端唯一、全局共享"的原则实现与相关系统之间信息资源共享,满足应用业务需求。系统在纵向上应满足系统协调运行需要,实现上下级调度技术支持系统间的一体化运行和模型、数据、画面的源端维护与信息共享。系统应满足电力二次系统安全防护有关规定,遥控应具备安全加密认证功能。

## 7.2.1　设计原则

配电网自动化主站系统是配电网自动化系统的核心部分,主要实现配电网数据采集与监控等基本功能以及配电网拓扑分析应用等扩展功能,并具有与其他应用信息系统进行信息交互的功能,为配电网调度指挥和生产管理提供技术支撑。

其设计原则如下:

① 根据地区配电网规模和应用需求,采用"配电主站＋配电终端"两层结构,按照"地县一体化"架构、标准化、通用型软硬件进行系统升级部署。

② 以大运行与大检修为应用主体,具备横跨生产控制大区与管理信息大区一体化支撑能力,为运行控制与运维管理提供一体化的应用,满足配电网的运行监控与运行状态管控需求。

③ 基于信息交换总线,实现与 EMS、PMS 等系统的数据共享,具备对外交互图模数据、实时数据和历史数据的功能,支撑各层级数据纵、横向贯通以及分层应用。

④ 安全防护遵循国家发改委第 14 号《电力监控系统安全防护规定》以及国家电网调〔2011〕168 号《中低压配电网自动化系统安全防护补充规定》文件有关要求,遵循合规性、体系化和风险管理原则,符合"安全分区、网络专用、横向隔离、纵向认证"的安全策略。

在以上原则的基础上,新一代配电网自动化主站系统以大运行与大检修为应用主体,遵循国网最新配电主站系统架构规范,按照"地县一体化"部署,依据分区采集的原则,强化边界防护,安全接入光纤/无线、专网/公网等通信方式的三遥终端、二遥终端及故障定位装置,具备横跨生产控制大区与管理信息大区一体化支撑能力,构建基于配电网分析模型中心和运行数据中心的新一代配电网分析模型中心和运行数据中心的新一代配电网调度支撑平台,为运行控制与运维管理提供一体化的应用,满足配电网的运行监控与运行状态管理需求。

同时,系统全面遵循 IEC 61968/61970 标准设计,通过信息交互总线,实现与 EMS、同源系统等多系统的数据共享,具备对外交互图模数据、实时数据和历史数据的功能,支撑各层级数据纵、横向贯通以及分层应用,形成配电网运行监控与调度作业的全过程闭环管理,支撑着配电网调空运行、生产运维管理、状态检修、缺陷及隐患分析等精益化管理,并为配电网规划建设提供数据支撑。

新一代配电网自动化系统从顶层设计的角度完成了第三代的改进,其整体设计遵从国际标准,以统一信息模型为骨干,将业务做了分区和定位。其最初设计方案是搭建两个系统、一个平台,概括为立足于台账管理、信息流转以及业务流转的 PMS 系统,立足于配网监控管理和故障研判等预控制类相关的配电自动化系统,立足于为用户提供高效服务和设备抢修闭环管理的供电指挥服务系统以及配网管理平台。智能配电网建设的总体目标是以配电智能化为核心,以智能感知、数据融合、智能决策为主线,以"大云物移"等新技术为支撑,实现配电设备智能化、运维检修智能化和生产管理智能化,进一步提升配电精益化管理水平,保障供电的安全可靠和优质服务。具体智能配电网顶层设计方案如图 7-4 所示。

## 7.2.2　新一代配电网自动化主站系统的特点

配电网自动化主站系统是实现配电网运行、调度和管理等各项应用需求的主要载体,采用标准通用的软硬件平台,并根据各地区的配电网规模、实际需求和应用基础等情况合理配置软件功能,采用先进的系统架构,并具有一定的前瞻性,满足调控合一要求和智能配电网发展方向。

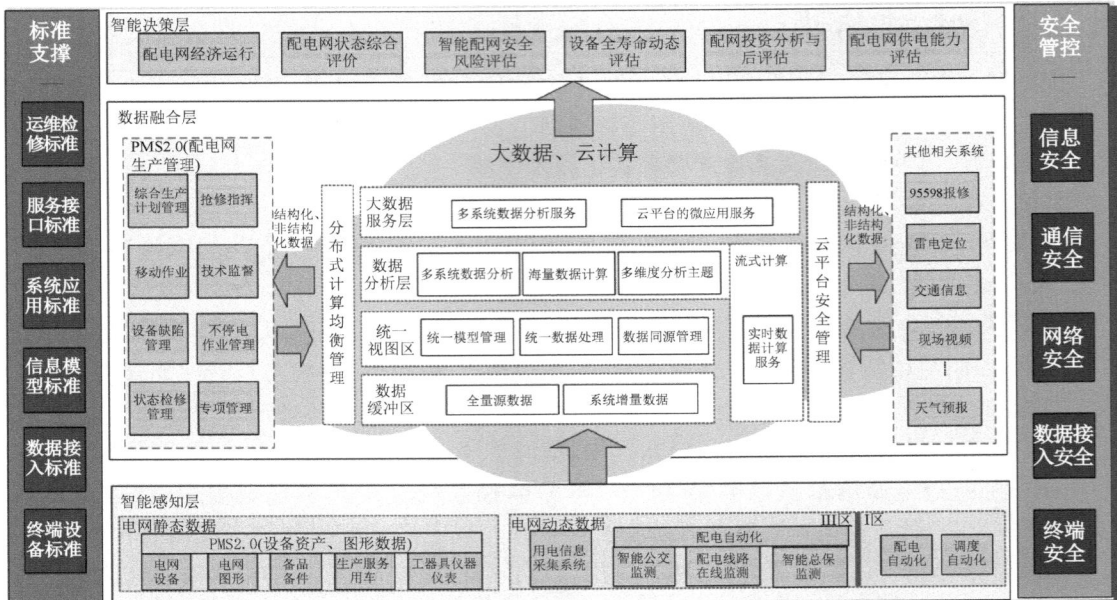

**图 7 - 4　智能配电网顶层设计方案**

　　配电网主站系统设计与建设中采用标准通用的软硬件平台,遵循标准性、可靠性、可用性、安全性、扩展性、先进性原则。

　　**(1) 标准性**

　　系统升级符合 Q/GDW 680.1 规定的智能电网调度控制系统技术体系要求;采用开放式体系结构,提供开放式环境,支持多种硬件平台,能在 Linux、UNIX 等操作系统环境下稳定运行;图形、模型及对外接口规范等遵循 IEC 61970 和 IEC 61968 等相关标准。

　　**(2) 可靠性**

　　系统升级后采用经行业认证机构检测合格的硬件、软件产品,以国产化设备配置为主;关键设备冗余配置,关键软件具备容错机制,单点故障不应引起系统功能丧失和数据丢失。

　　**(3) 可用性**

　　系统具备诊断软件和维护工具,实现硬件、软件和数据在线维护;能够灵活配置功能模块,模块的增加和修改不影响其他模块正常运行;人机界面友好,操作与维护模块工具化、图形化。

　　**(4) 安全性**

　　系统满足电力监控系统安全防护有关规定;具有完善的权限管理机制;具备数据备份及恢复机制。

　　**(5) 扩展性**

　　系统容量可扩充,可在线增加测控、交互信息容量等;节点可伸缩,可在线增加服务器、工作站等;功能可升级,可在线版本升级、功能扩充。

　　**(6) 先进性**

　　系统设计和架构具有前瞻性,可利用云平台和大数据分析技术提升主站性能;可支撑配电网状态感知、数据融合、智能决策。

　　新一代配电自动化系统在平台理念层主要引入的"互联网＋"的理念,在服务理念上体现了"＋互联网"的理念,其中,Ⅳ区云平台在 IaaS(基础架构即服务)层、PaaS(平台即服务)层、SaaS(软件即服务)层做了较大改进,数据处理技术示意图如图 7－5 所示。

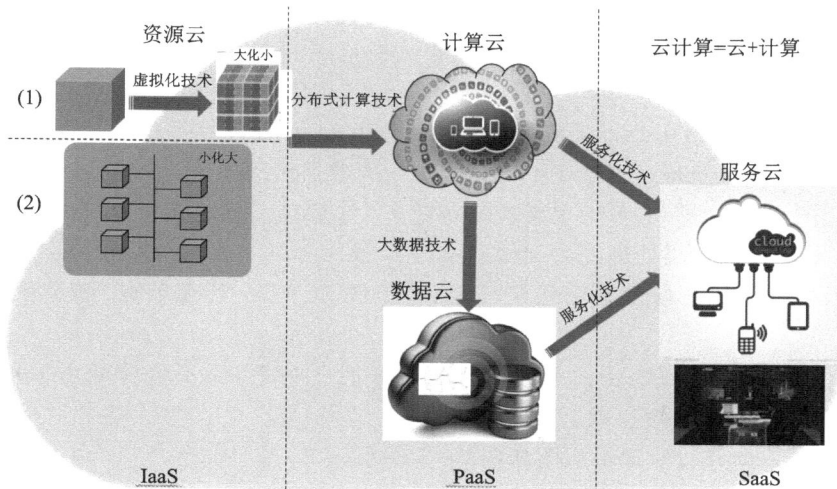

**图 7－5　数据处理技术示意图**

在 IaaS 层,利用数据虚拟化技术将集中式的资源分散成小资源;在 PaaS 层,通过引入各种开源组件来解决内存数据库规模有限的技术瓶颈,通过 PaaS 层提供高效的封装技术;在 SaaS 层,针对服务化能力的共享,在应用上得到了快速的迭代,以此来适应配网运行业务多变的特点。新一代配电自动化系统Ⅳ区软件架构如图 7－6 所示。

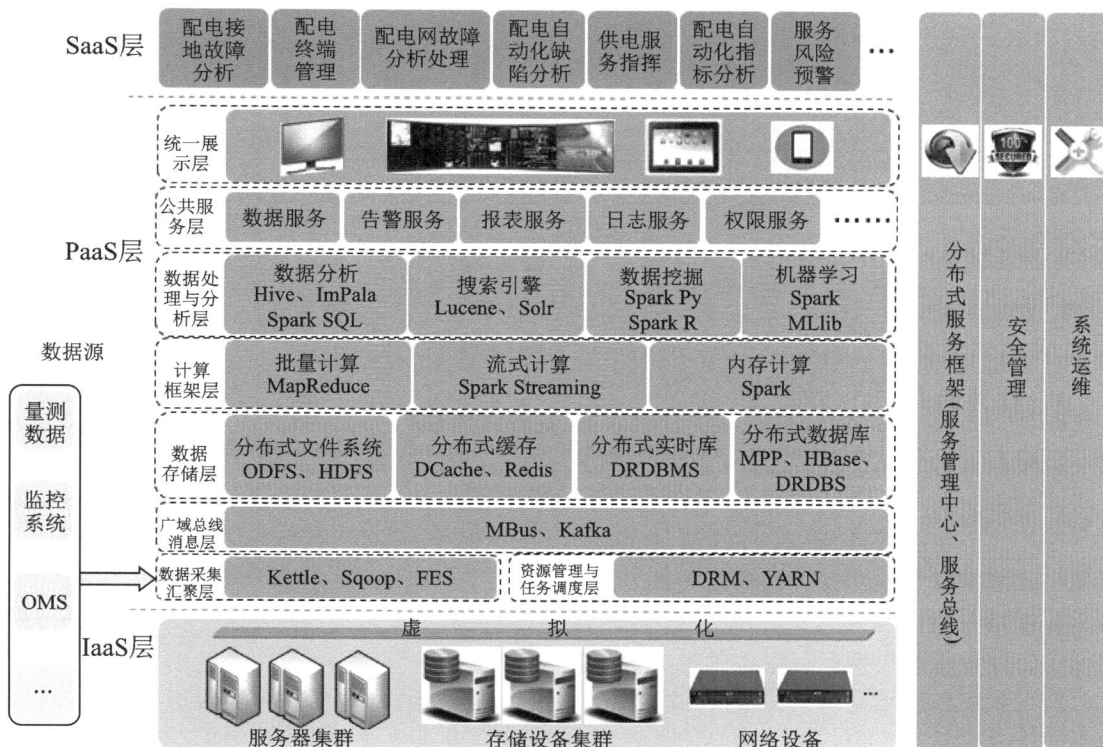

**图 7－6　新一代配电自动化系统Ⅳ区软件架构**

新一代配电网自动化主站系统拥有超大系统容量,采用分布式、虚拟化、容器化、微服务、消息总线等云化技术,构建省级配电网大数据采集和分析平台,实现省、地配电网数据的集中采集和全景应用,支撑配电网一体化管理。SCADA 服务节点本地实时库,为顶层应用提供统一的数据接口,屏蔽底层实时库物理分布,随着监控范围的增加,系统动态增加 SCADA 处理服务节点,扩展 SCADA 处理功能,主要特点是:

① 数据分布存储,采用分布式实时库技术,将 SCADA 处理数据按子控区域切片,分布存储在多个处理节点上,分布式实时库平台提供统一的数据访问接口。

② 数据并行处理,SCADA 处理模块分布在多个 SCADA 处理节点上,并行处理 SCADA 采集数据,从而提高了数据处理能力和处理速度。

③ 系统动态扩展,根据系统接入规模,动态扩展 SCADA 处理节点,满足系统处理性能要求。

④ 云平台部署能力,SCADA 处理节点在云平台上部署,云平台分配虚拟服务器,部署 SCADA 处理节点,完成系统扩展。

配电网海量数据并行处理示意图如图 7-7 所示。

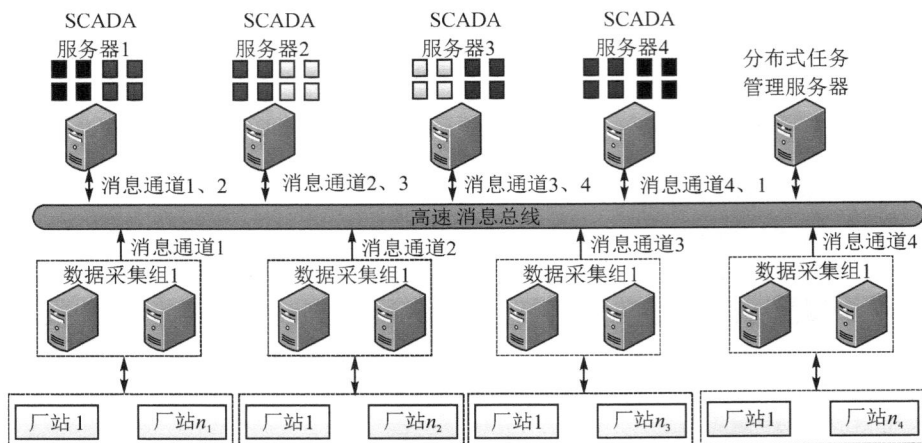

**图 7-7   配电网海量数据并行处理示意图**

# 7.2.3   系统架构

## 1. 软件架构

配电网自动化主站系统主要由计算机硬件、操作系统、支撑平台软件以及配电网应用软件组成,如图 7-8 所示。其中,支撑平台包括系统数据信息交换总线和平台等多项基本服务;配电网应用软件包括配电 SCADA 等基本功能以及配电网分析应用、智能化应用等扩展功能,支持通过信息交互总线实现与其他相关系统的信息交互。

根据新一代配电主站要求,基于统一支撑平台包括系统信息交换总线和基础服务,进行配电网运行监控与配电网运行状态管控两大类应用监视。

新一代配电自动化系统由"一个支撑平台、两大应用"构成,应用主体为大运行与大检修,信息交换总线贯通生产控制大区与信息管理大区,与各业务系统交互所需数据,为"两个应用"提供数据与业务流程技术支撑,"两个应用"分别服务于调度与运检。

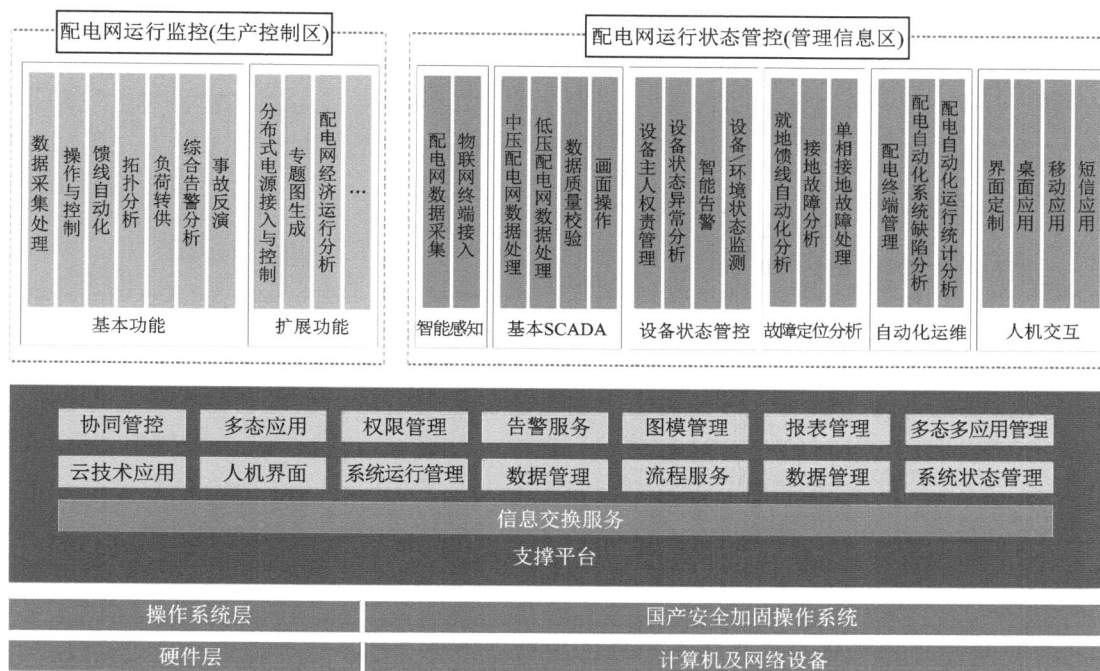

**图 7 - 8　配电网自动化主站系统软件架构**

**（1）一个支撑平台**

遵循标准形、开发性、扩展性、先进行、安全性等原则，构建标准的支撑平台，为系统各类应用的开发、运行和管理提供通用的技术支撑，提供统一的交换服务、模型管理、数据管理、图形管理，满足配电网调度各项实时、准实时和生产管理业务的需求，统一支撑配电网运行监控及配电网运行管理两个应用。

**（2）两大应用**

以统一支撑平台为基础，构建配电网运行监控和状态管控两个应用服务：

配电网运行监控应用部署在生产控制大区，并通过信息交换总线从管理信息大区调取所需实时数据、历史数据及分析结果。

配电网运行状态管控应用部署在管理信息大区，并通过信息交换总线接收从生产控制大区推送的实时数据及分析结果。

生产控制大区与管理信息大区基于统一支撑平台，通过协同管控机制实现权限、责任区、告警定义等的分区维护、统一管理，并保证管理信息大区不向生产控制大区发送权限修改、遥控等操作性指令；外部系统通过信息交换总线与配电主站实现信息交互。

**2．硬件架构**

配电网主站从应用分布上主要分为生产控制大区、安全接入区、管理信息大区 3 个部分，配电网自动化主站系统硬件架构如图 7 - 9 所示。

生产控制大区主要设备包括前置服务器、数据库服务器、SCADA/应用服务器、图模调试服务器、信息交换总线服务器、调度及维护工作站等，负责完成三遥配电终端数据采集与处理、

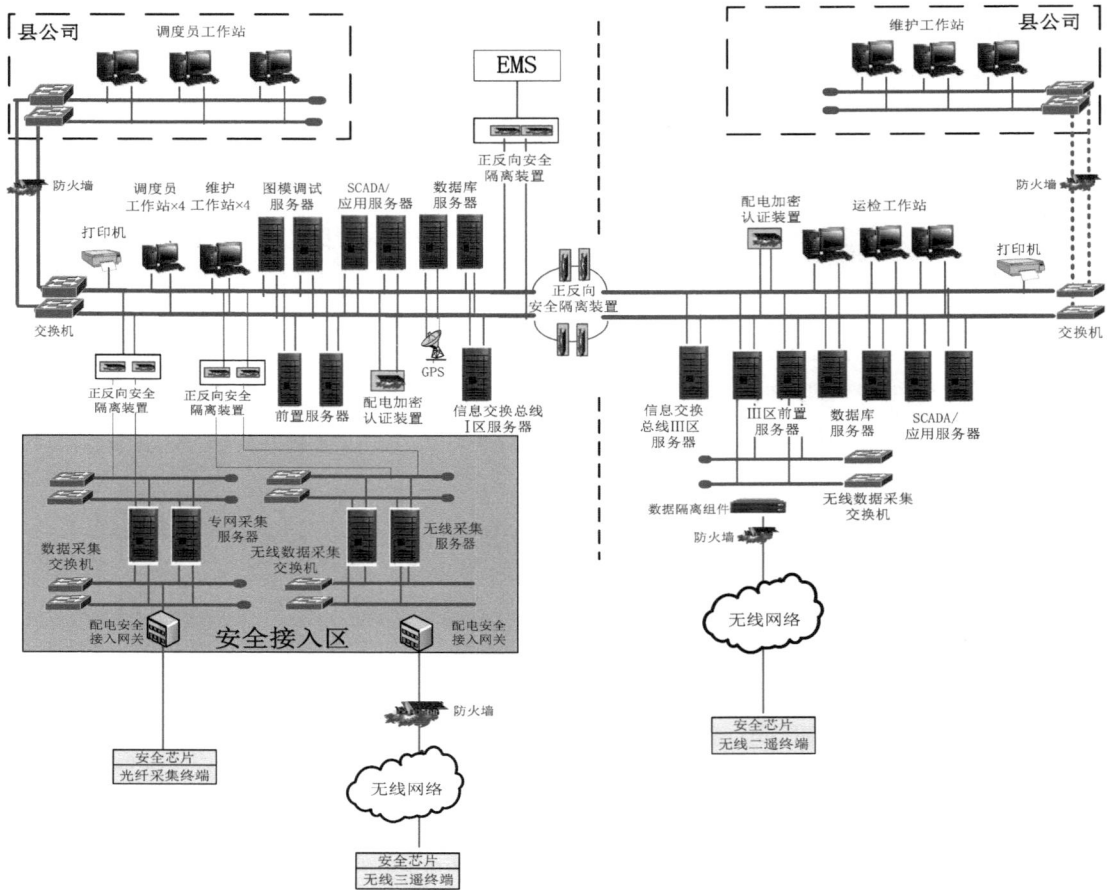

**图 7-9 配电网自动化主站系统硬件架构**

实时调度操作控制、实时告警、事故反演及馈线自动化等功能。

管理信息大区主要设备包括前置服务器、SCADA/应用服务器、信息交换总线服务器、数据库服务器、运检及报表工作站等，负责完成二遥配电终端及配电状态监测终端数据采集与处理，实现单相接地故障分析、配电网指标统计分析、配电网主动抢修支撑、配电网经济运行、配电自动化设备缺陷管理、模型/图形管理等配电运行管理功能。

① 三遥配电终端接入生产控制大区，二遥配电终端以及其他配电采集装置根据各地市公司要求和具体情况接入管理信息大区或生产控制大区。

② 配电网运行监控应用部署在生产控制大区，从管理信息大区调取所需实时数据、历史数据及分析结果。

③ 配电网运行状态管控应用部署在管理信息大区，接收从生产控制大区推送的实时数据及分析结果。

④ 生产控制大区与管理信息大区基于统一支撑平台，通过协同管控机制实现权限、责任区、告警定义等的分区维护及统一管理，并保证管理信息大区不向生产控制大区发送权限修改、遥控等操作性指令。

⑤ 外部系统通过信息交换总线与配电网主站实现信息交互。

⑥ 硬件采用物理计算机或虚拟化资源，操作系统采用国产化安全加固操作系统。

⑦ 主配电网自动化主站系统如采用一体化建设,应遵循主配网模型、信息采集、图形、告警分布存储的规范,实现统一用户界面,实现主配网画面和数据的集中调用、分解融合、无缝切换,支持覆盖主配网系统的图形、告警、操作控制等需求,并在此基础上实现保供电区域分级运行风险分析、故障影响范围分析及快速恢复辅助策略等应用。

安全接入大区主要设备包括专网采集服务器、公网采集服务器等,负责完成光纤通信和无线通信三遥配电终端实时数据采集与控制命令下发。配电安全接入网关主要采用国产商用非对称密码算法实现配电安全接入网关与配电终端的双向身份认证。专网采集服务器对下用于实现与配电终端的应用层规约通信,对上需要在报文和文件之间进行转化,以达到采集信息通过正反向隔离装置到达主站前置服务器的目的。

主站前置服务器侧的配电加密认证装置用于实现第二重身份认证和报文的加解密。配电终端自身带有安全芯片以实现和主站侧装置的身份认证及报文加解密。SCADA 服务器配置在安全 I 区,完成配电 SCADA 数据处理、操作与控制、全息历史/事故反演、多态多应用、模型管理、权限管理、报警服务、报表管理、权限管理、终端运行工况监视等功能。应用服务器主要用于完成馈线故障处理、配电网分析应用、配电网实时调度管理、智能化应用等功能。工作站配置在安全 I 区,包括配电网调度工作站、检修计划工作站、报表工作站、维护工作站等,实现人机交互;Web 服务器配置在安全 III 区,完成安全 I 区配电 SCADA 数据信息的网上发布功能;前置服务器是配电主站系统与配电终端之间数据通信的桥梁,将各种不同类型终端上送的数据,统一转化为主站系统内部的数据,其基本任务是信息交换、命令传递、规约的组织和解释、采集资源的合理分配等。正向隔离装置用于防止穿透性 TCP 连接,禁止内网、外网两个应用网关之间直接建立 TCP 连接,保证从低安全区到高安全区的 TCP 应答禁止携带应用数据,防止病毒和黑客非法访问,提供正向数据通信函数接口,方便应用进行二次系统安全物理隔离的改造。反向隔离装置提供基于 RSA 密钥对的数字签名和采用电力专用加密算法进行数字加密的功能,提供配套的文件传输程序;对文本文件形式的数据,通过编码转换技术实现半角字符转换为全角字符,保证进入 I / II 区的数据为纯文本数据,满足传输内同纯文本 E 语言格式强过滤的要求。

### 3. 数据流转

系统数据流主要包括 3 个部分:配电终端与主站之间通信的实时数据流、从外部系统导入的图模数据流,以及主站系统内部生产控制大区和管理信息大区之间各应用功能数据流。

#### (1) 实时数据流

光纤通信方式配电终端、无线通信方式三遥配电终端接入生产控制大区,无线通信方式二遥配电终端以及其他配电采集装置接入管理信息大区。

无论是光纤通信方式还是无线通信方式的终端都先进入安全接入区的采集服务器,安全接入区与生产控制大区之间加装正反向物理隔离装置,保证系统的安全。系统数据流实时流转示意图如图 7-10 所示。

① 生产控制大区数据:所有需要进行遥控操作的三遥终端、专网通信的二遥终端,通过部署在安全接入区的专网及公网采集服务器将数据传入生产控制大区,由一区前置服务器进行数据处理;纵向加密认证网关部署在 I 区,需具备跨越物理隔离的能力。

② 管理信息大区数据:所有公网通信二遥终端通过部署在安全接入区的公网采集服务器将数据传入 III 区,由 III 区前置服务器进行数据处理。

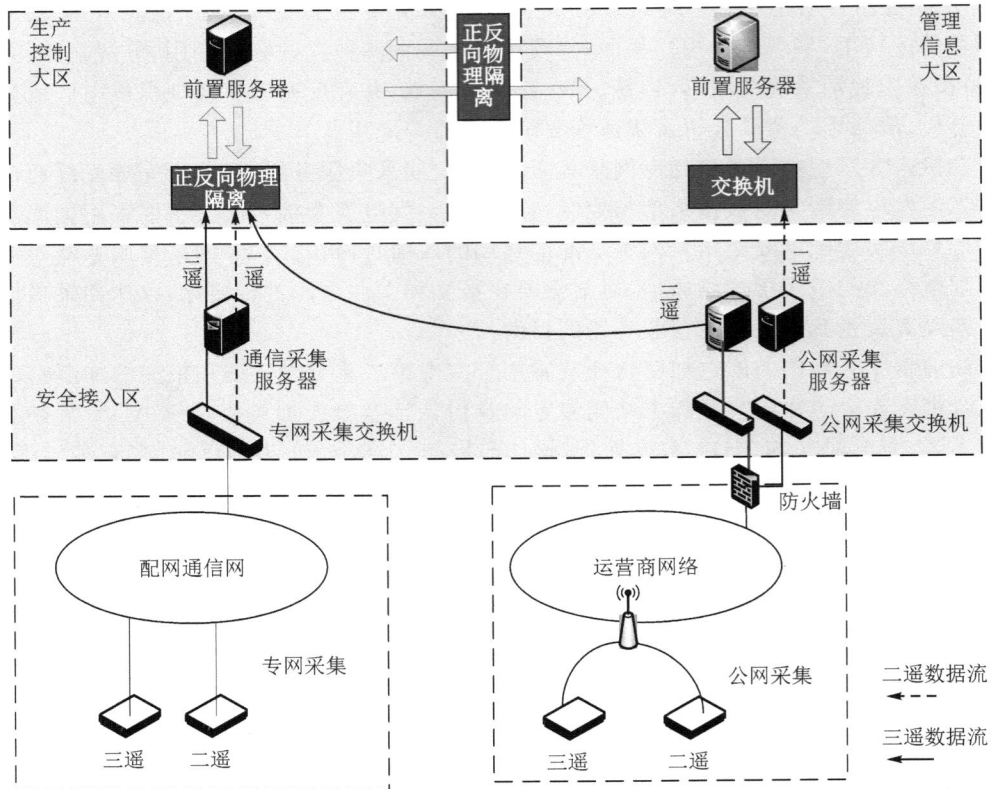

**图 7 - 10 系统数据流实时流转示意图**

③ 所有遥控命令只允许在生产控制大区下发,管理信息大区可进行电池活化等遥调操作;跨区数据交互通过信息交换总线和正反向物理隔离进行。

④ 主配网系统之间增加正反向物理隔离装置,主网实时数据及操作信息传给配网主站,配网主站遥控 10 kV 变电站出线开关命令,通过反向隔离送到主网系统。

**(2) 图模数据流**

配电主站基于调配用一体化网络模型构件全电网分析功能,基础图模数中主网部分来自于主网能量管理系统(EMS),中低压图模数来自于 PMS 系统,两部分信息经交换总线在生产控制大区通过图模导入工具进入处理,图模校验通过后先导入到调试模型库,当调度员进行图模确认操作时,图模数信息经调试模型库同步到数据库服务器中,再由数据库服务器向管理信息大区数据库服务器同步,最后存放在云平台(根据国网公司要求统一省级部署)中;图模校验不合格的数据将反馈给对应的外部系统,经修正后重新导入。具体图模数据流如图 7 - 11 所示。其中主网与配网图模异动流程如图 7 - 12 和图 7 - 13 所示。

**(3) 功能数据流**

主站系统内部生产控制大区和管理信息大区之间各应用功能的数据流如图 7 - 14 所示。

两个大区之间的应用数据经协同管控模块的中转,实现各类应用数据的按需交换。生产控制大区的数据可分为数据采集与监控类、故障处理类、分析应用类和历史数据应用类;管理信息大区的数据可分为数据采集与监测类、配网运维管理类、接地故障分析类、分析应用类、历史数据应用类和历史数据信息。功能数据流转方式主要包括遥信变位、故障信息等重要信息

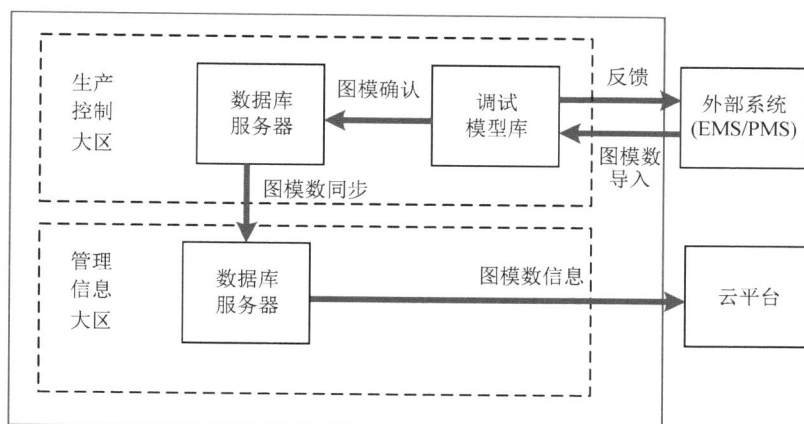

**图 7 - 11　图模数据流示意图**

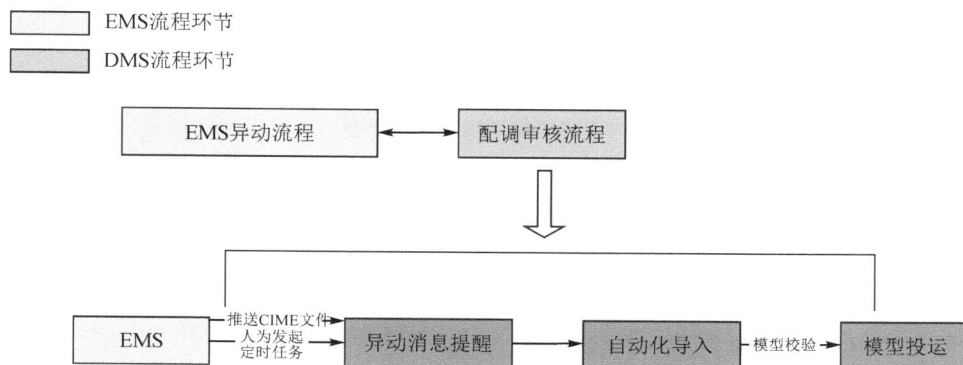

**图 7 - 12　主网图模异动流程**

实时双向同步;遥测及其他数据采用断面加画面订阅的方式同步;分析应用的结果数据可实时推送或跨区调用;历史数据存储在管理信息大区,生产控制大区可跨区调用历史数据。

# 7.2.4　跨区统一支撑平台

平台服务是配电主站开发和运行的基础,采用面向服务的体系架构,为各类应用的开发、运行和管理提供通用的技术支撑,为整个系统的集成和高效可靠运行提供保障,为配电主站生产控制大区和生产管理大区横向集成、纵向贯通提供基础技术支撑。具体内容包括:

① 实时数据库管理系统:实现快速的实时数据存取和管理。

② 商用数据库管理系统:存储电网非实时数据及统计数据,为非实时应用和其他系统提供支持。

③ 数据备份与恢复:对应用数据提供安全的备份和恢复机制,保证数据的完整性和可恢复性。

④ 权限管理:系统管理员能根据不同的工作职能和工作性质赋予人员不同的权限和权限有效期,不同的操作员可以根据其权限赋予不同的访问能力,并且权限与工作站节点相关,不同工作站节点可设置不同的权限。

⑤ 告警服务:为各应用提供告警服务。

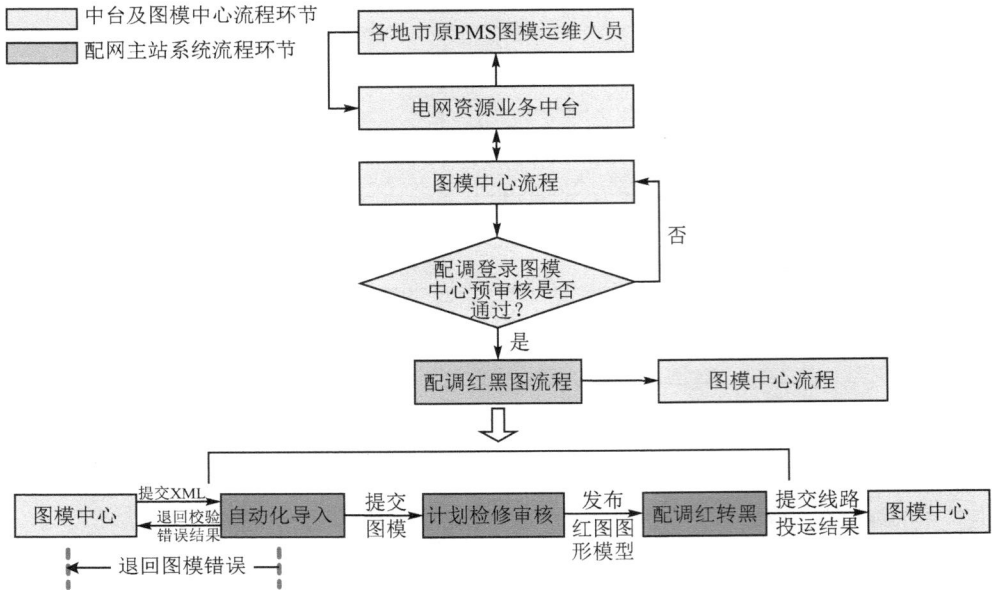

图 7 - 13  配网图模异动流程

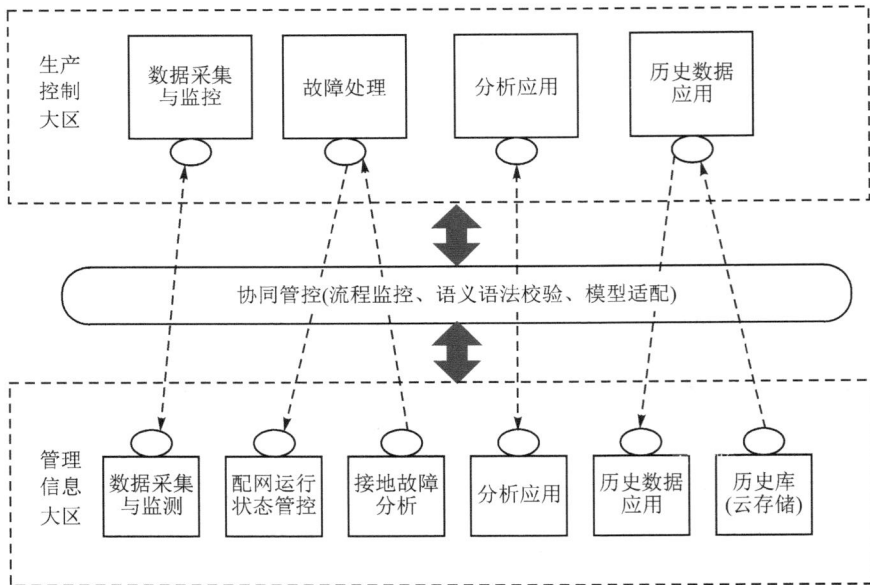

图 7 - 14  功能数据流示意图

⑥ 报表管理:为各应用提供制作各种统计报表的功能。

⑦ 系统运行管理:系统运行管理实现对整个系统中的各服务器、工作站、应用软件及网络的运行状态进行管理和控制。

⑧ 设备、功能及权限等进行分布化管理,以维护系统的完整性和可用性,提高系统的运行效率。

⑨ 人机界面管理:人机界面系统是用户与系统进行交互的内在支撑,提供方便快捷的图

形操作界面,大大减轻工作强度,提高工作效率。

⑩ 图模库一体化管理:按照面向对象的方法设计的基于 CIM 的图库一体化技术,采用先进的图形制导工具,图形和数据库录入一体化,作图的同时可在图形上录入数据库,使作图和录入数据一次完成,自动建立图形上的设备和数据库中的数据的对应关系。

⑪ 进程管理:用以监控应用进程的运行情况,可根据进程的重要性级别制定不同的管理策略。关键进程异常应自动重启,如重启失败,则应切换应用,并发出告警信息;普通进程异常,应自动重启,并发出告警信息。

⑫ 日志管理:以规范化的文本格式记载和保存日志信息;应提供一组函数接口,实现日志的记录和查询等功能;应提供日志文件的备份功能。

⑬ 支撑平台协同管控:在生产控制大区统一管控下,实现分区权限管理、数据管理、告警定义、系统运行管理等;支持配电主站支撑平台跨区业务流程统一管理;支持配电主站支撑平台跨区数据同步。

⑭ 应用协同管控:支持终端分区接入、维护,共享终端运行工况、配置参数、维护记录等信息;支持馈线自动化在生产控制大区的应用,支持基于录波的接地故障定位在管理信息大区的应用,以及多重故障跨区协同处理和展示;支持管理信息大区分析应用在生产控制大区调用和结果展示。

支撑平台是配电网自动化主站系统开发和运行的基础,包含硬件、操作系统、数据管理、信息传输与交换、公共服务和功能 6 个层次,是指建立在计算机操作系统基础之上的基本平台和服务模块,采用面向服务的体系架构,为各类应用的开发、运行和管理提供通用的技术支撑,为整个系统的集成和高效可靠运行提供保障,为配电自动化系统横向集成、纵向贯通提供基础技术支撑。主配一体支撑平台层次结构如图 7 - 15 所示。

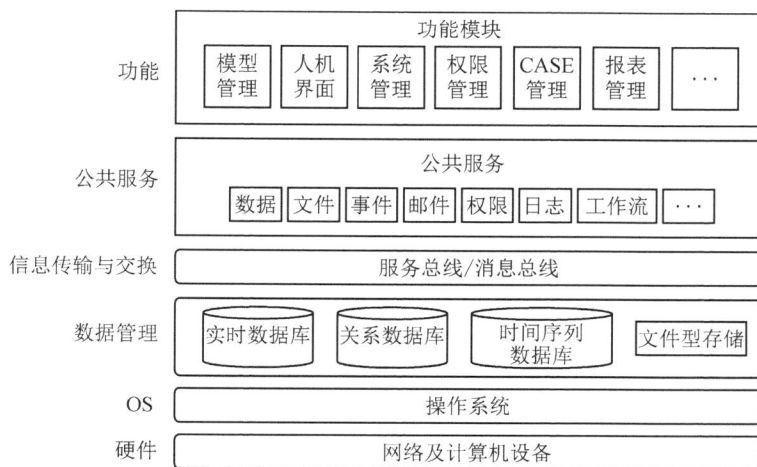

图 7 - 15　主配一体支撑平台层次结构

以经济适用、资源复用、信息共享、安全可靠原则,充分借鉴已有调度自动化先期建设成果,与主网自动化主站系统使用统一支撑平台,通过数据资源、技术资源、设备资源的共享,在已有调度自动化系统上扩展配网数据采集与监视、配网应用功能,实现主配网主站系统的一体化。

## 7.2.5　配电运行监控功能

### 1. 基本功能

配电运行监控功能以调度部门为服务对象,实现三遥数据接入、控制操作、馈线自动化等基本功能基础,切实解决一线人员工作中遇到的问题,提高配电网安全运行水平。其基本功能具体内容如下:

① 数据采集:数据应具备对电力一次设备(线路、变压器、母线、开关等)有功、无功、电流、电压以及主变档位(有载调压分接头档位)等模拟量和开关位置、隔离刀闸位置、接地刀闸位置、保护动作状态以及远方控制投退信号等其他各种开关量和多状态数字量等实时数据的采集,满足配电网实时监测的需要。

② 数据处理:具备模拟量处理、状态量处理、非实测数据处理、数据质量码处理、平衡率计算、计算及统计等功能。

③ 数据记录:提供事件顺序记录、周期采样、变化存储功能。

④ 操作和控制:操作和控制应能对变电站内或线路上的自动化装置和电气设备实现人工置数、标识牌操作、闭锁和解锁操作、远方控制与调节功能,并且具有相应的操作权限控制功能。

⑤ 网络建模:根据站所图、单线图等构成配电网络的图形和相应的模型数据,自动生成全网的静态网络拓扑模型,从电网 GIS 平台导入中压配网模型,以及从电网调度控制系统导入上级电网模型,并实现主配网的模型拼接,支持全网模型拼接与抽取。

⑥ 模型校验:根据电网模型信息及设备连接关系对图模数据进行静态分析。

⑦ 设备异动管理:满足对配电网动态变化管理的需要,反映配电网模型的动态变化过程,提供配电网各态模型的转换、比较、同步和维护功能。

⑧ 图模数与终端调试:图模数与终端调试应能满足图模导入、配电终端调试接入,提供未来态到实时态的转换功能。

⑨ 综合告警分析:实现告警信息在线综合处理、显示与推理,应支持汇集和处理各类告警信息,对大量告警信息进行分类管理和综合/压缩,利用形象、直观的方式提供全面综合的告警提示。

⑩ 馈线自动化:当配电线路发生故障时,该功能根据来自 EMS 和配电终端的故障信息进行自动化快速故障定位,并与配电终端配合进行故障隔离和非故障区域的恢复供电。该功能还支持各种拓扑结构的故障分析,并保证在电网的运行方式发生改变时对馈线自动化的处理不造成影响。

⑪ 网络拓扑分析:根据电网连接关系和设备的运行状态进行动态分析,分析结果可以应用于配电监控、安全约束等。

⑫ 拓扑着色:网络拓扑着色对于配电网调度应用是一个实用性很强的功能。它可根据配电网开关的实时状态,确定系统中各种电气设备的带电状态,分析供电源点和各点供电路径,并将结果在人机界面上用不同的颜色表示出来。其主要包括电网运行状态着色、供电范围及供电路径着色、动态电源着色、负荷转供着色、故障指示着色、变电站供电范围着色等。

⑬ 负荷转供:根据目标设备分析其影响负荷,并将受影响负荷安全转供至新电源点,提出包括转供路径、转供容量在内的负荷转供方案。

⑭ 事故反演:检测到预定义的事故时,自动记录事故时刻前后一段时间的所有实时稳态信息,以便事后进行查看、分析和反演。

### 2. 高级应用

#### （1）分布式电源接入与控制

具有对 10 kV 分布式电源/储能装置/微网接入带来的多电源、双向潮流分布的配电网络监视、控制、配电网电压无功优化、分布式电源发电计划,调度及功率平衡分析等功能。同时该模块能够对分布式电源公共连接点、并网点的模拟量、状态量及其他数据进行采集,并对采集数据(包括电流、电压、有功功率、无功功率、频率等)进行计算分析、数据备份、越限告警、合理性检查和处理。

#### （2）专题图生成

以导入的全网模型为基础,应用拓扑分析技术进行局部抽取并做适当简化,生成相关电气图形。支持配网 CIM 模型识别以及 SVG 图形生成和导出;支持多类图形的自动生成,包括:变电站索引图、区域联络图、供电范围图、单线图、开关站图;支持自动布局增量变化,已有模型发生增减,新生成的图形中原有模型内容布局效果保持不变;支持对自动生成的衍生电气图进行编辑和修改,可人工干预专题图生成的展示效果。

#### （3）状态估计

状态估计利用实时量测的冗余性,应用估计算法来检测与剔除坏数据,提高数据精度,保持数据的一致性,实现配电网不良量测数据的辨识,并通过负荷估计及其他相容性分析方法进行一定的数据修复和补充。

#### （4）潮流计算

根据配电网络指定运行状态下的拓扑结构、变电站母线电压(即馈线出口电压)、负荷类设备的运行功率等数据,计算节点电压,以及支路电流、功率分布,其结果为其他应用功能做进一步分析提供支撑。

#### （5）负荷预测

针对 10(20) kV 母线、区域配电网进行负荷预测,在对系统历史负荷数据、气象因素、节假日,以及特殊事件等信息分析的基础上,挖掘配网负荷变化规律,建立预测模型,选择适合策略预测未来系统负荷变化。

#### （6）解合环分析

与电网调度控制系统进行信息交互,获取端口阻抗、潮流计算等计算结果,对指定方式下的解合环操作进行计算分析,结合计算分析结果对该解合环操作进行风险评估。

#### （7）操作票管理

该模块支持调度员在研究态下进行开票、安全防误校核,任何操作都不应影响实时环境,支持自动或手动方式实现操作票模拟环境与实时环境的同步;采用图票一体化技术,由调度员在图形界面上点选设备,选择操作任务后,系统自动生成操作票;能实现按人员统计、按操作项目统计、按设备类型统计,可以按年、按月统计操作票数量及合格率等。

#### （8）自愈控制

配电网自愈控制综合应用配电网故障处理、安全运行分析、配电网状态估计和潮流计算等分析结果,循环诊断配电网当前所处运行状态,并进行控制策略决策,实现对配电网一、二次设备的自动控制,解除配电网故障,消除运行隐患,促使配电网转向更好的运行状态。具体内容包括:

① 风险预警,提供配电网对于紧急状态、恢复状态、异常状态、警戒状态和安全状态等状态的划分及分析评价机制,为配电网自愈控制实现提供理论基础和分析模型依据;

② 校正控制,该功能包括预防控制、校正控制、恢复控制、紧急控制,各级控制策略保持一定的安全裕度,满足 $N-1$ 准则;

③ 具备相关信息融合分析的能力,在故障信息漏报、误报和错报条件下能够容错故障定位;

④ 具备配电网大面积停电情况下的多区域、多级电压协调及快速恢复功能。

**(9) 配电网经济运行**

配电网经济优化运行的目标是在支持分布式电源分散接入条件下,从经济、安全方面对配电网运行方式进行分析,给出分布式电压无功资源协调控制方法,提高配电网的经济运行水平。

## 7.2.6　配电运行状态管控功能

### 1. 基本功能

① 配电数据采集与处理:能够实现各类无线二遥配电终端接入、数据采集、数据记录、控制操作、天文对时等。

② 配电接地故障分析:当配电线路发生单相接地故障时,根据配电终端暂态录波的信息对接地故障进行判断和分析,主要包括故障录波数据采集和处理、故障录波信息分析与展现、线路单相接地定位分析、地理位置定位、单相接地故障处理、历史数据应用等。

③ 地理位置定位:支持基于地理信息坐标的故障精确定位展示;支持基于地理图、单线图的配电网运行状态、故障分析结果等展示。

④ 配电网运行趋势分析:配电网运行趋势分析利用配电自动化数据,对配电网运行进行趋势分析,实现配变、线路重载、过载趋势分析与预警;重要用户丢失电源或电源重载等安全运行预警;配电网运行方式调整时的供电安全分析与预警;支持综合环境监测数据,进行设备异常趋势分析与告警。

⑤ 配电终端管理:实现配电终端的综合监视与管理,包括配电终端参数远程调阅及设定,配电终端历史数据查询与处理,支持配电终端软件远程升级功能,实现配电终端蓄电池远程管理,支持对配电终端运行工况监视及统计分析,具备终端通信通道流量统计及异常报警等功能。

⑥ 数据质量管控:数据管控对采集到的实时数据和历史数据的质量进行分析处理。实时数据质量管控支持设备电流、电压、有功功率、无功功率、电量合理性校验,支持母线量测不平衡检查,支持设备状态遥测、遥信一致性校核,支持馈线遥测一致性检查;历史数据质量管控支持历史数据完整性校验、补招和补全功能。

⑦ 中压线路线损分析:基于配电自动化主站系统获取配网图模结构及运行信息,结合智能台区量测信息、配网 10 kV 出线设备的量测信息,实现对配网中压分线线损的统计分析功能,从而为全电网的监控提供辅助支撑,也为配电网的规划及管理提供辅助决策功能。

⑧ 配电自动化指标分析：对配电自动化系统各项运行指标进行统计分析，指标统计分析范围包括：参与考核终端数量、馈线自动化启动次数、遥控成功率、终端在线率、主站在线率、馈线自动化投入线路数量、遥控使用率等。支持统计内容 Excel 文件导出与国网上报。

⑨ 信息共享与发布：支持的数据包含配电网模型；系统各类接线图；配电网实时运行数据；配电网历史采样数据；故障处理等应用分析结果；电网分析等应用分析计算服务；系统各类报表；配电主站运行工况。系统发布与共享进行严格的权限限制，限制不同人员的数据访问范围，保证数据的安全性。

⑩ 配电网供电能力分析评估：利用配电自动化运行数据，结合已有配电网模型及参数，对配电网供电能力进行评估分析，支持对配电网网架供电能力薄弱环节进行分析；支持对配电网负荷分布进行统计分析，对负荷区域分布、时段分布、区域负荷密度、负荷增长率等数据的分析计算；支持线路和设备重载、过载、季节性用电特性分析与预警；支持线路在线 $N-1$ 分析。

⑪ 支持配电网实时运行状态、历史数据、统计分析结果、故障分析结果等信息 Web 发布功能；支持地理图上的电网及设备操作与显示。

⑫ 支持基于服务的数据订阅／发布机制，接口遵循 IEC 61970／61968 标准的数据格式规范及服务规范。

## 2. 高级应用

① 配电自动化缺陷分析：支持配电自动化缺陷分类及自动分析告警；具有与 PMS 缺陷管理数据交互与处理功能；具有针对已消除缺陷自动校验功能。

② 配电设备状态监测：支持配电站房、配电电缆、架空线路、配电开关、配电变压器等设备电气、环境、通道等状态的在线监测；支持配电网运行态势和设备状态感知，为配电设备的综合评价及辅助决策提供数据支撑；支持配电设备状态评估及异常告警。

③ 配电网供电能力分析评估：利用配电自动化运行数据，结合已有配电网模型及参数，对配电网网架供电能力薄弱环节进行分析；对配电网负荷分布统计进行分析，对负荷区域分布、时段分布、区域负荷密度、负荷增长率等数据进行分析计算；支持线路和设备重载、过载、季节性用电特性分析与预警；支持线路在线 $N-1$ 分析。

④ 数据质量管控：对采集到的实时数据和历史数据的质量进行分析处理，包括实时数据合理性校验；母线量测不平衡检查；设备状态遥测、遥信一致性校核；以及历史数据完整性校验与历史数据补招及补全功能。

⑤ 配电自动化设备状态操作：由配网调度员根据配电网当前的运行方式，并依据开关的动作频率、配电线路的重要性、故障常发区域等因素挑选开关，制定出开关的状态测试操作流程，定期在负荷较低的凌晨进行配电自动化区域的 10 kV 环网柜开关的动作试验，提前发现无法遥控的开关。

⑥ 同期线损管理。

1）数据采集

电能量数据：开关日冻结电能示值、日极值数据、开关电能示值曲线数据、开关瞬时功率曲线数据、开关功率因数曲线数据、开关电压曲线数据、开关电流曲线数据、开关变位信息等。

计量装置通过测控保护装置、DTU、FTU 等多种采集终端采集的电能量数据，借助光纤或无线通信通道，上送至配电自动化主站系统前置子系统。

由前置子系统进行同一 FTU 或 DTU 配电网运行数据、电能量数据筛分。配电线路电压、电流等配电网运行数据与计量电能量数据分别上送至配电 SCADA 子系统。

2）数据存储

配电自动化系统利用 Web 服务器、磁盘阵列等硬件设备以及所部署的商用数据库，实现开关日冻结电能示值、日极值数据、开关电能示值曲线数据、开关瞬时功率曲线数据、开关功率因数曲线数据、开关电压曲线数据、开关电流曲线数据、开关变位信息等电能量数据的存储，满足计量数据统计的要求。

3）数据转发

由配电 SCADA 子系统发布计量电能量数据到 Web 子系统，实现计量电能量数据由Ⅰ区至Ⅲ区的发布。从 Web 子系统上送计量电能量数据到海量数据平台。

4）采集方式

主要采集方式如下：

a．定时自动采集。按采集任务设定的时间间隔自动采集终端数据，自动采集时间、间隔、内容，对象可设置。当定时自动数据采集失败时，主站进行自动及人工补采，保证数据的完整性。

b．随机召测。根据实际需要随时人工召测数据。当出现事件告警时，应随即召测与事件相关的重要数据，供事件分析使用。

c．主动上报。在全双工通道和数据交换网络通道的数据传输中，允许终端启动数据传输过程（简称为主动上报），将重要事件立即上报主站，以及按定时发送任务设置将数据定时上报主站。主站应支持主动上报数据的采集和处理。

## 7.2.7　集成用电信息采集系统数据

用电信息采集系统数据接入配电自动化系统，贯通营销基础平台、用电信息采集系统和配电自动化系统，能够进一步提升配电网的可观可测能力。其总体架构如图 7-16 所示。

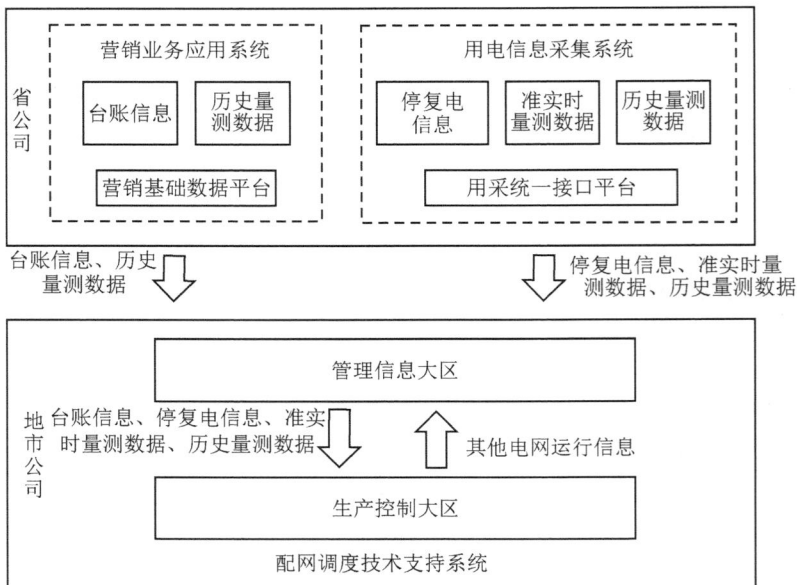

图 7-16　集成用电信息采集系统数据总体架构

　　配电自动化系统从营销系统获取台账信息和配变历史数据，从用电信息采集系统获取配变停复电事件和准实时量测数据，并具备通过用电信息采集获取历史量测数据的功能。

　　集成用电信息采集系统数据目前可实现或优化的应用功能主要包括：故障停电研判、配电变压器运行趋势分析、配电变压器运行负荷查询、配电变压器停复电事件查询、配电变压器运行状态着色、配电变压器数据采集等。

# 7.2.8　信息交互

　　配电网主站通过标准化的接口适配器完成与电网调度控制系统、一体化电量及线损管理系统、PMS2.0 系统等的信息交互。

## 1. 信息交互内容

### （1）与电网调度控制系统信息交互

　　与电网调度控制系统交互主要包括图模信息交互、实时监测数据交互以及计算数据交互等。具体交互内容如下。

　　1）图模信息交互

　　配电网自动化主站系统需要从电网调度控制系统获取高压电网的网络拓扑、变电站图形、相关一次设备参数，以及一次设备所关联的保护信息。

　　配电网自动化主站与电网调度控制系统之间图模信息的数据交互格式应遵循 Q/GDW 624《电力系统图形描述规范》和 GB/T 30149—2013《电网设备模型描述规范》标准，采用 CIM/E/CIM/G 数据格式予以实现。

　　2）实时监测数据交互

　　配电网自动化主站系统通过电网调度控制系统数据转发或者直接采集方式获取变电站配电网所辖电压等级的相关设备的量测及状态等信息，同时支持电网调度控制系统标识牌信息同步。配电网主站系统与电网调度控制系统之间实时数据交互通过正反向隔离装置安全设备进行连接，采用 E 语言格式的数据传输。

　　3）计算数据交互

　　配电网自动化主站从电网调度控制系统获取端口阻抗、潮流计算、状态估计等计算结果，为配电网解合环计算等分析应用提供支撑。

### （2）与一体化电量及线损管理系统信息交互

　　配电网主站系统通过海量数据平台，且数据交互采用 E 语言格式，向一体化电量与线损管理系统交互相关数据，支撑一体化电量与线损管理相关业务功能应用。具体交互内容主要包括：

　　① 提供配电网运行负荷/电压/电流、遥信变位等数据。

　　② 提供配电网运行日冻结电量/月冻结电量数据。

　　③ 提供配电网运行有功电量/无功电量/日冻结电量/月冻结电量/遥信变位时刻冻结电量。

### （3）与 PMS2.0 系统信息交互

　　① 配电网主站系统从 PMS 系统获取中压配电网（包括 10(20) kV）网络模型、相关电气接线图（变电站索引图、区域联络图、供电范围图、单线图、开关站图）、异动流程信息及相关一次设备参数、地理坐标等。

② 配电网主站系统与 PMS 系统之间电网图形及模型规范应遵循 IEC 61968《电力企业应用集成配电管理的系统接口》标准。

③ 配电网主站系统向 PMS 系统等相关系统推送配电网实时量测、馈线自动化分析计算结果等信息，数据格式应遵循 Q/GDW 215《电力系统数据标记语言——E 语言规范》。

**（4）与国网配电自动化指标分析系统交互**

支持配电自动化系统相关运行指标数据上送至国网指标分析系统。

**（5）与管理信息大区其他系统信息交互**

具备与配电网通信网管系统的信息交互功能。

## 2. 信息交互总线

信息交互总线遵循 IEC 61968 标准，通过服务封装，实现生产控制大区配电运行监控应用和管理信息大区配电运行状态管控应用间的信息交互；实现配电主站与各业务应用系统间的信息交互。

**（1）基本交换功能**

支持基于主题的消息传输功能，包括请求/应答和发布/订阅两类信息交互模式，各应用系统通过中间件实现位置透明的松耦合消息交换；具备安全生产控制大区与安全Ⅱ生产控制大区之间的穿透能力，能够通过正/反向物理隔离装置实现跨安全区的信息交互；跨区传输功能及服务接口应对系统或适配器完全透明；具有图形化的流程编排，具有对已有的业务流程进行异常分析和告警功能。

**（2）跨区传输功能**

支持多套正反向隔离设备，具有多通道跨区传输及负载均衡功能；具有正反向隔离设备热拔插功能，实现正反向隔离设备的在线扩展与维护；具有所有正反向隔离设备状态监测、对异常设备进行预警并处理功能；具有基于消息类型的优先级配置及传输功能；具有面向跨区的优先级传输功能；具有可靠传输功能；具有面向跨区的可靠传输功能；具有反向跨区传输小体积并发数据、大体积数据的优化传输功能，支持反向跨区传输的高效率。

**（3）管理与控制功能**

提供应用系统或适配器注册功能；提供用户管理功能，支持分类维护与系统安全管理；提供应用系统服务的注册、状态查询与维护，以及支持对分散在不同安全区域、异构系统中服务资源的管理功能；提供用户登录、操作日志、系统接入、运行异常与告警等日志功能；支持多种方式的消息交换统计，包括消息交换数量和体积，总线、应用系统或适配器的最大吞吐效率、最大并发数量，跨区传输效率及消息数量等；具备基于邮件、外部系统的异常告警信息推送功能，包括正反向隔离设备异常、传输失败异常、CPU/网络/内存等硬件资源过载等。

**（4）总线信息安全**

信息交互总线具有登录控制，会话安全管理、安全审计等基本系统级安全功能；同时须提供数据传输过程中的安全防御机制，包括加密传输、身份认证、令牌管理，以及异常告警等安全与主动防御机制。

① 登录控制：总线具有登录控制功能，根据需要设置允许在客户端登录系统的用户属性，包括用户登录的时间段、用户登录的 IP 地址、登录密码长度、失败次数和锁定时间等。

② 会话安全：总线具有会话安全管理功能，能对最大会话数进行限制，并能够自动处理会话的异常状态，如连接超时、不完整连接等。

③ 令牌管理：在通过总线建立数据链路的过程中，通过令牌分发到应用系统、适配器，进行过程的身份认证。

④ 消息追踪：信息交互总线应具有全路径的消息管理功能，具有跨越安全区的消息追踪机制，具有消息的归类、提供方便的查询与检索等功能。

**（5）用户可视化监控功能**

用户监控功能提供经由总线集成服务运行和调用的实时状况，实现总线集成系统及服务的可视化展示、实时监控、集中管理。

① 系统视图：系统视图对总线所集成的所有电力系统进行整体、图形化展示，并提供系统流量、实时告警、服务统计等功能。

② 服务视图：服务视图展示应用系统包含的全部服务，每个服务的客户端、服务端进行运行情况监视、错误告警。

③ 业务视图：业务视图准确展示了某一业务的完整流转过程，包括消息的流向、消息的数目，并在出现故障时进行告警提示，便于快速精确定位故障问题。

④ 硬件监控：实时监控总线所有硬件设备的运行状态，当发生设备异常时，进行告警提示。

⑤ 告警浏览：提供完整的硬件、系统、服务等告警的详细信息，包括错误时间、错误原因。

⑥ 统计功能：提供服务总数、被调用次数、运行流量等统计功能，其中可以按年、月、日进行自定义报表的统计，便于用户分析统计各个业务的使用情况和使用频率。

⑦ 参数配置：提供运行参数的配置，包括业务流程各参数配置、自定义系统图标、自定义用户角色。

**（6）系统交互建设**

信息集成必须满足配电自动化对图、模、数的信息需求。构成完整的配电自动化系统至少要获取以下信息：

① 调度自动化系统的配电网图模信息共享；

② 设备（资产）运维精益管理系统的中压配电网设备台账共享；

③ 电网 GIS 平台的中压配电网的各类专题图模共享；

④ 用电信息采集系统的配电变压器运行状态信息共享；

⑤ 用电信息采集系统的配电变压器准实时信息共享；

⑥ 用电信息采集系统的故障指示器告警信息共享；

⑦ 配电自动化系统的故障停电信息共享。

# 7.3　配电网通信系统

配电网自动化的重要功能之一就是能够实时监控配电网运行并进行在线分析，其中，实时性对通信传输速率提出了较高的要求。特别是在配电网发生故障时，主站系统和配电终端之间需要及时交换数据，快速及时传送故障数据或控制命令。因此，配电通信网以安全可靠、经济高效为基本原则，充分利用现有成熟通信资源，差异化采用无线公网、光纤、载波等通信方式。二遥终端以无线公网通信方式为主,选用兼容 2G/3G/4G 数据通信技术的无线通信模块;同时,具有光纤敷设条件的站所终端应建设光纤通道。

# 7.3.1 总体架构

通信系统由配电网通信综合接入平台、骨干层通信网络、接入层通信网络以及配电通信综合网管系统等组成。

在配电主站端配置配电网通信综合接入平台,实现多种通信方式统一接入、统一接口规范和统一管理,配电主站按照统一接口规范连接到配电网通信综合接入平台。

骨干通信网络实现配电主站与子站之间的通信,主要采用光纤传输网方式。配电子站汇集的信息通过 IP 方式接入 SDH/MSTP 通信网络或直接承载在光纤网上,并需分别上传至配电主站和备用配电主站。

接入层通信网络实现配电主站(子站)和配电终端之间的通信。三遥终端差异化采用无线公网、光纤、载波等通信方式,二遥终端以无线公网通信方式为主。

配电通信综合网管系统可以实现对配电网通信设备、通信通道、重要通信站点工作状态的统一监控和管理。

如图 7-17 所示为配电网通信系统总体架构。在配电主站配置配电网自动化通信综合接入平台,实现多种通信方式统一接入、统一接口规范和统一管理,配电主站按照统一接口规范连接到配电网自动化通信综合接入平台。另外,配电网自动化通信综合接入平台也可以供其

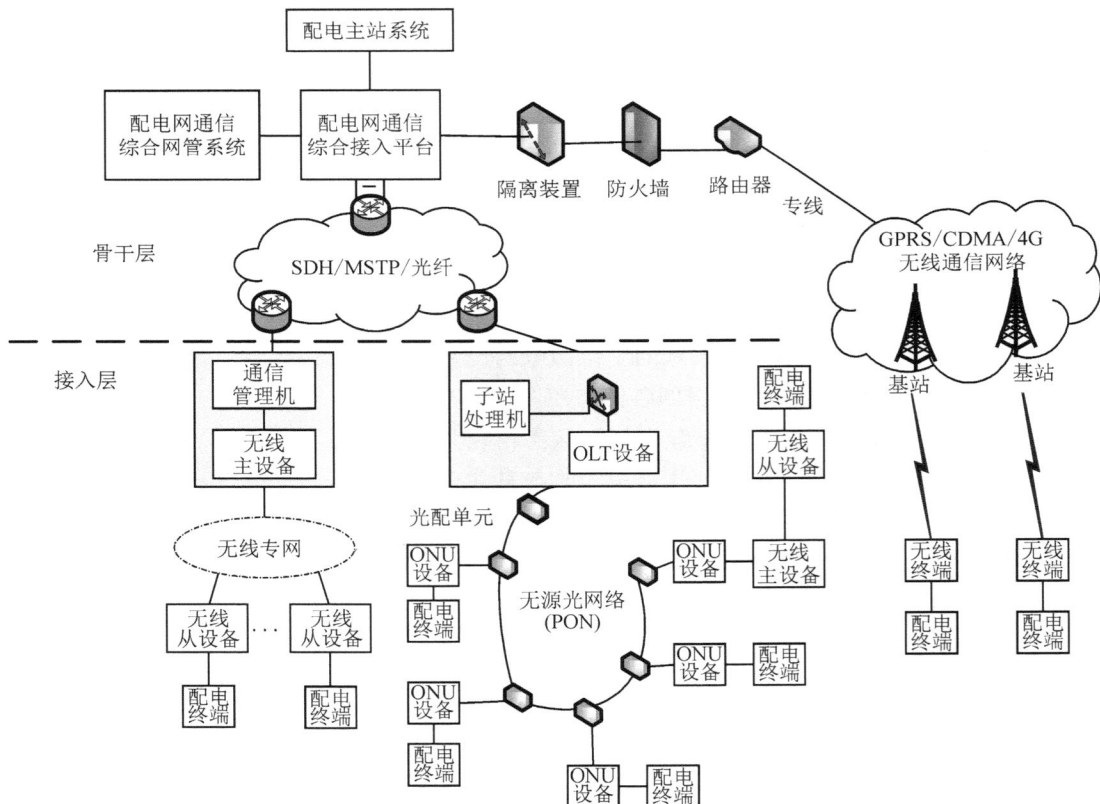

图 7-17 配电网通信系统总体架构

他配电网业务系统使用,避免每个配电网业务系统单独建设通信系统,有利于配电网自动化通信系统的管理与维护。骨干层通信网络实现配电主站和配电子站之间的通信,一般采用光纤传输方式,配电子站汇集的信息通过 IP 方式接入 SDH/MSTP 通信网络或直接承载在光纤网上。在满足有关信息安全标准的前提下,可采用 IP 虚拟专网方式实现骨干层通信网络。接入层通信网络主要包括以太网无源光网络、工业光纤以太网、配电线载波通信组网、无线专网以及无线公网等。在配电主站配置配电网自动化通信综合网管系统,实现对配电网自动化通信设备、通信通道、重要通信站点的工作状态的统一监控和管理,包括通信系统的拓扑管理、故障管理、性能管理、配置管理、安全管理等。配电网自动化通信综合网管系统一般采用分层架构体系。

# 7.3.2　通信链路防护方式

## (1) 光纤通信

主要的光纤通信方式包括:SDH 主干网络、光纤以太网、串行异步光纤环网、无源光纤网络。

1) SDH 主干网络

SDH 是光纤通信系统中的一种数字通信体系。它是一套新的国际标准。SDH 既是一个组网原则,又是一套通道复用的方法。过去的光纤通信系统没有国际统一标准,都是由各个国家各自开发出的不同系统,称为准同步数字体系(PDH)。SDH 的主要特点包括:在全世界范围内统一了体系中各级信号的传输速率;复接和分接实现简单;确定了全世界通用的光接口标准。

2) 光纤以太网

以太网利用光纤介质实现网络通信,从而构成光纤以太网通信方式。以太网在网络层使用了以太网协议,在传输层使用了 TCP/IP,并通过捆绑 IEC 60870 - 5 - 104 协议实现配电网自动化数据通信业务。光纤以太网的通信速度可达 10 Mbit/s 及以上,信息路由方便,适用于数据文件传输,如配电子站到配电主站的点对点通信,配电主站和上级调度自动化系统,以及 PMS、CIS、GIS、ERP 等其他系统互联。

3) 串行异步光纤环网

串行异步光端机在增加少量成本的基础上,利用时分复用技术可在同一对光纤上复用出多个相对独立的 64 kbit/s 以上的逻辑通道,并能提供 1~4 个光方向,为配电网自动化实现数据的分组通信和交叉接入功能提供了可靠实用的技术支持。

4) 无源光纤网络

EPON 是基于以太网但光的传输及分配无需电源的光纤通信网络,是一种采用点到多点结构的单纤双向的光纤通信技术。EPON 由线路侧设备 OLT、无源分光设备 POS 和用户侧设备 ONU 组成。ONU 设备配置在配电终端处,通过以太网接口或串口与配电终端连接;OLT 设备一般配置在变电站内,负责将所连接的 EPON 数据信息进行综合,并接入骨干层通信网络。采用 EPON 技术组网时,OLT 设备应采用扩展性好、可靠性高、具备三层路由和 VLAN 功能的设备,以实现网络隔离和分层;ONU 设备应选用双 PON 口设备以实现全保护自愈,且能在较恶劣的现场环境下运行。

当具备光纤敷设条件时,可采用"手拉手"型保护组网方式;当不具备光纤敷设条件时,可采用"环形双总线"型保护组网方式。具体 EPON 组网通信方式架构如图 7 - 18 所示。

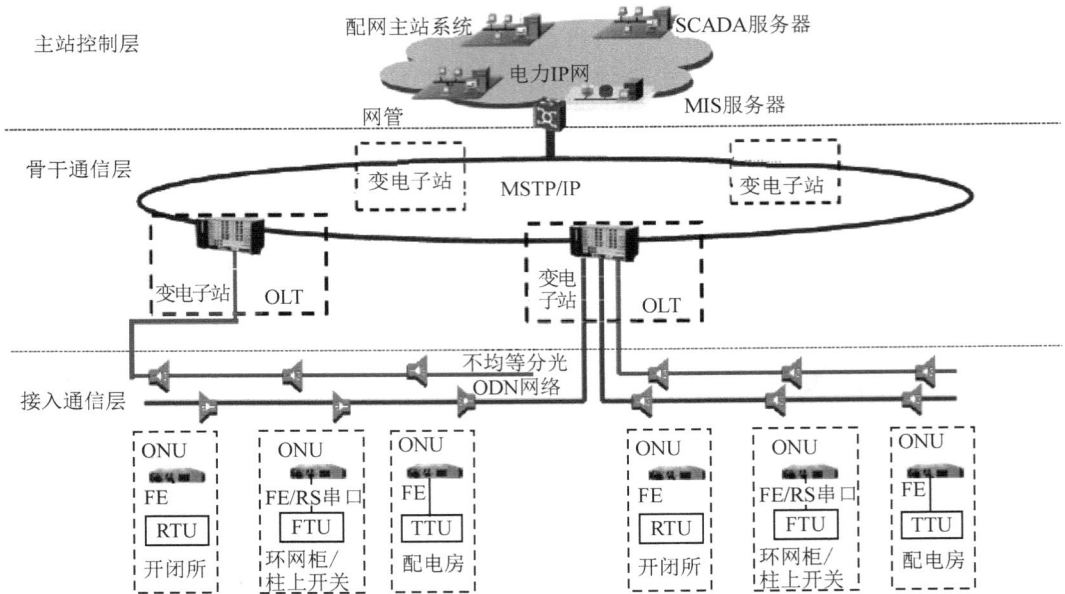

图 7 - 18 EPON 组网通信方式架构

**（2）无线公网**

采用无线公网时，每台配电终端均应配置 GPRS/CDMA/4G 无线通信模块，实现无线公网的接入。无线公网运营商通过专线将汇总的配电终端数据信息经由路由器、防火墙和物理隔离装置接入配电网自动化通信综合接入平台。无线公网通信必须采取 APN 或 VPN 等安全隔离、访问控制、认证加密等安全措施，配电主站与公网之间加装物理隔离设备来达到安全隔离的目的，防止外部网络的攻击。

**（3）无线专网**

采用无线专网通信方式时，一般将无线基站建设在变电站中，负责接入附近的配电终端；每台配电终端应配置相应的无线通信模块，实现与基站的通信。变电站中通信管理机将无线基站的信息接入，进行通信规约转换，再接入至骨干层通信网络。

在选取配电网通信方式时，对可靠性要求高或具有光缆资源的场合，优先采用光纤通信方式。在几类主要的光纤通信技术中，EPON 技术和光纤工业以太网技术具有与配电网络明显的适应性和投资经济性。对于三遥终端覆盖率较高的区域，宜采用 EPON；对于设备级联数较多的线路，可采用工业以太网；对于光纤无法覆盖的区域，可采用电力线载波通信；对于配电终端量大面广、实时性要求不高且不需要进行遥控的场合，可采用无线公网通信方式。

# 7.4 信息安全防护体系

## 7.4.1 安全分区概念

配电网自动化主站系统根据"安全分区、网络专用、横向隔离、纵向认证"的原则，进行配电运行监控应用与配电运行状态管控应用的安全防护建设。安全分区概念示意图如图 7 - 19 所示。

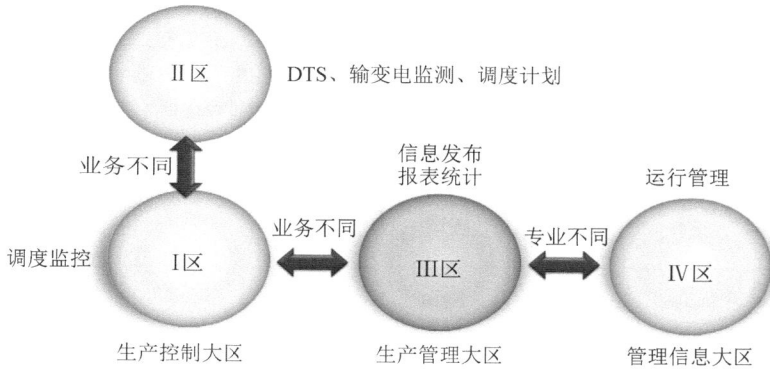

**图 7-19　安全分区概念示意图**

配电自动化系统及其各个子系统所在的网络位置和承载的业务性质不同,配电自动化系统主要分为四个安全区,即控制区Ⅰ(实时控制大区)、生产区Ⅱ(非控制生产大区)、管理区Ⅲ(生产管理大区)、信息区Ⅳ(管理信息大区)。其中安全区Ⅰ主要包括数据采集与监控系统,也就是人们常说的 SCADA,配电自动化系统、电力负荷管理系统和配电网实时计算系统,这些系统因都具备实时控制功能而划分在同一个安全区域。安全区Ⅱ包含了配电网中的非控制模块,例如 DTS(电力调度仿真培训)、输变电监测、调度计划模块。配网扩展规划和信息发布、报表统计等模块布置在安全区Ⅲ。运行管理以及用户查询等系统因与外部公网相连而分布在安全区Ⅳ。安全区Ⅰ与安全区Ⅱ属于电力生产系统,采用电力调度数据网络,在线运行,数据交换较多,Ⅰ、Ⅱ区之间采用硬件防火墙进行逻辑隔离;安全区Ⅲ和安全区Ⅳ的业务系统都属于管理信息系统,这两个安全区之间也采用硬件防火墙进行逻辑隔离。安全区Ⅰ、Ⅱ与Ⅲ之间采用经有关部门认定核准的专用横向安全隔离装置——电力专用安全隔离装置进行隔离。从安全区Ⅰ、Ⅱ往安全区Ⅲ采用正向安全隔离装置单向传输信息,由安全区Ⅲ往安全区Ⅰ、Ⅱ采用反向安全隔离装置单向传输信息。安全区Ⅳ通过硬件防火墙与外部公网相连。

# 7.4.2　系统典型结构及边界

配电自动化系统边界划分示意图如图 7-20 所示。配电自动化系统边界描述如表 7-1 所列。

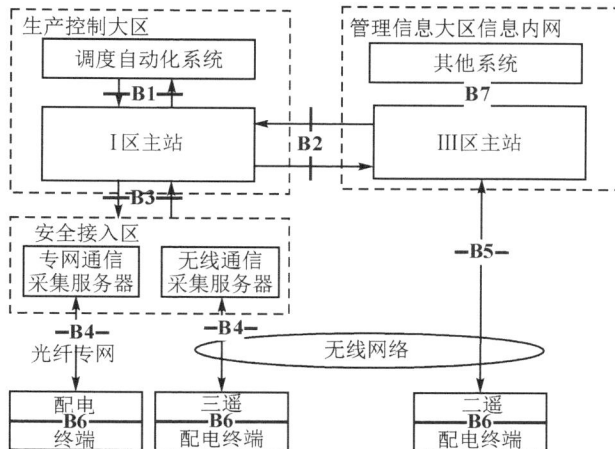

**图 7-20　配电自动化系统边界划分示意图**

表 7 - 1 配电自动化系统边界描述表

| 边界类型 | 边界描述 |
|---|---|
| B1：生产控制大区横向域边界 | 配电自动化主站生产控制大区应用与本级调度自动化系统之间边界 |
| B2：大区边界 | 配电自动化主站生产控制大区应用与配电自动化主站管理信息大区应用之间边界 |
| B3：配电自动化主站生产控制大区应用与安全接入区边界 | 配电终端采用任一通信方式接入配电自动化生产控制大区应用时，应设立安全接入区，以及生产控制大区应用与安全接入区边界 |
| B4：安全接入区与通信网络边界 | 安全接入区与通信网络边界 |
| B5：信息内网与通信网络边界 | 二遥配电终端接入配电自动化主站管理信息大区应用时，配电自动化主站管理信息大区应用与通信网络边界 |
| B6：配电终端 | — |
| B7：信息内网横向域边界 | 配电自动化主站管理信息大区应用与其他相关系统边界 |

## 7.4.3 主站生产控制大区安全防护

### （1）主站生产控制大区内部安全防护

配电自动化主站生产控制大区系统主机采用经国家指定部门认证的安全加固的操作系统，采用用户名/强口令、动态口令、物理设备、生物识别、数字证书等两种或两种以上组合方式，实现用户身份认证及账号管理。

配电自动化主站生产控制大区系统应当部署配电加密认证装置，对控制命令、远程参数设置、远程升级等指令采用国家商用非对称密钥算法（SM2、SM3）进行签名操作，实现终端对主站的身份鉴别与报文完整性保护；对配电主站与终端之间的业务数据采用国家商用对称密钥算法（SM1）进行加解密操作，保障业务数据的安全性。

### （2）主站生产控制大区系统与 EMS 间的安全防护 B1

配电自动化主站生产控制大区系统与调度自动化系统（EMS）之间应当部署电力专用横向单向安全隔离装置（部署正、反向隔离装置），并在应用层增加认证措施，确保调度自动化系统安全运行。

### （3）主站生产控制大区与管理信息大区间的安全防护 B2

配电自动化生产控制大区主站系统与管理信息大区主站系统之间应当部署电力专用横向单向安全隔离装置（部署正、反向隔离装置）。

### （4）主站生产控制大区与安全接入区的安全防护 B3

配电自动化生产控制大区主站与安全接入区之间部署电力专用横向单向安全隔离装置（部署正、反向隔离装置）。

## 7.4.4 安全接入区纵向通信的安全防护

安全接入区部署的采集服务器，采用经国家指定部门认证的安全加固操作系统，采用用户名/强口令、动态口令、物理设备、生物识别、数字证书等至少一种措施，实现用户身份认证及账号管理。

①　配电终端通过光纤接入安全接入区时,使用独立纤芯,保证网络隔离通信安全。

②　在安全接入区采集服务器与配电终端之间,安全接入区的边界处部署配电安全接入网关,采用国产商用密码算法实现通信链路的双向身份认证和数据加密,保证链路通信安全。

③　采用 APN＋VPN 技术实现无线虚拟专有通道,实现无线公网下的安全防护措施。

④　在安全接入区采集服务器与配电终端之间,安全接入区的边界处部署配电安全接入网关、防火墙,采用国产商用密码算法实现通信链路的双向身份认证和数据加密,保证链路通信安全。

## 7.4.5　主站管理信息大区纵向通信的安全防护

在管理信息大区,配电自动化主站与配电终端通信采用硬件防火墙、数据隔离组件和配电加密认证装置进行防护。"硬件防火墙＋数据隔离组件＋配电加密认证装置"方案如图 7 - 21 所示。

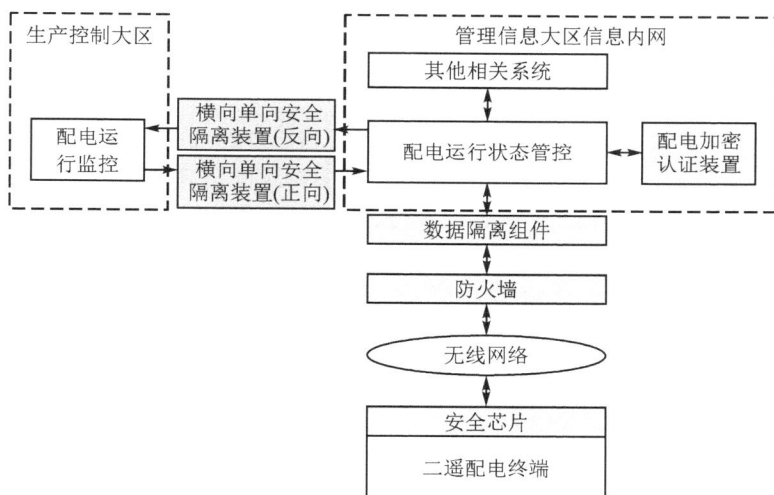

图 7 - 21　"硬件防火墙＋数据隔离组件＋配电加密认证装置"方案

硬件防火墙采取访问控制措施,对应用层数据流进行有效的监视和控制。

数据隔离组件提供双向访问控制、网络安全隔离、内网资源保护、数据交换管理、数据内容过滤等功能,实现边界安全隔离,防止非法链接穿透内网直接进行访问。

配电加密认证装置对远程参数设置、远程版本升级等信息采用国产商用非对称密码算法进行签名操作,实现配电终端对配电主站的身份鉴别与报文完整性保护;对配电主站与配电终端之间的业务数据采用国产商用对称密码算法进行加解密操作,保障业务数据的安全性。

## 7.4.6　配电终端的安全防护

### (1) 接入生产控制大区的配电终端

接入生产控制大区的配电终端通过内嵌一颗安全芯片,实现通信链路保护、身份认证、业务数据加密。

①　接入生产控制大区的配电终端,内嵌支持国产商用密码算法的安全芯片,采用国产商

用密码算法在配电终端和配电安全接入网关之间建立 VPN 通道,实现通信链路的双向身份认证和数据加密,保证链路通信安全。

② 利用内嵌的安全芯片,实现终端与主站系统之间基于国产非对称密码算法的双向身份鉴别,对来源于主站系统的控制命令、远程参数设置和远程升级采取安全鉴别和数据完整性验证措施。

③ 配电终端和主站之间交互报文的业务数据采用基于国产对称密码算法的加密措施,确保数据的保密性和完整性。

**(2) 接入信息管理大区的配电终端**

接入信息管理大区的二遥配电终端,内嵌支持国产商用密码算法的安全加密芯片。对来源于主站系统的远程参数设置和远程升级指令采取安全鉴别和数据完整性验证措施,以防范冒充主站对终端进行攻击;终端应基于国产非对称密码算法实现与主站系统的双向身份鉴别,且应对终端和主站之间交互报文的业务数据采取基于国产对称密码算法的数据加密和数据完整性验证,确保传输数据的保密性和完整性。

配电主站与配电终端进行通信时,在配电运行监控前置服务器配置基于非对称密码算法的配网加密认证装置,对控制命令和参数设置指令进行签名操作,实现子站/配电终端对配电主站的身份鉴别与报文完整性保护;通过无线网络接入配电运行状态管控应用时,采用安全加密措施实现配电终端参数配置、版本升级等关键和敏感信息的加密传输;配电终端和配电主站之间关键和敏感信息的加密采取国家主管部门认可的对称密码算法。在终端和主站之间建立链路后,应用数据传输之前,需要进行双向身份认证。身份认证由主站发起,终端被动响应。具体过程如下:

① 主站从配电加密认证装置(密码机)取主站随机数 R1,发送给终端。

② 终端从安全芯片取终端随机数 R2,将 R1+R2 签名后发送给主站。

③ 主站用终端证书验证签名,完成主站对终端的身份验证;之后主站对终端随机数 R2 签名,将结果发送给终端。

④ 终端验证主站签名的正确性,验证通过完成终端对主站的身份认证。

# 7.5 典型配电网自动化主站系统

配电网自动化主站系统在国内外已经有较长的发展历史,得到了很普遍的应用,已成为配电网调度、控制和管理的重要手段和工具。以下简要介绍国内两种典型的配电网自动化主站系统。

## 7.5.1 CSGC-3000/DMS 配电网自动化主站系统

CSGC-3000/DMS 系统基于四方公司 CSGC-3000 平台开发,充分利用通用平台对底层硬件和操作系统的封装,获得更好的可靠性、灵活性和可移植性。系统采用商用关系数据库管理系统,支持 Oracle、SQL Server、DB2、Sybase 等主流商用关系数据库系统,也支持 MySQL 等开源数据库管理系统。

CSGC-3000/DMS 系统的典型结构如图 7-22 所示。按照《全国电力二次系统安全防护总体方案》中对安全区的划分,配电网自动化主站系统主要部分处于安全区Ⅰ,与处于安全区Ⅱ、安全区Ⅲ的其他信息系统之间必须进行有效隔离。Web 服务器一般配置到安全区Ⅲ。

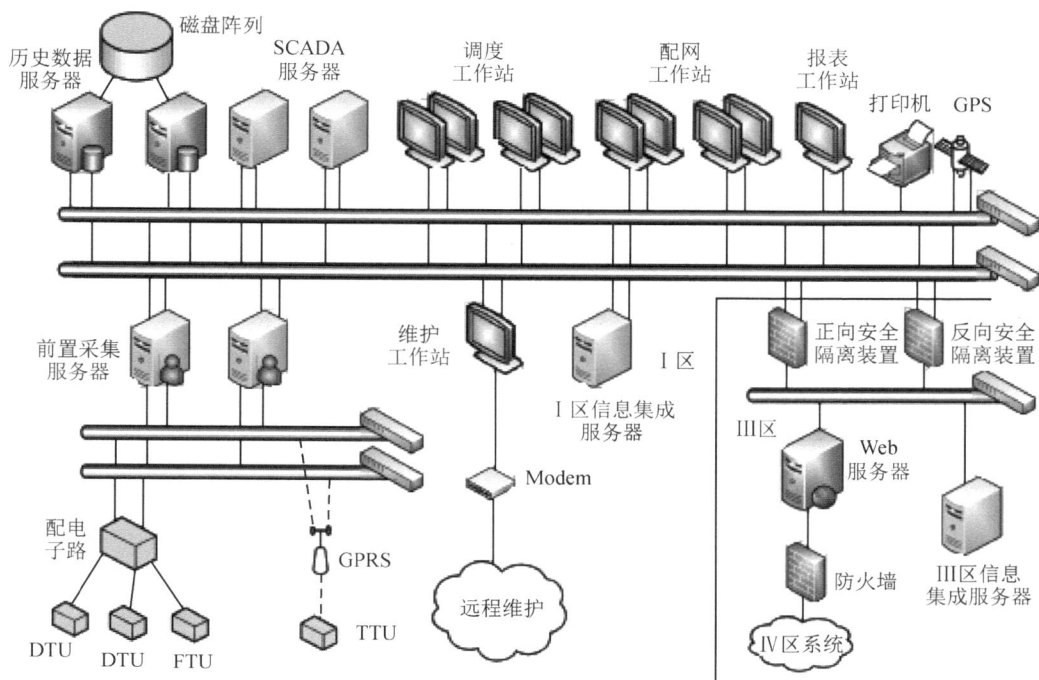

**图 7 - 22　北京四方公司 CSGC - 3000/DMS 系统典型结构图**

CSGC - 3000/DMS 系统典型配置适用于地市级或县城配电网自动化主站系统,且可根据需要灵活剪裁,最简单的情形下可以把各种应用功能高度集成到 1～2 台工作站上,对"集成型"的系统可以扩充配电网高级应用服务器。

CSGC - 3000/DMS 系统主要特点包括:

① 分层分布的组件化设计,实现"即插即用"的灵活集成。

② 全面支持 IEC 61970/IEC 61850 标准,保证了平台的开放性。

③ 实现负载分担与多重冗余备份。

④ 高性能、大容量、分布式实时数据库,为网络数据统一提供技术支持。

⑤ 确保系统不间断运行的增量/在线修改机制。

⑥ 面向配电网核心业务,提供成熟、稳定、可靠、实用的配电网运行和分析功能。

⑦ 密切配合终端设备,可灵活配置馈线自动化运行方式,实现配电网故障的智能处理。

⑧ 可充分利用已有图形和数据,构建完整的配电网数据模型。

⑨ 将图形建模工具与生产流程相结合,建立基于馈线的图资管理系统。

⑩ 完善的配电网高级应用功能,为配电网优化运行提供支撑平台。

⑪ 支持调配一体化的应用软件,可适用于调配控一体化场合。

⑫ 基于 UIB 实现企业信息集成和综合应用,实现数据共享。

⑬ "瘦"Web 特色,客户端实现了免维护。

⑭ 强大的前置通信及数据转发能力,适应配电网海量数据采集。

⑮ 完备的系统安全保证,全面满足安全需求。

## 7.5.2　OPEN-5200 系统

国电南瑞 OPEN-5200 新一代配电自动化主站系统是在"全面遵循 IEC 61970/61968 国际标准,以 SCADA 为基础,以配电网调度作业管理为应用核心,覆盖全部配电网设备,强调信息的共享集成及综合利用,涵盖整个配电网调度指挥的全部业务流程,实现配电网流程化的业务管理,全面提升配电网调度管理水平,向科学化的管理要效益"的设计理念指导之下,以"做精智能化调度控制,做强精益化运维检修,信息安全防护加固"为目标而研发的,OPEN-5200配电自动化系统典型结构如图 7-23 所示。

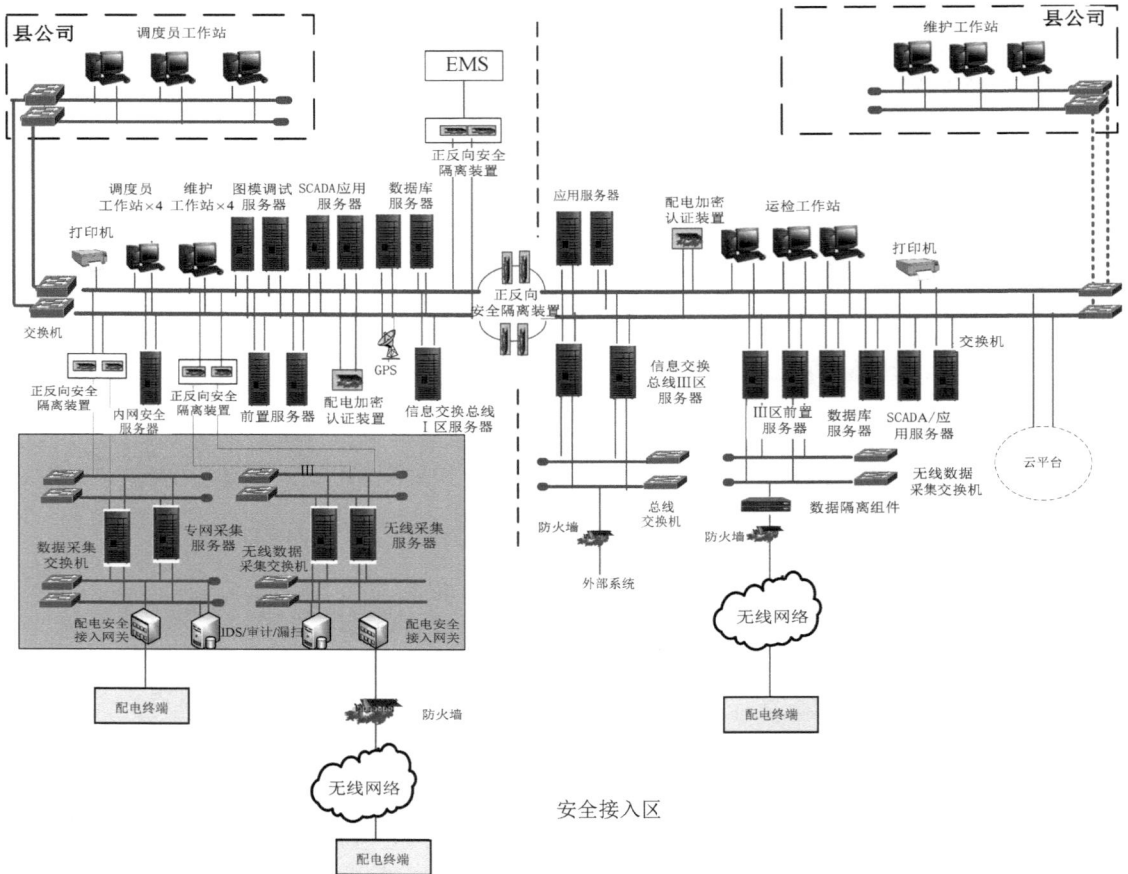

图 7-23　OPEN-5200 配电自动化系统典型结构

OPEN-5200 系统由"一个支撑平台、两大应用"构成,应用主体为大运行与大检修,信息交换总线贯通生产控制大区与管理信息大区,与各业务系统交互所需数据,为"两个应用"提供数据与业务流程技术支撑;"两个应用"分别服务于调度与运检。

生产控制大区与管理信息大区基于统一支撑平台,通过协同管控机制实现跨区业务应用支撑。一是支撑平台协同管控:在生产控制大区统一管控下,实现分区权限管理、数据管理、告警定义、系统运行管理等;支持配电主站支撑平台跨区业务流程统一管理;支持配电主站支撑平台跨区数据同步。二是应用协同管控:支持终端分区接入、维护,共享终端运行工况、配置参数、维护记录等信息;支持馈线自动化在管理信息大区的应用;支持基于录波的接地故障定位在生产控制大区的应用,以及多重故障跨区协同处理和展示;支持管理信息大区分析应用在生产控制大区的调用和结果展示。

# 7.6　馈线自动化

## 7.6.1　馈线自动化概述

馈线自动化(FA)又称配电线路自动化,它是配电自动化的重要组成部分,是配电自动化的基础,也是实现配电自动化的主要监控系统之一。馈线自动化是指在正常情况下,远方实时监视馈线分段断路器与联络断路器的状态和馈线电流、电压情况,并实现线路断路器的远方合闸和分闸操作,在故障时获取故障记录,并自动判别和隔离馈线故障区段,恢复对非故障区域供电。

馈线自动化的功能主要包括 FA 启动、故障区间判定、隔离方案执行以及非故障区域恢复供电。系统根据配置的 FA 模式,监听断路器分闸和保护的动作信号,满足启动条件后,等待一段时间搜索线路上的配网保护信号动作情况,然后确定故障区间,生成隔离方案和非故障区间进行故障区间隔离和非故障区域恢复供电。

馈线自动化是电力系统现代化的必然趋势,其意义在于:首先,当配网发生故障时,能够迅速查出故障区域,自动隔离故障区域,及时恢复非故障区域用户的供电,因此缩短了用户的停电时间,减少了停电面积,提高了供电可靠性。其次,馈线自动化可以实时监控配电网及其设备的运行状态,为进一步加强电网建设并逐步实现配电自动化提供依据。此外,实现配电网自动化是电力系统发展的需要,而馈线自动化技术是配电网自动化的核心,馈线自动化是配电网提高供电可靠性、减少供电损失直接有效的技术手段和重要保证,因此是配电网建设与改造的重点。馈线自动化能够使电网运行更加智能化,从而逐步实现配电网自动化的发展要求。

## 7.6.2　FA 主要功能

馈线自动化是提高配电网可靠性的关键技术之一。配电网的可靠、经济运行在很大程度上取决于配电网结构的合理性、可靠性、灵活性和经济性,这些又与配电网的自动化程度紧密相关。通过实施馈线自动化技术,可以使馈线在运行中发生故障时,能自动进行故障定位,实施故障隔离和恢复对健全区域的供电,提高供电可靠性。传统的 FA 依赖重合器顺序重合或主站遥控实现其控制功能,处理时间约数分钟。高级配电自动化中的 FA 应用分布式智能控制技术,能将控制时间减少至 1 s 以内,同时应用闭环运行、动态电压恢复、分布式能源(DER)、微网等技术,实现馈线故障无缝自愈。FA 的功能主要包括以下几方面。

**(1) 运行状态监测**

主要进行馈线运行数据的采集与监控。监控内容主要包括所有被监控的线路的电压幅值、电流、有功功率、无功功率、功率因数、电能量等电气参数,配电网络运行工况的实时显示(10 kV 侧断路器,线路分段断路器,联络断路器的遥控);故障记录和越限报警处理;事件顺序记录;扰动后记录;报表生成和打印;必备的计算和图形编辑。通过运行状态的监测,可以实现远动或者四遥(遥信、遥测、遥控、遥调)功能。

**（2）控制功能**

控制功能分为远方控制和就地控制，与配电网中可控设备（主要是开关设备）的功能有关。如果开关设备是电动负荷开关，并有通信设备，则可以实现远方控制分闸或合闸；如果开关设备是重合器、分段器、重合分段器，它们的分闸或合闸是由这些设备被设定的自身功能所控制，则称为就地控制。远方控制又可以分为集中式和分散式两类。所谓集中式，是指由 SCADA 系统根据从 FTU 获得的信息，经过判断进行的控制，也可以称为主从式；分散式是指 FTU 向馈线中相关的开关控制设备发出信息，各控制器根据收到的信息综合判断后实施对所控开关设备的控制。除了上述事故状态下的控制以外，在正常运行时还可以实行优化控制，如选择线损最小或较小的运行方式对开关设备进行控制。

**（3）故障定位和网络重构**

在配电网中，若发生永久性故障，则通过开关设备的顺序动作实现故障区隔离，在环网运行或环网结构、开环运行的配电网中实现负荷转供，恢复供电。当切除了配电网中的故障设备后，在满足一定约束的条件下，为了减少停电面积从而尽可能地保证用户供电而进行的网络结构调整，称为配电网故障后重构。这一过程是自动进行的。在发生瞬时性故障时，因切断故障电流后故障自动消失，所以可以通过开关自动重合而恢复对负荷的供电。

**（4）无功补偿和调压**

馈线自动化主要是通过线路上无功补偿电容器组的自动投切控制和电压调节器调节实现电压控制。配电网中无功补偿设备主要有安装在变电站的和安装在用户端的两种。前者在变电站自动化中加以控制和调节；后者一般为就地控制。但是在小容量配电变压器难以实现就地补偿的情况下，在中压的配电线路上进行无功补偿仍有广泛的应用。通常采用自动投切开关或安装控制器两种方法加以实施。配电网内无功补偿设备的投切一般不作全网络的无功优化计算，而是以某个控制点（通常是补偿设备的接入点）的电压幅值为控制参数，有的还采用线路或变压器潮流的功率因数和电压幅值两个参数的组合作为控制参数。这一功能旨在保持电压水平，提高电压质量，并减少线损。

# 7.6.3　FA 处理故障类型

馈线自动化主要采用就地、集中两种方式实现。配电主干环路主要采用集中控制的方式，通过主站系统协调，借助通信信息来实现控制；支线、辐射供电多采用就地控制方式，局部范围实现快速控制。近些年来，随着自动化程度的提升，还增加了主站集中式与就地分布式协调配合的控制方式。

**（1）主站集中式**

主站集中式处理方式是指配电网主站系统依靠多种通信方式（光纤通信、载波通信、无线通信等），将配电终端（FTU、DTU 等）采集到的故障信号（一般是过流信号）收集起来，结合主站系统已经建立的拓扑模型进行分析，得到故障区域，而后下发遥控命令，将故障区域周围的开关控分以隔离故障，再对相应的联络开关控合以转移非故障失电区域的负荷。集中式 FA 处理架构如图 7 - 24 所示。

主站集中式 FA 通过全面采集主网 EMS、配电终端上送运行和故障信息以及配电网络拓扑信息，实现配电网故障的识别、定位、隔离和恢复功能，具有很强的灵活性。下面以故障定位和隔离为例，对处理过程加以阐述。

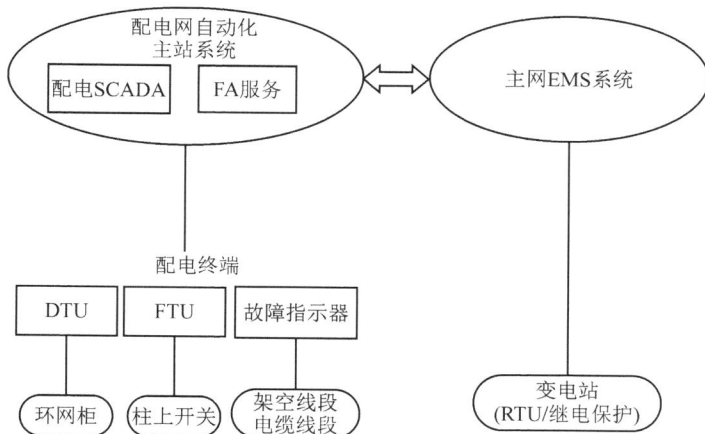

**图 7 - 24 集中式 FA 处理架构**

1) 故障定位

故障定位功能实现识别配电网发生瞬时故障或永久故障,并确定故障可能出现的最小区域。根据 FA 启动馈线的相关上送开关变位信号、保护动作信号和故障信号,按照故障前的配电网供电拓扑关系,根据故障发生在最末端上报故障信号的配电终端之后的原则可确定具体的故障位置区段。故障区域是由具备上报故障信号能力的设备和故障前处于分闸状态的开关作为边界的区域。对于瞬时故障,只进行故障定位处理。对于永久性故障,则进行后续的故障隔离和非故障区恢复供电处理。

① 开环运行馈线的故障点确定:故障点位于上报了过流故障信号(事故总、各种过流保护动作等)或单相接地故障信号的设备之后,并且位于具备上报过流故障信号或单相接地故障信号能力但是没有上报对应故障信号的设备之前。从电源点(变电站出口开关)出发进行拓扑搜索,如果某上报了故障信号设备之后没有设备上报故障信号,则说明故障点在此设备之后。

② 对于环网运行供电线路,如果上送故障信号中需包含故障方向信息,则结合故障方向信息,按照故障点只有故障流入方向、没有故障流出方向的原则来识别故障点设备。如果不具备故障方向信号,则环网运行时将只进行故障启动定位,不进行故障隔离和故障恢复功能。

③ 故障区域及边界确定:以故障点位置为起点,根据拓扑关系搜索所连接设备,直到遇到以下情况之一停止:

a. 分闸的开关设备。

b. 具备上报对应故障信号能力且 FA 功能未被闭锁以及设备通信正常。

c. 停止继续搜索的设备是故障边界设备,搜索路径上的设备属于故障区域内设备,可实现故障区域着色。

④ 瞬时/永久短路故障识别,统计此故障发生引起的跳闸开关信息,检查故障点上游的跳闸开关当前开关状态是否为合闸,确定故障点当前是否带电。如果故障点带电,则说明通过重合闸已经恢复了故障区供电,认为是瞬时故障,否则认为是永久故障。

⑤ 对于瞬时故障,只给出定位结果,不进行后续的故障隔离和恢复。

故障定位示意图如图 7 - 25 所示,根据拓扑分析可确定故障点在开关 FS2 之后,并搜索故障区域边界,由于 FS3 和 YS2 开关具备上送过流动作信号的能力但是没有相关信号动作变位的信息,因此确定故障发生在 FS2、FS3 和 YS2 开关之间的区域。

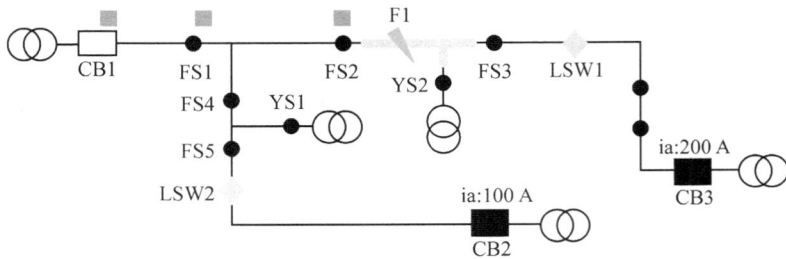

注：CB1~CB3：变电站 10 kV 出线开关；

　　FS1~FS5/YS1~YS2：具备配电自动化功能的柱上断路器或负荷开关（分段）；

　　LSW1/LSW2：具备配电自动化功能的柱上断路器（联络）。

**图 7-25　故障定位示意图**

2）故障隔离

根据故障定位出的故障区域范围，搜索故障区域的边界开关（对应开关安装了配电终端的或者是分闸状态的开关，则对应开关就是边界开关），故障前处于合闸状态的边界开关就是故障隔离方案中需操作的开关。对故障后仍处于合闸位置的开关进行分闸操作（可人工或者自动执行），就可完成对故障的隔离。变电站出线开关由相应的保护装置实现隔离操作，不包含在配电主站的隔离方案中。如果配置为自动故障隔离，则直接自动下发开关遥控操作命令，实现故障区域隔离。

故障隔离的关键处理过程如下：

① 从故障点向外进行拓扑连接搜索，确定故障区域的自动化边界开关设备。如果是自动隔离，则边界开关需要当前具备支持遥控功能；如果是人工隔离，则二遥开关可作为边界开关。

② 搜索到的故障前为合闸状态的边界开关形成故障隔离方案。

③ 根据具体配置情况，可判别负荷分支开关、分布式电源并网开关是否参与故障隔离，以减少隔离开关操作数量以及确保分布式电源可靠离网。

④ 检查故障边界开关的当前开关状态，如果当前开关状态为分闸，则说明此开关已经被就地自动化操作执行成功了，记录操作时间。

⑤ 如果开关当前为合闸且是自动隔离模式，则下发遥控命令给当前处于合闸状态的边界开关，实现故障隔离。如果遥控操作失败，则可进行扩大故障范围开关搜索，实现故障隔离扩控处理。

故障隔离示意图如图 7-26 所示，根据故障隔离方案搜索方法，从故障点向外搜索可查找到可遥控操作的开关包括 FS2、FS3、YS2，因此故障隔离方案为分闸 FS2，FS3，开关 YS2（配置了隔离负荷分支开关时）。

**（2）电压时间型**

电压时间型 FA 的处理方式分为纯电压型线路和混合型线路。纯电压型线路是指线路上没有电流型开关，只有电压型开关；混合型线路是指线路上既有电流型开关，又有电压型开关。电压时间型 FA 动作逻辑关键参数如表 7-2 所列。

纯电压型线路的 FA 处理策略是配电主站系统通过收集线路上电压型开关终端的闭锁信号和站内断路器动作情况，结合主站系统已经建立的拓扑模型进行分析，得到故障区域；再综合电压型开关就地隔离和闭锁信号的情况，生成隔离故障区域和恢复非故障区域的执行方案。

混合型线路的 FA 处理策略是配电主站系统通过收集线路上电压型开关终端的闭锁信

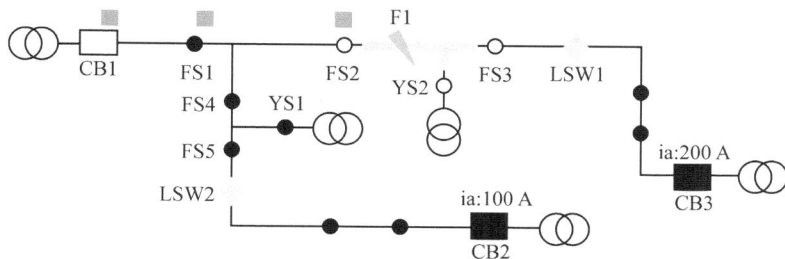

注：CB1～CB3：变电站 10 kV 出线开关；

　　FS1～FS5/YS1～YS2：具备配电自动化功能的柱上断路器或负荷开关(分段)；

　　LSW1/LSW2：具备配电自动化功能的柱上断路器(联络)。

图 7-26　故障隔离示意图

号、电流型开关中断的过流信号和站内断路器动作情况，结合主站系统已经建立的拓扑模型进行分析，得到精细的故障区域；再综合电压型开关就地隔离和闭锁信号、电流型开关的过流信号的情况，生成隔离故障区域和恢复非故障区域的执行方案。

表 7-2　动作逻辑关键参数

| 序　号 | 参数名称 | 单　位 | 默认值 | 参数含义 |
|---|---|---|---|---|
| 1 | 选线断路器 | s | — | 3 次重合闸；<br>与 CB 具备时间级差 |
| 2 | S/L 模式 | — | 0/1 | 分段或联络模式 |
| 3 | X 时间 | s | 7 | 开关关合前电源侧故障检测时间 |
| 4 | XL 时间 | s | 45 | 联络开关合闸等待时间(自动投入时) |
| 5 | Y 时间 | s | 5 | 开关关合后负荷侧故障确认时间 |
| 6 | Z 时间 | s | 3.5 | 瞬时性故障确认时间 |

下面分别以瞬时性故障和永久性故障为例，对处理过程进行简要阐述。

1) 瞬时性故障

① 10 kV 线路瞬时性故障动作逻辑。线路短路故障发生时，选线断路器跳闸，1.5 s 重合，由于重合时间小于 Z 时间(3.5 s)，选段开关不延时合闸，快速恢复送电。接地故障发生时由选线断路器(见图 7-27 中 FS1 开关)跳闸、重合，快速恢复送电。CB 开关具备 1 次重合闸，重合闸时间为 1.5 s(或 2.5 s)。线路短路故障发生时，若选线断路器拒动或 CB 开关先于选线断路器跳闸，则 CB 开关 1.5 s 重合，由于重合时间小于 Z 时间(3.5 s)，选段开关不延时合闸，快速恢复送电。

② 上级线路瞬时性故障动作逻辑。变电站 110(66) kV 备自投 4.5～5 s 切除故障电源，0.5 s 投入备用电源；10 kV/20 kV 备自投 5～5.5 s 切除故障电源，0.5 s 投入备用电源。当上级线路发生瞬时性故障时，10 kV/20 kV 开关失电、不分闸，10 kV 线路选线断路器不分闸、选段开关分闸(同时馈线终端 FTU 未检测到故障电流(线路未发生故障))，在备自投投入备用电源后，线路恢复供电时间(约 6 s)虽大于 Z 时间(3.5 s)，但因 FTU 并未检测到故障电流，故选段开关得电后不延时而立即合闸，线路快速恢复供电。

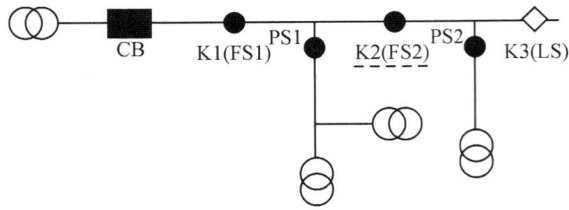

注：CB，变电站 10 kV 出线开关；

　　　K1(FS1)：具有接地故障选线功能的柱上断路器；

　　　K2/K3(FS2/LS)：具有选段功能的电压型负荷开关（分段/联络）；

　　　PS1～PS2：柱上分界负荷开关。

**图 7 - 27　就地自动化典型应用配置图**

2) 永久性故障

① 短路故障发生时，先经历 10 kV 线路瞬时性故障动作逻辑过程（躲避瞬时性故障），在选线断路器第 2 次重合闸（10 s）后，线路选段开关 X 时间依次延时合闸，合到故障点，故障点前端开关 Y 时间内跳闸并闭锁合闸，故障点后端开关 X 时间内跳闸并闭锁合闸，隔离故障区段。

② 接地故障发生时，变电站接地告警，选线断路器接地保护跳闸选出故障线路，选段开关因线路失电而分闸，然后选线断路器延时重合，选段开关依据零序电压-时间逻辑隔离故障。

**(3) 传统就地型**

传统就地型主要以电压-时间型为主，使用区域多为 C/D 类供电区域，大多为架空线路，供电可靠性要求相对低，综合考虑用户重要性、供电可靠性和投资规模，采用无线通信方式，实现就地型馈线自动化。

**(4) 智能分布式**

随着光纤通信技术的成熟和成本的大幅降低、CPU 处理能力的大幅提升，主网的差动保护技术得以在配电网中应用；同时随着电力可靠供电要求的逐步提升，高可靠性供电区域要求能够实现电力不间断持续供电，将事故隔离时间缩短至毫秒级，实现区域不停电服务，这对传统配电自动化系统的处理能力和时延等提出了更加严峻的挑战。未来随着分布式新能源的介入、电动汽车充电负荷的大量介入也对当前配电网的保护模式和运维方式提出了严峻的考验。因此，智能分布式 FA 成为了当前的研究重点，并且应用范围逐步扩大，必将成为未来配电网自动化发展的方向和趋势之一。

智能分布式 FA 是利用良好的网络通信实现的具有特殊原理的全线区域性馈线保护，其采用了一种全新的保护配合思路，来解决传统保护和集中仲裁式保护存在的问题。其基本原理是：在线路发生故障后，终端检出故障，并与相邻终端彼此相互通信，收集相邻开关的故障信息，综合比较后确定出发生故障的区段，最终隔离故障，并恢复非故障区的供电。智能分布式 FA 由于具有快速、简单、拓扑变化维护量小、简单统一等优点，因此，逐步得到了越来越多的应用。

基于光纤通信的分布式馈线自动化是一种集传统的三遥以及快速的配电网故障定位、隔离和非故障区域快速恢复供电的配电网自动化解决方案。它通过配电终端之间互相连接的光纤网络实时交互瞬时采样信息、就地监视信息以及实时拓扑信息，从而实现配电网故障定位、故障隔离和非故障区域恢复供电，并将故障处理的结果上报给配电主站。它同时通过光纤网络与配电自动化后台连接,实现传统配电自动化的三遥功能。被保护区域内,各核心单元之间采用手拉手光纤实现通信连接;相邻设备之间实时交互模拟量采样数据,以实现针对被保护区域内主干线路的纵联电流差动保护;所有设备之间实时交互系统状态信息(断路器位置状态、有压无压等),用于故障隔离与自愈合闸。各核心单元基于就地采集的母线上各支路电流,采用母差或简易母差算法实现母线保护功能;基于就地模拟量信息,采用三段式过流保护和三段式零序过流保护,实现针对馈出线的保护功能。基于 12 800 Hz 高速采样,采用暂态法与稳态法相结合的方法实现小电流接地方向判别,并基于方向判别结果实现小电流接地选线与定位。在故障定位的基础上,核心单元基于实时交互的系统状态信息,快速实现故障隔离和非故障失电区域供电。终端同时具备针对所有馈线的三遥功能,可实时上送本地状态信息和接收主站遥控命令,三遥功能可经加密处理。

# 7.6.4　FA 处理流程

系统通过监听 FA 启动的信号动作情况,再根据设定的启动条件,分析是否满足 FA 启动条件。如果满足启动条件,则根据设置的等待时间收集信号。收到动作信号,确定保护和分闸信号的设备关联性后,收集断面数据,然后根据信号的可信性和有效性,进行故障区域定位,分析出隔离和恢复方案。如果是全自动执行模式,则根据执行策略进行全自动执行;如果是交互模式,则弹出实时交互界面,由人工参与处理。如果全自动执行故障处理方案没有完成,则转交互提示调度员处理。具体 FA 处理流程图如图 7 - 28 所示。

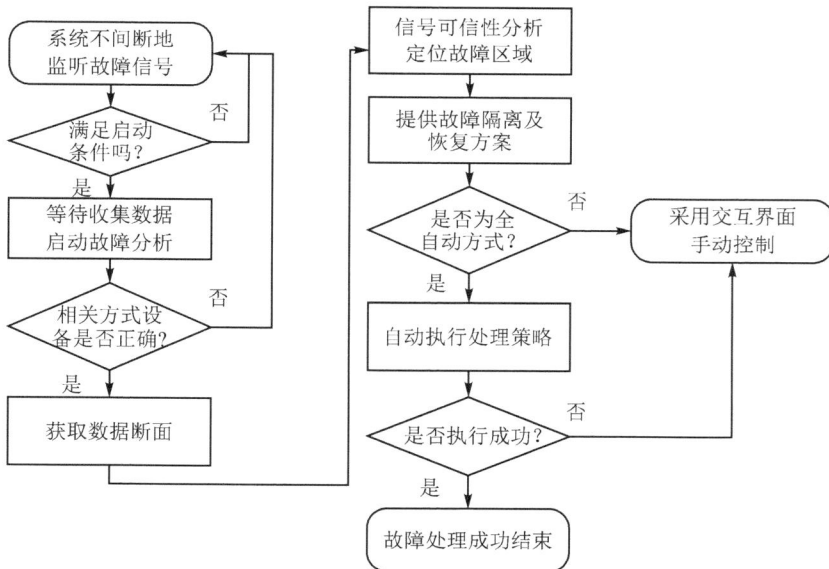

图 7 - 28　FA 处理流程图

# 第8章 输电线路在线监测与故障诊断

输电线路在线监测与故障诊断是指直接安装在输电线路设备上可实时记录表征设备运行状态特征量的测量、传输和诊断系统,是实现输电线路状态监测、状态检修的重要手段。通过对特高压输电线路、跨区电网、线路大跨越、灾害多发区线路的环境参数和运行状态参数的实时监测,开展输电线路运行状态评估,及时给出预警信息和状态检修策略,有利于及时采取措施预防事故的发生,提高输电线路的运行管理水平。

## 8.1 输电线路在线监测知识概论

输电线路是电力系统的大动脉,担负着电能输送和电能分配的任务,其运行状态直接决定着电力系统的安全稳定,保障输电线路安全对经济社会发展和人民生产生活至关重要。

输电线路按结构形式可分为架空输电线路和地下电缆输电线路。前者一般承担远距离高压电能传输,由线路杆塔、导线、避雷线、绝缘子和金具等构成,架空布设;后者则主要用于城市内的电力输送,一般敷设在地下或水下的专用沟道内。

随着近年来输电线路逐年增长,受大气候和微地形、微气象条件的影响,线路故障诱因增加,输电线路遭受雷击、冰害、舞动、山火、外力破坏事故等时有发生。由于输电线路广泛分布在平原及高山峻岭,直接暴露于风雪雨露等自然环境之中,在电、热、机械等长期负荷作用下会引起老化、磨损,性能下降,可靠性降低,进而危及电力安全运行。同时,由于输电线路常常需要跨越山川河流,所处环境地形复杂、环境恶劣、人烟稀少、交通不便,当野外线路发生故障时抢修难度较大,电力系统的安全稳定运行受到严峻的挑战。因此,对输电线路本体及其周边环境进行实时监测,将线路故障隐患消除于萌芽状态显得格外重要。

### 8.1.1 输电线路在线监测技术基本原理

由于高压输电线路纵横延伸几十甚至几百千米,处在不同的环境中,因此高压输电线路受所处地理环境和气候影响很大,每年电网停电事故主要由线路事故引起。传统输电线路检查主要依靠运行维护人员周期性巡视,虽能发现设备隐患,但由于本身的局限性,缺乏对特殊环境和气候的检测,在巡视周期的真空期也不能及时掌握线路走廊外力变化,极易在下一个巡视未到之前,由于缺乏监测发生线路事故。因此,高压输电线路在线监测系统应运而生。

输电线路在线监测技术基本原理可简述如下:污秽积累、缺陷发展、自然灾害等对输电线路的破坏大多具有前期征兆和一定的发展过程,表现为设备的电气、物理、化学等特性有少量渐进的变化,及时采集相应信息进行处理和综合分析后,根据其数值的大小及变化趋势,可预测设备的可靠性和剩余寿命,从而能及早发现潜伏故障,必要时可提供预警或报警信息。由于输电设备种类较多,结构差异很大,因此要求采用各种不同形式的传感器,将被测信号(电量和非电量)抽取出来,转换成监测装置可以监测的信号,并通过光缆送入监测系统。输电线路在线监测系统工作示意图如图8-1所示。

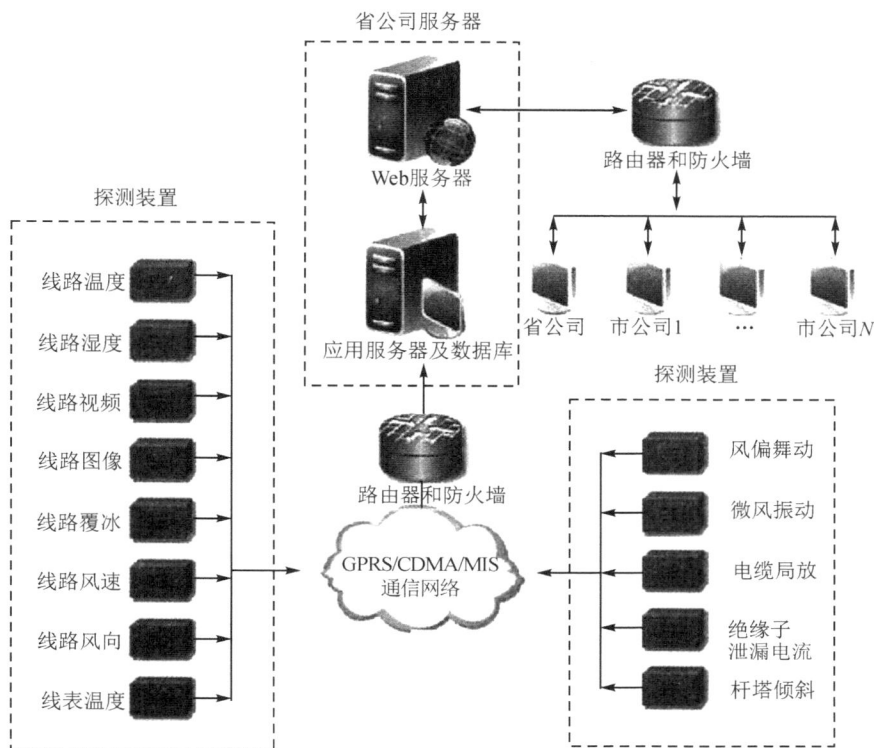

**图 8 - 1　输电线路在线监测系统工作示意图**

　　输电线路智慧在线监测方案主要针对气象灾害易发区域、塌陷易发区域,跨越高速铁路、跨越高速公路、跨越森林区域,以及地形复杂区域的高压输电线路和铁塔,利用先进的传感、通信、视觉行为和大数据分析等技术,以实现电力输电线路智能化、科学化的综合监测,从而全面提高电网系统的全息感知能力。根据设备各项数据的发展和变化,安排设备进行检修和维护,减少线路停电次数和时间,提高供电可靠性。

　　高压输电线路在线监测系统由若干监测子站和服务器组成。其中,监测子站部署在电力杆塔上,其自身又由监测子站主机和一系列数据采集单元等组成。监测子站主机内置 GPRS/4G 网络通信模块、充电控制器等,监测子站负责从各采集单元接收数据,并将其通过 GPRS/4G 网络发送给远程服务器,实现输电线路的远程视频、微气象、覆冰、杆塔倾斜、弧垂/风偏、防盗报警、雷击、舞动等线路情况实时监测,大幅提升高压输电线路在线监测的精准性以及决策处置的智能化水平。输电线路智慧在线监测方案如图 8 - 2 所示。

# 8.1.2　输电线路在线监测系统基本组成

　　输电线路在线监测系统由光纤传感、电子测量、无线通信、太阳能板及相关软件等组成,实现对导线覆冰、导线温度、导线弧垂、导线微风振动、导线舞动、次档距振荡、导线张力、绝缘子串风偏(倾斜)、杆塔应力分布、杆塔倾斜、杆塔振动、杆塔基础滑移、绝缘子污秽、环境气象、图像(视频)、杆塔塔材被盗等状况的实时在线监测。输电线路在线监测系统基本组成如图 8 - 3 所示。

　　输电线路在线监测系统通常包含监测单元、在线监测基站、监测管理平台等,是典型的二级网络结构。其工作过程如下:在导地线、绝缘子、杆塔上安装监测单元,实时或定时将受控监

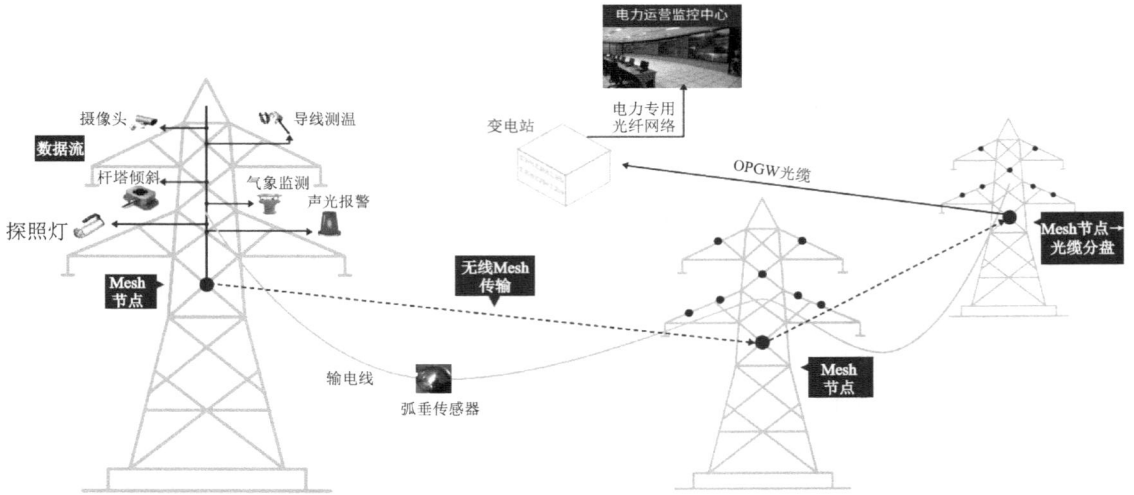

图 8 - 2　输电线路智慧在线监测方案

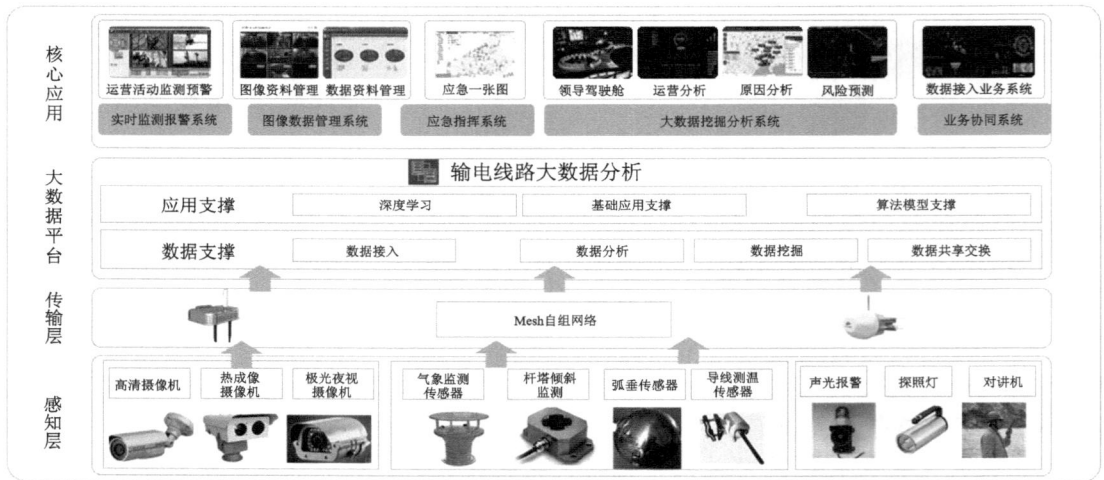

图 8 - 3　输电线路在线监测系统基本组成

测设备的状态数据及气象环境等信息,通过无线传感器网络发送至装在杆塔上的在线监测基站,基站再通过无线传输通信网络将信息数据发送至监测管理平台,监测管理平台对信息进行储存、分析处理、显示及预警等。监测管理平台也可发出控制指令,通过监测基站控制监测单元进行数据采集,或改变检测单元的工作状态。

　　监测单元:监测单元基于各种监测原理的传感器及测量装置,如微气象条件监测单元、导线温度监测单元、盐密监测单元等。监测单元能进行相应状态参量的采集、测量,通常设置有短距离无线通信接口,用来与在线监测基站进行数据通信。

　　在线监测基站:在线监测基站接收现场监测单元的实时数据,实现无线传感器网络和后端通信网络两个协议栈的转换,并经过相应的转换,转变为后端协议,将数据发送到监测管理平台。基站还可以接受后端监测管理平台的指令及对现场做出的判断,按一定的工作模式,发送控制指令,控制监测单元采集数据,还可以改变监测单元节点的运行状态。

监测管理平台：监测管理平台集成通信控制子系统、数据库平台、数据分析子系统和显示发布子系统等，按照数据信息的流程分为数据采集层、数据处理层、数据中心层、数据分析层和状态评估及检修层。

监测单元、在线监测基站及监测管理平台等系统组成部分所采用的传感器技术、装置的供电技术、信息传输处理及诊断技术，是在线监测装置的关键技术。

在线监测系统采用模块化设计，可以独立使用，也可以自由组合，在线监测系统功能模块组合如图 8-4 所示。

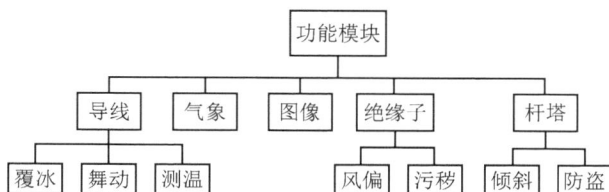

图 8-4　在线监测系统功能模块组合

## 8.1.3　输电线路监测系统保障

### 1. 监测装置电源实现

① 监测装置采用太阳能对蓄电池浮充的方式进行供电，对日照相对较弱地区也可同时采用太阳能及风能对蓄电池进行充电的方式进行供电。

监测装置安装于铁塔上，安装较为困难，因此减小设备体积及重量成为监测装置设计首要考虑的因素。根据 Q/GDW 242—2010《输电线路状态监测装置通用技术规范》的要求，监测装置采用超低功耗技术，装置待机电流保持在 20 mA（12 V）以内。正常情况下数据采集装置配置 12 V-33AH 电池即可连续运行 30 天以上，且具备体积小、重量轻的特点，有利于现场安装。

在线监测装置电源系统示意图如图 8-5 所示。

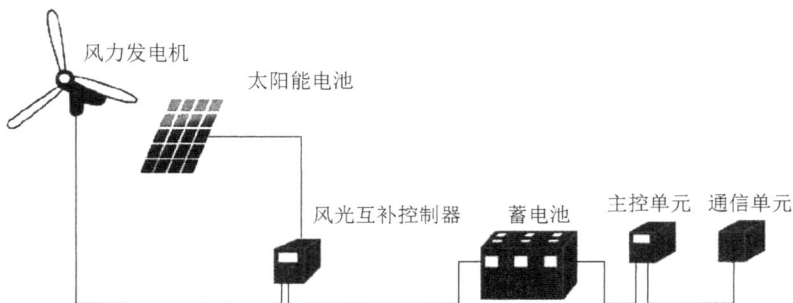

图 8-5　在线监测装置电源系统示意图

② 安装在导线上的监测装置采用以下两种方式进行供电：

a. 特种高能电池：采用特种高能电池进行供电，体积小、重量轻、耐高低温，使用寿命达 8 年以上。

b. 感应取能对蓄电池充电：采用高能感应线圈取电及对蓄电池进行浮充的方式进行供

电,取电效率高,通信模块可实时在线。

**2. 监测装置通信技术**

① 数据采集单元(导线温度、导线舞动、导线张力、导线弧垂等)与塔上监测装置之间采用 RF、ZigBee、WiFi 等方式进行通信,通信距离为 1~3 km。

② 塔上监测装置与 CMA(状态监测代理)之间采用 RJ45、RF、ZigBee、WiFi 等方式进行通信。

③ CMA 或集成有 CMA 功能的监测装置与 CAG(状态信息接入网关机)之间采用 OPGW、WiFi、GPRS/CDMA/4G、卫星等方式进行通信。具备光纤接入条件杆塔上的监测装置,采用光端机将杆塔上的数据传输至中心 CAG,实现数据落地;不具备光纤接入条件杆塔上的监测装置通过无线(WiFi)网络将各监测装置数据汇总至有光纤接入杆塔的监测装置上,利用光交换机将无线监测装置数据传输至中心 CAG。系统分层通信的分层结构图如图 8-6 所示。

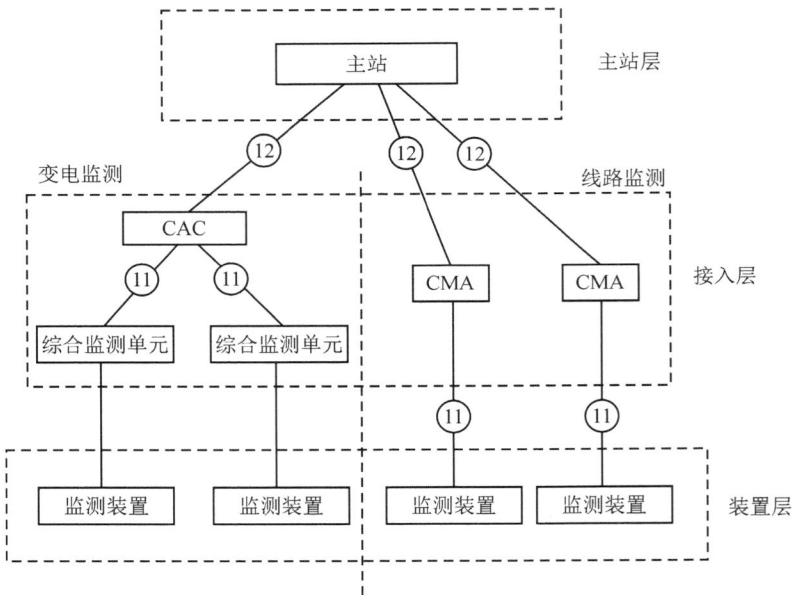

**图 8-6  系统分层通信的分层结构图**

# 8.1.4  输电线路监测装置系统主要功能

① 能探测空气温度。

② 能探测湿度。

③ 能探测雨量。

④ 能探测风速和风向。

⑤ 能探测气压。

⑥ 能探测线表温度。

⑦ 能探测绝缘子的泄漏电流,计算出污闪告警。

⑧ 能探测覆冰的厚度,计算覆冰告警。

⑨ 能上传视频图像或图片，实时监控现场。

⑩ 具备太阳能供电功能。

⑪ 具备防雷击设计。

⑫ 设计防腐、防高磁、防高压。

⑬ 传输通信通道可以兼容 GPRS、CDMA、4G、Internet 或性能更优越的通信形式。

# 8.2　输电线路状态监测与故障诊断系统

## 8.2.1　输电线路在线监测、状态监测和状态检修

在线监测是通过在线监测装置（各种在线监测技术）在不影响设备运行的前提下实时获取设备的状态信息，它是状态监测的重要信息来源。目前状态监测包括在线监测、必要时的离线检测及试验，以及不与运行设备直接接触的（如 GPS 巡检、图像、红外监测等）所有可得到运行状态数据的几种监测手段。

设备的"故障诊断"：根据状态监测所得到的各测量值及其运算处理结果所提供的信息，采用所掌握的关于设备的知识和经验进行推理判断，找出设备故障的类型、部位及严重程度，从而提出对设备的检修处理建议。

状态检修从理论上讲是比预防检修层次更高的检修体制。状态检修是基于设备的实际工况，根据其在运行电压下各种绝缘特性参数的变化，通过分析比较来确定电气设备是否需要检修，以及需要检修的项目和内容，具有极强的针对性和实时性。因此，可以简单地把状态检修概括为"当修即修，不做无为检修"。目前大多认为状态监测检修主要包含状态监测、状态分析与故障诊断、检修决策等三个单元，其相互之间协调和修正，但状态检修技术随着在线监测技术的不断发展而逐渐进入实用化。与状态分析密切相关、能直接提高状态检修工作质量的理论与技术主要包括 4 个方面的内容，即线路检修准则、设备寿命管理与预测技术、设备可靠性分析技术、专家系统。

### 1. 状态监测与故障诊断的意义

状态监测与故障诊断技术的由来及发展，与十分可观的故障损失以及设备维修费密切相关，而状态监测与故障诊断的意义则在于有效地遏制了故障损失和设备维修费用。具体可归纳为如下几个方面：

① 及时发现故障的早期征兆，以便采取相应的措施，避免、减缓、减少重大事故的发生。

② 一旦发生故障，能自动记录下故障过程的完整信息，以便事后进行故障原因分析，避免再次发生同类事故。

③ 通过对设备异常运行状态的分析，揭示故障的原因、程度、部位，为设备的在线调理、停机检修提供科学依据，延长运行周期，降低检修费用。

④ 可充分地了解设备性能，为改进设计、制造与检修水平提供有力证据。

### 2. 输电线路在线监测技术

近年来，随着电力系统状态检修工作的开展和智能电网的建设，输电线路在线监测技术得到迅速发展。2008 年初的罕见冰雪灾害发生后，国家电网公司、南方电网公司均加大了对输

电线路覆冰、舞动的研究投入。2010年国家智能电网规划总报告中提出加大对输电线路状态监测装置及其系统的研制开发，全面建成覆盖全网范围的总部和各网省公司输电设备状态监测系统，利用先进的测量、信息、通信和控制等技术，以线路运行环境和运行状态参数的集中在线监测为基础，实现对特高压线路、跨区电网，以及大跨越、灾害多发区的环境参数（温度、湿度、风速、风向、雨量、气压、图像等）和运行状态参数（污秽、风偏、振动、舞动等）进行集中实时监测，开展状态评估，实现灾害的预警。

**（1）在线监测技术重点和难点**

① 可靠性——现场运行环境、可靠性措施。

② 低功耗——现场环境的取能方式、免维护、小型化。

③ 电源可靠性问题。

④ 传感器特性和质量问题——新产品（缺运行经验）、老产品、安装方式。

⑤ 干扰问题。

⑥ 积累运行经验，完善专家系统，制定监测标准。

⑦ 在线监测管理问题。

**（2）在线监测装置布点原则**

输电线路在线监测装置的现场布点应遵循必要性和科学性的原则，统筹考虑，优化设计。现场布点应在核心骨干网架的重要线路、战略输电通道、巡线或抢修困难地区、微地形微气象地区、采空区或地质不良区、重要跨越区段、外力破坏多发区等。在线路运行科学分析的基础上，选用安全可靠、技术先进、功能适用、维护方便的在线监测装置。各类型现场布点原则包括：

① 导线温度在线监测装置宜安装在需要提高线路输送能力的重要线路和跨越主干铁路、高速公路、桥梁、河流、海域等区域的重要跨越段。

② 导线弧垂在线监测装置宜安装在需验证新型导线弧垂特性的线路区段和曾因安全距离不足导致故障频发（如线树放电）的线路区段。

③ 导线覆冰在线监测装置宜安装在重冰区部分区段线路和迎风山坡、垭口、风道、大水面附近等易覆冰特殊地理环境区，还可安装在与冬季主导风向夹角大于45°的线路易覆冰舞动区。

④ 舞动在线监测装置宜安装在曾经发生舞动的区域，也可安装在与冬季主导风向夹角大于45°的输电线路、档距较大的输电线路，还可安装在大跨越区或安装在易发生舞动的微地形、微气象区的输电线路。

⑤ 微风振动在线监测装置宜安装在跨越通航江河、湖泊、海峡等的大跨越、可观测到较大振动或发生过因振动断股的档距处。

⑥ 杆塔倾斜在线监测装置宜安装在采空区、沉降区和不良地质区段，如河道、冻土区、土质松软区、淤泥区、易滑坡区、风化岩山区或丘陵地带等。

⑦ 微气象在线监测装置宜安装在大跨越区、易覆冰区和强风区等特殊区域区段（高海拔地区的迎风山坡、垭口、风道、水面附近、积雪或覆冰时间较长的地区），也可安装在因气象因素导致故障（如风偏、非同期摇摆、脱冰跳跃、舞动等）频发的线路区段，还可安装在传统气象监测盲区，以及行政区域交界、人烟稀少区、高山大岭区等无气象监测台站的区域。

⑧ 风偏在线监测装置宜安装在曾经发生过风偏放电的直线塔悬垂串或耐张塔跳线中，也

可安装在常年基本与主导风向(大风条件下)垂直的档距或常年风速过大的地区的线路中,还可安装在对地风偏放电的线路中。

⑨ 现场污秽在线监测装置宜安装在现有的污区等级点,也可安装在范围内污染最严重的地点,还可安装在曾经发生过污闪事故或现有爬距不满足要求的区域,如煤矿、煤场、石材、化工厂等污秽等级高的地区。

⑩ 图像/视频在线监测装置宜安装在外力破坏易发区(违章建房、开山炸石、吊车施工等外力破坏易发区域)、火灾易发区、易覆冰区、通道树木(竹)易生长区、偏远不易到达区和其他线路危险点、缺陷易发段。

各类在线监测装置的选取应以现场运行环境和实际需求为基础,对同一走廊多条线路或环境条件、气象条件相近地区,应统筹优化考虑现场布点,避免不必要的浪费。

## 8.2.2　输电线路设备在线监测与故障诊断系统的内容

设备在线监测与故障诊断系统以现代科学中的系统论、控制论、可靠性理论、失效理论、信息论为理论基础,以包括传感器在内的仪表设备和计算机为技术手段,结合监测对象的特殊性,有针对性地对各运行参数进行连续监测,对设备状态做出实时评价,对故障提前预报并做出诊断,变故障停运为计划停运,减少停运或避免事故扩大化,使企业对设备的检修管理从计划性检修、事故性检修逐步过渡到以状态监测为基础的预防性检修,提高企业设备管理现代化水平,创造巨大的经济效益。

### 1. 状态监测与故障诊断系统分类和基本单元

监测与诊断系统按构造复杂程度可分成以下几种类型:① 简易式,如便携式数据采集器等。② 以单片机为核心的监测装置。③ 以计算机为核心的监测系统,采用单台计算机代替单片机,直至发展为分级管理的分布式监测诊断系统。

监测与诊断系统包括以下基本单元:① 信息的检出及适配单元。由相应的传感器从待测设备上将采集到的信息传送到后续单元。对于固定式监测系统,因数据处理单元远离现场,需配置专门的信息传输单元;对便携式检测装置,只需对信号进行适当的变换和隔离。检出反映设备状态的物理量(特征量)并将其转换为合适的电信号,向后续单元传送。② 数据采集及前置单元。对传感器变送来的信号进行预处理,主要是对混杂在信号中的干扰进行抑制以提高信噪比。对经过预处理的信号进行 A/D 转换及采集记录。③ 信息的传输单元。④ 数据处理单元。对所采集到的数据进行处理和分析,例如读取特征值,做时域频域分析、平均处理等,为诊断提供有效的数据。⑤诊断单元。对处理后数据及历史数据、判断、规程以及运行经验等进行分析比较,对设备的状态及故障部位做出判断,为采取进一步措施(如是否需要退出运行、安排检修计划等)提供依据,必要时提供预警。

由于特征量和状态不是一一对应的,需做综合性的分析与判断,专家的经验会发挥重要作用。人工智能的重要分支专家系统在诊断技术中的应用已得到重视。

### 2. 状态监测与故障诊断系统的组成和架构(见图 8 - 7)

① 输电线路状态监测装置(CMD)。输电线路状态监测装置是一种满足测量数字化、输出标准化、通信网络化特征,具备自检、自恢复功能,能够实时采集输电线路本体运行状态、气象、通道环境等信息,并通过通信网络,将信息传输到状态监测代理装置或输电线路状态监测

主站系统的测量装置,简称 CMD。

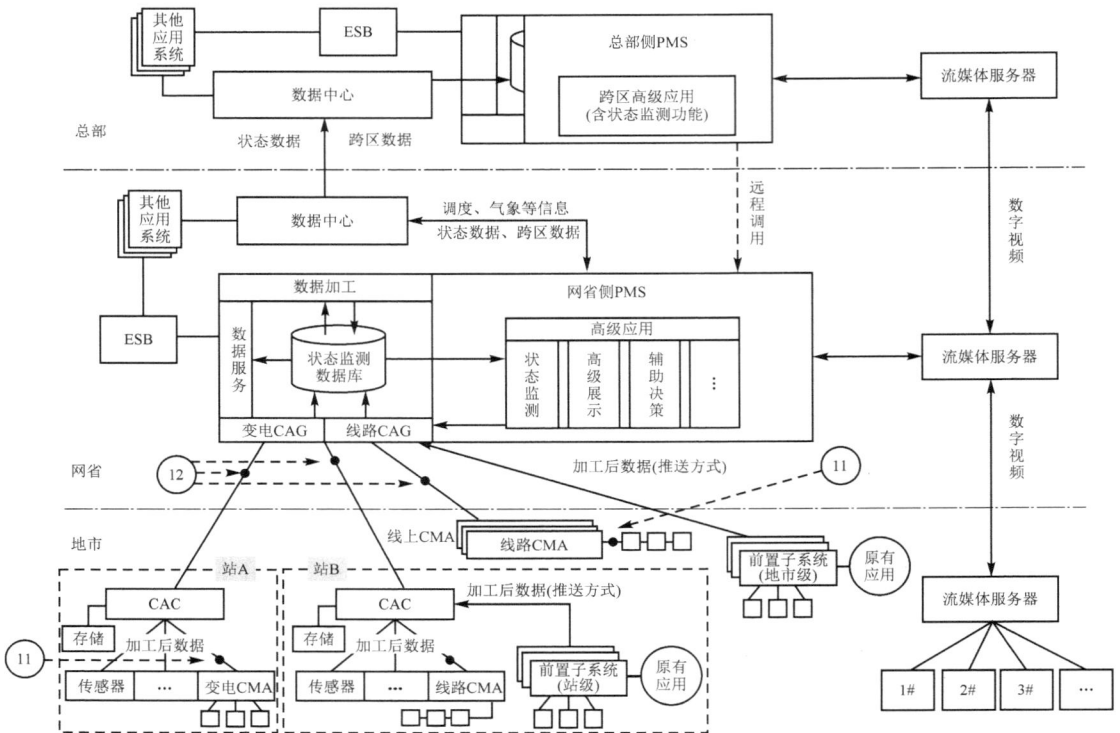

**图 8 - 7　状态监测与故障诊断系统的组成和架构**

② 输电线路状态监测代理(CMA)。CMA 的一侧通常以 RS485 串行通信方式或者短距离无线通信方式接入以本杆塔为中心的周边一定范围内的各种输电线路状态监测传感器(跨厂家、跨专业甚至跨线路),接收它们发出的状态监测数据;一侧通过无线公网或基于 OPGW (光纤复合架空地线)等技术的沿线通信专网连接主站 CAG,向 CAG 集中发送标准化后的状态信息。

CMA 形态可分为独立装置形态的 CMA、嵌入组件形态的 CMA、前置子系统形态的 CMA 三种,分别应用在不同的场合。输电线路状态监测代理-安全防护如图 8-8 所示。

③ 状态信息接入控制器(CAC)的主要功能如下:

a. 实现整个在线监测系统的运行控制,以及站内所有变电设备在线监测数据的汇集、综合分析、故障诊断、监测预警、数据展示(站端二级主站系统)、存储和标准化数据转发等功能。

b. 对站内在线监测装置、综合监测单元以及所采集的状态监测数据进行全局监视管理,支持人工召唤和定时自动轮询两种方式采集数据,可实现对在线监测装置和综合监测单元安装前和安装后的检测、配置和注册等功能。

c. 建立统一的数据库,进行时间序列存盘,实现在线数据的集中管理,并具有与上层平台通信及站内信息一体化平台交互的接口。

d. 系统具有可扩展性和二次开发功能,可接入的监测装置类型、监视画面、分析报表等不受限制;同时系统功能亦可扩充,应用软件采用 SOA 架构,支持状态检测数据分析算法添加、删除、修改操作,能适应在线监测与运行管理的不断发展。

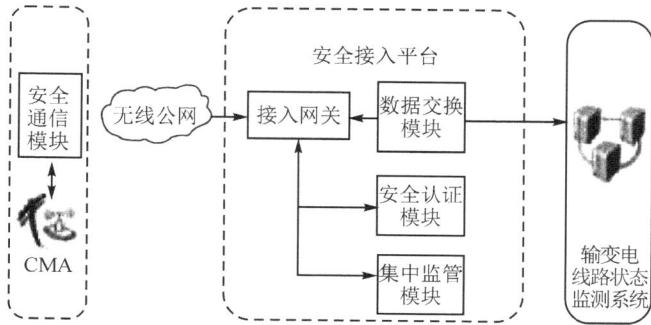

**图 8-8　输电线路状态监测代理-安全防护**

④ 状态信息接入网关机（CAG）。它是部署在主站侧的，能以标准方式远程连接各类状态监测代理 CAC，接收它们所发出的标准化状态信息，并对它们进行标准化控制的计算机。

⑤ 视频监控系统。视频监控应用包括视频/图像预览、画面组合、云台控制、录像回放、报警显示、系统管理与配置、安全加密和日志管理。

⑥ 输电线路状态监测与故障诊断主站。状态监测应用功能主要包括以下几大类：

a. 基于图形的全局可视化展现类；

b. 基于设备对象的局部集成化展现类；

c. 针对单体设备的状态分析、诊断、评价和预测功能；

d. 查询统计类；

e. 监测设备管理与配置类；

f. 系统管理与配置类。

故障诊断专家系统功能：智能故障诊断专家系统整合了丰富的故障诊断知识，应用人工智能技术，以人工神经网络、模糊和规则推理得出故障原因和处理对策，并在运行过程中应用工程知识不断积累经验，丰富知识库，提供故障发生的原因以及治理措施，实现操作开环控制。某输电线路在线监测告警阈值如表 8-1 所列。

**表 8-1　某输电线路在线监测告警阈值**

| 类　型 | 报警参数 | 正常值 | 预警值 | 报警值 |
|---|---|---|---|---|
| 弧垂监测 | 导线弧垂。$L_{MAX}$ 为该档导线设计最大弧垂 | $0 < L < 0.8\,L_{MAX}$ | $L_{MAX}$ | $L \geqslant 1.15 L_{MAX}$ |
| | 等值覆冰厚度/mm。$D$ 为设计冰厚 | $0 \sim 0.2D$ | $0.3D$ | $0.6D$ |
| 导线覆冰 | 不均衡张力差/kN | <单相导线的最大使用张力×15% | >单相导线的最大使用张力×20% | >单相导线的最大使用张力×25% |
| 微风振动 | 微风振动。In 为微风振动幅值（动弯应变）设计值 | <0.75In | 0.75In | ≥In |

| 类 型 | 报警参数 | 正常值 | 预警值 | 报警值 |
|---|---|---|---|---|
| 杆塔倾斜 | 50 m 及以上高度杆塔 | ＜杆塔高度×0.4% | 杆塔高度×0.4%≤预警值＜杆塔高度×0.5% | ≥杆塔高度×0.5% |
| | 50 m 以下高度杆塔及钢筋混凝土电杆 | ＜杆塔高度×0.8% | 杆塔高度×0.8%≤预警值＜杆塔高度×1% | ≥杆塔高度×1% |
| 导线温度 | 导线测温。$T_{MAX}$ 为对应类别导线允许的温度 | ＜$0.85T_{MAX}$ | $0.85T_{MAX}$ | ≥$T_{MAX}$ |
| 污秽度监测 | 根据所在污区等级不同，制定相应的预警报警值 | | | |
| 微气象 | 标准风速 | 依据设计设定 | 90%设计值 | 100%设计值 |
| 导线舞动 | 垂直舞动幅值 | 小于弧垂20% | 弧垂20% | 弧垂30% |
| 导线风偏 | 风偏角 | 小于70%设计值 | 70%设计值 | 90%设计值 |
| 图像监测 | 图像监测装置运行情况 | 图片清晰 | 图片出现异常（如：花屏等） | 无图、黑图 |
| | 图像数据展示情况 | 杆塔周围无外物 | 人员、车辆接近线路杆塔，有外力破坏风险 | |

# 8.3 输电线路在线监测装置通用技术

## 8.3.1 输电线路在线监测装置电源

由于大部分输电线路在线监测装置都安装在野外,故相关能量的供应都很不方便。现在主流的装置电源都是通过太阳能供电、风能供电、风光互补供电或耦合感应取能,所以电源的稳定性直接影响在线监测装置的可靠性。电源是输电线路在线监测装置中很重要的部分。

**1. 耦合感应取能技术**

对输电线路导线微风振动、导线舞动、导线风偏、导线弧垂、导线覆冰状态、导线温度等进行在线监测时,其电源的供给是关键问题之一。因采集信号的各种传感器及信号发送单元等都在输电线路导线上,故不可能使用常规电源;而且,由于电源工作在野外,需要长期免维护,对电源可靠性提出了很高的要求。

**2. 太阳能发电技术**

太阳能作为可再生能源的一种,是指太阳能的直接转化和利用。通过光伏板转换装置把太阳辐射能转换成电能利用的属于太阳能光发电技术。光电转换装置通常是利用半导体器件的光伏效应原理进行光电转换的,因此又称太阳能光伏发电技术。

### 3. 风力发电技术

#### (1) 风力发电机原理

风力发电机的基本工作原理比较简单,风轮在风力的作用下旋转,将风的动能转变为风轮轴的机械能,风轮轴带动发电机旋转发电。其中风能转化装置称为风力机。风力机的核心部件为叶轮的设计,随着空气动力学的飞速发展,叶轮设计已经取得了巨大的进步。

#### (2) 风力发电机的分类

① 垂直轴风力发电机组。垂直轴风轮按形成转矩的机理分为阻力型和升力型。阻力型的气动力效率远小于升力型,故当今大型并网型垂直轴风力机的风轮全部为升力型。

② 水平轴风力发电机组。水平轴(风轮)风力发电机组,是指风轮轴线基本与地面平行安置在垂直地面的塔架上,是当前使用最广泛的机型。

### 4. 储能电池技术

太阳能或者风能获取的能量必须通过储能电池进行储存,才能在能量供应不足的时候能持续供给后面的负载使用。蓄电池需具有高性能、长寿命、无污染、免维护、安全可靠、耐震、耐高温、体积小、自放电小等特点。

## 8.3.2　输电线路在线监测装置通信

输电线路在线监测系统需要实现系统主站和系统终端之间高速、可靠和透明的数据传输,远程通信可采用光纤专网、无线专网和无线公网等多种通信方式,如何根据实际情况选取相应的通信技术对系统的建设具有十分重要的现实意义。

### 1. 常用的通信技术

国内开展输电线路在线监测的应用比较早,早期通信方式一般均采用无线公网的方式,由于 OPGW 光纤复合架空地线的广泛使用,利用光纤通信是发展的必由之路。现有可以采用的通信技术主要有无线公网技术、光纤通信技术和无线专网技术。

#### (1) 无线公网技术

无线公网通信主要包括 GPRS、CDMA、4G 等。

无线公网技术适用于公网信号覆盖良好的区域。利用无线公网通信建设成本低,但是利用公网传输有运行费用,传输时延较大,实时性较差,同时安全性较低,受公网运行状况的影响较大。

随着网络负荷越来越重,同时传输的在线监测数据的数据量和实时性要求越来越高,无线公网已经跟不上需求,因此光纤技术和无线专网技术开始应用。

#### (2) 光纤通信技术

光纤通信技术在通信容量、实时性、可靠性、安全性等方面和其他通信方式相比有较大优势。利用已有的 OPGW,光纤通信没有运行费用。目前较常用的光纤通信技术包括以太网无源光网络技术(EPON)和光纤工业以太网技术。

① 无源光网络技术。无源光网络技术是一种点到多点的光纤接入技术,它由 OLT(光线

路终端）、ONU（光网络单元）以及 ODN（光分配网络）组成。ODN 为无源器件，设备的使用寿命长，工程施工、运行维护方便，安全可靠性高，可抗多点失效，任何一个 ONU 或多个 ONU 出现故障或掉电，都不会影响整个系统稳定运行。

② 光纤工业以太网技术。光纤工业以太网指在技术上与商业以太网（即 IEEE 802.3 标准）兼容，但在产品设计时能够满足工业控制现场的需要，也就是满足实时性、可靠性、安全性以及安装方便等要求的以太网。

### （3）无线专网技术

无线专网技术，例如 WiMAX（全球互通微波存储）、WiFi（无线保真）等技术均可应用于输电线路在线监测系统中的通信网络建设。采用无线专网技术时，一般作为光纤专网向下的进一步延伸覆盖。

① WiMAX 技术。WiMAX 是一项基于 IEEE 802.16 标准的宽带无线接入城域网技术。WiMAX 具有较长的传输范围，可以支持非视距传输，技术相对成熟，设备相对昂贵，适用于长距离传输。通过使用双向定向天线，WiMAX 的覆盖距离可以达到几十千米。

② WiFi 技术。WiFi 技术创建在 IEEE 802.11 标准上，已经广泛应用于各个领域。WiFi 工作在 2.4 GHz 频段，802.11g 支持的速率高达 54 Mbit/s。WiFi 传输范围比 WiMAX 小，但设备价格便宜。配合高增益的全向天线和定向天线，WiFi 可以实现输电线路 2 km 范围内的无线覆盖。

## 2．通信方案的选择

在输电线路在线监测系统中，可以根据不同的线路情况选择不同的通信方式。

### （1）无线局域覆盖

输电线路的在线监测点位于各个输电杆塔上，监测系统的主站需要和每个监测点建立通信。采用光纤通信时，由于不是每个杆塔上都有光缆接续盒可以融纤接入，因此光通信设备只能放置在有光缆接续盒的杆塔上。从各个杆塔上的监测终端到光缆接续盒的这段距离最方便的通信方式就是 WiFi。在有光缆接续盒的杆塔上放置光通信设备和 WiFi 接入点，在没有光缆接续盒的杆塔上放置配有 WiFi 接入客户端，解决了没有光缆接续盒的杆塔的监测数据接入问题。

采用无线公网和 WiMAX 通信技术时，在一个杆塔放置无线设备和 WiFi 接入点，在周围的杆塔上放置配有 WiFi 接入客户端，可以实现监测数据的接入，减少了无线公网和 WiMAX 设备的数目，降低了建设和维护成本。

当无线局域覆盖范围较大时，可以选用 WiMAX 替代 WiFi。

### （2）OPGW 光纤通信方案

① 监测点密集分布时，在各种光通信技术中，EPON 技术由于抗多点 ONU 失效性好，可作为最佳的选择。用千兆光纤接口互联各个 OLT，每一个 OLT 的覆盖半径为 20 km，与覆盖范围内的 ONU 之间通过光纤通信，组成一个 EPON 系统，WiFi 作为光纤专网向下的进一步延伸覆盖。

② 监测点分布较散且数量较少时，可以利用光纤工业以太网点到点距离高达 80 km 的特点，通过光纤工业以太网和 WiFi 无线覆盖建立通信方案。使用工业以太网交换机构成环网，可以抵抗单点设备故障和单点断纤。

③ 监测点分布较散且数量较多时，EPON 技术的节点距离限制在 20 km，会造成 OLT 串

联数目较多,同时每个 OLT 下的 ONU 数量很少,影响效率和可靠性,不宜采用。如果在每个监测点放置工业以太网交换机,同样会造成串联数目较多,影响数据传输系统的效率和可靠性。此时可以采用工业以太网交换机加 WiMAX 的方式,WiMAX 覆盖范围较大,可以有效地减少工业以太网交换机的布置数目,拉开相邻交换机之间的距离,可以应用到长距离输电线路中。

**（3）WiMAX 无线通信方案**

在没有光纤的输电线路中,如果需要布置专网,只能通过无线的方式实现。单纯一种无线方式因为功率和接入数量的限制,很难提供可用的无线数据传输通道。为了实现高速可靠的数据传输,同时提高整个数据传输系统的效率,可以组合 WiMax 和 WiFi 两种通信方式,构成无线数据传输系统的两个不同的层次。第一个层次是 WiMax 构成的无线链路,覆盖范围较大。第二个层次是 WiFi 构成的无线链路,覆盖范围较小。这样可以实现无线覆盖。

**（4）无线公网通信方案**

对于分散的测量点,如果处于公网信号好的区域并且对实时性、速率要求不高,可以采用无线公网的通信方案。无线公网方式需要建立自己的移动网管中心,在移动公司的公用网络基础之上组成用户自己的无线 VPN/APN。需要在主站和无线公网之间建立一条专线,通过路由器和防火墙接入到主站。

**3. 通信平台**

针对输电线路在线监测系统的远程通信必将采取多种通信技术的情况,为了实现各种通信方式统一接入,可以构建如图 8-9 所示的输电线路在线监测通信平台。

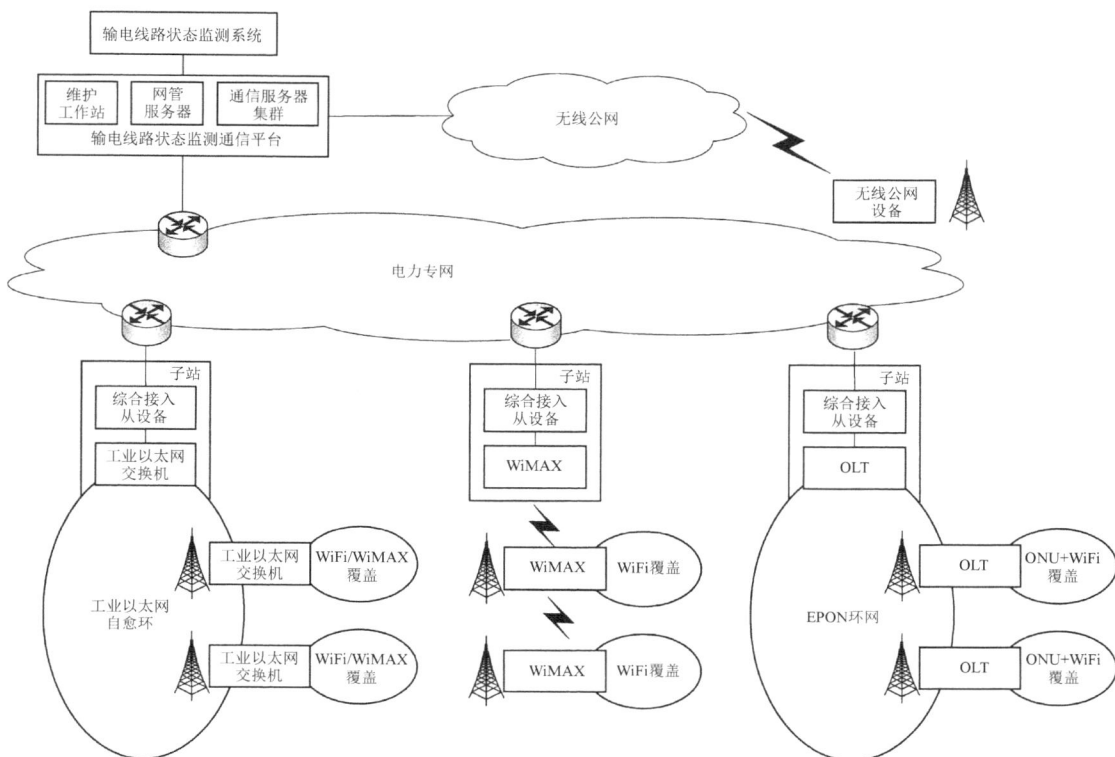

**图 8-9 输电线路在线监测通信平台**

通信平台主要包括通信服务器集群、网管服务器和维护工作站,其中通信服务器集群负责接入各种通信子系统,可以实现通信负载均衡和多机热备份,满足大数据量处理和可靠性要求;网管服务器负责监控和管理各种通信通道的运行情况;维护工作站完成通信平台自身的配置和管理。

主站系统和子站之间采用电力专网实现 EPON、工业以太网交换机、无线专网以及无线公网等通信系统的统一接入。对于采用无线公网通信技术的通信系统,可以通过移动运营商的专线实现统一接入。

## 8.3.3 输电线路在线监测装置可靠性

### 1. 低功耗技术

在线监测装置的硬件平台上设计模块化电源为独立模块,所有外设电源都具有电源开关功能。外设传感器在不采样的情况下,电源进入关闭状态,可大大降低待机功耗。CPU 内部的软件引入操作系统概念,当 CPU 空闲时,可以进入低功耗模块,依靠内部的中断可以重新苏醒,进一步地降低装置待机功耗。

### 2. 抗干扰技术

在线监测装置硬件电路上使用硬件冗余技术、双备份技术,提高装置的可靠性、抗干扰性。传感器的线缆采用双层金属屏蔽。装置的接口上进行隔离处理,加入防雷电路。内部核心 CPU 采用硬件看门狗,防止程序跑飞引起系统死机现象的发生。同时加入硬件断电自复位电路,大大提高了装置的可靠性。整机应进行良好接地处理。

传感器的数据采集采用多种抗干扰抑制技术,比如连续周期干扰抑制、脉冲干扰抑制等。连续周期干扰抑制主要有自适应滤波法、FET 频域滤波法、小波去噪法。脉冲干扰抑制主要有时域开窗法。

### 3. 环境适应性技术

在线监测装置为了适应野外恶劣的气候环境,必须在以下几个方面进行优化:

装置的所有元器件采用工业级,温度范围要达到$-40\sim+85$ ℃。这样才能保证整个装置的可靠运行。

装置的核心电路板必须进行三防处理,同时电路板封装在密闭的防水盒中。传感器接口采用军工级别的防水航空插座,大大提高装置在高温、高湿环境下的使用寿命。

装置内部硬件电路板之间的连接和面板的连线都进行去接插件处理,所有线缆直接焊接,虽然加大了维修的工作量,但是大大减少了接触不良现象的发生;同时,大大提高了装置的抗振能力。

装置外壳采用不锈钢机箱设计,适合野外恶劣环境的强腐蚀。机箱内部采用保温处理,可减少蓄电池的温度冲击。

### 4. 自诊断技术

目前在线监测装置内部的故障自诊断系统一般具有以下功能:

监测外围传感器和通信模块的工作状态,若发现问题将监测到的故障以代码的形式储存起来,后期维修时,可以用一定的方法取出故障代码,方便故障查询。

硬件双备份系统中,当检测到一路发生故障时,能自动切换到另外一路,维持系统的正常运行。

# 8.4　输电线路气象监测

## 8.4.1　输电线路气象监测的目的和意义

我国频繁的台风、雷暴、覆冰等恶劣气候造成输电线路跳闸、倒塔及断线,进而大面积停电事故时有发生。

风、覆冰、气温是线路设计需要考虑的主要气象参数,称为气象条件的三要素。风作用于架空线上形成风压,产生水平方向上的载荷,风速越高,风压越大,风载荷也就越大,风载荷使架空线的应力增大,杆塔产生附加的弯矩,会引起断线、倒杆事故。微风可以引起架空线的振动,使其疲劳破坏以至断线。大风可以引起架空线不同步摆动,特殊条件下会引起架空线舞动,造成相间闪络,甚至产生鞭击。风还使悬垂绝缘子串产生偏摆,可造成带电部分与杆塔构件间电气间距减小而发生闪络。

覆冰增加了架空线的垂直载荷,使架空线的张力增大,同时也增大了架空线的迎风面积,使其所受水平风载荷增加,加大了断线倒塔的可能。覆冰的垂直载荷使架空线的弧垂增大,造成对地或跨越物的电气距离减小而产生事故。覆冰后,下层架空线脱冰时,弹性能的突然释放使架空线向上跳跃,这种脱冰跳跃可引起与上层架空线之间的闪络。覆冰还使架空线舞动的可能性增大。2008 年我国南方发生大范围低温雨雪冰冻等灾害,众多山区的架空输电线路覆冰现象严重,多数线路覆冰厚度在 30 mm 以上,湖南省出现大量输电倒塔事故。

气温的变化引起架空线的热胀冷缩。气温降低,架空线线长缩短,张力增大,有可能导致断线。气温升高,线长增加,弧垂变大,有可能保证不了对地或其他跨越物的电气距离,在最高气温下,电流引起的导线温升可能超过允许值,导致因温度升高强度降低而断线。线路运行管理和调度部门需要及时掌握输电线路区域气象的变化情况,通过合理调度,确保线路运行安全,避免电力系统出现事故,保障国民经济和人民生活的正常发展。

由于输电线路覆冰受气象条件影响大,因此无论是采用哪种方法对线路覆冰进行监测,都必须与气象环境监测结合,才能达到事半功倍的效果。虽然目前公用气象服务系统已比较发达,但因超高压架空输电线路穿越高山峻岭、平原河流,沿线微气象条件变化很大,所以沿线路布置的小型自动气象站对采集线路沿线气象参数就有很大作用。

为使线路设计、部件的制造统一化、标准化,研究人员综合分析了我国各地历年气象记录资料,归纳制定了 7 个气象区,各区除最高温度一致外,最低温度、最大风速、导线覆冰厚度均有较大差别。

① 气象区分布在南方沿海受台风侵袭地区,如广东、广西、福建、浙江、上海等,最大风速为 30 m/s,最低温度为-5 ℃。

② 气象区分布在华东大部分地区,最大风速为 25 m/s,覆冰厚度为 5 mm,最低温度为-10 ℃。

③ 气象区分布在东南地区(非重冰区),如福建、广东受台风影响较弱的地区,最大风速为 25 m/s,覆冰厚度为 5 mm,最低温度为-5 ℃。

④ 气象区分布在西北大部分地区及华北京津唐地区,最大风速为 25 m/s,覆冰厚度为

10 mm,最低温度为－20 ℃。

⑤ 气象区分布在华北平原及湖北、湖南、河南地区,最大风速为 25 m/s,覆冰厚度为 5 mm,最低温度为－20 ℃。

⑥ 气象区分布在华北之西北大部分地区,如张家口、承德一带,最大风速为 25 m/s,覆冰厚度为 10 mm,最低温度为－40 ℃。

⑦ 气象区分布在覆冰严重地区,如山东、河南部分地区,湘中、鄂北、粤北地带,最大风速为 25 m/s,覆冰厚度为 15 mm,最低温度为－20 ℃。

# 8.4.2　输电线路气象在线监测装置系统主要技术要求

T/CEC 483—2021《输电线路气象监测装置技术规范》规定了架空输电线路气象监测装置的系统组成、技术要求、试验项目、试验方法等。其中对气象监测装置的定义如下:指满足测量数字化、输出标准化、通信网络化特征,具有自检、自恢复功能,对架空输电线路走廊的微气象进行在线监测的一种测量装置。监测的气象参数主要包括风速、风向、气温、湿度、气压、雨量和光辐射等。

# 8.4.3　输电线路气象在线监测装置系统应用

输电线路微气象在线监测系统是一款专门监测特殊地点的气候环境的设备,采用无线网络传输,在有灾害性天气等异常气候情况下会发出警报,提醒运维管理人员。这样就可以节约人力,合理地安排人员处理异常情况,高效地保证输电线路正常运行。

## 1. 系统简介

输电线路智能气象环境监测系统是一套针对输电线路走廊局部气象环境监测而设计的多要素微气象监测系统,可监测环境温度、湿度、风速、风向、气压气象参数,又可根据用户需求定制其他测量要素,并将采集到的各种气象参数及其变化状况,通过 4G/GPRS 等网络实时地传送到专家分析系统中,专家分析系统可对采集到的数据进行存储、统计与分析,并将所有数据通过各种报表、统计图、曲线等方式显示给用户。当出现异常情况时,系统会以多种方式发出预报警信息,提示管理人员应对报警点予以重视或采取必要的预防措施。

## 2. 系统主要功能

① 数据采集前端是扩展工业级或工业级产品,适用于各种恶劣的气候环境。

② 具有对杆塔安装点的局部环境的温度、湿度、风速、风向、大气压指标的实时监测功能。

③ 具有对温度、湿度、风速、风向、大气压指标的特色曲线统计报表,提供按照设备编号、时间坐标等多种条件查询功能。报表上可以随鼠标点实时显示该点的温度值,且具有报表中当前温度、最高/最低温度等特色图元显示。

④ 利用运营商已有的 4G/GPRS/EDEGE/CDMA1X 网络构建远程数据传输通道,输电线路在线监测系统监控中心可以实时监测远端现场的数据。

⑤ 前置机子系统模块可以有效地连接现场系统,获得数据并实现数据存储/转发到输电线路在线监测系统。

⑥ 系统采用了多层屏蔽技术建造,机壳及传感器外壳采用防磁金属材料,有效屏蔽电磁干扰。数据传输线缆采用 3 层屏蔽室外线缆,各种接头采用金属航空头,屏蔽、防水、防尘、连

接可靠;极强的抗干扰、抗雷击,确保系统运行稳定可靠。

⑦ 防雷及防线路闪络设计,机壳经过杆塔与大地连接,各种传感器全部采用防雷器件。

⑧ 系统采用低功耗设计,动态调整设备功耗达到节电要求。

⑨ 采用系统接地抗干扰设计,数据采集信号双端差分输入,模拟信号及数字信号全部采用严格的工业过程优化控制技术,可确保数据采集的准确和可靠。

# 8.5　输电线路远程可视监控

## 8.5.1　输电线路远程可视监控的目的和意义

近年来,我国电力需求持续、快速增长,电网网架日益扩大,超高压、特高压输电线路越来越多。迅速增长的输电线路给线路运行人员带来越来越多的巡视维护工作量,但对交叉跨越、人员活动密集地等线路危险点的观察又是必不可少的。通过对多年来输电线路运行情况及相关故障案例的分析发现,输电线路故障多数是由于外界因素导致的,如防护区内违章建筑、大风刮起的异物、山火、线路下垂钓、树木等植被生长过快或向导线上抛掷金属物体等均会引起线路跳闸。此外,大型的机械、吊车在线路下方作业,也可能会引起线路短路或断线事故。导线结冰造成弧垂过大、导线断裂、线路倒塔事故也有发生。甚至有些人受利益的驱使,偷窃输电杆塔的塔材、导线、拉线、附件等,对线路安全运行造成很大的影响。

电力输送网络遍布全国各地,电力线路具有分布区域广、传输距离长、地形条件复杂多变、受环境气候影响大等特点,若完全由人工定期巡检则工作量非常大,而且难以做到全天候、广覆盖。

如何利用现代技术手段对电力杆塔、远距离的线路、分散的电力设施实施远程监控,保证输电线路更加安全可靠运行,是电网公司需要解决的一项重要课题。

输电线路远程可视监控系统,能对输电线路周边状况及环境参数进行全天候监测,操作简便、监控有效,使输电线路运行于可视可控之中,大大提高输电线路运行的可靠性。线路运行管理人员可实现远程设备巡视,减少现场巡视次数,特别是人员不易到达的地区,有利于及时掌握线路危险点的运行情况,为预先处理可能发生的故障情况提供依据,大大提高输电线路的安全性。

## 8.5.2　输电线路远程可视监控的典型应用

① 防外力破坏事故。输电线路的外力破坏是指人们有意或无意而造成的线路事故,而大量的外力破坏是由于人们疏忽大意、蓄意或对电知识了解不够而引起的。虽然国务院在 1999 年就发布了《电力设施保护条例及实施细则》,对保障电力生产和建设起到了很大作用,但近几年来输电线路遭到人为过失破坏的问题越来越突出。

② 防线路覆冰。我国疆土辽阔,是世界上输电线路覆冰最为严重的国家之一。输电线路覆冰对线路的危害有过负荷、覆冰舞动、脱冰跳跃、绝缘子冰闪等,易造成杆塔倾倒、导地线断股或断线、金具和绝缘子损坏、绝缘子闪络等事故,引发大面积停电。我国湖南、湖北、贵州、江西、云南、四川、河南及陕西等省都曾发生过输电线路覆冰事故。

线路覆冰的主要形成原因是冷暖空气的交汇,仅有冷空气经过时,虽刮风、降温,但不降雨雪。当冷空气和南方暖湿气流都不够强时,有雨雪和少量覆冰,对线路影响不大。但是当冷暖空气的势力都比较强,且交汇的时间又比较长时,就可能形成较大的覆冰,造成线路故障。线路覆冰按冻结性质可分为雨凇、混合冻结、雾凇和冻雪等 4 种,其形成的气象条件各有差别。

覆冰主要受气象条件、地形因素和线路自身特点三者的综合影响。例如在较高海拔地区的线路形成覆冰的概率较大,同一地点的覆冰厚度与架空线路的高度、线径、方向、档距及当地的地形和海拔高度均有关系。跨越河流或山谷口、风道等处也容易形成覆冰。

在对输电线路覆冰长期观察和研究的基础上,研究人员提出了防止覆冰事故的"避、抗、融、改、防"5项基本措施。其中包括对输电线路覆冰的特点、机理进行深入观测和研究,绘制各地区输电线路覆冰雪分布图,研制有效的覆冰监测装置、防冰除冰措施和防覆冰舞动措施,制定积极有效的防止和处理冰害事故的应急对策,以尽量防止和减少冰害事故。

线路视频监视装置提供了近距离观察和记录线路覆冰过程的有力手段,可实时了解线路覆冰形成和发展的情况。对于大部分气象条件尚好、较轻的覆冰现象,通过视频监视还可及时采取措施,如采用调整负荷加大电流等方法去除覆冰,防止进一步发展。对于恶劣气象条件,如上述湖南等地的情况,严重覆冰不可避免,但视频监视装置能记录下覆冰发展过程,为进一步研究提供数据。

### 8.5.3　输电线路远程可视监控系统

输电线路远程可视监控系统采用高性能摄像机,并利用数字图像压缩技术、低功耗技术、GPRS/CDMA 无线通信技术以及太阳能应用技术,能够对绝缘子串、导线(导线金具、导线弧垂)、地线(地线金具、地线羊角)、杆塔(塔身、塔基及对面杆塔)等进行全方位无盲点监视,并且可以监测到输电绝缘子闪络弧光情况,以高灵敏度的红外报警启动即时拍摄监控现场视频录像以及启动即时抓拍检测现场图片,将远程无人值守或观测人员无法到达的现场情况的高清晰图文信息数据以及其他现场辅助信息数据,通过 4G 无线网络即时传送至监控中心监测人员,实现现场即时图片信息数据的采集、通信、分析、处理和应用的一体化。输电线路远程可视监控系统同时集成了对微气象条件的检测(如温湿度、风速、风向、雨雪以及气压等),实现对高压线路现场和环境参数的全天候监测。管理人员可及时了解现场信息,将事故消灭在萌芽状态,从而有效地减少由于导线覆冰、洪水冲刷、不良地质条件、火灾、导线舞动、通道树木长高、线路大跨越、导线悬挂异物、线路周围建筑施工、塔材被盗等因素引起的电力事故。

输电线路视频在线监测系统主要由工业摄像机、塔上监测分机、中心接收基站、中心查询软件组成。它们可应用于各种不同需求的场合,在巡视人员不易到达的地区,可以有效减少巡视次数或提高巡视的时效性。系统的长期运行,能够有效减少由于导线覆冰、风偏舞动、线路大跨越、导线悬挂异物、线路周围建筑施工、杆塔防盗、树木长高等因素引起的电力事故,提高输电网持久稳定运行的可靠性,为输电线路的巡视及状态检修开辟了一条新的思路。

图像/视频监测装置一般采用高性能处理器,装置具备极高的图像数据处理能力,具备低功耗、待机时间长、可靠性好、轻便灵活的特点。设备安装在输电线路铁塔上,线路不停电也可安装。装置将现场图像信息经电缆传输到塔上主控装置,再通过 GPRS 等通信技术传送到监控中心,实现对输电线路全天候监测。

## 8.6　输电线路导线温度监测及动态增容

### 8.6.1　输电线路导线温度监测及动态增容的目的和意义

近年来,随着新型电力系统建设和经济的发展,导致部分电网规划建设滞后和输电能力不足的问题比较突出,加剧了电网和电源发展不协调的矛盾。一些输电线路受到输送容量热稳定限额的限制,已严重制约系统内输电线路的输送容量,极大地影响了电网供电能力。而受输电走廊征用困难以及环境保护等因素制约,建设新的输电线路投资大,建设周期长,征地开辟新的线路走廊难度高。因此,如何提高现有架空输电线路单位走廊的输送容量,最大限度地提高现有输电线路的传输能力,已成为确保电网安全、经济、可靠运行的一个迫在眉睫的突出问题。

输电线路常年运行在户外,受外界环境腐蚀、老化、振动等因素影响,导致导线接头、线夹等部位容易发热。供电公司采用定期巡视测温、特巡测温等方式获取导线易发热点部位温度,但由于周期性漏失或不能及时反映导线的温升情况进行预警,会导致导线温升过高造成电力事故。

过低的导线温度会加大导线的水平张力,过高的导线温度会影响弧垂的安全距离,所以导线温度的实时监测具有非常重要的意义。

输电线路导线(金具)温度在线监测及动态增容系统,能够对输电线路导线温度、易发热点金具温度及环境温湿度、日照、风速、风向进行实时监测。利用 GSM/GPRS/CDMA 等通信信道将数据传往监测中心,系统主站软件根据现场监测数据进行分析、比较、预警和储存,并计算出线路实际的动态容量和导线弧垂,即线路的隐性负荷,为电网调度运行人员提供在线调度运行指导数据,及时对输电线路的热稳定负载进行调整,最大限度地发挥输电线路的输送能力。

## 8.6.2　增容技术理论

### 1. 导线允许温度和载流量

导线的温度与导线的载流量、运行环境温度、风速、日照强度、导线表面状态等有关。

对于确定的环境条件,导线的允许载流量直接取决于其发热允许温度,允许温度越高,则允许载流量越大。

导线发热允许温度受导线载流发热后的强度损失制约,因此架空导线的允许载流量一般是按一定气象条件下导线不超过某一温度来计算的,目的在于尽量减少导线的强度损失,以提高并确保导线的使用寿命。

导线允许载流量的计算与导体的电阻率、环境温度、使用温度、风速、日照强度、导线表面状态、辐射系数、吸热系数、空气的传热系数等因数有关。导线的最高使用温度,按各国的具体情况而定,日本、美国允许为$+90\ ℃$,法国为$+85\ ℃$,德国、荷兰、意大利、瑞典、瑞士等国允许为$+80\ ℃$,我国和俄罗斯允许为$+70\ ℃$。

### 2. 静态增容和动态增容原理

在不改变线路结构的情况下,增加导线载流量,增大线路输送容量,对于降低线路建设投资具有较大的作用。导线增容可分为静态增容和动态增容。

输电线路在设计时一般是在选定的特定气象条件(如环境温度 40 ℃、风速 0.5 m/s、太阳辐射功率 1 000 W/m² 和导线最高允许温度 70 ℃下计算线路载流量,这是线路的静态载流量,也称为静态热定额,它保证线路强度和线路安全,一般不应超越。如果在规定气象条件不变的情况下,将允许温度从 70 ℃提高到 80 ℃或 90 ℃,允许载流量有一定的提高,则称为静态增容。

在通常情况下实际环境温度小于特定的环境温度 40 ℃,风速也经常大于规定的 0.5 m/s,甚至在负荷等于热定额时,导线温度也没有达到最高允许温度。因此,根据实际运行中气象条件的有利因素(如环境温度较低、风速较高等),在导线最高允许温度限定范围内对线路运行安全没有影响的前提下,可适当提高线路的载流量,这就是线路的动态载流量,也称为动态热定额。如果对导线温度和导线弧垂进行实时监控,在白天晚上、阴天晴天与夏天冬天等不同环境条件下动态调节载流量,以提高现有输电线路的输送容量,则称为动态增容。

**3. 增容方法**

根据导线温度提高现有运行的线路载流量的方法有两种:

方法一是导线允许运行温度+70 ℃不变,根据运行环境实际情况核算线路载流量,对受限线路载流量进行精细管理。通过在线测量线路的导线温度、风速、日照强度和环境温度等,计算确定线路的载流量。

方法二是环境温度仍按+40 ℃考虑,线路上的风速和日照强度完全按规程要求设定,提高导线允许运行温度到+80~+90 ℃。

方法一的优点是现行运行标准不变,线路运行安全性不变,通过对导线温度和环境温度的在线监测,充分挖掘输电线路的隐性容量。这是一种廉价、有效、安全的线路增容技术,一般可增加线路输送容量的 10%~30%。

在电网事故 N-1 情况下,通过对导线温度的实时监测,利用导线温升暂态过程的时间特性,短时较大地提高输送容量,可为事故处理赢得宝贵时间,为电网安全发挥很大的作用。

方法二能较大幅度地提高输送容量,但导线运行温度将超过目前规程规定的允许温度+70 ℃,由此将带来三个问题:一是不符合现行设计标准;二是对导线、配套金具的机械强度和寿命有不同程度的影响;三是由于温度提高,导线弧垂的增加,导线对地交叉跨越空气间隙距离减小,影响线路对地及交叉跨越的安全裕度。所以这种方法要在做好各项技术和组织措施后采用。

这两种增容方法都需要线路导线在线温度、环境温度、风速、日照和载流量等的检测及数据传输装置。

# 8.6.3　导线温度监测和动态增容系统

导线温度在线监测系统实时监测输电线路导线温度、导线电流、日照、风速、风向、环境温度等参数。输电线路动态增容是在充分利用现有输电设施、通道状况的基础上,引入输电线路在线监测与计算分析工具,根据实际气象环境、设备数据,如环境温度、风速、风向、日照以及导线型号、导线发射率、导线吸收率、导线最高温度阻值等详细的导线数据,计算输电线路当前的稳态输送容量限额,为调度和运行提供方便及有效的分析手段,通过导线温度在线监测进行实时增容,有效发挥输电线路的输送能力。

**系统组成**

导线温度监测和动态增容实时系统主要由测温单元、塔上监测装置、通信基站和分析查询系统四部分组成。输电线路温度实时监测系统如图 8-10 所示。其中体积小、重量轻的测温单元安装在输电线路导线或金具上,实时采集导线及金具温度,并通过 ZigBee 或 RF 射频模块将数据无线上传至铁塔上的监测装置。监测装置同时对本塔所在微气象区的日照、风速、风向、环境温度等参数进行实时采集,将所有数据通过 SMS/GPRS/CDMA1X 等通信方式将数据传往监测中心,当各温度监测点的温度超过预设值时即刻启动报警。

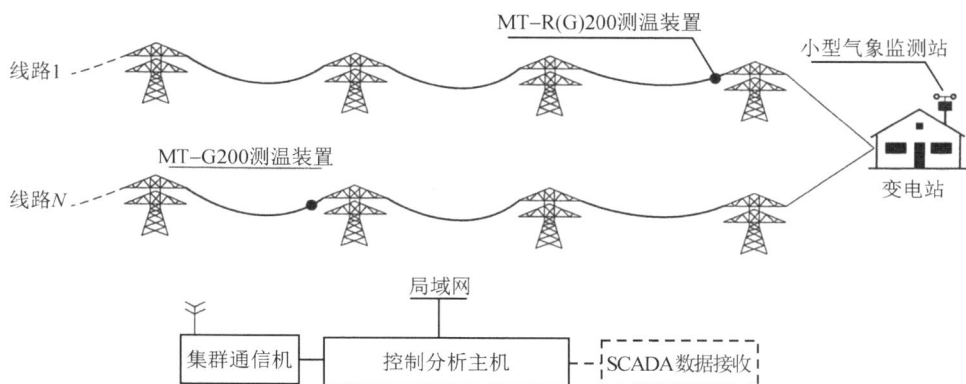

**图 8-10　输电线路温度实时监测系统示意图**

输电线路动态增容实时监测系统能提供线路各个监测点电流、温度及气象数据等实时监控信息,通过软件计算醒目地显示当前线路最高温度、输送电流和动态实时限额,为运行调度人员控制线路载流量提供依据。当线路电流发生阶跃或线路温度超过预警值时,系统马上发出直观醒目的告警。

# 8.7　输电线路弧垂监测

## 8.7.1　输电线路弧垂监测的目的和意义

输电线路弧垂是线路设计和运行的主要指标,关系到线路运行的安全,它必须控制在设计规定的范围内。输电线路覆盖面广,许多地方要跨越公路、铁路、航道、较低电压线路、树木生长地段和人烟密集地区,虽然在线路设计和施工时都已对线路弧垂进行控制,避免弧垂过大造成事故,但是由于环境及线路负荷的变化,设计、施工时弧垂裕度偏小,特别是在交叉跨越和人烟密集地段,尤其是有些线路将导线最高运行允许温度从 70 ℃提高到 80 ℃,这时线路弧垂就成为主要的制约因素,线路运行部门就很关心这些关键点的弧垂。使用线路弧垂实时监测装置,运行部门可随时了解线路弧垂的变化情况,采取措施保证弧垂在规定范围内。另外,线路动态增容和线路覆冰时,导线弧垂也会明显增大,造成安全净距不足,因此要控制导线弧垂,避免发生线路故障。

## 8.7.2　输电线路弧垂监测实时系统

输电线路弧垂监测实时系统由前端监测装置、后台数据接收服务器、Web 服务器等组成,无线数据通信技术采用 GPRS。前端监测装置包括太阳能板、蓄电池、主控机箱及导线温度倾角球等部件。

输电线路弧垂采集装置实时测量导线温度及悬挂点倾角,并通过计算得到实时弧垂,同时也能测量导线电流。装置由测量和系统软件两部分组成,主要的测量装置为球形结构,套装在导线上,内部电源采用线路耦合供电。装置主要采用数字式温度传感器、高精度角度传感器、

GSM/GPRS/RF 通信、多层屏蔽与密封等多项新技术,确保装置能在高压电场和高低温等恶劣天气环境下可靠工作。导线上的弧垂采集装置主要有两种通信方式:一种是直接 GPRS/CDMA 发送到主站;另外一种是通过 RF 把数据发送到杆塔上的数据集中器,然后数据集中器通过 GPRS/CDMA 等通信手段把数据发送到后台主站。

### 8.7.3　输电线路导线弧垂监测装置系统应用

输电线路导线弧垂监测装置安装在导线的弧垂最低处或需要监测的部位,采用高能电池或导线感应取能技术,实时测量导线对地距离的变化情况,可及时发现导线弧垂的变化,并可实时监测线下树木、建筑物等与导线之间的距离,避免接地事故的发生。监测装置集成了导线温度测量功能,可实时监测导线的温度变化情况,及时发现导线、接点温度异常,还可选装夜视摄像系统,对导线弧垂进行现场拍照,远程查看弧垂情况,与测量数据对比,增加测量及报警的可靠性。系统应用软件针对导线弧垂实时数据进行计算分析,并可结合导线的温度和气象数据对导线预期弧垂进行计算,建立预警机制,确保线路运行和被跨越设备的安全。

# 8.8　输电线路导线风偏监测

## 8.8.1　输电线路导线风偏监测的目的和意义

### 1. 风偏的危害及风偏闪络的类型

输电线路风偏的危害主要是风偏闪络。风偏闪络会引起线路跳闸,且一般情况下自动重合闸的成功率较低,造成线路停运的概率较大。特别是 500 kV 及以上等级线路,一旦发生风偏闪络事故,将对系统造成很大影响,严重影响供电可靠性。

根据我国多年来由于风偏闪络引起的跳闸事故的统计调查发现,由于风偏而产生的闪络主要可分为以下几种放电形式:

① 导线对杆塔放电:导线对杆塔放电指的是直线塔绝缘子串导线挂点附近的导线与杆塔形成放电回路而产生的放电现象。根据杆塔上的具体放电位置又可分为对塔身放电、对横担放电、对拉线放电三类。

② 跳线对杆塔放电:跳线对杆塔放电指的是耐张塔跳线与杆塔形成放电回路而产生的放电现象。

③ 相间短路:相间短路指的是不同相位导线之间形成放电回路而产生的放电现象。

④ 导线对其他物体放电:导线对其他物体放电现象常见的有导线对边坡放电、导线对通道树木放电等。

在以上各种风偏闪络形式中,所占比例最大的是第②种。因此,解决耐张塔的风偏问题是减少风偏事故的关键。

### 2. 形成风偏闪络的原因分析

形成风偏闪络的本质原因是在外界各种不利条件下造成输电线路的空气间隙距离减小,当此间隙距离的电气强度不能耐受系统运行电压时便会发生击穿放电。而造成空气间隙距离减小的因素主要有以下几个:

① 风荷载的作用：当输电线路处于强风环境下，特别是在某些易产生飑线风的微地形区时，强风有可能使得绝缘子串或跳线向杆塔方向倾斜，从而使导线和杆塔之间的空气间隙距离变小，当该距离不能满足绝缘强度要求时便会发生放电。

② 恶劣气象条件下空气绝缘强度的降低：风和雨往往是一对如影随形的兄弟，恶劣气象条件下经常是狂风伴随着暴雨。雨水、风雨组合情形下导线-杆塔空气间隙工频放电特性会产生以下变化。

降雨对间隙的工频闪络强度的影响比较明显。一旦有降雨发生，闪络电压明显降低，且间隙距离越小，该趋势越明显。间隙距离为 1.2 m 时，在雨水电阻率为 800 Ω·cm 的特大暴雨下，闪络电压比全干时降低了约 16%。

当风雨组合且风向平行于放电路径时，闪络电压比有雨但无风时略有降低，且风雨组合对间隙闪络工频电压的影响近似于单独风、单独雨水对闪络电压影响的线性叠加。

设计参数选择不当：与国外相比，我国在风偏角设计参数的选取上给出的安全裕度相对较小，具体涉及的参数包括风压不均匀系数、风速高度换算系数、风速保证频率、风速次时换算时间段、风向与水平面夹角、微地形特征对风速的影响等。

### 3. 风偏监测的目的和意义

为了有效地防止输电线路风偏闪络事故的发生，首先是要严格按照有关标准进行风偏相关参数的设计，并在此基础上结合线路实际情况和先进经验优化参数设计，提高安全裕度；其次是要根据具体情况采取针对性措施防止风偏闪络，如对易发生风偏闪络事故的耐张塔跳线、直线塔的绝缘子串加装跳线绝缘子串和（或）重锤等；再次，可以通过安装绝缘子串风偏角、跳线风偏角、导线风偏角监测设备，对易发生风偏闪络事故的现场进行监控。一方面，当线路参数变化引起最小电气间隙变化且达到预警标准时向相关工作人员发送预警信息，工作人员可以根据情况安排临时性的设备检修；另一方面，系统所积累的大量历史数据可以为风偏闪络的深入研究提供精准的第一手资料，尤其是发生闪络事故时，更可以通过现场的实时气象数据和风偏角数据去印证以往设计参数选择的合理性。

在线路的风偏事故多发地段应用输电线路风偏在线监测系统，通过监测中心对送电线路所经区域气象资料的观测、记录、收集，积累运行资料，完善风偏计算方法；同时，准确地记录输电线路杆塔上最大瞬时风速、风压不均匀系数、强风下的导线运动轨迹等，为制定合理的设计标准提供技术数据。这对提高线路的现代化管理水平，具有重要的意义。

# 8.8.2　输电线路风偏监测类型

根据架空输电线路风偏智能监测装置技术规范，输电线路风偏监测装置所监测的对象主要有三类：绝缘子串、耐张塔跳线和档中导线。所监测的数据类型如下。

### 1. 悬垂绝缘子串风偏

通过对悬垂绝缘子串风偏角的实时监测，一方面可以直观地得到悬垂绝缘子串风偏角的值；另一方面，通过建立计算模型和事先测量得到的杆塔基础数据，可以计算出相应的电气间隙的实际值。另外，还可以根据现场实际情况建立计算模型，计算出导线挂点与横担、拉线之间的电气间隙的实际值。

### 2. 导线相间风偏

通过对档中导线风偏角的实时监测,一方面可以直观地得到档中导线风偏角的值;另一方面,通过建立计算模型和事先测量得到的杆塔基础数据,可以计算出档中导线的电气间隙的实际值。

### 3. 跳线风偏

通过对耐张塔跳线风偏角的实时监测,一方面可以直观地得到耐张塔跳线风偏角的值;另一方面,通过建立计算模型和事先测量得到的杆塔基础数据,可以计算出耐张塔跳线的电气间隙的实际值。

## 8.8.3 输电线路风偏监测实时系统

输电线路风偏监测是对架空输电线路绝缘子串、跳线或档中风偏进行在线监测的一种监测装置,并通过信道将数据传送到系统上一级设备(数据集中器)。输电线路风偏在线监测系统主要由四部分组成,包括导线风偏监测仪、气象环境观测站、线路监测基站和当地监测中心(远程监测中心)。输电线路风偏监测的主要参数有风速、风向等气象条件,以及绝缘子风偏角、风偏距离等线路运行参数。输电线路风偏在线监测系统能够对输电线路的绝缘子串风偏角、摇摆角,导线风偏角、摇摆角,以及现场温度、风速、风向等微气象参数进行实时监测,并可根据监测点需要,选配视频录像监控功能。

### 1. 系统组成

输电线路风偏监测实时系统一般由前端监测装置、通信网络、监控服务主机和监控软件组成,如图 8-11 所示。

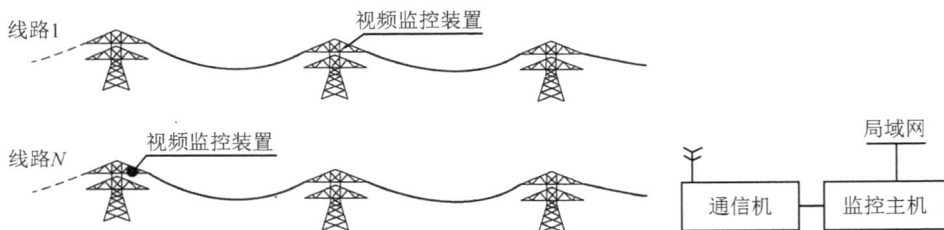

图 8-11 输电线路风偏监测实时系统示意图

风偏监测实时系统分别安装在输电线路需要监视点附近的杆塔上,如易发生风偏闪络的杆塔、居民点和建筑工地附近,甚至高山峻岭、树木竹林生长处。同一装置上可以有多个风偏角监测传感器部件分别采集导线、绝缘子串和跳线等的风偏角的实时数据,每 5 min～1 h 发送一次,在必要情况下可由主站命令改变,如 1～2 min 发送一次。信号通过 GPRS 网络由安装在线路运行管理部门的通信机接收并送入监控服务主机,在监控系统软件的支持下,完成数据处理和数据展现等功能。通常风偏监测系统软件应能实现以下主要功能:

① 监控列表。显示各监控点当天的风偏角及电气间隙数据,点击相应的传感器部件,即可看到所监测对象的各项数据;另外,也可以设定需要显示的时间段(起始和结束时间),显示选定时间段的数据。

② 信息统计。以另一种方式显示选定的设备,把在选定的周期内的数据列表。

③ 参数设置。用于设置监控装置的参数,如装置的早晨开机和晚上关机时间、采样间隔时间等。

④ 浏览器访问。除在监控服务主机上安装风偏角接收处理及数据库软件外,其他客户端的计算机不用安装任何软件,在主机端设定的权限下通过 IE 浏览器即可访问系统并进行各项操作。

**2. 输电线路风偏监测装置系统应用**

输电线路风偏在线监测装置包括风偏检测仪、气象环境监测仪和监测中心。风偏检测仪多采用双轴角度传感器,可以安装在绝缘子低压端或导线(跳线)上,以对输电线路的绝缘子串风偏角、摇摆角,以及导线风偏角、摇摆角进行测量。气象环境监测仪安装在杆塔上,根据需要对现场温度、风速、风向等微气象参数进行实时监测,监测中心设置在线路运行单位。图 8 - 12 为风偏在线监测装置。

**图 8 - 12　风偏在线监测装置**

整个系统由现场监测装置、GPRS 网络、外部数据网和监测中心服务器 4 部分组成。现场监测装置通过通信模块(GPRS 模块)把传送数据分组,无线送到 GPRS 网络,再经由外部数据网,以 TCP/IP 传输协议送到监测中心服务器上。监测中心也可以反向传送各种指令到现场监测装置,调整装置的运行状态。

系统实现的功能主要包括数据采集传送、故障报警、实时控制和采集数据处理。现场监测装置采集环境温度、环境湿度、风速、风向、气压、雨量强度、绝缘子风偏角等相关数据,并根据中心命令实时上传。监测中心收到采集数据后,绘出输电线路一个运行周期内各项数据的曲线图,供技术人员分析输电线路运行情况。在现场出现异常信息(包括风偏角超过设计值、风速超过设计风速、雨量超过设定值)的情况下,现场监测装置也能实现上传异常信息。

# 8.9　输电线路覆冰监测

## 8.9.1　输电线路覆冰监测的目的和意义

### 1. 输电线路覆冰形成机理

线路覆冰的主要形成原因是冷暖空气的交汇,当冷暖空气的势力都比较强,且交汇的时间又比较长时,就可能形成较大的覆冰,造成线路故障。线路覆冰按冻结性质可分为雨凇、混合冻结、雾凇和冻雨等4种。

覆冰主要受气象条件、地形因素和线路自身特点三者的综合影响。例如在较高海拔地区的线路形成覆冰的概率较大,同一地点的覆冰厚度还与输电线路的高度、线径、方向、档距及当地的地形和海拔高度均有关系。跨越河流或山谷口、风道等处的线路也容易形成覆冰。

影响导线覆冰的因素很多,主要有气象条件、地形及地理条件、海拔高程、凝结高度、导线悬挂高度、导线直径、导线扭转性能、风速、风向、水滴直径、电场强度及负荷电流(导体温度)等。输电线路覆冰事故与各地的年平均雨凇日数、年平均雾凇日数有关。

## 2. 线路覆冰的危害

线路覆冰导致输电线路机械性能和电气性能下降,主要造成以下危害:

严重覆冰引起过负荷:线路覆冰会增加所有导线、支持结构和金具的垂直负荷。随着导线覆冰厚度的增加,迎风面所受水平负荷也增加。严重覆冰造成导线、地线断裂,杆塔倒塌,金具损坏。

不均匀覆冰或不同期脱水引起张力差:当相邻档导线不均匀覆冰或不同期脱水时,会产生张力差,使导线缩颈和断裂、绝缘子损伤和破裂、杆塔横担扭转和变形;同时,还会导致线间电气间隙减小,导致导线放电烧伤。

绝缘子串覆冰闪络:绝缘子覆冰或被冰凌桥接后,绝缘强度下降,泄漏距离缩短;融冰过程中冰体表面的水膜会溶解污秽物中的电解质,提高融冰水或冰面水膜的电导率,引起绝缘子串电压分布的畸变,从而降低覆冰绝缘子串的闪络电压,形成闪络事故。

覆冰导线舞动:在风力作用下,不均匀覆冰会使导线产生自激振荡和舞动,造成金具损坏、导线断股及杆塔倾斜或倒塌事故,引发线路跳闸停电。

## 3. 输电线路覆冰防护措施

### (1) 冰区划分与冰情监测

冰区的划分直接关系到线路设计参数的合理取值,在冰害多发地区应建立冰情监测站,并在杆塔上设置覆冰监测点,长期监测不同电压等级线路、不同直径导线、不同串型绝缘子和杆塔上的覆冰状况。结合气象资料和数据,总结特点和规律,为合理划分冰区提供第一手资料。

### (2) 骨干网架的路径选择和设计

为保证在极端覆冰气候下同一输电断面上骨干网架仍能正常运行,需对重要骨干网架进行特殊规划和特殊设计。一是在路径选择时尽量避开覆冰频发和重覆冰的区域。二是应针对最不利的覆冰气候条件采用加强型设计和改造,使之具有抵御最严重自然灾害的能力,这样既保证在最恶劣气候下不发生电网解列和大面积停电,也不会因普遍加强设计导致建设和改造成本过高,在技术经济上较为合理。

### (3) 线路改造

线路发生覆冰灾害事故时,往往会发生连续倒塔现象,因此应在较长的耐张段中合适位置适当增设耐张塔,以避免一基倒塌引起连环破坏,对冰灾中覆冰倒塌的杆塔要进行加强型改造。由于地线的覆冰冻积率高和覆冰密度大,造成冰灾中地线支架损坏较多,应补强地线支架。对于跨越铁路、高速公路的线路,由于其特殊的重要性,两端杆塔应按冰灾中最严重的覆冰状况设计,塔型应改为耐张塔;导地线均应根据最严重的覆冰情况选择,保证具有足够的安全裕度。另外,对冰灾中发生舞动的线路区段应加装防舞器等防舞装置,双联绝缘子应增大挂点间距或加装间隔装置。

**（4）冰闪防治**

针对冰闪发生的特点,可分别采取以下措施:一是在塔头间隙尺寸允许时增加绝缘子片数和串长,提高绝缘子串的冰闪电压;二是在雨雪冰冻天气发生前对线路污秽进行清扫,防止绝缘子上积存的污秽渗透和迁移到冰中增大覆冰电导率;三是在横担侧加装一片大盘径绝缘子和采用大小盘径相间的插花串布置,防止冰凌直接桥接伞间间隙,增大覆冰时的爬电距离;四是采用 V 形串、倒 V 串等绝缘子串型布置;五是双联串应增大串间距,防止覆冰严重时冰柱在双串间形成。

**（5）应急运行方式**

根据冰情发展适时启动应急运行方式,在保证主网安全的前提下,通过调度改变潮流分布,将两条或多条线路的负荷改为通过覆冰区的一条线路,增加导线发热量以达到融冰的目的。在一条线路融冰完成后,再根据重要性依次将负荷通过其他线路分别实现融冰。

**（6）融冰技术**

在 2008 年抗冰保网的战斗中,湖南电网对多条 220 kV 以下线路进行了交流短路融冰技术的应用,根据覆冰监测数据适时启动融冰方案,融冰时间随导线覆冰厚度及环境气候等因素而设定,融冰效果明显,为减少电网损失发挥了重要作用。

**（7）线路覆冰的监测与预警**

实时监测冰情发展并及时预警,是及时启动应急机制和适时采取融冰除冰决策的基础。全面、准确、灵敏的覆冰监测系统能够有效指导线路除冰工作,并为覆冰的研究工作提供第一手资料。考虑到近年来冰害等环境气候引起的电网事故频发,覆盖面广、危害巨大,严重影响超高压、跨区电网的安全运行,对即将建成的特高压骨干网架也是潜在威胁,因此应结合卫星遥感、遥测等技术,重点研究多功能的广域电网覆冰监测预警技术,建立卫星遥感遥测与地面监测站相结合的覆冰监测预警系统,既实时掌握大范围恶劣气候下冰情发展和电网的设备受损情况,又了解重点线路的覆冰厚度、覆冰密度、导线表面温度和张力、杆塔变形等信息,并结合冰情发展分级预警,为各种气候条件下电网稳定运行奠定基础。

输电线路覆冰在线监测系统,是根据线路导线覆冰后的重量变化以及绝缘子的倾斜/风偏角进行覆冰荷载计算、覆冰生长机理、导线舞动、杆塔和金具强度校验以及绝缘子冰闪方面的研究。一方面利用移动或联通的通信网络进行实时数据传输,监控中心专家软件根据各种修正理论模型给出冰情预报,从而及时给出除冰信息,有效预防冰害事故;另一方面采用高性能摄像机进行现场图片拍摄,通过 GPRS/CDMA 网络将图片发送到监控中心,实现对高压线路及环境的全天候监测,对导线覆冰和导线舞动进行定性观测和分析。总之,系统的第一部分实现对线路覆冰的定量测量,第二部分实现对线路覆冰的定性分析,两者结合起来大大提高了覆冰测量的精度,有效地防止了冰害事故的发生。

输电线路覆冰监测的特征参量主要有温度、湿度、风向、风速、导线温度、绝缘子纵向倾角和杆塔挂点处荷载等。对导线覆冰情况的监测主要有绝缘子称重法——纵向偏移角法、导线倾角——弧垂法、模拟导线法和图像法等。

## 8.9.2 输电线路覆冰监测系统的布局

要全面掌握线路覆冰情况的关键是监测装置的布点,它应根据线路沿线微气象条件的变化来决定,一般在气象条件变化较少的平原地区间隔为 70 km 左右,气象条件变化较大的山区间隔为 20 km 左右。线路覆冰监测系统测点布置如图 8-13 所示。具体每条线路的布点要根据实际情况来定,有下述几个原则:

① 易发生覆冰情况的区域:如山峰、丘陵、高海拔地区,河道或者湖面上空,风道或风口地区。

② 已发生过覆冰的区域:在历史上曾经发生过覆冰的线路。

③ 关键线路:跨越高速公路、铁路、河流的线路,档距较大的线路,线路危险点,复杂的线路,交通情况复杂的线路。

(a) 平原地区

(b) 山 区

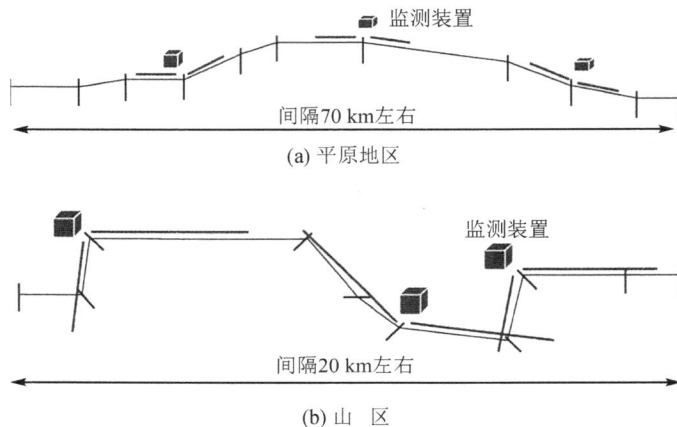

**图 8-13 线路覆冰监测系统测点布置**

## 8.9.3 输电线路覆冰监测装置系统应用

输电线路覆冰在线监测系统,可以对覆冰状态下输电线路运行工况进行全天候实时在线监测,监测绝缘子串拉力、绝缘子串风偏角、绝缘子串倾斜角、环境温度、湿度、风速、风向、图像等参数。系统采用 CDMA/GPRS/GSM 无线通信方式把现场监测数据传回到后台服务器,后台根据状态监测数据并结合导线覆冰数学模型、模糊逻辑诊断等方法计算近似覆冰厚度和预测覆冰发展趋势,方便用户对输电线路覆冰程度进行定性定量分析,实现对线路冰害事故的提前预测,并及时向运行管理人员发送报警信息,以利于提前做好应对紧急情况的措施和准备,有效减少线路冰闪、舞动、断线和倒塔等事故的发生。

输电线路覆冰在线监测系统通过全天候地采集运行状态下输电线路的绝缘子串拉力、绝缘子串风偏角、绝缘子串倾斜角、风速、风向、温度、湿度等特征参数,将数据信息实时传输到分析处理中心,通过智能分析算法计算导线覆冰厚度;相关部门根据线路荷载、覆冰厚度及周边气象环境决定是否需要实施预防措施。系统可结合视频监测系统拍回的现场图片,直观地了解线路的覆冰状况。

# 8.10　输电线路导线舞动监测

## 8.10.1　输电线路导线舞动监测的目的和意义

输电线路导线舞动是指输电线路导线在不对称覆冰及风力的作用下引起的一种低频率（频率为 0.1～3 Hz）、大振幅（振幅为导线直径的 20～300 倍）的振动现象。舞动多发生在冬季,而且分裂导线比单导线更容易发生。舞动的能量很大,持续时间也较长,导线舞动是威胁输电线路安全运行的重要因素。舞动产生的危害是多方面的,诸如:跳闸、导线电弧烧伤、金具损坏断裂、导线断股、塔材和螺丝变形、断线、倒塔甚至大面积停电等,给国民经济和社会生活带来很大的损失。

舞动多发生在覆冰导线上,覆冰厚度一般为 2.5～48 mm。要形成舞动,除覆冰因素外,舞动还须有稳定的层流风激励。舞动风速范围一般为 4～20 m/s,当主导风向与导线走向夹角大于 45°时,导线易产生舞动,且该夹角越接近 90°,舞动的可能性越大。

影响导线舞动的其他因素有:地形地势,平原开阔地区易产生舞动;冰风参数,冰的形状与风的大小的相互作用;线路结构与参数是舞动的内因,包括导线类型（分裂导线比单导线易发生舞动）、张力、弧垂、档距及导线特性与参数。

输电线路导线舞动在线监测技术的目的是获取有关导线舞动的现场数据,为舞动分析研究、防止舞动方案等提供科学依据和基本资料。基于这一目的,舞动监测的内容可分为两个部分:一是舞动时的气象资料,包括当时当地的风速、风向、覆冰形状、覆冰厚度、气温、湿度等项目;二是舞动本身的振动特征参数,包括一档内的振动半波数、振动频率、振幅等。由于舞动的主要危害是因相间气隙不够造成的相间闪络,故用以反映舞动范围大小的舞动幅值,就成为一个最重要的舞动参数。

采用导线舞动监测,能获得有关输电线路舞动的基本数据,为舞动理论的研究、防止舞动方案的制定等提供科学依据,为国家电网的安全稳定运行提供必要的保障。

## 8.10.2　输电线路导线舞动监测方法

导线舞动会使相邻悬垂串产生剧烈摆动,两端导线张力也有显著变化,引起差频荷载,导致金具损坏、导线断股、相间短路、杆塔倾斜或倒塌等严重事故,给电力企业和国民经济造成重大损失。其监测方法有以下几种。

### 1. 图像法

监测分机安装在杆塔上 10 m 处,监测现场当时的温度、湿度以及测量距地 10 m 处的地面风的速度及方向,与事先设定的条件进行比较。当气候条件恶劣到设定条件时,立即启动监测摄像机,收集现场图像,并将其与气候条件参数通过通信网络传送到中心监测服务器上。中心监测服务器工作人员也可以指定对某个地点的监测,远程控制摄像机,并记录当前情况进行离线分析。

### 2. 加速度、位移传感器法

通过安装在同档内导线上的多个加速度或位移传感器,实时记录导线的运动轨迹,对轨迹进行统计分析,可换算出导线舞动的数据,如舞动振幅、频率等。目前国内多采用该方法。

### 8.10.3　输电线路导线舞动实时监测系统

导线舞动监测主要采用两种方式:① 通过视频采集技术来实现对舞动的监测。② 通过传感器采集导线舞动参数,然后通过计算机建模处理,分析计算线路舞动情况。

输电线路导线舞动实时监测系统主要由四部分组成,包括导线舞动监测仪、气象环境观测站、线路监测基站和当地监测中心(远程监测中心),其框图如图 8-14 所示。当地监测中心只设置一个,能同时满足多个现场的不同监测系统的数据的处理和分析。监测数据通过无线方式被发送到后端数据监测中心,由监测中心根据舞动预警系统对线路舞动情况进行计算和分析,及时向运行单位提出报警、预警信息及辅助决策服务。

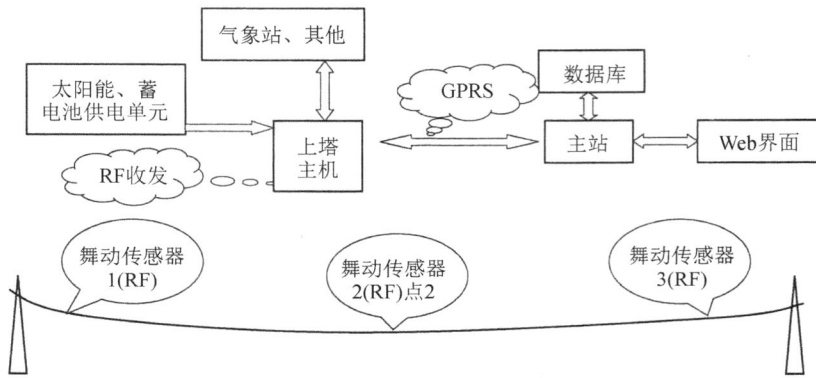

图 8-14　输电线路导线舞动实时监测系统框图

## 8.11　输电线路杆塔倾斜监测

### 8.11.1　输电线路杆塔倾斜监测的目的和意义

输电线路走廊地质、气象环境复杂,近年来,由于煤矿开采、工程施工以及外力破坏等原因,输电线路杆塔倾斜倒塌引起的电力事故呈上升趋势,对电网的安全运行造成了很大的威胁。引起杆塔倾斜的原因主要有以下几方面:① 长期定向风舞引起杆塔受力不均;② 自然地质灾害;③ 杆塔周围建筑施工;④ 杆塔本体异常、导线断裂;⑤ 导线、地线覆冰;⑥ 拉线、塔材被盗;⑦ 采煤、采矿区地陷、滑移等。杆塔倾斜一般发展缓慢,绝大多数事故是可提前预防的。

输电线路杆塔倾斜在线监测系统,是一种主要应用于不良地质区(采空区、滑坡区、沼泽水田区、海边台风区、沙地及高盐冻土区等)高压输电线路杆塔的倾斜监测及报警系统;采用计算机技术、新能源技术、通信技术、网络技术、强电磁场环境下数据采集技术,通过测量杆塔、拉线的倾斜角度,测量环境的风速、风向、温度、湿度等参数,并将测量结果通过移动/联通 GPRS/GSM 网络发送到接收中心,中心软件可及时显示杆塔的倾斜状况,并可显示杆塔的倾斜趋势、倾斜速度,在倾斜角度达到某值时以短信、界面、警笛等方式发出报警信息,预防事故的发生。

建立一套可靠的杆塔状态监测装置系统,对于常规目视巡线不能及时发现的隐形故障,降低故障持续时间过长和故障爆发突然性大为有利。对重点线路以及不良地质段杆塔进行状态监测,可有效地减少自然故障、人为故障,为电力系统的降损增收提供有力技术支持,必将产生良好的经济效益。

## 8.11.2 输电线路杆塔倾斜监测系统

输电线路杆塔倾斜监测系统由前端监测装置和后台监测中心组成。前端监测装置采用高精度双轴倾斜传感器和微电子控制技术设计。双轴倾斜传感器可对杆塔在顺线路和横线路方向的倾角进行实时测量,由微处理器通过程序指令设定其工作模式和传输方式,包括零点设定、传输波特率设定以及数据的编码方式等。双轴倾斜传感器监测的倾角数据采用透明传输方式,通过 RS232 串口与微处理器进行通信,并把所测得的数据传到微处理器非易失数据存储区。微处理器通过软件对测量值进行分析和计算,然后与设定的阈值进行比较,如果越限,微处理器将启动对双轴倾斜传感器进行复核测量和确认过程,防止发生误动。在确认测量结果确实越限后,微处理器通过 GPRS 模块,将线路杆塔号、杆塔倾斜角度和方向以及装置电源电压等信息发送给监测中心后台服务器,提醒工作人员及时关注和检查该铁塔的运行状况。在日常运行中,根据需要,后台监测中心可通过短信命令方式对监测装置的参数进行设置,如设置双轴倾斜传感器开启监测时间间隔、零点调整、越限阈值以及上报时间等参数。

## 8.11.3 输电线路杆塔倾斜监测装置主要的技术要求

Q/GDW 559—2010《输电线路杆塔倾斜监测装置技术规范》规定了架空输电线路杆塔倾斜监测装置的功能要求、技术要求、试验项目、试验方法、安装、调试、验收等。其中对杆塔倾斜监测装置的定义为:满足测量数字化、输出标准化、通信网络化特征,具备自检、自恢复功能,对架空输电线路杆塔的倾斜度进行在线监测的一种监测装置,并通过信道将数据传送到状态监测代理装置或状态监测主站。装置一般由一体化杆塔倾斜监测装置组成。监测内容为:① 倾斜度:杆塔偏离中心线的倾斜值与监测点地面高度之比;② 顺线倾斜度:杆塔沿线路方向的倾斜值与监测点地面高度之比;③ 横向倾斜度:杆塔沿线路方向的倾斜值与监测点地面高度之比;④ 顺线倾斜角;⑤ 横向倾斜角。

# 8.12 输电线路导线微风振动监测

## 8.12.1 输电线路导线微风振动监测的目的和意义

### 1. 输电线路微风振动起因

输电线路电线受到 0.11~10 m/s 的稳定风速吹拂时,在电线背面产生上下交替的旋涡,使电线产生垂直向周期性振动,称为微风振动。其特点是振幅小,一般不超过电线的直径;振动频率高,通常为 3~150 Hz;微风振动持续的时间较长,一般为数小时,有时可达数天。

振动沿电线分布,使电线各点产生不同程度的动弯应力,特别在档距两端悬挂点附近动弯应力最大,且持续时间最长。在交变应力下会使电线产生疲劳和磨损,进而发生断股,造成线路故障。为了降低电线振动强度,往往采用适当的防振措施,如安装护线条、防振锤、防振线等,以保障电线的使用寿命。但调查表明输电线路仍普遍存在着断股现象,及时测量并评估线路的振动状态,对于掌握线路的运行状态、预防疲劳断股事故具有积极作用。

虽然国内外在输电线路电线疲劳寿命实验室评估方面开展了一些工作,但实时测量输电线路电线的振动数据并进行实时评估还是一项新的工作。预先评估振动状态是避免电线疲劳断股最有效的手段,特别对于造价较高的线路大跨越段,档距大、悬挂点高、所处地形开阔,引起电线激振的风速范围广,其振动水平也远远高于普通线路,因此对大跨越微风振动状态进行实时测量和评估显得尤为重要。

因此,当风作用于电线后,由于卡尔曼旋涡和同步效应的发生,电线将在垂直平面内发生谐振,形成上下有规律的波浪状的往复运动,即微风振动。最常见的振动波形是由两个以上不同频率驻波和行波叠加而成的拍频(Beat)波,如图 8-15 所示。

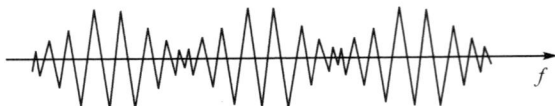

**图 8-15 拍频波形图**

## 2. 输电线路微风振动条件

① 风速。稳定而均匀的风速吹向电线才易引起振动,一般为 0.5~10 m/s。而 0.5~5 m/s 最易产生振动;风速过小,能量不够,不足以推动电线上下振动;如果风速过大,气流与地面的摩擦加剧,使地面以上一定高度范围内的风速均匀性遭到破坏,使电线处在紊流风速中,而不能形成稳定的振动。

② 风向。电线能否产生稳定振动还与风向有关,风向与电线轴线成 45°~90°时易产生稳定振动,30°~45°时振动稳定性很小,小于 20°时一般不发生振动。

③ 电线悬挂高度。电线悬挂越高,振动风速范围扩大,越容易发生微风振动。普通高度的线路振动风速的上限值为 4~6 m/s,而高杆塔大档距风速的上限值为 7~10 m/s。

④ 档距。档距的长度影响振动的振幅和振动延续时间。因为档距越大,档内电线固有振动满足半波数为整数的频率数越多,与风产生的冲击频率相接近而建立稳定振动的谐振机会越多,振动持续时间就会增加。所以档距小于 120 m 时,很少发生振动;档距大于 500 m 时,通常都会发生振动。

⑤ 地形。一般地形平坦的开阔地带以及跨越江河湖泊、山谷风口等处,有利于气流的均匀流动且风速又大,越易产生电线的严重微风振动;树林、高山、高层建筑物等具有屏蔽风的作用,电线通常不会起振。

⑥ 电线结构与材料。电线表面形状对振动升力卡尔曼旋涡的形成有直接影响,表面光滑的电线比粗糙电线振动较大。电线直径越小,振幅越大,更易疲劳断股。电线的线股层数及股数多时,其自阻尼功率大,有利于降低振动强度。铝绞线及铝钢比大的钢芯铝绞线比钢线、铜线或铝钢比小的钢芯铝绞线振动严重。带有间隔棒的分裂导线的振动强度随分裂根数增多而下降,降低系数接近 $1/n$($n$ 为分裂导线根数)。

悬垂线夹的性能对电线疲劳起着重要作用,一般要求悬垂线夹应尺寸小、重量轻、惯性小、回转灵活,这样可将部分振动能量传递到相邻档。悬挂点采用"组合线夹"不仅能降低舞动幅值,也能降低微风振动的动弯应力。

⑦ 电线应力。电线的静态应力(即电线的平均运行应力)越高,动应力就越大,因而电线越容易发生振动;而且动应力增大会促使电线很快疲劳断股,甚至断线。

## 8.12.2　输电线路导线微风振动监测系统

输电线路导线微风振动监测系统主要由四部分组成,包括导线振动监测仪、气象环境观测站、线路监测基站和当地监测中心(远程监测中心)。导线振动监测仪和气象环境观测站将采集到的微风振动(振动的频率、振幅和各种频率的振动次数)、风速、风向、气温、湿度等数据发送给线路监测基站,基站再将处理后的数据发送给远程的监测中心,监测中心通过对监测数据的分析和计算,能及时掌握导地线防振装置消振效果的变化。为输电线路大跨越的安全运行提供实时预警服务,避免现行预防性计划检修制度检修不及时或过度检修的弱点,变预防性计划检修为状态检修,能够显著提高输电线路设备的运行可靠性。

# 8.13　输电线路现场污秽监测

## 8.13.1　输电线路现场污秽监测的目的和意义

### 1. 污秽形成机理

尘土、盐碱、鸟粪、海水、工业型污秽等沉积在绝缘子表面,便构成绝缘子污秽,它的形成受到风力、自身重力、黏附力、气候和地区等多方面的影响。

空气水分的湿润使绝缘子表面污层的电导率增加,从而大大降低了绝缘子的绝缘特性。电力设备的电瓷表面,受到固体的、液体的和气体的导电物质的污染,在遇到雾、露和毛毛雨等湿润作用时,使污层电导增大,泄漏电流增加,产生局部放电,在运行电压下瓷件表面的局部放电发展成为电弧闪络,这种闪络即为污闪。

### 2. 污闪危害

近年来,随着我国经济的飞速发展,工业污染物不断增多,大气环境污染日趋严重。随之而来的电网污闪事故发生的频率也在上升,事故的后果越来越严重,往往造成多条线路、多个变电所失电,甚至引起系统振荡,从而造成电网瓦解,引起大面积停电。

## 8.13.2　输电线路现场污秽监测方法

### 1. 污秽绝缘子运行状态的特征量

泄漏电流在线监测法在安装、维修时需要带电作业,同时还存在信号中断等缺点,目前国家电网公司不再推广此种方法,但因为目前部分地区仍在使用,故仍作介绍。

为了确定绝缘子的污秽程度,定量地划分污秽水平,需要表征污秽绝缘子运行状态的特征量。在进行了大量的研究后,人们提出了很多参数,下面分别加以介绍。

**(1) 等值附盐密度(ESDD)**

等值附盐密度(简称盐密)是指绝缘子表面每平方厘米的面积上附着的污秽中导电物质所含的相当于氯化钠的含量$(mg/cm^2)$,由于它只与绝缘子的污秽量、成分和性质有关,故称为污秽的静态参数。

**（2）表面污层电导率**

表面污层电导率是指污秽绝缘子表面每平方厘米的电导。该参数是在污秽绝缘子受潮和施加比运行电压低的电压下测得的，从而把特征量与污秽及电压直接联系起来，比静态参数前进了一大步。但因测试电压低，并不能反映污秽层在高电压下的真实变化，故称为表征污秽绝缘子运行状态的半动态参数。

**（3）泄漏电流**

泄漏电流是指在运行电压下污秽受潮时测得的流过绝缘子表面污层的电流。它是电压、气候、污秽三要素的综合反映和最终作用结果，故称为动态参数。泄漏电流可测得有效值、平均值、瞬时值等多种。

由于流过绝缘子的泄漏电流脉冲的最大幅值 $I_k$ 表征了该绝缘子临近闪络的程度，因此，我们把泄漏电流波形的最高峰值作为表征绝缘子运行状态的特征量。实际测量中就是在给定时间内，获取绝缘子的最高值泄漏电流（考虑过干扰的情况）。绝缘子的泄漏电流是逐渐增加的，一直增加到临界电流 $I$ 时就可能发生闪络。由于污闪过程是一种随机过程，$I_k$ 是一种分散性很大的随机变量，这也是在我们的监测系统后台处理中要增加对一定时期泄漏电流波形的绘制和分析的原因，只有这样，才能比较准确地确定绝缘子的污秽程度。

**（4）脉冲数（频次数）**

泄漏电流的脉冲频次，即单位时间内脉冲幅值超过设定电流（一般为 5 mA）的次数。这主要是考虑泄漏电流的脉冲通常产生于交流污闪的最后阶段之前，而且随着闪络的逼近，脉冲的频率和幅值都要增加，因此脉冲频次对我们给出闪络危险警报是一个很重要的参数。

## 2. 泄漏电流在线监测原理

绝缘子表面泄漏电流是电压、气候、污秽三要素的综合反映，因此可将绝缘子表面泄漏电流作为监测绝缘子污秽程度的特征量。泄漏电流在线监测是利用泄漏电流沿表面形成的原理，在绝缘子接地侧通过引流卡或电流传感器在线实时测量泄漏电流，利用信号处理单元计算出一段时间内泄漏电流的各种统计值（如峰值平均值、峰值最大值或大电流脉冲数），通过无线传输与有线传输相结合，将数据传输到控制中心，运用专家知识和自学习算法对各种统计值进行综合分析，对绝缘子的积污状况做出评估和预测。

在绝缘子串接近悬挂点的最上面一片绝缘子上安装泄漏电流采集环。从采集环采集的泄漏电流送入控制箱，经过泄漏电流传感器和放大、滤波等电路，将从绝缘子取得的十分微弱的泄漏电流信号送入单片机进行处理。

每个杆塔监测装置的控制箱可监测 1～6 串独立绝缘子。控制箱由太阳能电池板、充电电路、高性能蓄电池、数据闪速存储器、低功耗单片机、16 位 A/D 转换器、泄漏电流传感器、温湿度传感器、GPRS/GSM 通信模块和控制软件等组成。

线路上各杆塔监测装置的数据送到地或省电力公司的监控中心主机，监控中心专家软件可实时监测该线路各杆塔上的泄漏电流等变量情况，并通过对监测装置的点测、巡测的实时数据进行分析判断。利用将运行经验、试验结果与相对分析法相结合的模糊诊断等方法判断该监测点的积污状况，当所测泄漏电流超过 0.8 mA 时，单片绝缘子污闪电压仅约 7 kV，低于该型号绝缘子标称电压 15 kV，污秽已比较严重时给出预报警，并把报警信息以手机短消息的形式发给当前管理员和相关领导。专家软件集中管理泄漏电流幅值、脉冲频次以及环境参数，提供单独和全面的查询、分析和打印功能,建立该线路的污秽信息数据库,并可结合运行经验重新绘制该地区的污秽分布图。

### 3. 等值附盐密在线监测法

实践表明,造成电力系统污闪事故的原因是多方面的,其中,空气环境的恶化和局部恶劣的气象等自然条件是引发污闪事故的主要因素。但应该看到,目前国内采用的表征设备外绝缘污秽程度的方法以及相关的实施措施对预防、减少污闪事故的发生具有很大影响。长期以来,污秽度的测量方法主要是采用等值盐密测量法,根据其测量结果进行污秽等级的标定,并指导现场开展每年一次的设备清扫。等值盐密测量法对表征电力设备污秽度具有重要作用,但对于设备表面的积污速度、年度内不同季节和气象条件下最高污秽程度以及污秽程度的发展趋势等缺乏应有的监测。

### 4. 盐密监测原理

光传感器测量盐密是基于介质光波导中的光场分布理论和光能损耗机理。置于大气中的低损耗石英棒是一个以棒为芯、大气为包层的多模介质光波导。在石英棒上无污染时,由光波导中的基模和高次模共同传输光的能量,其中绝大部分光能在光波导的芯中传输,但有少部分光能将沿芯包界面的包层传输,光波传输过程中光的损耗很小。当石英玻璃棒上有污染时,由于污染物改变了高次模及基模的传输条件,同时,污染粒子对光能的吸收和散射等产生光能损耗,故通过检测光能参数可计算出传感器表面盐分的多少。由于传感器与绝缘子串处于相同环境,因此,通过计算可得出绝缘子表面的盐密值。

#### (1) 系统组成

光传感器输变电设备盐密在线监测系统(见图 8-16)主要由数据监测终端和数据监测中心两部分组成,是一种智能化大范围远程分布式盐密实时监测系统。系统组网十分方便,并可提供监测中心多级管理功能,实现在不同位置同时对监测点的监测。数据采集终端安装在送电线路杆塔或变电站绝缘子附近,完成对现场污秽物(盐密)、温度、湿度的实时监测。监测数

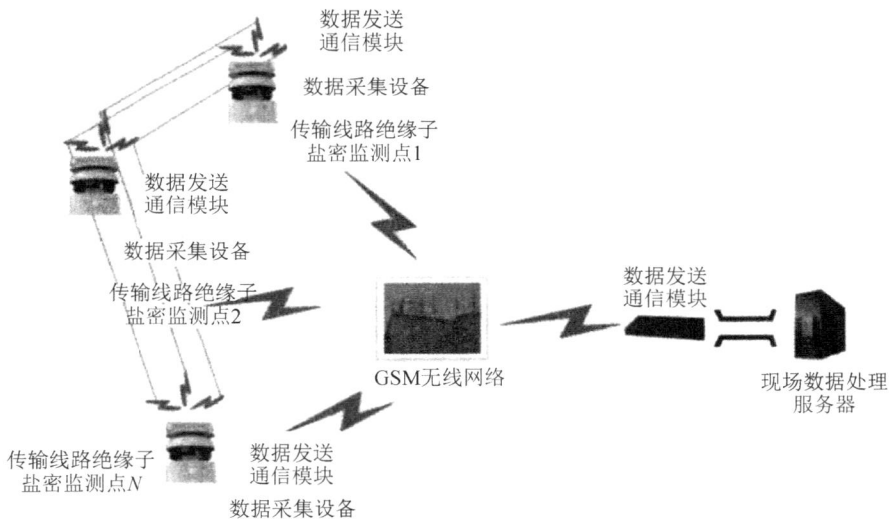

图 8-16　光传感器输变电设备盐密在线监测系统

据通过短信方式,向监测中心发送。数据监测中心完成对监测数据的转换和处理。

**（2）系统主要功能**

① 实时盐密电子地图。电子地图的绘制应遵循 DL/T 374—2019《电力系统污区分布图绘制方法》的规定。在盐密电子污区分布图中不同电压等级的高压线和不同级别污区的划分及着色均应遵循该标准。实时盐密电子地图用来在监测中心工作站上实时反映监测终端采集到的盐密和其他相关数据,信息可以实时动态刷新。运行部门可用它来监测输变电设备动态变化的实时盐密情况,为输变电设备的清扫、评价外绝缘耐污能力、适时调配提供依据。

② 最大（饱和）盐密电子地图。监测中心提供最大（饱和）盐密电子地图。绘制原则应遵循 DL/T 374—2019《电力系统污区分布图绘制方法》的规定。最大（饱和）盐密电子地图用来在监测中心工作站上反映在数据监测终端所安装的区域内出现的最大盐密值,为电力公司提供在污区分布图绘制及绝缘配置方面的参考。

③ 绘制参考曲线。监测中心提供以曲线图的方式显示数据监测终端监测点温度、湿度及盐密数据与时间的曲线,可以使供电企业随时、方便、直观地了解监测点输变电设备的历史盐密变化情况,并可结合温度、湿度与时间关系的信息分析监测点输变电设备的积污规律及自清洗率,做出相应对策。

# 8.13.3 输电线路现场污秽度监测装置应用

输电线路现场污秽度在线监测系统,能够对高压运行环境中绝缘子泄漏电流和监测点微气象状况进行实时监测,全天候地采集运行状态下输电线路现场的污秽度如盐密、灰密以及温度、湿度等气象参数,系统将数据信息通过 GSM/SMS 或 GPRS 方式传输到分析处理中心,通过专家分析系统综合各种参数,根据泄漏电流值、放电脉冲数及气象参数等得出等值附盐密和污秽发展趋势,并及时了解运行绝缘子的安全、可靠状况,对超标绝缘子及时进行多种方式的预警、报警,指导检修和清扫工作。

该系统不仅能够在一定程度上降低绝缘子闪络、跳闸等事故发生的概率,而且能够提供某段时间内的线路、塔杆、绝缘子等泄漏电流值查询,同时统计出最大泄漏电流、平均泄漏电流及各相的最大泄漏电流、平均泄漏电流;最大盐密值、平均盐密值及各相的最大盐密值、平均盐密值,为总结绝缘子电气性能下降规律、绝缘子闪络与其微气象、微环境变化之间的关系提供理论依据,为线路运行维护部门逐步实现从"定期检修"到"状态检修"的转变提供宝贵的现场运行资料。

# 第9章  智慧变电站

智慧变电站是在智能变电站的基础上,采用一次设备状态感知、主辅设备全面监视、一键顺控、远程智能巡视等技术建设的智慧型变电站,实现变电站的"可观、可测、可调、可控"。本章主要介绍了智慧变电站概述、主设备在线监测、辅助设备智能监控技术、智能巡视系统、智能联动和新一代变电站集中监控系统等内容。

## 9.1  智慧变电站概述

### 9.1.1  智慧变电站框架体系

为积极响应国网公司电力物联网建设,提高变电安全水平,提升变电运检质量,增加变电运维效益的号召,设备部会同国调中心在智能变电站的基础上,共同提出了"电力物联网智慧变电站"试点建设思路。智慧变电站通过聚焦人工智能技术与电力物联网技术深度融合,以智慧变电站一体化平台(变电站边缘物联代理平台)部署应用为核心,提升变电站"状态全面感知、信息互联共享、人机友好交互、设备诊断高度智能"能力,完成变电设备巡检图像识别、红外图像识别、声纹识别、仪器仪表状态识别、现场作业人员行为分析、变电主设备运行工况综合诊断知识图谱等人工智能算法模型的集成封装并持续完善,通过与电力物联管理平台、PMS3.0、综合自动化等系统的横向集成与纵向贯通,打造智慧变电站现场作业层智能替代、业务管控层集约高效、指挥决策层精准穿透的"云、边、端"一体化场景应用体系。

智慧变电站是在智能变电站的基础上,采用一次设备状态感知、主辅设备全面监视、一键顺控、压板在线感知、冗余测控、站域保护、设备智能标签、智能电能质量监测、远程智能巡视、变电站作业现场安全管控、智慧运维管控等技术建设的智慧型变电站。

① 一次设备按照一键顺控、状态感知、智能表计、免少维护等要求开展设备配置、设计优化,通过设备操作顺序控制、组合电器在线感知系统、变压器在线感知系统、开关柜在线感知系统等,全面提升一次设备健康状态智能监测水平。

② 二次系统按照就地采集、冗余测控、站域保护、智能应用、智慧管控等要求,通过变电站智慧物联管控平台、作业现场安全管控系统、智能压板监测系统、智能电能质量监测系统、智能直流控制系统等,全面提升二次系统可靠性和智能化水平。

③ 辅助系统按照一体设计、精简层级、数字传输、标准接口、全面监控、智能联动等要求进行设计,新建站端辅助设备监控系统,通过智能照明系统、智能标签系统、消防信息传输控制单元、就地模块等,实现数据共享、设备联动,全面提升辅助设备管控能力。

④ 远程智能巡视系统通过高清视频、红外热成像测温等,由巡检主机下发控制、巡检任务等指令,开展室内外设备联合巡检作业,对采集的数据进行智能分析,形成巡检结果和巡检报告,及时发送告警;同时它具备实时监控、与主辅监控系统智能联动等功能,可以构建变电站立体智能巡视体系。

智慧变电站框架体系如图 9-1 所示,测控、保护、电源信息部署在安全Ⅰ区,故障录波、计量部署在安全Ⅱ区,一次设备状态感知、火灾消防、安全防卫、动环等信息部署在安全Ⅳ区。

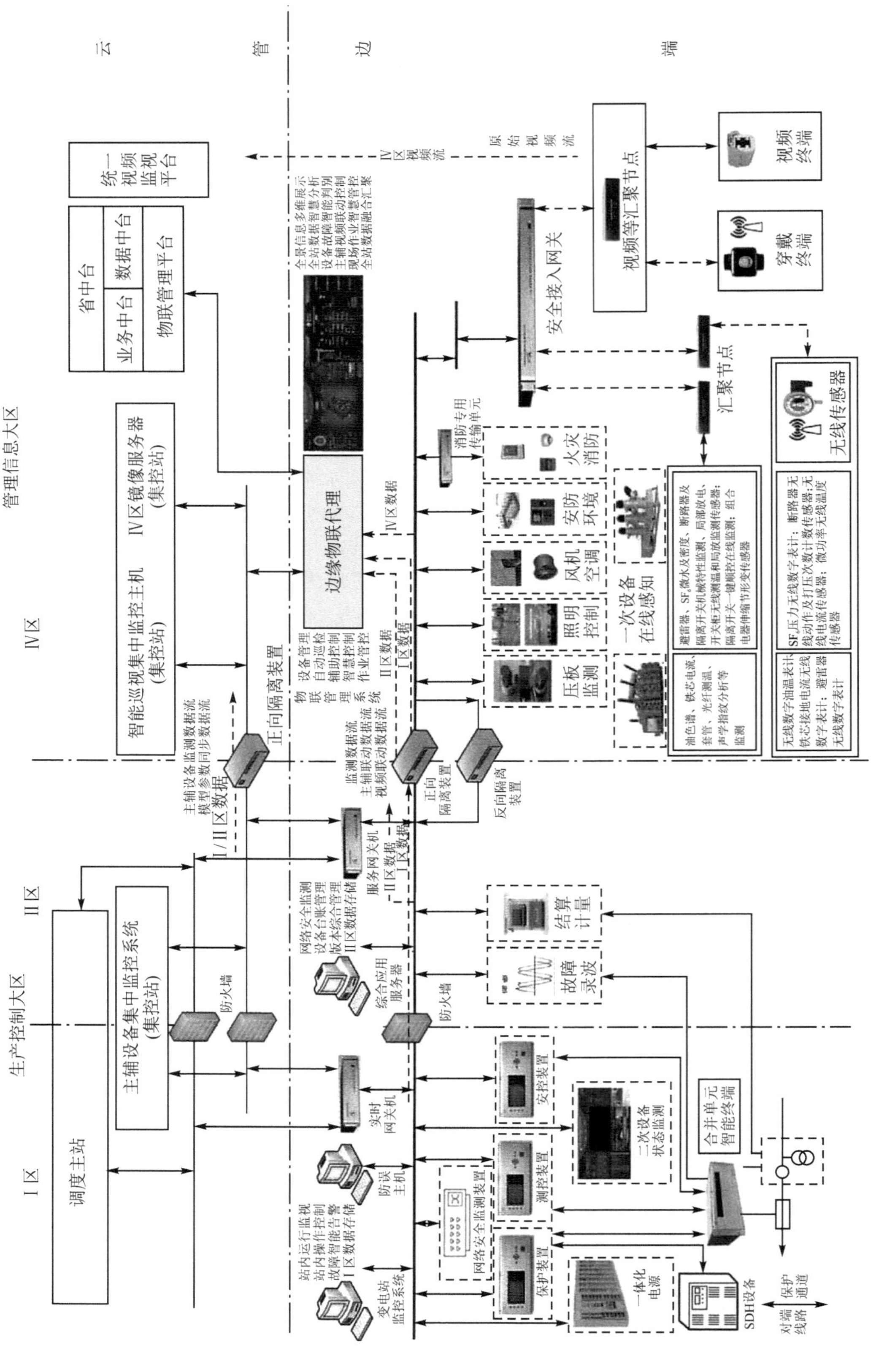

图9-1 智慧变电站框架体系

安全 I 区信息经防火墙、正向隔离装置后汇聚于站内安全 IV 区;安全 II 区数据经正向隔离装置后汇聚于站内安全 IV 区;无线感知设备信息、视频信息经汇聚节点后,在满足国家电网有限公司信息安全要求的基础上,通过无线方式接入安全网关,数据汇聚于站内安全 IV 区。

智慧变电站围绕"云、管、边、端"架构体系协同开展建设。其中,"云"为物联网平台(公司端为主站、变电站端为子站),"管"为通信方式,"边"为变电站内的边缘计算,"端"为智能终端、汇聚节点。"云、管、边、端"协同技术通过利用云服务器的强大计算能力及统一管控能力、边缘计算的就近服务能力和终端设备的数据感知能力,整合电力物联网通信、计算、存储、能量传输等多维资源,实现变电站物联网大数据的实时处理与智能研判。

智慧物联管控平台建设遵循统一数据接入与应用平台实现方案的相关约定,统一规范接入各子系统信息,实现数据共享、设备联动,全面提升辅助设备监控系统管控能力。平台接入在线感知、安防、消防、环境监测、$SF_6$ 监测、照明控制、视频监控、巡检机器人等众多子系统,实现各子系统的智能联动控制,实时接收各端装置上传的模拟量、开关量信号,分类存储各类信息并进行分析、计算、判断、统计和其他处理,实现多元异构数据的融合,实现各类系统之间的联动。智慧物联管控平台层级结构数据流如图 9 - 2 所示。

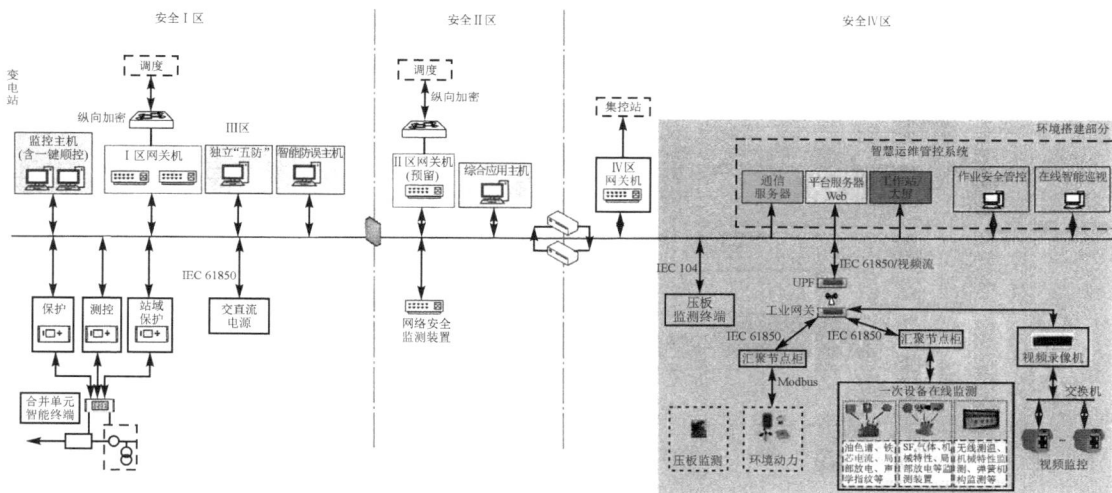

**图 9 - 2　智慧物联管控平台层级结构数据流**

## 9.1.2　功能架构

智慧物联管控平台软件功能架构如图 9 - 3 所示,可以看出,架构包含传感采集接入层、通信层、基础服务层、高级分析服务层、界面交互层等。

在操作系统层面,安装第三方软件,提供系统运行所需的文件、数据库、高速缓存、消息总线、电容器、Web 发布、代理、运行日志、网络设备监控等服务。

### 1. 传感采集接入层

① 主设备监控。主设备变位信号联动,根据断路器、隔离开关、接地开关等一次设备的变位信号选择设置联动,对应视频预置位预览等功能。

主设备监控系统告警联动,根据主变压器及断路器等一次设备的非电量告警信号、继电保护动作跳闸信号等选择设置联动,对应视频预置位、召唤在线感知数据、联动开启灯光照明等功能。主设备检修状态时,不应发送联动信息。

辅助设备监控系统与主设备监控系统通过防火墙通信,采用 100 Mbit/s 或更高速率的工业以太网 RJ45 接口通信;辅助设备监控系统应采用 104 协议,接收主设备监控系统发送的一次设备遥控预置、一次设备变位信号、一次设备监控系统告警(含主变压器及断路器等一次设备的非电量告警信号、单体一次设备融合后的总告警信号、保护动作跳闸信号),共 3 种联动信息。

图 9-3 智慧物联管控平台软件功能架构

② 变压器在线感知。变电站配置变压器在线感知系统,由变压器免维护油色谱监测装置、铁芯接地电流监测装置、铁芯接地电流传感器、夹件接地电流传感器、变压器光纤测温传感器、免维护呼吸器、声学指纹分析监测、变压器局部放电监测等组成,实现变压器绝缘油特征气体含量、铁芯接地电流、夹件接地电流、变压器温度等数据的采集,实现声学指纹识别变压器绕组及铁芯运行状态变化,将数据进行分析诊断,将监测数据及诊断结果通过 IEC 61850 上送至辅助设备监控系统。

变压器光纤测温传感器及免维护呼吸器采用内置部署方式,声学指纹采集装置采用就近部署方式,将传感器数据汇聚到装置后再进行信号上传。

③ 组合电器在线感知。变电站配置组合电器在线感知系统,由避雷器监测装置、泄漏电流及放电次数传感器、母线电压取样装置、SF₆ 微水及密度监测装置、SF₆ 微水及密度监测传感器、断路器弹簧机构压力监测、隔离开关机械特性采集装置、局部放电监测装置、局部放电监测传感器等组成,实现对泄漏电流及动作次数、母线电压、SF₆ 微水及密度、断路器机械特性等数据的监测,并将相关数据通过 IEC 61850 上送至辅助设备监控系统。

④ 开关柜在线感知。变电站配置开关柜在线感知系统,由无线测温、非介入式测温传感器、局部放电在线感知、机械特性监测单元、断路器弹簧机构压力监测单元组成,实现开关柜温度、局部放电、机械特性、弹簧压力等数据的采集,并通过 IEC 61850 上送至辅助设备监控系统。

⑤ 智能压板在线感知。变电站配置智能压板在线感知系统,由通信管理单元、智能压板状态采集器、智能压板传感器等组成,实现各压板状态数据采集并上送至智慧物联管控平台。智能压板传感器采用非电量接触原理检测各分立压板的投退状态,部署于各开关柜和汇控柜内部。智能压板状态采集器用于采集开关柜及汇控柜内部压板传感器的投退状态,并上送至智能压板控制器。通信管理单元用于收集各压板状态采集器的数据,并上送至辅助设备监控系统。

⑥ 智能巡视系统。变电站配置智能巡视系统,主要由视频监控主机、视频专用硬盘、高清网络摄像机、防爆高清网络球形摄像机、可视对讲机、车辆识别器、人脸识别摄像机、巡检主机、声音采集器等组成,实现对变压器运行环境、分接开关、避雷器放电计数器、呼吸器、油位表、油温表、$SF_6$ 压力表及其他表计的全面监视。

⑦ 照明控制。变电站应配置照明控制子系统,由照明控制器、灯具组成,通过就地模块接入辅助设备监控系统,实现变电站灯具运行状态数据采集、人工控制及自动控制功能。

⑧ 智能直流控制系统。变电站配置智能直流控制系统,由站用电低电压系统泄漏电流监测系统及智能蓄电池监测系统组成,采用分散采集、就地控制和集成管理的网络架构,通过故障关联性分析,实现直流系统故障定位功能,以本地或远程一键操作的方式完成蓄电池自动核容、故障支路隔离。通过维修旁路组件,在不中断直流馈线回路供电的前提下,实现非开口式直流互感器、直流馈线开关等快速更换。监测数据采用 IEC 61850 上送至辅助设备监控系统。

⑨ 消防系统。变电站配置消防系统,由区域火灾报警控制器、固定灭火装置、消防专用传输单元及各类前端监测装置等构成。除独立固定灭火装置(其控制、反馈信号接入主设备监控系统)外,各类消防信息通过消防专用传输单元接入辅助设备监控系统,实现对变电站消防报警信息、固定灭火装置动作及状态信息的监控。

⑩ 安防系统。变电站配置安全防范系统(简称安防系统),控制室、二次设备室应配置门禁;高压室、GIS 室、电容器室等生产用房宜选择配置门禁;变电站大门入口宜选择配置门铃;变电站围墙应配置电子围栏;变电站大门入口应配置红外对射;控制室、二次设备室、高压室、GIS 室、电容器室宜选择配置双鉴探测器。安防信息采用 IEC 61850 送至辅助设备监控系统。

⑪ 环境监测系统。变电站配置环境监测系统,由各类传感器、控制箱、水泵、空调、风机、除湿机、暖通设备等构成,通过就地模块接入辅助设备监控系统,实现变电站环境参数监测及水泵、风机、空调等设备的智能控制功能,并经环境监测主机采用 IEC 61850 将数据送至辅助设备监控系统。

⑫ 电能质量。变电站配置数字化电能质量监测装置,采集电能质量监测数据并通过 IEC 61850 上送辅助设备监控系统,实时监测电网的频率、电压和谐波情况,达到预警值时发出告警信号。

## 2. 通信层

① 前置通信服务。提供电力系统常用的前置通信服务,用于获取 Ⅰ 区、Ⅱ 区数据,并负责通过规约接入 Ⅳ 区的其他系统的数据。

② 物联通信服务。提供基于 MQTT 协议方式的端、边设备接入服务。

③ 消息总线服务。提供基于消息总线方式的数据交互通信服务。

### 3. 基础服务层

① 实时数据服务。合理使用内存、远程字典服务维护实时数据，并通过操作应用程序编程接口 API、处理平台 Kafka 等方式实现数据的更新与取用。根据预设的策略对数据进行计算，产生计算数据，触发事件告警。提供实时数据的监视工具。提供计算公式的编辑工具。

② 历史数据服务。通过配置的策略，实现从实时数据库定时、动态备份数据的功能。配套提供历史数据检索、简单分析以及策略配置的功能。

③ 配置组态服务。提供对应用配置信息的管理和配置服务，提供配置组态工具。

④ 数据解析服务。实现通过对地理位置、逻辑分组、管理权责、监测点、传感器、子系统等维度的数据划分功能，对采集到的多元数据进行分组整理，并提供基础的数据趋势、同比、环比分析，提供折线图、柱状图、面积图的展示界面。

⑤ 图形画面服务。通过在线或离线工具的方式绘制厂站画面，用于形象地展示设备位置、系统接线、信号逻辑等信息，并提供 Web 接口式的画面展示调用功能。

⑥ 消息服务。提供统一的消息服务，提供基于 API 接口、Kafka 等方式的消息存储服务，并提供对外的消息调用接口服务。配套提供消息检索、简单分析的功能。

⑦ 视频支持服务。提供对摄像头等视频设备的接入、分发，实现流媒体转换，提供 Web 形式的视频调用、设备操作接口。实现视频联动的组态配置，并通过监测相关触发条件实现对目标视频信息的调用，最终对外提供视频联动服务。

⑧ 通信管理服务。提供对系统前置通信、物联通信、消息总线通信方式的管理和报文分析服务。

⑨ 区域位置服务。提供对系统内地理信息位置的管理服务，主要提供对区域—位置各层级的划分支持，用于实现对数据的分层汇聚。

⑩ 文件管理服务。提供系统内统一的文件上传、下载、管理服务，实现系统文件资源的统一管理，避免微服务架构下文件信息过于散乱。

⑪ 资源管理服务。对系统内使用的图片、配置文件、样式表、脚本文件等静态资源进行统一管理，避免重复。

⑫ 统一授权管理服务。提供统一的人员、账户、角色、权限、组织架构的管理与支持。

⑬ 报表管理服务。提供可编辑的报表设计和查看工具。

⑭ 设备管理服务。提供对系统内涉及的全部设备信息进行管理的功能，包括但不限于设备台账、设备实时状态、设备缺陷、设备运维。

该部分数据同时应为通信模块的组态提供数据支持。

### 4. 高级分析服务层

① 主设备监测服务。根据接入的主设备数据，按区域、间隔、设备、位置划分，综合遥信、遥测、控制、传感器、图形画面、数据分析、视频等主设备相关数据，采用友好直观的界面进行数据聚合展示。

② 辅助设备监测服务。智慧变电站建设包含部署于 Ⅱ 区的辅助设备监控系统，实现电能质量、一次设备在线感知信息、火灾消防、安全防范系统、环境监测数据、压板监测、智能直流控

制信息、照明控制信息的采集汇聚,并进行一定的数据分析,实现火灾告警、人员入侵等异常情况联动控制功能,并将Ⅱ区汇聚数据及数据分析结果传送给Ⅳ区智慧物联管控平台。

③ 在线感知服务(组合电器监测、变压器监测、智能直流控制、开关柜监测)。在线感知服务汇集组合电器监测的泄漏电流及动作次数、母线电压、$SF_6$微水及密度、断路器机械特性数据,变压器监测的气体含量、铁芯接地电流、夹件接地电流、变压器温度、设备运行声纹等数据,开关柜监测中开关柜温度、局部放电、机械特性、弹簧压力等数据,智能直流控制系统中站用电低电压系统泄漏电流、蓄电池电流电压、温湿度等数据信息。将汇聚的综合数据按照设备进行整合分类,提供三维及数据信息全景融合并进行全面感知展示,配套提供界面展示服务。

④ 智能压板服务。组织智能压板主机信息,分组分析数据,提供数据接口服务,配套提供界面展示服务。

⑤ 消防信息服务。变电站消防专用监视单元接收区域火灾报警控制器实时火灾报警信息及消防设备(设施)运行状态信息,实现全站消防信息的统一汇聚。消防信息服务依据电压等级和地理位置对信息进行分类分组,配套提供综合展示界面服务。

消防信息服务实现全站消防信息监视,包括温度、湿度、气体、液位、压力、流速等,提升消防感知能力,提供重要信息展示界面;消防信息服务包括系统运行状态、消防水池液位、告警分类提示信息、全站消防状态、重要受控设备状态、重要消防分区图等。

变电站内火灾报警信号产生后,通过主设备运行数据和消防监控数据的多维实时数据关联分析和历史数据对比,产生火警智能分析诊断结果,上送智慧物联管控平台,运维人员同时结合视频监控进行人工确认,为火灾快速消除和高效处置提供依据。实现火灾主动预警、主动应急、智能处置、安全预控。

⑥ 安防信息服务。安防信息服务接收各种报警探测器的信号,包括红外探头、对射探测器、门禁、电子围栏、声音等信号,对全站主要电气设备、关键设备安装地点以及周围环境进行全天候的状态监视和智能控制,在满足电力系统安全生产要求的同时,满足变电站安全警卫的要求。

安防信息服务配套提供综合展示界面服务,实现自动报警并进行入侵报警联动,开启报警防区灯光照明;启动防区现场、主控室、门卫室警笛报警;联动防区视频预置位,弹出视频监控预览窗口,开启录像。安防信息服务通过监测、预警和控制三种手段,实现变电站内部关键部位的防火、防入侵、防盗窃,提高变电站安全防范水平。

⑦ 数据分析服务。数据分析服务以汇聚的综合数据为基础,以设备为单位,提供同测点同类型数据比对、筛选查询、历史曲线图形显示等功能,并提供相应的展示服务。

⑧ 环境监测服务。环境监测服务汇聚温湿度传感器、水位传感器、水浸传感器、风速传感器、风向传感器、雨量传感器等信息,采用阈值分析、相关性分析等技术手段对重点区域的温湿度、声音、风速、雨量等环境参量进行评估和异常预警。自动对温湿度环境进行不间断监测和记录,记录时间间隔可根据实际情况设定。环境监测服务预设自动控制策略,在变电站发生温湿度、水浸等越限时,对站内空调、风机、水泵等设备进行自动控制,调整室内温湿度、集水井水位,恢复正常后自动停止运行。支持环境数据越限告警联动、室内温湿度越限告警、联动空调(风机)启停、运行模式调节等;集水井水浸告警时,联动水泵启停;室外微气象(台风、暴雨等)数据越限告警时,联动弹出视频监控预览窗口。

⑨ 照明管控服务。照明管控服务提供对场地内照明系统的状态监测、控制、联动支持,并提供变电站内照明设施分布,配套提供综合的展示界面服务。照明管控服务提供对变电站内

照明设备的状态监测,包括灯具开启状态、累计记录、异常启动、自动保护、使用年限、在线统计等。支持对变电站照明进行远程集中控制,实现感应调光,提高照明质量,延长照明设备使用寿命。发生供电故障时,支持故障告警,具备双回路供电自动切换并立即启动应急照明灯组。服务支持多系统联动功能,当火灾告警发生、安防入侵告警等发生时,联动照明管控服务远程开启对应分区照明设备,节省人力,在事故发生时快速响应,可靠性高。

⑩ 智能巡视服务。智能巡视服务对接和调用智能巡视系统的相关数据和组件,实现数据统一接入,界面有机融合。

### 5. 界面交互层

① 运行监盘应用。提供支持变电运行人员集中监盘使用的页面及应用,突出显示重要指标和数据,聚焦关键系统和告警信息,呈现方便、快捷、美观的综合信息监视界面。

② 运维管理应用。提供面向运维管理人员的集中统一页面,将系统内涉及的众多子系统的数据进行组织,扁平化层级设计,简化数据查询过程,提供友好丰富的交互界面。

变电站配置三维可视化技术,构建变电站整站级、设备级的三维可视化模型,还原设备实际结构,接入设备监测数据,实现变电站运行状态远程监视、缺陷隐患三维展示、设备故障精准研判、抢修方案快速制定、检修实施模拟操作等高级应用。

③ 大屏展示应用。针对大屏(或重要指标)展示的具体需求,定制大屏展示应用突出关键指标、分析图表、地理信息、重要告警数据等。

④ 管理组态工具。为负责系统管理维护的人员提供管理组态工具,推荐提供客户端工具,以提高组态过程的效率,配套提供 Web 版组态工具,用于应对日常少量的组态需求。

# 9.1.3　数据分布

### 1. 系统数据

系统的数据主要由三个部分组成:
① 实时生产数据,来自Ⅰ区。
② 安防、消防、环境、照明、压板监测、在线感知、直流控制、站用电低压系统、泄漏电流监测等子系统数据,来自Ⅱ区。
③ 智能巡视、视频、机器人、作业安全管控、智能标签等数据,来自Ⅳ区。

### 2. 一、二次设备状态数据

① 变压器内部运行数据。部署高频局部放电等智能传感器、摄像头及机器人等巡检设备、油色谱等在线感知装置,采集放电量、接地电流、油中溶解气体含量、本体温度、声纹特征向量等数据。

② 断路器运行数据。部署特高频局部放电等智能传感器、摄像头及机器人等巡检设备,采集放电量、$SF_6$ 密度及水含量、分合闸电流等数据。

③ 避雷器运行数据。部署泄漏电流在线感知传感器、摄像头及机器人等巡检设备,采集阻性电流、泄漏电流、谐波电压以及雷击次数等数据。

④ 电容型设备运行数据。部署介质损耗及电容量监测传感器,采集泄漏电流、介质损耗等数据。

⑤ 开关柜运行数据。部署触头测温、超声局部放电等智能监测传感器、摄像头及挂轨机器人,采集局部放电量、动静触头温度、空开压板指示灯状态等数据。

⑥ SCADA 监控数据。获取Ⅰ区运行监控数据,包括设备告警、保护动作信号,以及电流、电压、开关位置等运行数据。

⑦ 二次压板监测数据。部署二次压板在线感知装置,实现压板投退实时监测、状态异常告警、操作实时提示及结果核对等功能。

### 3. 变电站环境数据

① 部署高清摄像头、室内移动终端等智能巡检终端设备,对站内环境进行实时监控与缺陷分析。

② 部署电子围栏、声光报警器、红外对射探测器、红外双鉴探测器等装置,对变电站安防报警信息及状态信息进行监控。

③ 部署火灾报警控制器、探测器、报警器等监测装置,实现对变电站消防报警信息及状态信息的监控。

④ 部署环境监控装置,对室外温度、湿度、雨量、风速、风向等微气象采样数据,室内温湿度采样数据,空调工作状态、开关柜运行数据等实时监控与异常联动。

⑤ 部署照明控制器,实现照明设备远方遥控或就地开闭,可根据其他主辅设备状态联动。

⑥ 设备室门配置可联动的门禁控制器,实现智能门禁状态管控功能。

# 9.1.4　应用场景

智慧变电站项目建设面向日常巡视、带电检测等业务应用场景,要加强应用能力建设,转变运维模式与记录方式,切实为一线班组减负,充分体现电力物联网建设的先进性与适用性,提升变电运检工作的精益化管理水平。

① 实现主辅设备的全面监视。采用先进物联传感技术及装置对变电站设备状态量、电气量、环境量进行实时采集,实现主辅设备的全面监视。

② 实现现场巡视的智能替代。以变电站高清视频与机器人联合自动巡视为核心,综合主辅设备各类传感监测装置,自动实现 70% 全面巡视及 100% 例行巡视预置位的覆盖,提升巡视频度,降低现场巡视工作量。

③ 实现故障缺陷的智能研判。通过站端高清摄像机综合布点的扩容性改造,针对设备本体缺陷、表计进行智能识别,结合一、二次设备在线监测装置,实现设备故障缺陷的自动识别,并持续跟踪设备异常状态演进趋势,实现基于大数据分析的研判预警,全天候不间断地主动推送预/告警信息并生成现场消缺任务工单,推动变电设备状态检修工作管理水平再上新台阶。

④ 实现作业现场的安全管控。采用高清视频摄像机与激光雷达布控技术及装置,实现对于作业人员入场身份鉴别、作业安全措施落实情况、高风险带电安全区域控制、作业许可区域边界控制的安全布防与智能告警应用,提升变电站作业现场人员安全风险防范能力。

⑤ 实现异动触发条件下的联动处置。基于站端各类传感装置监测数据,当出现触发性告警信息时,能够主动关联异动设备相关监测状态量、信号量,实现综合性分析研判,并实现摄像机、照明、空调、风机等辅助设施的响应性联动处置。

⑥ 实现记录方式的优化转变。以"变电五通"规程为标准,严格参照全面、例行巡视标准作业记录卡,通过应用系统设置自动巡视任务,实现预置点位巡视记录的自动填报;实现全站

保护装置定值、压板状态、切换把手位置信息的自动导出、识别比对、自动填报与异常告警,大幅减轻一线运维人员人工作业的工作负担,提升运维管理效率与精益化水平。

# 9.2 主设备在线监测

以往变电设备在线监测与分析系统主要使用位于管理信息大区的信息系统,难以与调控实时数据有效整合,独立于监控人员使用的电网设备告警界面,存在漏监视的风险。为适应"大运行"体系建设的要求,加强变电设备状态在线监测信息的监视与管理,在现有电网调控系统中扩展变电设备状态在线监测功能,实现变电设备在线监测数据的采集、处理与分析,能够为设备监控运行人员监视设备运行情况、处置告警信息等提供技术支持,为设备监控管理人员统计分析提供辅助手段。

变电设备在线监测模块监视了变电站内的设备状态,监测的数据包括变压器/电抗器油中溶解气体信息、电缆护层电流信息等。将变电设备在线监测信息与电网调度监控系统中的数据进行整合,对电网稳定运行有着积极的意义。

变电在线监测与分析应用在智能电网调度控制系统平台上集成,增加一个独立应用,部署在安全Ⅱ区,主站配置前置、应用等服务器,实现信息的采集、存储、统计、分析与应用。智能变电站变电设备状态监测信息通过Ⅱ区通信网关机接入调度数据网。

## 1. 实时监测

### (1) 数据采集

变电设备在线监测采集的信息类型包括模拟量、状态量及事件信息。采集范围包括变电设备状态在线监测信息。其中,变电设备在线监测类型包括变压器/电抗器油中溶解气体监测、变压器/电抗器套管绝缘监测、电压互感器绝缘监测、电流互感器绝缘监测、金属氧化物避雷器泄漏电流监测等。此外,变电设备在线监测还可采集装置自检、故障、异常、退出等异常运行状态信息。

采用电力调度数据网,实现变电设备状态在线监测信息从变电站端向调控主站端的直接传输。对目前不能实现直采的在线监测数据,可通过生产管理系统接入调控主站端。根据变电设备状态在线监测数据接入和通信的方式不同,在线监测数据采集可分为调度数据网直采、生产管理系统转发两种方式。

① 调度数据网直采。智能变电站或经改造后具备条件的变电站可使用 IEC 60870 - 5 - 104、DL/T 476—2012《电力系统实时数据通信应用层协议》规约通过电力调度数据网在Ⅱ区直接采集变电站设备在线监测信息。此类数据采集以变化数据实时上送为主,当状态量、模拟量较之前有变化时,则由站端通信网关机自动上送最新数据。为避免数据丢失,主站可以进行数据总召唤,根据设置的总召周期定时对站端通信网关机进行全数据召唤,也可以人工手动总召。

② 生产管理系统转发。接入生产管理系统的外部变电设备状态在线监测主站将其采集的信息汇总,并采用 WebService 方式,遵循 B 接口通信规范直接采集;或按约定格式生成 E 语言文本文件,通过反向隔离装置转发至Ⅱ区变电设备状态监测服务器,D5000 系统接收并解析文件后写入实时库并存储。D5000Ⅲ区文件接收服务器部署文件转发常驻进程,实时扫描指定接收目录。一旦发现有新文件送达,立即通过反向隔离装置向Ⅱ区应用服务器转发数据文件。

**（2）实时监视**

依照国家电网公司运检部《输变电设备在线监测信息报警规则》，根据在线监测装置所监测的变电设备状态量的幅值大小或变化趋势，将设备状态信息分为正常信息、预警信息和告警信息三类。

① 正常信息：表示变电设备状态量稳定，设备对应状态正常。

② 预警信息：表示变电设备状态量变化趋势朝告警值方向发展，但未超过告警值，设备可能存在隐患。

③ 告警信息：表示变电设备状态量超过相关标准限值，或变化趋势明显，设备可能存在缺陷，并有可能发展为故障，需采取相应措施。

变电设备监视类型包括变压器油色谱、变压器局部放电、变压器铁芯接地电流、变压器顶层油温、电容设备绝缘监测、$SF_6$ 微水密度、金属氧化物避雷器、直流偏磁、变电微气象、变压器套管绝缘监测。监测装置所监测的监测量可设置两级阈值（阈值 1、阈值 2），超出阈值时，对被测设备状态做出异常判断并告警。部分监测量阈值判断需要计算初值差，初值差＝（当前测量值－初值）/初值×100％，其中，初值为在线监测装置投入运行后的初始测量值。

以变压器油色谱监测为例，变压器油中溶解气体在线监测装置阈值判断的监测量包括 $H_2$、CO、$CH_4$、$C_2H_4$、$C_2H_2$ 和 $C_2H_6$。当以上监测量发生越限时，即对被监测变压器状态做出相应报警提示（包括预警、告警两个等级）。例如：当 $H_2$ 含量在阈值 1 以下时，设备处于正常状态；当 $H_2$ 含量在阈值 1～阈值 2 之间且变化量（当前测量值与上次测量值之差）不大于 2 $\mu L/L$ 时，设备处于预警状态；当 $H_2$ 含量大于阈值 2 或者 $H_2$ 含量在阈值 1～阈值 2 之间且变化量大于 2 $\mu L/L$ 时，设备处于告警状态。变电设备监测装置、监测量阈值与设备状态判断条件的关系如表 9-1 所列。

**表 9-1　变电设备异常状态判断表**

| 装置类型 | 监测量 | 被测装置正常 | 被测装置预警 | 被测装置告警 |
|---|---|---|---|---|
| 变压器油色谱装置 | $H_2$ | ＜阈值 1 | ［阈值 1，阈值 2）且变化量＜2 $\mu L/L$ | ＞阈值 2 或［阈值 1，阈值 2）且变化量＞2 $\mu L/L$ |
| | CO | ＜阈值 1 | ［阈值 1，阈值 2） | ＞阈值 2 |
| | $CH_4$ | ＜阈值 1 | ［阈值 1，阈值 2）且变化量＜2 $\mu L/L$ | ＞阈值 2 或［阈值 1，阈值 2）且变化量＞2 $\mu L/L$ |
| | $C_2H_4$ | ＜阈值 1 | ［阈值 1，阈值 2）且变化量＜2 $\mu L/L$ | ＞阈值 2 或［阈值 1，阈值 2）且变化量＞2 $\mu L/L$ |
| | $C_2H_2$ | ＜阈值 1 | ［阈值 1，阈值 2）且变化量＜2 $\mu L/L$ | ＞阈值 2 或［阈值 1，阈值 2）且变化量＞2 $\mu L/L$ |
| | $C_2H_6$ | ＜阈值 1 | ［阈值 1，阈值 2）且变化量＜2 $\mu L/L$ | ＞阈值 2 或［阈值 1，阈值 2）且变化量＞2 $\mu L/L$ |

| 装置类型 | 监测量 | 被测装置正常 | 被测装置预警 | 被测装置告警 |
|---|---|---|---|---|
| 变压器油色谱装置 | 总烃 | ＜阈值 1 | ［阈值 1，阈值 2）且变化量＜2 μL/L | ＞阈值 2 或［阈值 1，阈值 2）且变化量＞2 μL/L |
| | 微水 | ＜阈值 1 | ［阈值 1，阈值 2） | ＞阈值 2 |
| 变压器套管绝缘装置 | 泄漏电流 | 初值差＜阈值 1 | 初值差［阈值 1，阈值 2） | 初值差＞阈值 2 |
| | 电容量 | 初值差＜阈值 1 | 初值差［阈值 1，阈值 2） | 初值差＞阈值 2 |
| 电容设备绝缘监测 | 泄漏电流 | 初值差＜阈值 1 | 初值差［阈值 1，阈值 2） | 初值差＞阈值 2 |
| | 介质损耗 | 初值差＜阈值 1 | 初值差［阈值 1，阈值 2） | 初值差＞阈值 2 |
| | 电容量 | 初值差＜阈值 1 | 初值差［阈值 1，阈值 2） | 初值差＞阈值 2 |
| 金属氧化物避雷器监测装置 | 全电流 | 初值差＜阈值 1 | 初值差［阈值 1，阈值 2） | 初值差＞阈值 2 |
| | 阻性电流 | 初值差＜阈值 1 | 初值差［阈值 1，阈值 2） | 初值差＞阈值 2 |
| 变压器铁芯接地电流装置 | 铁芯电流 | ＜阈值 1 | ［阈值 1，阈值 2） | ＞阈值 2 |
| $SF_6$ 微水密度装置 | 气体密度 | 初值差＜阈值 1 | 初值差［阈值 1，阈值 2） | 初值差＞阈值 2 |
| | 微水含量 | 初值差＜阈值 1 | 初值差［阈值 1，阈值 2） | 初值差＞阈值 2 |

　　根据告警规则产生的告警信息通过 D5000 告警服务从安全Ⅱ区转发到安全Ⅰ区。在安全Ⅰ区实时监控告警窗上，由"状态监测信息"命名的告警标签页单独展示设备状态在线监测告警信息。对在线监测告警的异常类和告知类信息用不同颜色加以区分，以利于监视和信息处置。

## 2．查询统计

　　① 在线监测装置查询。它是指按照运维单位、电压等级、变电站、被监测设备、装置类型、装置名称等条件进行查询，并导出查询结果。可按过滤条件（如装置类型、时间等）对在线监测装置运行工况信息进行查询。

　　② 变电设备状态监测量查询。它是指对在线监测装置各监测量的查询功能。按照运维单位、电压等级、变电站、被监测设备、装置名称、装置类型、监测量类型、监测时间以及监测量的数据范围等条件进行查询，导出查询结果。

　　③ 告警信息查询统计。它是指对被监测设备、监测装置自身告警信息的查询统计功能。按照告警时间、告警级别、运维单位、电压等级、变电站、装置类型、被监测设备等查询条件进行组合式查询。

## 3．辅助分析

### （1）典型数据对比判断

　　当变电设备状态异常时，反映设备状态的各监测量对故障判断具有参考意义。定义多组设备故障特征状态，将实时监测数据和特征数据进行比对，可实现对设备运行状况的辅助判断。

　　典型数据比对判断需建立设备故障典型数据库。基于设备制造厂家数据、在线监测阈值数据等基础数据,形成设备典型数据,开展设备运行异常情况动态分析。建立设备故障典型案例库,根据设备故障情况,收集整理设备故障典型信息,开展设备故障诊断与预判分析。

设备故障诊断分析在故障特征库中找出所有匹配的故障类型,将所选设备当前监测值与故障特征库中的特征值进行逐一比对,两者的差值若超过差值门槛,则认为设备当前状态接近某故障,有可能存在潜在故障的风险。典型数据对比有两种算法:

① 绝对值算法:若|实际值－特征值|>差值门槛,则认为设备当前状态接近某故障;

② 百分比算法:若|实际值－特征值|/特征值>差值门槛,则认为设备当前状态接近某故障。

**(2) 设备异常趋势分析**

对于在线监测数据异常的设备,结合电网运行数据、环境数据和在线监测数据变化,对设备运行异常趋势及时跟踪分析。具体包括:

① 油中溶解气体趋势跟踪。跟踪一定时间范围内,设备某相别的 $H_2$、$CH_4$、$C_2H_6$、$C_2H_4$、$C_2H_2$、$CO$、$CO_2$、总烃等监测量以及电网运行数据和环境数据的变化趋势,并和外界条件相同或相近的其他同类型设备监测数据进行对比,辅助分析变压器/电抗器设备异常状态。

② 电容设备绝缘趋势跟踪。跟踪一定时间范围内,设备某相别的电容量、介质损耗因数、全电流等监测量以及电网运行数据和环境数据的变化趋势,并和外界条件相同或相近的其他同类型设备监测数据进行对比,辅助分析电容设备的异常状态。

③ 金属氧化物避雷器绝缘趋势跟踪。跟踪一定时间范围内设备某相别的系统电压、全电流、阻性电流等监测量以及电网运行数据和环境数据的变化趋势,并和外界条件相同或相近的其他同类型设备监测数据进行对比,辅助分析金属氧化物避雷器的异常状态。

④ 气象状态趋势跟踪。跟踪一定时间范围内风速、风向、气温、湿度、气压、雨量、光辐射等监测量,以及电网运行数据和环境数据的变化趋势,辅助分析变电设备异常运行状态。

⑤ 其他监测量趋势跟踪。跟踪一定时间范围内相关监测量以及电网运行数据和环境数据的变化趋势,并和外界条件相同和相近的其他同类型设备监测数据进行对比,辅助分析被监测设备的异常状态。

以变压器为例,根据某主变压器油色谱在线监测数据分析设备状态。变压器油色谱在线监测实时数据如图 9-4 所示,变压器油色谱在线监测历史数据如图 9-5 所示,变压器油色谱数据谱图如图 9-6 所示。

① 变压器在线感知数据趋势预测预警。对主设备温度、油色谱、历史负荷等状态监测信息及其增长率进行分析,对同一设备在相似运行工况下不同时间的监测数据进行比较,从而对监测数据变化趋势进行预测及预警。

② 变压器健康状态评估及异常诊断。结合负载、本体局部放电、冷却器运行等特征信息及设备量测信息、在线感知数据等多源数据,开展主设备多维运行状态综合分析,对设备健康状态进行快速诊断;当诊断发现异常时,可自动进行设备异常或故障分析,对异常或故障状况进行快速定位与告警。有效避免故障严重程度升级,可以缩短检修工作量,减少电网停电时间,降低检修经济成本,保证供电的可靠性。

**图 9-4 变压器油色谱在线监测实时数据**

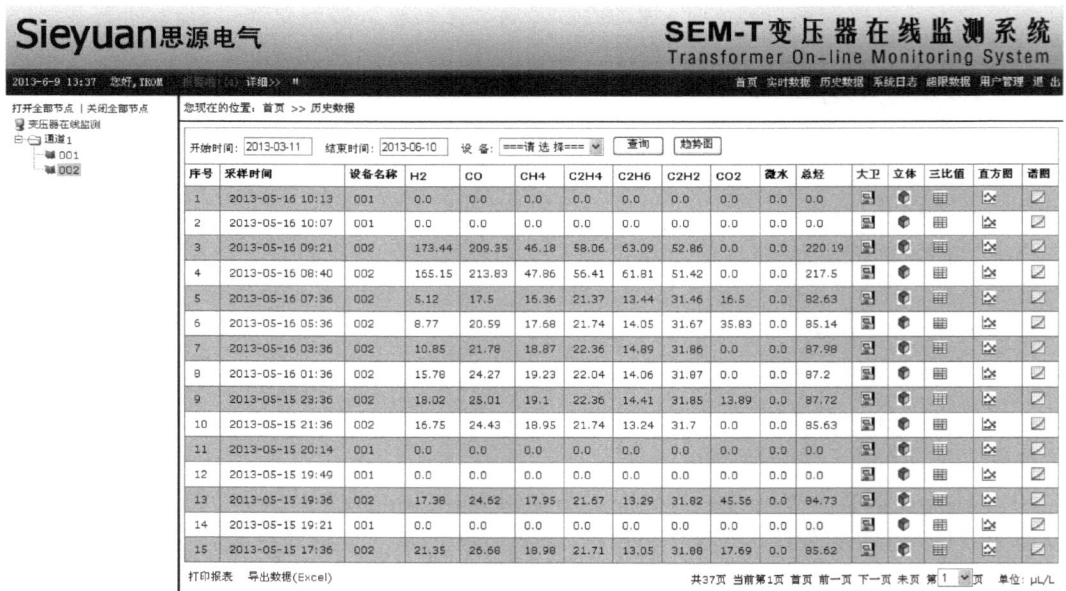

**图 9-5 变压器油色谱在线监测历史数据**

| 三比值法 | 大卫三角形 | 立体图示法 | 趋势曲线图 | 数据谱图 | 数据直方图 | 历史数据报警 |

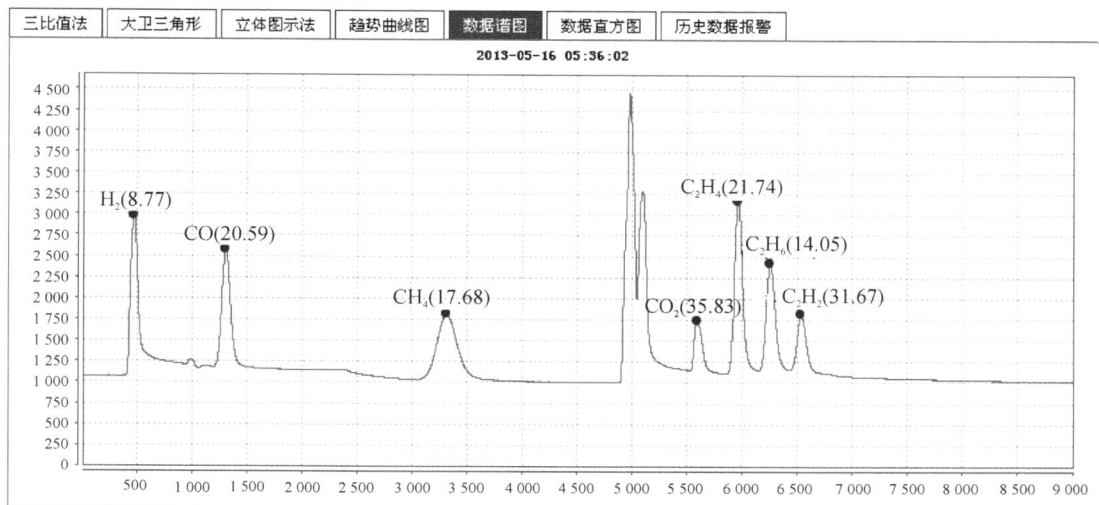

**图 9-6　变压器油色谱数据谱图**

# 9.3　辅助设备智能监控技术

辅助设备智能监控系统包含火灾消防子系统、安全防卫子系统、动环子系统等模块,实现站内辅助监控设备的信息采集、监视与控制管理,并通过安全防护装置与Ⅰ区 SCADA 监控主机交换信息,通过正反向隔离装置与Ⅳ区智能巡视主机交换信息。辅助设备智能监控系统主机采用 DL/T 860 接入各子系统数据信息,可采用 E 文件或 IEC 104 规约与Ⅰ区变电站监控系统及Ⅳ区智能巡视系统进行数据通信。

辅助设备智能监控系统辅助变电站的运行与管理,对各辅助子系统进行统一的集成和信息汇总,实现变电站辅助子系统的本地化管理、监视、控制;在子系统间信息共享的基础上,实现各子系统的互动,从而实现智能联动、辅助操作、辅助安防等功能。

辅助设备智能监控系统通过对全站辅助设备信息的集中采集、全景数据展示、各系统的互动、动环设备监测数据采集与分析报警、安防设备防范与警戒区的划定、一次设备状态感知等技术手段,紧密结合主辅系统信息,利用智能手段进行事件主动响应,提前排除设备隐患,实现从传统的被动监控模式向主动监控模式转变,提高事件的处理效率,降低人力成本。通过现场工作与远方监视的有机结合,在变电站达到智能告警、智能分析、智能联动和智能检修的目的。

辅助设备智能监控系统高度集成各辅助系统,实现符合标准的横向及纵向的信息交互和发布,统一网络、统一平台、精简设备,避免重复建设,提高设备利用率,提高电网运行可靠性,为电力系统安全稳定运行和设备有效监管提供技术支撑和保证。

辅助设备智能监控系统由辅助设备智能监控系统主机、辅助设备、网络设备、信息安全防护设备等组成,实现对变电站内辅助设施运行的综合监视、管理等功能,并可与上级系统、变电站监控系统及智能巡视系统之间进行通信。

## 9.3.1　火灾消防子系统

火灾消防子系统的工作原理是火灾探测器可以在火灾发生的初期,将燃烧物体产生的烟雾、热量、火焰等物理量,变成电信号传输到区域报警控制器,发出声光报警信号;区域(或集中)报警控制器的输出外控节点动作,自动向失火层和有关层发出报警及联动控制信号,并按程序对各消防联动设备完成启动、关停操作(也可由站内人员动手完成)。该系统能自动(手动)发现火情并及时报警,同时对相关部位进行灭火处理,以控制火灾的发展,将火灾的损失减到最低限度。

## 1. 火灾消防子系统设备工作原理及功能

① 消防信息传输控制单元。消防传输控制单元是对消防监控设备统一接入、统一管理的设备,对不同类型的消防监控设备接入,统一规约上传辅助设备智能监控系统。消防信息传输控制单元支持接入网络通信规约、串口通信规约及硬节点开入开出等信号输出设备。常见的消防子系统串口通信设备有火灾自动报警控制器;硬节点设备有烟感探测、声光报警器、紧急报警按钮等。

主要功能:设备自检及报警、规约转换功能;当接收到火灾报警信息、模拟量采集信息、受控消防设施的状态信息及启停动作反馈信息时,应主动上传;当发生火情时,接收到远端控制命令,通过硬节点开出对受控消防设施进行启停控制,对现场火情进行处理;当线路发生断路、短路等故障时,应将故障信息和类别上传。

② 火灾自动报警系统。火灾自动报警系统主要由消防报警主机、触发装置等组成。消防报警主机通过接入触发装置对站内的消防进行统一管理和监视。

主要功能:当有火灾警情发生时,触发装置将报警信号传给消防报警主机,消防报警主机将相应防区的报警信号上传给消防信息传输控制单元,及时报告火警,为下一步操作提供依据;同时,火灾自动报警系统应将火灾总告警、消防装置总故障、消防启动总信号通过硬接线开出送给测控装置。

③ 固定式灭火系统/其他受控消防设备。固定式灭火系统主要包含三种,分别为泡沫喷雾灭火系统、水喷雾灭火系统、排油注氮灭火系统。

主要功能:当站内发生火警时,进一步控制火情。一般由火灾自动报警系统触发火警信号,由消防信息传输控制单元下发联动控制命令,做出相应的动作。

④ 消防水池液位变送器。消防水池液位变送器是监测消防水池液位变化的传感器。

主要功能:实时监测站端消防水池液位,将信息上传给消防信息传输控制单元。当液位下降或升高到一定位置时,消防信息传输控制单元做出相应处理并提示运维人员。

⑤ 消防管网压力变送器。消防管网压力变送器是监测消防管道水压变化的传感器。

主要功能:实时监控站端消防管道水压,将信息上传给消防信息传输控制单元。当水压下降或升高到一定压力值时,消防信息传输控制单元做出相应处理并提示运维人员。

⑥ 消防电源电压变送器。消防电源电压变送器是监测消防设备供电电源电压的传感器。

主要功能:实时监控站端消防设备供电电源,将信息上传给消防信息传输控制单元。当供电电源电压不正常时,消防信息传输控制单元做出相应处理并提示运维人员。

## 2. 应用场景分析

① 火灾报警。火灾消防子系统通过火灾触发装置(传感器)对防区进行全方位监视,触发装置可将现场火情信号实时传送至主控制中心及分控室的消防报警主机。

当有火灾发生时,触发装置会将相应防区的报警信号传给消防报警主机,主机将采集到的报警信号转发给上级系统或者通过相关的配置规则触发相关动作。

② 消防灭火。站内配置灭火装置,当发生火灾报警时,触发相关区域报警,根据相关预设规则触发消防灭火装置动作或远程控制灭火装置,对相关区域进行及时的灭火处理,为到达现场的人员争取时间,降低火灾造成的损失。

③ 消防联动。火灾消防子系统可通过开关量实现各种设备间的联动:开启门禁使火灾区域的人员能够逃生;实现与电源控制开关的联动,自动切断重要设备的电源等。

## 9.3.2　安全防卫子系统

安全防卫子系统主要由红外对射、红外双鉴、紧急报警按钮、声光报警器、门禁控制器、电子围栏、防盗报警控制器、安防监控终端等设备组成。各探测器通过报警线缆直接与安防监控终端连接,当发生报警时,报警信息能够及时上传给安防监控终端,并能联动相关设备,如启动照明灯光、声光报警器、摄像机等,具备安防监控信息的采集、处理、控制、通信和异常告警等功能。变电站未配置防盗报警控制器的,所有入侵探测器/报警器直接接入安防监控终端;变电站已配置防盗报警控制器的,所有入侵探测器/报警器可通过防盗报警控制器接入安防监控终端,防盗报警控制器同时将防盗报警信号远传至当地 110 报警中心。

### 1. 安全防卫子系统设备工作原理及功能

① 安防监控终端。安防监控终端是对安防监控设备统一接入、统一管理的设备,对不同类型的安防监控设备接入,统一规约上传辅助设备智能监控系统。安防监控终端支持接入网络通信规约、串口通信规约及硬节点开入开出等信号输出设备。常见的安全防卫网络通信规约设备有门禁控制器、防盗报警主机;串口通信设备有脉冲式电子围栏;硬节点设备有红外双鉴探测器、红外对射探测器、紧急报警按钮、声光报警器等。

主要功能:具备区域入侵报警功能;具备对安防监控点的布撤防功能;能够接入门禁控制器、电子围栏、防盗报警控制器等设备,并具备接入设备的管理功能;具备开入开出接口;具备配置联动策略实现设备之间联动的功能。

② 防盗报警控制器。防盗报警控制器利用物理方法或者电子技术,可以自动探测发生在布防监测区域内的侵入行为,从而产生报警信号,并提示值班人员发生报警的区域部位,可以及时采取相应对策。防盗报警控制器的报警提示一般分为两种:一种是现场警号响起,另外一种是通过网络或者通信方式将报警信息传达给指定的人或系统平台。通常在使用过程中,由防盗报警控制器所接入的探测器在布防监测区域内发生侵入行为或者由报警器主动触发,从而产生报警信号,报警信号再经过传输通道传输给报警主机,由报警主机发出报警提示。

防盗报警控制器是可以接入站内安防设备并对外报警的设备,以提高变电站的安全性。

主要功能:具备身份验证功能;具备全部和/或部分设防功能,设防成功后有相应的指示,设防失败时,应能立即给出指示和/或报警信号和/或信息;具备对设备进行全部或部分布撤防操作;具备入侵报警功能,具备瞬时报警、延时报警和 24 h 报警等入侵报警输出方式,具备声光报警联动功能;具备多路报警功能,当多个探测回路依次或者同时被触发时,不应产生报警;当设置 110 报警的设备发生报警时,第一时间联动 110 报警中心报警。

③ 脉冲式电子围栏。脉冲式电子围栏是对变电站周界进行物理防护的设备,同时具备防区入侵报警功能,主要由前端探测围栏和高压电子脉冲发生器组成。脉冲式电子围栏发出的高压脉冲信号经过围栏电子线(合金线)组成的回路后,要以高于限定报警电压的电压值回到

脉冲主机,若脉冲主机不能收到返回的高压信号,或者返回的脉冲信号低于限定报警值,则脉冲主机报警。如围栏线断开、接地、相邻两线短路、雨天植被覆盖等均为高压信号不能返回的情形。

主要功能:具备多防区报警功能;当检测到入侵事件时,报警主机输出相应防区的报警信息到安防监控终端,安防监控终端可根据预置联动规则做出相应联动动作,如触发声光报警器、联动照明、摄像机等。

④ 红外对射探测器。红外对射探测器是利用红外光束遮断方式的探测器。红外对射探测器由发射端、接收端、光束强度指示灯、光学透镜等组成。其侦测原理是利用红外发光二极管发射的红外射线,再经过光学透镜做聚焦处理,使光线传至很远的距离,最后光线由接收端的光敏晶体管接收。当有物体挡住发射端发射的红外射线时,由于接收端无法接收到红外线,所以会发出警报。红外线是一种不可见光,而且会扩散,投射出去之后,在起始历经阶段会形成圆锥体光束,随着发射距离的增加,其理想强度与发射距离呈反平方衰减。当物体越过其探测区域时,遮断红外射束而引发警报。

主要功能:当有物体经过光束时,光束中断,会触发报警信号,将报警信号发送给安防监控终端,由安防监控终端触发相应的联动动作。

⑤ 红外双鉴探测器。红外双鉴探测器是被动式红外传感器和微波传感器的组合,微波可对移动物体响应,红外线可对温度变化的物体响应,在控制范围内只有两种传感器都响应时,才会输出设备报警信号。它既能保持微波探测器可靠性强、与热源无关的优点,又有被动红外探测器无需照明和亮度的要求、可昼夜运行的特点,大大降低探测器的误报率。

主要功能:当有人员经过探测器所监测的范围时,会触发报警信号,将报警信号发送给安防监控终端,由安防监控终端触发相应的联动动作。

⑥ 紧急报警按钮。紧急报警按钮是硬节点的按钮,具备一键报警功能。紧急报警按钮是一个具备常开或常闭接入的硬节点信号设备。

主要功能:当需要人为手动报警时,按下按钮即可对所连设备发出报警信号,做出相应的联动动作;可通过固定的钥匙或设备手动复位报警信号。

⑦ 门禁控制器。门禁控制器是用来管理人员出入重要位置的设备。读卡器用来读取刷卡人员的智能卡信息(卡号),再转换成电信号送到门禁控制器中;控制器根据接收到的卡号,通过软件判断该持卡人是否得到过在此时间段可以进入大门的授权,根据判断的结果完成开锁、保持闭锁等工作。对于联网型门禁系统,控制器也接收来自管理计算机发送的人员信息和相对应的授权信息,同时向计算机传送进出门的刷卡记录,管理人员也可以通过远程控制对门禁进行开锁、闭锁工作。单个门禁控制器就可以组成一个简单的门禁系统,用来管理1个、2个或4个门。多个控制器通过通信网络同计算机连接起来就组成了整个站内门禁系统。在服务器中安装门禁的管理软件,管理整个门禁系统中所有的信息分析与处理。

主要功能:实现对通道进出的权限、进出时段管理,可实时查看每个出入口人员进场情况、门的状态,具备异常报警和消防联动功能;储存所有的进出记录、状态记录,并提供多种查询手段对出入记录进行查询。具备强制开门和关门功能。

## 2. 应用场景分析

① 人员非法入侵报警。目前变电站内均设有周界防护,常使用电子围栏或红外对射作为周界防护手段。电子围栏通常采用脉冲式高压输出防护周界,形成物理屏障,可延迟入侵时

间,让触碰或被拆断时均产生报警信号,传至辅助设备智能监控系统,同时产生报警联动措施,如触发声光报警器;红外对射采用红外波段的射束,人视觉不可见,具有隐蔽防卫方式,当人员入侵时会触发报警信号,传至辅助设备智能监控系统,提示非法入侵。室内入侵通常使用红外双鉴设备,用于提示有人经过某一位置,在辅助设备智能监控系统中会有相应告警提示信息。当上述告警触发时,在辅助设备智能监控系统中可以通过调用对应位置摄像机的预置位或相关录像,观察告警位置的状况,采取相应的应对措施。

② 人员关键位置出入权限管理。变电站内使用门禁系统对关键位置或房间设置出入权限,出入人员需要由相应的出入许可方可正常通过。每一次门禁开启都会有时间、地点、出入人员等相关信息,以便后续对人员出入的核验。门禁出入同时也可以联动摄像机,对于需要远程操作开启门禁或需要确认的相关出入人员提供可靠依据。

③ 突发事件紧急报警。变电站内配置防盗报警控制器,可接入站内的报警设备信号,同时可配置 110 报警。当发生突发事件或不可控事件时,可第一时间通过设备配置或者紧急报警按钮,对外进行报警,减少站内损失。

## 9.3.3　动环子系统

动环子系统是对站内环境信息监测的子系统,采集各类传感器信息并对相关设备做出控制,通过 DL/T 860 标准将相关数据上传给辅助设备智能监控系统。动环子系统设备主要包含动环监控终端、微气象传感器、温湿度传感器、$SF_6/O_2$ 浓度传感器、水浸探测器、漏水探测器、空调控制器、照明控制器、风机控制箱、水泵控制箱、除湿机控制箱等,具备环境数据采集、设备远程控制、告警上传等功能。

### 1. 动环子系统设备工作原理及功能

① 动环监控终端。动环监控终端是对动环监控设备统一接入、统一管理的设备,对不同类型的动环监控设备接入,统一规约上传辅助设备智能监控系统。动环监控终端支持接入网络通信规约、串口通信规约及硬节点开入开出等信号输出设备。常见的动环串口通信设备有脉微气象传感器、温湿度传感器、$SF_6/O_2$ 浓度传感器、空调控制器、风机控制器、水泵控制器、除湿机控制器、漏水传感器、硬节点设备水浸传感器等。

主要功能:具备微气象、温湿度、$SF_6$、水浸、漏水等传感器采集功能,以及空调、风机、水泵、除湿机等设备的控制功能;具备开入开出功能,对装置故障、异常告警信号可通过硬节点方式上传告警;具备配置联动策略实现设备之间联动的功能,具备阈值设置及报警功能。

② 水浸探测器。水浸探测器是对站内电缆层相应高度是否积水进行监测的传感器。利用液体导电原理进行检测,正常时两极探头被空气绝缘;在浸水状态下探头导通,传感器输出干接点信号。当水接触到传感器探头时,主控芯片通过计算磁场变化准确判定状态并做出处理。

③ 漏水探测器。漏水探测器是对站内重点位置漏水进行监测的传感器。漏水探测器的原理就是基于液体导电,使用电极探测是否有水的存在,然后再用传感器将其转化为干接点的信号输送。漏水探测器是全部密封的,保障了产品的准确精度,灵敏度很高,使用方便,便于安装。漏水传感器既可以单独安装,也可以和其他设备一起使用,通过输入的信号,就可以完成远程控制等。

主要功能:采集漏水信息;具有漏水、断线检测功能;具有开出接口,可上传报警信息。

④ 风机控制箱。风机控制箱是对站内风机设备进行远程控制的设备。风机控制箱内部配置 RS485 通信模块,通过 RS485 通信模块对继电器进行远程控制,当继电器闭合时,所接风机形成闭合回路,启动风机;当继电器断开时,所接风机回路断开,即完成关闭风机操作。RS485 通信模块同时具备所控回路的状态上传功能。

主要功能:具备风机状态采集功能;具备风机启停控制功能。

⑤ 水泵控制箱。水泵控制箱是对站内水泵设备进行远程控制的设备。水泵控制箱内部配置 RS485 通信模块,通过 RS485 通信模块对继电器进行远程控制。当继电器闭合时,所接水泵形成闭合回路,启动水泵设备;当继电器断开时,所接水泵回路断开,即完成关闭水泵操作。RS485 通信模块同时具备所控回路的状态上传功能。

主要功能:具备水泵状态采集功能;具备水泵启停控制功能。

⑥ 除湿机控制箱。除湿机控制箱是对站内除湿机进行远程控制的设备。除湿机控制箱内部配置 RS485 通信模块,通过 RS485 通信模块对继电器进行远程控制,当继电器闭合时,所接除湿机形成闭合回路,启动除湿机;当继电器断开时,所接除湿机回路断开,即完成关闭除湿机操作。RS485 通信模块同时具备所控回路的状态上传功能。

主要功能:具备除湿机状态采集功能;具备除湿机启停控制功能。

⑦ 微气象传感器。微气象传感器是对站内室外环境进行监测的传感器,它是一种集测温度、湿度、风速、风向、大气压力、降雨量等六种室外环境量于一体的传感器。

主要功能:采集室外温度、湿度、风速、风向、气压、雨量数据信息;具备对外 RS485 通信接口,采用标准 Modbus 协议上送数据。

⑧ 温湿度传感器。温湿度传感器是对站内室内温湿度进行采集的传感器。温湿度传感器多以温湿度一体式的探头作为测温元件,将温度和湿度信号采集出来,经过稳压滤波、运算放大、非线性校正、$V/I$ 转换、恒流及反向保护等电路处理后,转换成与温度和湿度呈线性关系的电流信号或电压信号输出;也可以直接通过主控芯片进行 RS485 或 232 等接口输出。

主要功能:采集环境温度、湿度信息;具备液晶显示功能,可实时显示温度、湿度信息;具有 RS485 接口,采用标准 Modbus 协议上送数据。

⑨ $SF_6/O_2$ 含量传感器。$SF_6/O_2$ 含量传感器是对室内一次设备 $SF_6$ 泄漏进行监测的传感器。$SF_6/O_2$ 含量传感器包括 $SF_6$ 检测单元、氧气检测单元、温湿度测量单元和通信单元。对 $SF_6$ 的检测采用红外检测技术,克服了测量误差大、精度差、稳定性差等缺点;$O_2$ 检测单元一般采用进口传感器,测量精度高,性能稳定;温湿度测量部分采用数字输出的温湿度模块,具有精度高、重复性好等特点,可实时、在线感知环境中 $SF_6$ 气体的浓度、$O_2$ 含量以及温湿度的变化,并将检测到的数据通过 RS485 总线上传。

主要功能:采集 $SF_6$ 浓度、$O_2$ 浓度、温度、湿度信息;具有 RS485 接口,采用标准 Modbus 协议上送数据。

⑩ 空调控制器。空调控制器是控制空调对站内室内环境温度、湿度进行调整的设备。空调控制器学习及存储空调遥控器的红外指令,模拟发送空调控制代码实现空调的远程控制功能;空调控制器实时检测空调运行状态、故障状态及控制器自身状态,当出现异常时设备即可现场告警通知(采用告警指示灯、告警蜂鸣器等方式),同时将告警信号输出到动环监控终端,有效实现空调全方位智能监控及远程管理。

主要功能:支持主流品牌空调的监测和控制;可学习设置温度、运行模式、风速等各种命令;支持远程设定空调的工作参数;具有空调状态采集功能;采用标准 Modbus 协议。

⑪ 照明控制器。照明控制器是对站内照明设备进行远程控制的设备。照明控制器通过 RS485 通信,对继电器进行远程控制,当继电器闭合时,所接灯光控制形成闭合回路,启动照明设备;当继电器断开时,所接灯光控制回路断开,即完成关闭照明设备的操作。照明控制器同时具备所控灯光回路的状态上传功能。

主要功能:具备开启功能,允许远方控制;具备灯具开启、关闭状态指示功能;具备灯具开启、关闭状态上送功能;具备 RS485 接入功能,通信规约应采用 Modbus 协议。

### 2. 应用场景分析

① 室内环境控制。室内环境在变电站设计中具有很重要的地位,部分重要设备对温度和湿度有一定要求。当环境温度或湿度达到一定临界数值时,需要对环境进行调控。环境的调控主要通过辅助设备智能监控系统对室内辅助设备进行远程控制来实现。通过温湿度传感器对温度和湿度的采样,联动空调设备或除湿机控制器,平衡室内环境的温度和湿度。辅助设备智能监控系统能够实时掌握各个室内的环境条件,当需要调控时,自动控制空调或除湿机控制器。

② 室内 GIS 环境控制。室内 GIS 设备是重要的一次设备。在发生 $SF_6$ 气体泄漏时,若不及时做出处理,会造成很大损失。这就需要辅助设备智能监控系统实时监控 GIS 室的环境状况,动环子系统中 $SF_6/O_2$ 含量传感器和风机控制器,可以分别做到环境监控及有效更新室内气体的含量。当发生 $SF_6$ 泄漏时,$SF_6/O_2$ 含量传感器会感应到 $SF_6$ 含量超标,并发出告警信息到动环终端。此时动环终端将告警传至辅助设备智能监控系统,触发辅辅联动,控制 GIS 室风机进行通风换气,以保证室内气体含量达到正常值,使运维检修人员能够正常进行设备维修。

③ 线缆层排水。变电站内,室内室外均有电缆层,长时间无人管理,电缆层可能存在积水,如果不及时处理,会存在较大隐患。动环子系统通过水浸或漏水传感器对电缆层进行实时监视,当积水达到指定高度时,触发报警信息。辅助设备智能监控系统可联动动环子系统的水泵设备进行及时排水,减少隐患。

## 9.3.4　智能压板在线感知技术

智能压板在线感知技术采用非侵入式检测原理(不介入原有压板电气回路),利用霍尔器件电磁效应实现对压板投、退的实时监测,再通过单总线通信技术将状态报文传递到压板状态采集器,通过后台完成状态异常告警、操作实时提示及结果核对、自动生成报表等功能。该系统提高了二次设备的智能化管理水平以及运行人员对调度指令中二次压板操作的执行正确率,从而减少因二次压板误操作引起的事故,提升变电运行继电保护的运行水平,从根本上保障了电网的安全运行和供电可靠性。

### 1. 系统结构

压板状态在线感知装置主要包含导轨式压板状态传感器、压板状态采集器、压板控制器以及上位机应用软件,系统结构如图 9 - 7 所示。

### 2. 系统组成

**(1) 智能压板在线感知系统**

用于管理全站或多站压板的集中管理,压板投退规则的编辑及获取,操作、变位记录及历史查询,压板检修或解锁状态设置;监视压板实时状态,误操作时告警等。

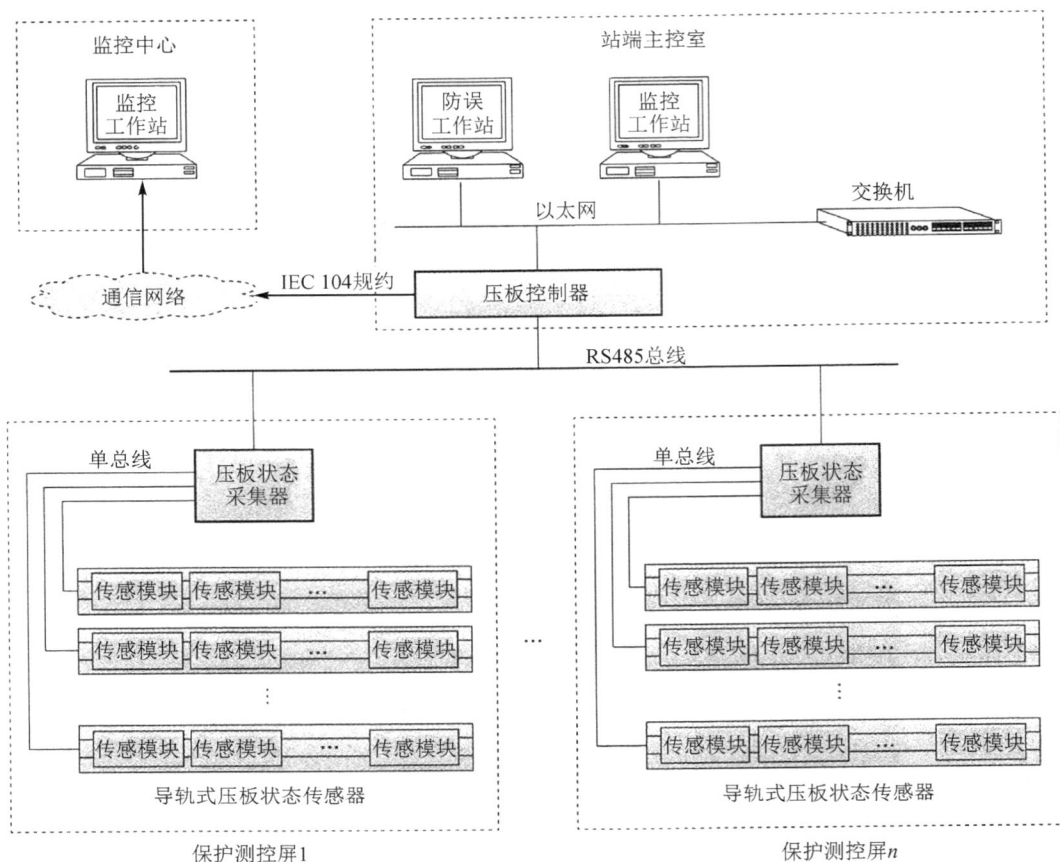

**图 9 - 7 压板状态在线感知系统结构**

**（2）压板控制器**

用于收集压板状态采集器数据，并上送至防误主机、智慧运维工作站或者辅控等系统。

**（3）压板状态采集器**

① 每一组模块安装压板的数量可调整，总共可集成 9 个压板。

② 压板智能检测部分方便插拔，便于维护。

③ 模块使用标准高度，可适应现场各种屏体压板面板更换的需要。

④ 现场改造工作更趋于工程化，大幅度减少了施工、调试和维护的工作量。

**（4）压板传感器**

① 采用非电量接触原理检测压板的投退状态。

② 常规功能模块和智能检测模块独立设计，无任何电气联系且互不影响。

③ 压板异常变位检测。

④ 压板操作提示。

⑤ 压板地址自动识别。

**3. 智能压板在线感知软件功能**

① 后台系统图形化显示压板状态，可按变电站、保护室、屏柜分层级显示，与现场压板排

布保持一致,实时显示压板的投、退、异常等状态信息,一目了然。

② 对压板状态实时监视,防误模式下,异常变位及时报警,从压板状态传感器、压板状态采集器到上位机都将进行声光报警提示。

③ 上位机软件可根据一次设备的运行状态设定二次压板的运行方式状态模板,上位机软件实时监测压板状态,并与运行方式模板进行比对,不一致时,提示告警。

④ 可实现压板状态的远程监视,压板控制器具有远传通信接口,以 IEC 104 标准规约将压板状态通过电力专网或其他通信网络上传至远方监控中心后台系统。

### 4. 应用场景分析

压板位于保护测控屏上,数量多而集中,故其结构力求精巧,实现微型化。智能压板常规功能部件需要在可视断电、颜色区分、操作方面等兼容于传统压板。系统采用非电量接触原理实时监测压板的投退状态,并将状态上送给变电站辅控系统或者远动装置。在投入压板时,如果没有投到位,则压板控制器报警,压板状态指示灯闪烁,提醒操作人员注意。现场调试时无须对压板的地址进行一一整定,系统可以自动识别;当由于压板故障需要更换新的压板时,也无须重新进行地址整定。压板控制器通过标准规约将设备压板状态接入变电站辅控系统或者智慧运维系统中,实现软压板和硬压板的全面监测。

## 9.4 智能巡视系统

变电站智能巡视系统通过站端各类设备状态感知、图像采集、声纹采集、环境动力等在线感知终端,结合人工智能、机器视觉、物联网等前沿技术,实现了远程巡视、自动巡视和实时巡视等管理功能,可大幅提高变电站巡视能力,提高故障发现及响应能力,从而整体提高变电站运维管控效能。变电站智能巡视系统架构如图 9-8 所示。

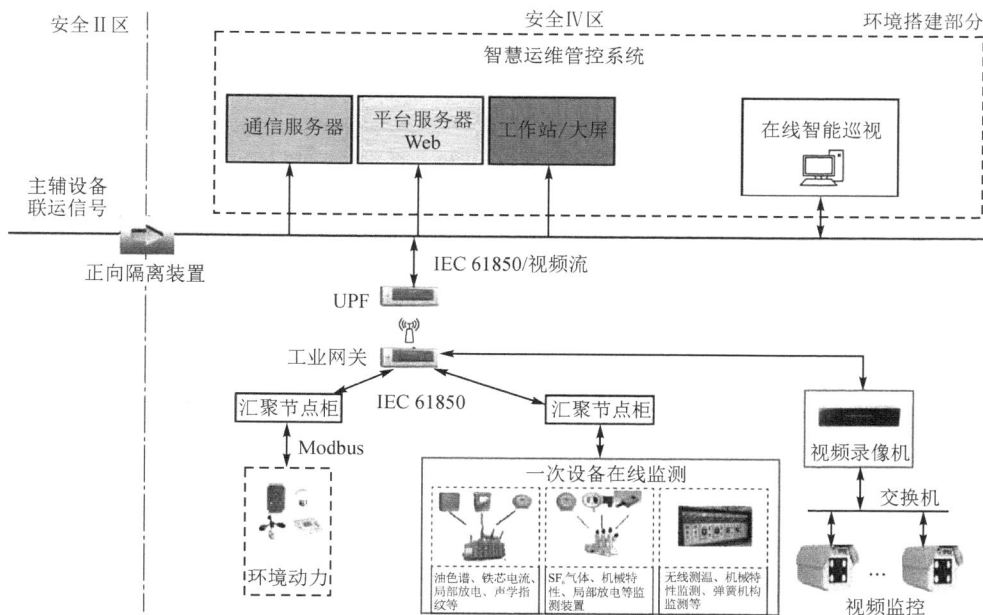

图 9-8 变电站智能巡视系统架构

智能巡视系统的特色优势如下：

① 采用深度融合诊断与物联网感知相结合的方法，通过多源数据交叉比对，确认现场运行环境、状态，并将结果上传。运维部门人员无须亲临现场，即可实现对相关内容的例行巡视、检查和确认，有效减少运检人员的工作负担，提高巡视工作的实时性，实现对人工巡视的自动化替代。

② 采用高性能的人工智能识别算法，对跨域数据进行预处理，在各种复杂天气及缺陷环境条件下均有良好的鲁棒性，并可根据实际变电站场景进行深度学习。

③ 采用数字孪生和多物理场技术，将物理电网向数字化电网映射，结合实体参数和实时数据，实现不同场景下的分析诊断、评估预警与检修决策等应用功能，推动物理电网与数字电网深度融合。

④ 采用无线通信技术，采用"链式""簇式"混合模式，突破通信条件限制，提高传感器布置的灵活性。

⑤ 采用自主可控软硬件技术和标准化、模块化设计，可灵活适应存量场景，兼容已有系统和设备，保障投资效益最大化。

# 9.4.1 系统功能

智能巡视系统部署在变电站站端，完善站内全面感知手段。其主要由巡视主机、各类设备状态感知、图像采集、声纹采集、环境动力等巡检设备组成。在线感知设备对现场设备状态和环境信息进行实时采集，系统实时进行智能分析，开展健康状态评估、趋势分析，由阈值判别提升为趋势追踪，大幅提高设备缺陷发现的及时率和准确率；实时诊断设备状态，自动发现异常并告警，提供辅助决策，大幅提高故障研判和预警的准确率。运行人员可根据需要灵活定制巡视需求，系统可自动或定时生成巡检报告，有效替代人工巡视，减少主设备过度检修的管理弊端，大幅提高设备的运行寿命。

## 1. 综合状态感知

通过变电设备综合诊断分析及主动预警功能，利用站内在线感知设备，融合Ⅰ区电流电压数据、Ⅳ区在线巡检数据在内的多元状态量数据，采用智能算法对设备进行状态评价、故障诊断、故障预测和风险评估，对异常或故障状况进行预估、告警和定位，辅助监控员和运维人员及时掌握设备状态变化，进行缺陷分析及决策处理，加强变电站自动化与信息化融合，推动设备状态实时感知能力提升，全面推进变电站运维向远程化、数字化、智能化、集控化转型。

① 当前健康评估。对变压器等在线感知数据进行分析，对当前数据进行阈值及增长率判断和告警。通过主设备状态特征指标的选取及健康评估体系的构建，实现主设备整体及部件的健康状态评估。

② 状态趋势主动预警。基于设备的在线感知、带电检测、停电试验和不良工况等多维多源数据，对设备的状态趋势进行全面分析，实现对设备健康状态的主动预警。

③ 故障发生及时诊断。基于在线感知数据结果，结合当前及历史数据，进行故障类型及其严重程度的诊断分析，为主设备检修决策提供参考。

④ 故障检修辅助决策。实现变电站主设备故障检修辅助决策，包括应急决策、试验决策和检修决策，实现对主设备的故障精准判断与处置。

### 2. 状态实时监控

系统实时展示高清视频巡视画面和实时状态数据,对环境进行防盗、防火、防人为事故的监控,对变电站主设备如主变压器、GIS、电抗器等进行监视。运维人员通过主机或工作站对变电站设备或现场进行监视,对变电站摄像机进行控制,也可进行画面切换和数字录像机的控制。系统可实现设备信息和关键状态 $7 \times 24$ h 的全时获取,远程查看设备运行状态、运行环境、现场人员行为和消防安防状况,具备历史数据存储和查阅功能。

### 3. 智能巡视

智能巡视任务实现逻辑,可分为巡视点管理、巡视预案管理、任务计划管理、任务执行、过程监控、巡视结果查询、巡视报告生成及导出等环节。

巡视主机通过对设备状态、图像和运行环境数据采集,进行数据分析,生成巡视报告,并提供识别设备告警和异常点位查询等功能。

巡视主机可对感知设备进行控制,根据需求配置巡视任务,分配固定和临时巡视任务,支持人工、远程控制,实现变电站的自动化巡视任务管理。

### 4. 智能联动

系统获取主辅设备监控系统监测数据,整合主辅设备监控信息,当巡视主机接到主设备遥控预置、主辅设备变位、主辅设备监控系统越限、告警等信号后,自动生成视频巡视任务进行巡视,并在巡视主机查看复核结果,从而实现主辅设备与巡视系统的联动功能。

① 实现主设备 SCADA 监控系统变位信号和保护装置越限信号、动作信号、告警信号等联动巡视需求,巡视主机根据配置的联动规则,自动生成巡视任务,由高清视频摄像头对需要巡视的点位进行巡视并返回巡视结果。

② 实现与辅控系统消防、安防、天气、门禁、灯光等状态的联动功能。结合辅控系统消防告警信号、安防告警信号、环境异常信息等联动需求,根据配置的联动规则,巡视主机自动生成巡视任务,由高清视频摄像头对需要巡视的点位进行巡视并返回巡视结果。

③ 除常规主辅设备变位、越限信号可触发联动需求外,保护装置产生的告警信息,同样可根据需求配置联动策略,对关联的主设备、二次设备进行联动巡视,复核结果。如主变压器差动保护动作,则可触发主变压器本体及三侧联动巡视主变压器保护装置、合并单元以及一次设备相关巡视点位。

### 5. 数据分析

在线智能巡视具备数据分析功能、异常及缺陷数据支持智能告警和阈值告警,并支持设备诊断与主动预警模块综合预警。巡检数据记录支持按照任务或巡检点位筛选查询,并分析统计巡检结果。根据巡检结果可生成报表,如诊断出异常,则支持缺陷图片调阅功能,方便运维人员查看及处理,并由运维人员人工审核巡检结果。

### 6. 一键顺控

倒闸操作是变电站运行人员的重要工作。设备停电维护、新设备投产等都需要倒闸操作,操作任务的几何级数增长与运行人员数量不足的矛盾日益增加,而顺控操作能有效解决这一矛盾。顺控操作是指支持远方操作的一、二次设备,利用变电站自动化系统中的程序化控制,根据变电站操作票的执行顺序,结合执行结果的校核,实现对电气设备智能化操作。顺序化控制指令执行后,仍需运行人员到现场核对设备状态,确认无误后才继续操作,人工的参与使得顺控操作的优势不能充分发挥,无法做到一键顺控。

变电站智能巡视系统具有图像识别功能,能联动视频监控获取相应设备的操作结果,智能识别开关设备的位置状态,并将判断结果反馈给自动化系统。顺控操作不需要人工参与,真正做到一键顺控,运行人员无须直接接触高压设备,从根本上避免了人身伤害事故。在后台远程操作,无须派人到站端现场,不受路程和交通条件的制约,极大地提高工作效率,大大降低倒闸操作的时间,特别是涉及主变压器、母线的大型操作,降低少送电、延迟送电的概率,提高用电满意度。

### 7. 静默监视

除了正常的任务巡检外,智能巡视系统还可支持在线智能巡检模块,支持静默监视任务功能。设置变电站内重点设备及主要人员出入口。在非巡检任务执行期间,系统可自行设置(1 s～1 h)/次的频率,对上述设备的运行状态及出入口人员行为进行监视。

### 8. 图像识别分析处理

利用巡视主机的图像运算处理能力,搭配深度学习算法,对采集到的变电站内图像和视频信息进行智能图像识别和分析处理,能够识别变电设备常见缺陷。

① 设备状态识别:实现了自动识别二次压板、$SF_6$ 压力、断路器及刀闸位置、机柜指示灯状态、充油设备渗漏油、表计读数等设备状态信息的功能。

② 设备缺陷故障:实现典型缺陷识别全站全覆盖,缺陷识别包括表盘模糊,表盘破损,外壳破损,绝缘子裂纹,绝缘子破裂,部件表面油污,地面油污,金属锈蚀,硅胶桶破损,箱门闭合异常,挂空悬浮物、鸟巢,门窗、墙、地面损坏,盖板损坏,构架爬梯未上锁,表面污秽,压板分合状态异常,表计读数异常,呼吸器油封油位异常,硅胶变色,人员越线闯入,未戴安全帽,未穿工装,站内吸烟等。

### 9. 实物 ID 数据共享

整合智能巡视系统、实物 ID 和 PMS 系统之间的信息,实现数据的全流程贯通,以自动化推动智能化,减少人工干预。实现智能巡检设备按照指定路线进行巡检时,当智能巡检设备行进到指定位置时,能够读取到设备的实物 ID 信息;在巡检过程中,将实物 ID 与巡检结果(包括状态、照片、红外测温图谱和仪表读数等)相关联,生成带实物 ID 标识的巡检结果;巡检完成之后,智能巡检设备将巡检结果传输到巡视主机,完成缺陷识别,按照与 PMS 系统约定的接口规范生成结构化数据包和非结构化数据包;使用智能巡视系统按照现场要求通过实物 ID 进行实物资产盘点,并生成实物资产清单。

# 9.4.2　运检模式

## 1. 传统巡视模式

为了掌握变电站内设备的运行情况,及时发现和消除设备缺陷,预防事故的发生,保证电网的安全运行,应该对变电站进行巡视检查。传统巡视模式主要由人工完成。运行人员必须严格遵守变电站巡视规程的要求,认真负责做好站内设备的巡视检查工作。对于站内设备的异常和缺陷,要及时上报,杜绝缺陷的发展和扩大,预防事故的发生。下面以 500 kV 变电站为例,对传统巡视模式做简要介绍。

**(1) 例行巡视**

例行巡视是变电站的常规性检查,涉及站内设备及设施外观、表记指示、异常声响、设备渗漏、各类监控系统、二次装置及辅助设施、消防安防系统、变电站运行环境、缺陷和隐患跟踪等方面,是变电站的基本工作。500 kV 变电站根据设备类型和在电网中所处位置规定合理的例行巡视周期,一般一次设备为断路器、隔离开关敞开式布置的变电站,例行巡视的周期应该为每天 1 次;对于一次设备为 GIS、HGIS 组合电器的变电站,例行巡视的周期应该不大于 3 天 1 次。

**(2) 全面巡视**

全面巡视包含所有的例行巡视项目,并且增加了对变电站设备开启箱门检查,对所记录的设备运行数据进行更新,检查设备积污程度,检查防误闭锁装置、防火和防小动物设施等有无缝隙,检查接地网及接地引线是否有破损、断裂等。500 kV 变电站全面巡视周期应为每 15 天 1 次。

**(3) 熄灯巡视**

熄灯巡视是指夜间熄灯(无照明)开展的巡视,利用电晕和电弧的光热效应,重点检查设备有无电晕、放电、接头过热现象。500 kV 变电站熄灯巡视的周期应为每 15 天 1 次。

**(4) 特殊巡视**

遇到以下情况,进行变电站的特殊巡视:

① 恶劣天气之后,如高温、雷雨、大雾、暴雪、大风、冰雹或寒流等。严寒时应重点检查油位是否过低,驱潮装置是否正常,有无积雪冰凌;高温时应重点检查油温油位,接头温度;大风时应重点检查导线舞动和漂浮悬挂物。

② 新设备投运之后,应每小时巡视 1 次,4 次巡视无异常以后可以转为正常巡视,重点检查设备异响、触头发热和渗漏油。

③ 运行方式改变后,或者经过大修、改造或长期停运后再投运的设备,要进行特殊巡视。

④ 严重缺陷的设备由于条件限制,不能检修,仍坚持运行的。

⑤ 异常情况下,主要指高峰大负荷或负荷激增、过温、发热、系统冲击或者故障跳闸等;重点检查导线是否完好无破损,设备的油位、气体的压力是否正常,绝缘子是否有破损闪络。

⑥ 法定节假日、上级通知有保电任务时,对重点保电线路进行特殊巡视。

**(5) 红外成像专项巡视**

500 kV 变电站红外热成像巡视周期为每 15 天 1 次。每年 7~9 月迎峰度夏期间,巡视周期应缩短为每周 1 次。

**2. 智能巡检模式**

智能巡视模式是一种全新的模式,是综合利用各类在线感知设备开展的在线、实时、智能巡视模式。自动调用感知设备数据,监测变电站实时状况,在巡检过程中把采集回来的变量和状态显示到相应的区域画面上。

　　智慧变电站按照"因地制宜,全面覆盖"的原则,综合多种技术手段,实现设备巡视全覆盖。针对变压器,巡视覆盖油色谱、局部放电、铁芯夹件电流、套管绝缘、绕组温度、油温油位、接线端子等。对于 GIS 设备,巡视覆盖 $SF_6$ 压力密度微水、局部放电、套管、避雷器、机械特性、伸缩节、接线端子等。在主控室,巡视覆盖屏面指示灯状态,屏面压板、空开把手等二次元件状态。在配电装置区域、蓄电池室、电容器室、主变压器雨喷淋室、消防水泵室等辅助设备室,巡视覆盖消防安防、环境动力、作业管控、异物入侵等。

　　巡视完成后自动生成巡检报告,展示巡检任务的各项指标和数据。如果特定点位异常,将会发出告警,触发智能联动,系统自查关联点位的情况,给出异常原因分析,将现场状况第一时间反馈给运检人员。

## 9.4.3　数据留存及发掘

### 1. 数据回溯

　　智能巡视系统提供所有巡视任务中采集数据、告警数据、分析结果等过程数据的留存。可在变电站发生隐患、故障时自动发出告警,并为管理人员提供隐患、故障的实时及历史数据查阅,使得变电站内所有设备状态,以及异常、故障等信息可以通过系统进行完整追溯,满足事故调查、设备历史状态查询等基础回溯能力,并为数据分析提供基础。

### 2. 数据存储

　　智能巡视系统对各类设备感知、环境动力数据,可提供数据长时存储,并提供响应备份策略,保障数据永久保存;对于视频类数据,可根据需要,灵活提供一定范围内的完整智能监测视频数据;对各类告警数据、分析结果数据,可提供永久数据存储,并以图谱形式展现,为事故追溯、数据分析等高级功能提供基础支撑。

### 3. 数据分析

　　基于智能巡视系统的各类数据存储能力,以及其他系统的数据采集能力,智能巡视系统可采集站端设备运行的海量数据。在此海量数据的基础上,可为管理人员提供标准数据模型分析结果,并可为行业专家提供标准数据获取接口,以便于行业专家能更便捷地利用相关数据完成专业分析。

## 9.4.4　图像采集设备布置

### 1. 一般要求

　　① 巡视点位设置应满足室内外一次、二次及辅助设备设施巡视全覆盖的要求,包括设备外观、表计、状态指示、变压器(电抗器)声音、二次屏柜、设备及接头测温等。

　　② 巡视点位设置应因地制宜,综合考虑设备类型、巡视类型、现场设备和道路布置方式等因素确定。

　　③ 设备类型应包括变压器(电抗器)、断路器、组合电器、隔离开关、开关柜、电流互感器、电压互感器、避雷器、并联电容器、干式电抗器、串联补偿装置、母线及绝缘子、穿墙套管、电力

电缆、消弧线圈、高频阻波器、耦合电容器、高压熔断器、中性点隔直装置、接地装置、端子箱及检修电源、站用变压器、站用交流电源、站用直流电源、构支架、辅助设施、土建设施、避雷针、二次屏柜、消防系统等。

④ 巡视类型应包括例行巡视、熄灯巡视、特殊巡视、专项巡视、自定义巡视 5 类,其中,恶劣天气特巡包括大风、雷暴、雾霾(含毛毛雨、大雾等)、雨后、下雪、气温骤变(含低温天气)、高温、冰雹、覆冰、沙尘暴 10 类;专项巡视包括设备红外测温、油位油温表抄录、避雷器表计抄录、$SF_6$ 压力表抄录、液压表抄录、位置状态识别抄录 6 类。

⑤ 巡视的数据格式包括数值结果、可见光图片、红外图谱、音频 4 类。

## 2. 配置原则

考虑变电站运行环境和建设情况,采用巡检视频摄像头的配置方案,实现变电站全站室内外一、二次设备全巡检覆盖,主要配置原则如下:

① 实际点位布置以监视范围、全覆盖为准,并充分考虑摄像头复用。

② 部署一键顺控视频确认的变电站,为满足实时性要求,应采用摄像头采集刀闸、开关分合画面,确保第一时间输出结果。

③ 对于保护室等屏柜布置密集的场所,采用摄像头无法满足,故采用室内轨道式机器人进行室内设备的巡检。

④ 对于户外一次设备,采用固定摄像头实现对户外设备的巡检。

⑤ 摄像头类型选择:

- 俯视场景选择球形摄像头;
- 需要仰视监视高处装置的场景选择云台摄像头;
- 特殊点位单个装置的场景,选择固定摄像头;
- 设备外观识别点位的场景,需在相应主设备底部加装摄像头,实现设备裂纹、破损、渗漏油等缺陷及故障状态的识别。

具体示例如下:

- 室内区域。安装移动式巡检终端,对室内的环境情况、高压设备、二次盘柜、表计、压板、指示灯等进行实时监视、自动巡视、自动分析汇总等。室内同时安装视频摄像机,协助实现对室内设备前后侧、左右侧、屏柜间的环境、人员行为等进行监控。
- 变压器区域。主变压器配置可见光摄像机,包括主变压器顶部、四面(含底部)等;配置红外热成像摄像机,预置点位应包括主变压器各侧套管及主变压器顶部等。重点监测主变压器套管、接头、油温表、油位计、呼吸器硅胶、瓦斯继电器、有载调压档位及动作次数、避雷器动作次数、避雷器泄漏电流等。摄像头应具备主变压器渗漏油、异常声响及烟火识别等功能。
- GIS 设备区域。设备配置可见光摄像机,监测 $SF_6$ 压力密度微水表计、避雷器、伸缩节、接线端子等。
- 接地变压器、电容器、蓄电池等设备区域。每个设备区域应配置适量可见光摄像机和一台红外热成像摄像机,预置点位应包括屋顶、设备本体外观等。重点监测设备本体及各接头温度、表计示数、刀闸位置等信息。
- 电缆通道。电缆通道各分区对角安装可见光摄像头,预置点位应包括电缆层电缆本体、电缆通道出口等,实现电缆外观全覆盖。电缆密集区域采用具有烟火识别功能的摄像头。

■ 变电站门口及围墙区域。在大门口配备及围墙转角各配置高清摄像机,负责变电站周界安全监控。

# 9.5　智能联动

智能联动功能是系统最重要的应用之一,它在变电站内整个运维体系中起到十分重要的作用。智能联动涉及一次设备状态、二次设备状态、动环设备、安全防卫设备、火灾消防设备、巡视设备等,主要完成各个子系统之间的信息传输及设备控制。

## 9.5.1　主辅联动

主辅联动一般为Ⅰ区主设备与Ⅱ、Ⅳ区辅助设备之间的联动。通常主辅联动一般包含如下情况:断路器变位、母差保护动作、变压器轻瓦斯保护动作、线路保护动作、TV 断线告警等。

### 1. 断路器变位

断路器变位主要包括线路断路器变位、电容器断路器变位、变压器断路器变位等。

**(1) 线路断路器变位配置相关联动策略**

① 联动摄像头进行拍照、一次设备特巡,检查设备是否有异物。

② 联动后台获取保护报文、故障录波报告。

③ 联动室内摄像头进行线路保护和重合闸等动作信号检查。

④ 联动相应位置灯光打开(时间段闭锁)。

⑤ 避雷器泄漏电流在线感知。

**(2) 电容器断路器变位配置相关联动策略**

① 联动室内摄像头进行拍照、保护装置等动作信号检查。

② 联动电容器设备区摄像头进行拍照、一次设备特巡,检查设备是否有异物。

③ 联动后台获取保护报文。

**(3) 变压器断路器变位配置相关联动策略**

① 联动摄像头进行拍照、变压器设备区特巡,检查设备是否有故障点。

② 联动摄像头进行拍照,检查变压器各侧断路器位置。

③ 联动后台获取变压器保护动作报文、故障录波报告。

④ 联动室内摄像头进行保护装置及备自投装置等动作信号检查。

### 2. 母差保护动作

母差保护动作主要包括母线及母联间隔事故总信号报警,配置相关联动策略如下:

① 联动摄像头进行拍照,进行一次设备特巡。

② 联动后台获取保护报文、故障录波报告。

③ 联动室内摄像头进行拍照、保护装置等动作信号检查。

④ 避雷器泄漏电流在线感知(前后时间段的数据对比)。

⑤ 联动灯光打开(时间段闭锁)。

⑥ 联动摄像头对中性点处于合位的主变压器中性点隔离开关进行拍照。

### 3. 变压器轻瓦斯保护动作

变压器轻瓦斯保护动作联动查看变压器本体情况,配置相关联动策略如下:
① 获取后台轻瓦斯保护动作信号。
② 联动调用摄像头查看瓦斯继电器浮子状态。
③ 联动油色谱在线,查看油中气体数据。
④ 联动摄像头识别油温油位状态及近期数据。

## 9.5.2　辅辅联动

辅辅联动一般为Ⅱ、Ⅳ区辅助设备联动或Ⅱ区辅助设备之间联动。为便于分类,一次设备状态感知联动以子系统设备数据信号划分联动功能。

### 1. 高压开关柜在线感知联动

开关柜信号主要包括超声波局部放电告警,超声波传感器通信状态异常告警,温度告警,温度传感器通信状态异常告警,暂态地电压局部放电告警,暂态地电压传感器通信异常告警,以及超声信号峰值、超声信号频率分量相关性、温度值、暂态地电压幅值等遥测值越限告警。

开关柜的机械性能和电气性能主要由真空断路器、母线和出线电缆的性能决定。配置相关联动策略如下:

开关柜最常出现的故障为局部放电和过热。结合开关柜特高频局部放电监测、无源无线测温、非介入式测温、断路器机械特性监测等多源数据,开展开关柜多维运行状态综合分析,对设备健康状态进行快速诊断。
① 联动摄像头预置位,展示相关设备现场图像。
② 联动测温传感数据,查询近期温度变化数据。
③ 联动局部放电数据,查看放电数据图谱,确认有无放电情况及初步判断放电类型。
④ 联动断路器机械特性相关数据。

### 2. 避雷器感知数据异常联动

避雷器在线感知联动信号主要包括监测点通信异常、全电流告警、阻性电流告警等遥信值及全电流值、阻性电流值等遥测值的越限告警。配置相关联动策略如下:
① 在平台上展示联动视频摄像机预置位进行避雷器泄漏电流读数及图像展示。
② 查询近期避雷器动作记录。
③ 联动查看近期全电流、阻性电流数据。
④ 联动查看近期避雷器在线感知告警报文。

### 3. 高压一次设备测温越限联动

一次设备测温越限主要指敞开设备电缆接头、设备本体温度越限等。配置相关联动策略如下:
① 联动环境温度采集设备,确认气象温度条件。
② 后台查询设备运行负荷情况。

③ 联动摄像头识别判断设备温度指示表计(油温表),联动查看油浸式设备油位指示或关联绝缘介质压力指示。

④ 联动红外测温设备进行设备各测温点温度持续监测并展示近期温度曲线。

### 4. 火灾消防子系统联动

火灾消防子系统主要包括烟感报警、消防装置报警、电缆沟测温报警等遥信值。配置相关联动策略如下:

① 烟感报警时联动风机、可视门禁、摄像头并展示图像。

② 消防装置报警时联动可见光摄像头显示故障区域。

③ 电缆沟测温报警时联动可见光摄像头展示一次设备盖板显示区域。

④ 火灾消防子系统设备报警时,联动所有门禁设备全部开启。

### 5. 动环子系统联动

动环子系统主要包括水浸报警,终端箱环境异常报警,开状态、关状态等遥信状态及温湿度值、水位值、风速值、雨量值、$SF_6$ 浓度等遥测量越限报警。配置相关联动策略如下:

① 水位值越限报警时,根据设定值自动启动潜水泵排水。

② 温度越限报警时,启动对应位置排风扇及空调或显示户外对应电缆沟区块(特指线缆温度越限)。

③ 风速越限时,联动室外摄像头异物检查界面展示进行异物检查。

④ 终端箱环境异常报警时,判断终端箱温度、湿度是否在合理范围内,联动箱内空调,调节温湿度数值。

⑤ 雨量越限时,提醒运维人员进行特巡并启动室内机器人进行渗漏水检查。

⑥ 室内湿度越限时,启动对应位置排风扇及空调,调节室内湿度值。

⑦ 室内 $SF_6$ 浓度越限时,启动对应 GIS 室风机排风扇,进行 $SF_6$ 浓度控制。

### 6. 安全防卫子系统联动

安全防卫子系统主要包括电子围栏入侵报警、电子围栏防拆报警、防盗报警主机防区报警等遥信值。配置相关联动策略如下:

① 发生电子围栏入侵报警时,联动对应的灯光及摄像头,并发出音响警告。

② 发生电子围栏防拆报警时,联动站内周界灯光、对应室内灯光,并联动周界摄像头及对应房间的摄像头。

③ 发生防区报警时,联动相应区域声光报警及摄像头(发出警报、摄像头画面展示)并联动场地的灯光打开。

## 9.6 新一代变电站集中监控系统

2020 年,根据国网公司重点工作任务的要求,落实设备主人制,因地制宜优化变电站属地运维模式,实施变电集中监控。国网设备部积极落实公司工作要求,开展变电运维监控模式优化,积极稳妥推进变电设备监控职责移交至运维单位,加快变电集控站建设,完善主辅设备监控等技术支撑手段。

　　主辅一体新一代变电站设备集中监控系统充分继承现有调度系统、辅控系统等的建设经验和成果,坚持"问题导向、需求导向、目标导向",实现主辅设备一体化全面监控,解决设备监控强度不足、设备管理细度不足、生产信息化程度不足、智能化支撑力度不足等问题,支撑变电运维管理新模式,强化集控站"设备主人"的状态感知能力、缺陷发现能力、设备管控能力、主动预警能力和应急处置能力。

　　实现管辖范围内无人值班变电站一、二次设备和辅助设备远程集中监视、操作及控制等任务,同时满足变电运维班组现场运维检修、设备管理和应急处置等业务需求,保障变电站主辅设备的安全可靠运行。

　　调度是自动化系统的主要服务部门,主要职责是对电网潮流、运行方式进行监视和控制,保障电网安全稳定运行。变电站集中监控系统主要服务设备运检部门,负责对无人值班变电站进行远程监视和控制,保障电网设备的安全稳定运行。

　　新一代变电站集中监控系统(以下简称集控系统),实现与调控系统、变电站监控系统、中台之间功能统筹优化,定位聚焦设备监视与控制职责。该系统实现对管辖变电站的运行监视、操作与控制、远程巡视等功能。

　　变电站是电网的关键节点,变电运维监控对主辅设备运行状态的充分感知和有效控制直接关系电网安全和高效运转。集控系统更加贴近设备,进一步聚焦设备监控职责,实现集控站运行人员开展变电站一、二次设备和辅助设备集中监控及自动巡视,提升对电网设备状态的实时感知能力,支持开展运维分析、缺陷隐患、巡视记录等运维管理,实现变电站运维检修、设备管理和应急处置等业务,助力实现"无人值守＋集中监控""设备主人＋全科医生"的运维管理,建设"数字化班组"新运维模式。

　　集控系统数据接入总体面向新一代变电站二次系统,充分继承现有调度系统、辅控系统等建设经验和成果,通过"一体监控全景展示、纵向数据穿透调阅、顺控操作调用、综合防误、智能告警、监控助手、自动成图、自动验收"等关键技术,支撑变电"设备主人＋全科医生"的运维管理新模式。新一代监控系统的系统集成图如图 9-9 所示。

# 9.6.1　关键技术

　　一体监控全景监视——集控层。基于统一平台接入原则,通道统一管理、数据统一处理、主辅信息关联,融合展示支持多屏显示、图形多窗口展示,提供方便、直观和快速的调图方式,实现主辅设备实时监控界面与详细辅助信息界面的一体化展示,以及与远程智能巡视集中监控系统的联动展示。支持典型画面的绘制,包括集控站层监控界面、变电站层监控界面及间隔层间隔界面等,制定集控系统各类监控界面图元、着色及布局标准规范。

　　一体监控全景监视——信号巡视。监控信号自动巡视功能通过人工触发或预设周期,按巡视项目、巡视范围自动实现对监控信号的巡视,并生成巡视报告;支持对不同轮次巡视结果进行对比分析,支撑变电运维人员快速掌握监控信号运行状态,及时感知当前数据异常分布情况,分析阶段性差异情况,提高监盘效率。

　　一体监控全景监视——设备集中监视。以变压器、断路器、母线、消防设备、自定义重要设备、重要保电设备为关注视角,集中监视设备相关量测数据集异常情况,根据遥测越限、主变/线路重过载、消防火灾报警等情况进行亮色显示,结合声光报警及总览界面辅助监控人员及时关注设备状态,提升设备主人异常感知能力。

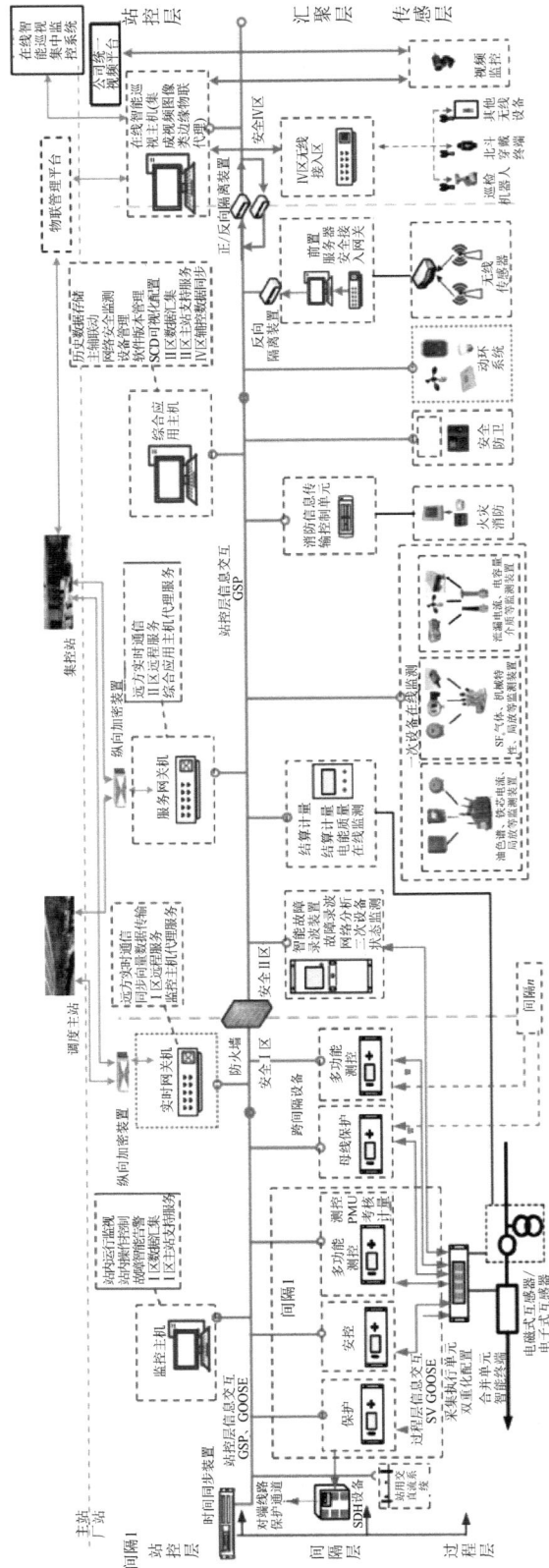

图9-9 新一代监控系统的系统集成图

一体监控全景监视——主设备操作。主设备操作实现断路器、隔离开关、中性点地刀等设备远方遥控,变压器有载调压开关升降档位操作,无功补偿装置投切与调节操作,支持选控、直控双模式,实行双人双机、双人单机、普通单人操作等监护方式,具备全过程监视功能,配合防误服务以及第三方防误模块,有效确保设备正常运行,保障设备及人员安全。

一体监控全景监视——辅助设备操作。辅助设备操作实现远方对安全防卫、火灾消防、动环系统、照明系统、一次设备在线监测等设备进行控制操作,整体应以站端自动策略控制为准,在紧急情况或具体业务场景下,集控站进行远方人工操作。辅助设备除排水泵、安防系统电子围栏控制器重启,固定式灭火器手动启动,以及电缆沟水喷雾灭火手动启动外,应采用直控模式。

一体监控全景监视——二次设备操作。二次设备远方操作实现变电站继电保护装置及安全自动装置、测控装置的功能软压板投/退,召唤、修改继电保护和安全自动装置各定值区的保护定值。支撑无人值守变电站远方二次维护能力,减少现场人为因素对电力系统的影响,提高电力系统的可靠性和稳定性。

数据穿透调阅。支持变电站数据的服务化按需调阅与保存,支持直接浏览变电站内完整的主辅设备画面和实时数据,支持调阅历史数据报告、故障分析报告、设备状态分析报告、版本管理文件。集控站无须保留完整变电站模型和画面,在需要查看时才调阅,穿透调阅通过变电站内的服务网关机实现,支撑运维人员对设备异常、故障的分析与定位。

协同操作控制——综合防误。根据集控系统与变电站之间的防误原理、侧重点以及范围的不同,结合数据信息颗粒度和实时性差异,联合集控站防误功能(包括操作互斥、挂牌闭锁、拓扑防误、操作票闭锁、信号闭锁),以及变电站防误手段(包括逻辑规则防误、电气闭锁、机械闭锁和防误锁具闭锁等),在变电站与集控系统间形成联合防误体系,提升设备远方操作的安全性。

协同操作控制——策略控制执行。支持调度控制策略执行,通过标准化电子化手段,实现 AVC 控制、负荷批量控制的全过程无纸化交互。操作过程采用集控站校核模式,除防误服务外,针对平台监控产生的设备可控、设备在控、设备闭锁、检修、禁止遥控等状态同时进行校核。采用单站顺序执行,多站并发执行方式,提升操作效率,操作过程具备清晰查询及审计方式,便于后续追溯。

协同操作控制——操作票。调度系统指令票的接收及对象化解析,提供图形开票、智能开票、人工写票等成票方式,支持常规遥控、顺控操作模式,对操作票的编辑、审核、预演、执行、回填、归档等操作流程进行控制,并将执行结果回复调度,将操作票归档至省级中台。

智能辅助决策——智能告警。依托人工智能、大数据、传感技术与变电站一、二次设备和辅助设备深度融合,研判事件发生时的缺失信号,解决伴随信号多导致缺陷识别不准确等问题。对监控主、辅设备标准化模型信息进行归纳分类、抽象提取,通过分析故障发生时关键信号与伴随信号的关系,以时间、空间、逻辑运算规则等方式,共同构成事件化特征规则库,结合智能巡检信息,综合生成事件分析结果,有效减少变电运维人员的监盘压力。

智能辅助决策——监控助手。通过分析设备监控人员日常监控过程需要关心的设备、数据、状态以及要完成的任务,基于事件驱动,结合监控业务及应用功能特性,主动发现问题并进行追溯,减轻监控人员的工作负担。业务模块包括值班向导、辅助决策、信号巡视、短信发布,实现"黑屏监控",提高对设备"健康"信息全面掌握和管理的水平。

智能辅助决策——智能报表。采用 Web 技术架构开发,支持报表模板编制、报表信息发布、报表结果查询与导出,基于采集数据、业务数据进行定制开发,提供全面准确的数据可视化能力,提升集控系统运维管理质效。支持日、周、月、年等多时段范围进行数据统计展示,支持监控信息范围统计、监控告警信息统计、远方倒闸操作统计、一键顺控应用情况统计等。

智能辅助决策——状态预警。设备状态预警主要用于变压器等主设备状态的预警、评估和展示。实现断路器、容性设备/避雷器等设备状态告警分析功能。支持在线监测数据变化趋势进行预测及预警;综合设备量测信息、辅控数据、在线监测数据等多源数据,进行主设备多维运行状态综合分析和快速诊断;诊断有异常时可对异常或故障状况进行告警。

融合业务应用——数据融合。全面梳理监控员日常工作场景,围绕事故异常处置、监盘操作、缺陷处置等方面构建日志数据源,包括事故处置、异常告警、越限告警、操作记录、缺陷处置、监视记录、工作记录在内的多种值班日志类型。通过跨区协同技术,实现对Ⅰ、Ⅱ、Ⅳ区业务的结构化日志同步记录,支持推送至省级业务中台,全面提升监控员办公自动化水平,为中台大数据分析提供监盘行为数据支撑。

融合业务应用——智能多方联动。主辅/辅辅联动:主设备位置变位和遥控操作联动辅设备打开照明;主设备故障异常信号联动打开照明、启动风机或开关门禁设备;安防入侵信号联动打开照明;消防火警信号联动打开门、启动风机和关闭空调等,动环监控遥测越限信号应联动空调、风机设备。视频联动:主设备信号变位和遥控操作以及辅设备安防、消防信号动作时可以联动四区巡检系统控制摄像头调用预置位并弹出视频。

融合业务应用——缺陷识别推送。人工提取实时发生的告警、事件,遥信、遥测定义为缺陷的信息,遥控超时失败信息,综合分析设备缺陷,一键生成缺陷记录,包括缺陷关联实物ID,推送至省级业务中台缺陷录入环节,同时向相关运维班人员推送缺陷信息。

规范数据交互。内部交互:功能应用模块统一使用基础平台提供的服务,采用API/服务化等方式,专注于业务场景及需求开发。外部纵向:采用规约方式,经由调度数据网,采集监控站端主辅设备及巡视设备。外部横向:采用REST/SFTP/服务代理/消息队列等方式,实现外部系统融合交互。集控站设备监控系统框图如图9-10所示。

全面接口系统。该系统提供全面的、成体系的、跨语言的标准化API接口。在"平台+应用"的建设模式下,对系统管理、实时库、关系库、公共服务等传统接口进行补充和完善。安全认证服务、操作控制服务接口,保障控制类应用安全执行;人机扩展、告警窗右键菜单扩展接口为应用人机集成提供必要支撑。清晰描述各类接口的使用方法,明确接口原型、参数列表、接口返回值、接口示例等内容,降低应用集成复杂度。该系统提供服务化接口,接口遵循远程过程调用的通信模型,支持同步和异步调用方式,接口参数采用可自描述、易于扩展的数据格式。服务化接口定义了应用注册/注销、服务同步请求、服务异步请求等接口。通过对接口参数的交互定义来扩展不同的服务功能。服务化接口提供统一的数据交换接入点,实现平台对应用进行统一的安全认证、接口授权、流量统计、限流熔断等功能,提升平台的安全性。服务化接口采用服务调用方式,降低平台和应用的耦合度,提升应用部署的灵活性,支持弹性扩展。

安全防护——安全监测。该系统采用面向设备、基于事件的设备自身感知技术,实现集控站内各种网络安全事件采集,依托安全监测应用,汇总安全事件并形成站内网络安全告警,提升集控站发现网络安全风险的能力。

安全防护——安全服务。集成安全认证服务,提供基于国密算法的软件认证和通信加密接口,实现消息传输安全和服务访问安全。针对遥控类操作,采用二次确认机制,保证操作行为是可信的;采用服务认证机制对相应的服务调用进行保护,保证控制指令下达路径安全可靠;采用通信加密和数字签名技术,保证遥控指令传递的机密性、完整性。

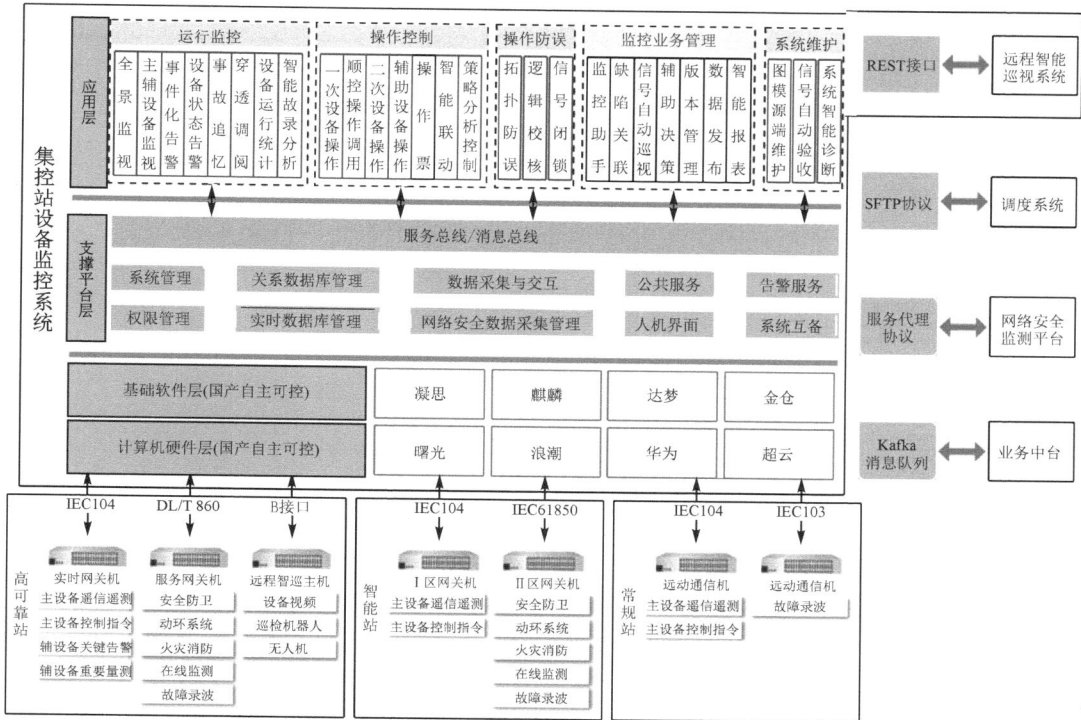

图 9 - 10　集控站设备监控系统框图

# 9.6.2　数据交互

调度系统业务。通过文件服务方式与调度系统交互设备模型、图形等信息。通过消息或服务的方式发送调度指令等信息。集控系统根据需要通过文件服务向调度系统提供控制操作信息。

中台系统业务。集控系统侧涉及Ⅳ区的设备运行统计、运维全景监视、数据发布及远程智能巡视集中监控系统等模块,主要实现集控系统设备模型、量测数据、信息点表、设备版本等与业务中台的交互;业务中台侧涉及电网资源中心、实时量测中心及作业管理中心,主要实现业务中台设备台账、操作票、巡视、缺陷隐患等与集控系统的交互。

网络安全管理平台业务。集控系统需要监视管辖变电站的网络安全紧急告警,实现监控员对重要安全事件的监视功能,提醒运维人员及时处理。集控系统的网络安全信息,上送至调度网络安全监测平台统一管理。

集控站网络应用和网络安全管理平台采用电力专用通信协议进行长连接通信,网络安全管理平台作为服务端,网络安全监测应用主动上送网络安全事件。同时网络安全应用作为服务端,响应网络安全管理平台下发的控制命令。变电站集控系统数据交互框图如图 9 - 11 所示。

巡视系统业务。与远程智能巡视集中监控系统(简称巡视系统)采用 REST 方式进行数据交互,交互内容包括主辅设备基础信息、主辅设备告警信息、视频确认反馈信息。服务端提供 token,客户端每次请求,需要携带 token 信息进行认证。

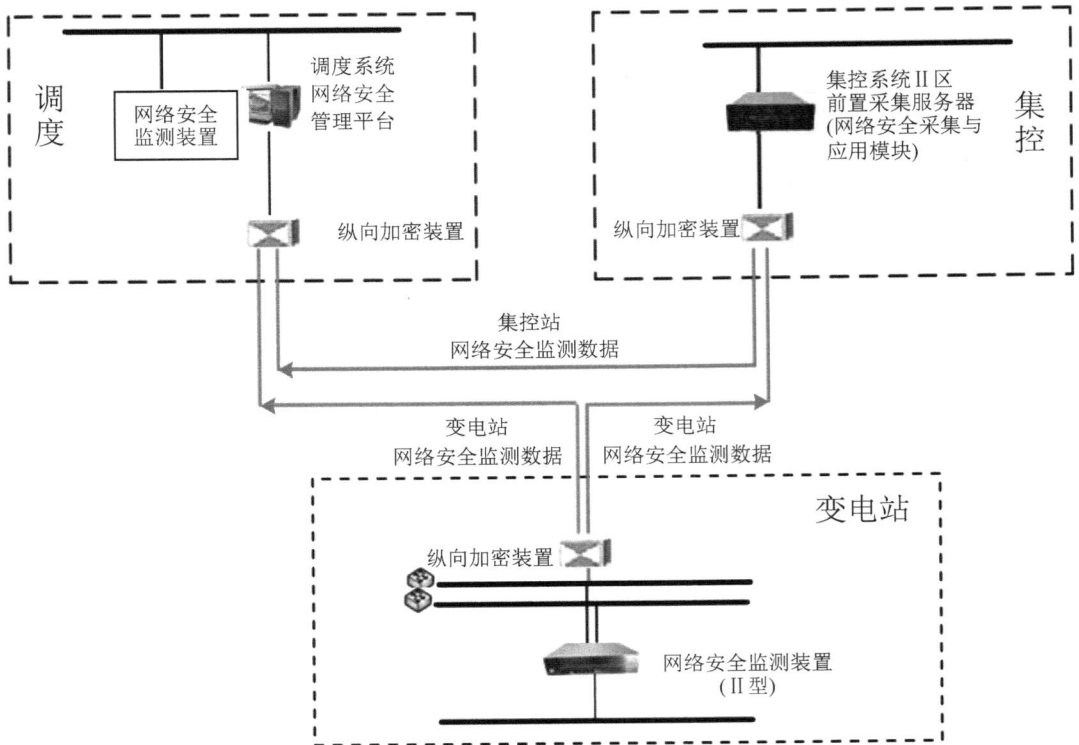

**图 9 - 11　变电站集控系统数据交互框图**

视频联动:通过主辅设备信息进行点位映射,集控系统可按需配置联动选项,主动推送相关巡视对象,满足一体化操作要求。

视频确认:操作类功能增加视频确认选项,包括断路器操作、顺控操作、遥控步进,操作完成后,根据视频反馈信息实现操作双确认功能。

# 9.6.3　典型业务场景

集控系统从各省网变电运维工作的实际业务需求出发,提炼并形成基础平台/功能应用/业务中台/人机界面等,包括一体化日常运行监视、故障向导及缺陷处置、远程各类设备倒闸操作、自动在线智能巡视、火灾消防应急操作、改扩建数据高效接入等业务场景,满足无人值班和设备集中监控的业务需求。

① 日常监视。该系统实现对变电站一、二次设备及辅助设备的一体化监视,全面感知所辖变电站设备状态,逐级查看主辅设备详细信息,定位异常点;同时系统主动分析发现信号动作未复归、设备状态不一致、设备过载等异常问题,改变周期性、重复性的监盘模式,减轻监控人员的工作负荷,提升监控效率。

② 在线巡视。自动在线智能巡视系统分为变电站端和集控站端。变电站端应用机器人、高清视频、红外测温和图像识别等技术,自动开展变压器、断路器等主设备巡视,自动识别设备缺陷和告警信息推送;集控站端具备巡视任务展示、告警信息统计等功能,实时展示站端设备告警和设备巡视结果,调阅现场视频,统筹管理站端巡视任务,提高监控人员设备监视能力。

智能分析算法:适配自主可控智能显卡,涵盖多种设备类型,形成 AI 算法仓库,实现变电巡视业务的智慧赋能、精细服务和动态管理。

协同自动巡视:协同摄像机、机器人、无人机、红外测温、声纹等终端设备,按预制巡视路线自主协同执行巡视任务,及时识别异常。

静默任务监视:利用变压器、敞开式设备区、主要出入口等监视点位,进行静默监视,实现安全生产态势感知与主动预警。

③ 倒闸操作。监控人员在集控系统安全Ⅳ区接收调度操作指令,进行智能分解后,自动生成一键顺控倒闸操作票。在Ⅳ区应用服务器上对倒闸操作票审核后,将其发送至集控系统安全Ⅰ区,经过综合防误安全校核,主站一键顺控模块调用变电站一键顺控服务完成操作,然后将操作结果反馈至业务中台。整个操作过程中,在线智能巡视集中监视系统实时推送设备位置状态图像信息、自动识别设备状态,完成设备状态"双确认"。新一代监控系统倒闸操作框图如图 9-12 所示。

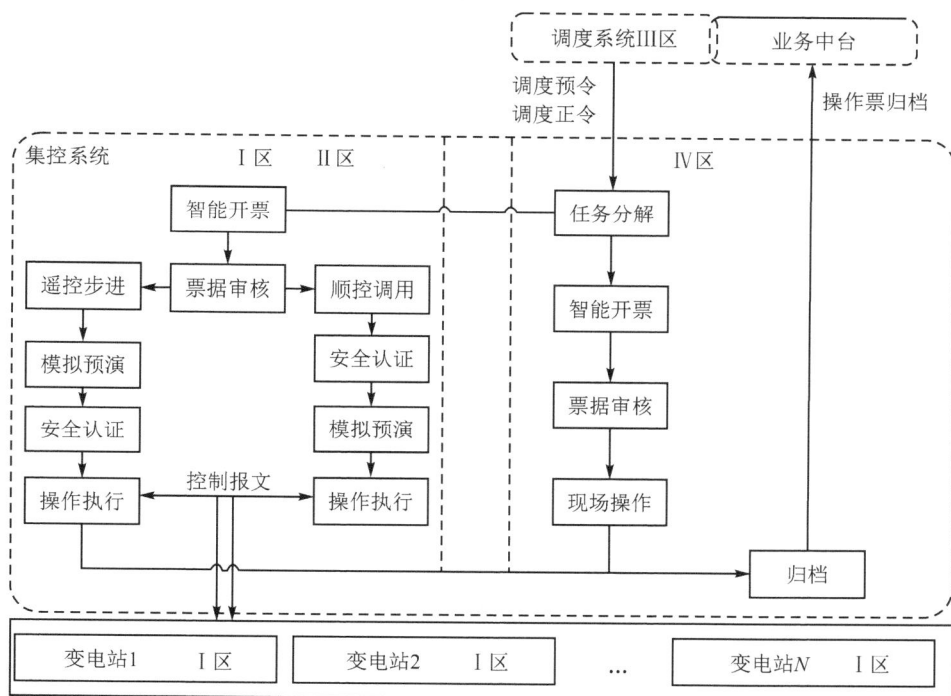

**图 9-12　新一代监控系统倒闸操作框图**

④ 故障向导处置。变电站端发生故障时,结合处置预案及人工处置经验,根据事件不同类型,通过监控辅助决策,生成事件处置流程,结合向导式交互方式,辅助监控员完成任务处置。

基于事件驱动,汇总事件信息、生成事件简报、汇报调度、通知运维、记录日志等辅助处置流程,协助监控员逐步完成处置,处置过程可联合设备跳闸信息、变电站主辅信息、在线监测信息、变电站接线图以及视频等综合展示。新一代监控系统故障向导处置框图如图 9-13 所示。

⑤ 消防应急操作。全面监视站端火灾自动报警系统、固定灭火系统及受控消防设备设施。自动联动相应防火分区的视频、门禁、照明和风机等辅助设备,综合火情位置、现场视频、灭火设备设施位置及状态,辅助运维人员确认火情态势,提供应急处置预案供参考。

⑥ 现场改扩建。图模构建阶段从变电站源端维护主辅设备模型及点表信息,并将模型文

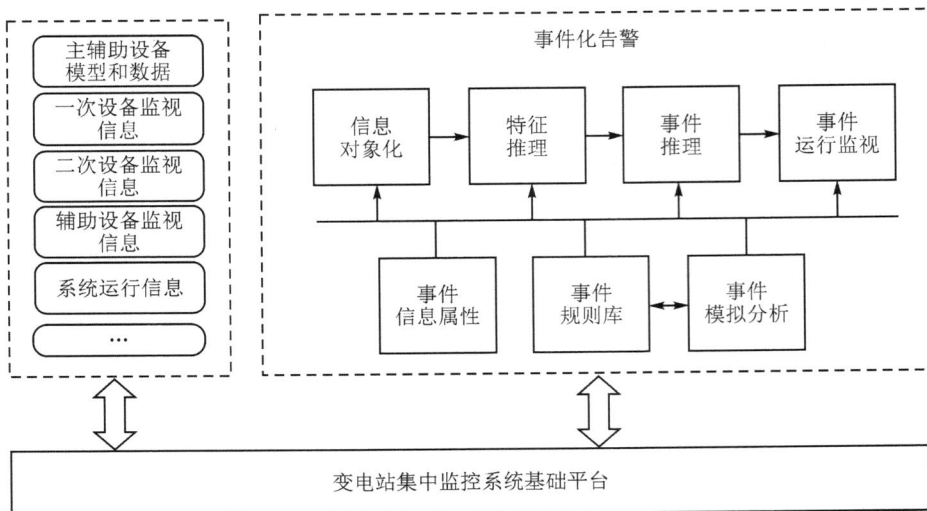

图 9-13 新一代监控系统故障向导处置框图

件上送集控系统,集控系统自动完成建模与点表录入,集控系统生成一次接线图、间隔图。数据核对阶段,集控系统与变电站端自动完成信号核对和多通道数据比对,提高变电站改扩建自动化水平,提升集控系统的数据接入效率。遥控验收消缺完善后,正式投入运行。

# 第 10 章　智能电网调度控制系统

随着科技的不断发展与进步,智能电网调度控制系统在能源领域扮演着越来越重要的角色,它利用电力中间件、调度计划应用和调度管理类应用系统,实现了电网运行中的实时监控、在线稳定性分析、调度业务管理等功能。智能电网调度控制系统可以实现对电网设备和电力负荷的监测、分析、调度和控制,提高电网的智能化水平,优化电网的运行和能源分配,提高电力系统的安全性和可靠性。

基于此,本章将从电网实时监控与智能告警、电力负荷预测、电网调度自动控制和电网稳态分析四个方面对智能电网调度控制系统进行介绍。

## 10.1　电网实时监控与智能告警

智能电网调度控制系统 D5000 继承了 CC2000 和 OPEN3000 的优秀基因,吸收了云计算、物联网、大数据等先进理念,充分利用多核集群、并行处理、面向服务等先进技术,将安全防护要求融入控制系统内部,满足国家等级保护四级安全要求。该系统实现了电网运行工况的全网实时共享、故障同步感知、风险主动预判、大电网安全的在线分析预警、调度计划多时段多层级优化及安全校核等新功能,大幅提升了调度驾驭特大电网的能力;该系统实现了电网实时监测从稳态到动态、电网分析从离线到在线、电网控制从局部到全局、电网调度从单独到协同的重大技术进步,促进了可再生能源的有效消纳,保障了国家电网的安全优质经济运行。

电网实时监控与智能告警是智能电网调度控制系统实时监控与预警类应用的核心,包括电网运行稳态监控、电网运行动态监视与分析、二次设备在线监视与分析、综合分析与智能告警等应用功能。它综合利用电网运行稳态、动态和暂态信息,二次设备状态信息以及辅助监测信息,实现对电力系统运行的全方位监视,并通过综合性分析,提供在线故障分析与智能告警功能,支撑电网运行状况监视全景化和调控一体化。

### 10.1.1　功能架构

电网运行稳态监控指数据采集与监视控制(SCADA),是调度控制系统最基本的应用之一,负责接收、分析和处理基础平台数据采集应用送来的稳态实时数据,实现电力系统实时运行稳态信息的监视和设备控制,并为其他应用提供可靠的稳态数据基础与服务。高效、可靠、安全、完整是其设计的最基本原则。基于智能电网调控基础平台的电网运行稳态监控应用,广泛地吸收并继承了传统 SCADA 的优点,在系统监视、操作控制、电网异常与事故快速响应等方面进行了深入拓展,充分利用 D5000 基础平台提供的面向服务架构和可视化展示技术,满足电网的高效调控需求。电网运行稳态监控应用包括 SCADA 数据处理、SCADA 计算统计、电力系统运行监视、电力设备调度监控、调度操作控制、电网拓扑分析与着色、电力系统事故追忆等主要功能。

作为智能电网调度控制系统中处理与分析电网动态数据的应用系统,电网运行动态监视功能主要利用同步相量测量单元(PMU)采集上送的高精度、带统一时标的动态实时数据(包括相量数据),并进行集中分析处理,同步记录电网事件全动态过程,对电力系统动态行为、扰动事件进行实时监视、评估与记录,为综合智能告警功能提供基础数据,帮助调度员准确把握系统运行状况。电网运行动态监视功能主要包括动态运行监视与评价、低频振荡告警与在线扰动告警两部分内容。

二次设备在线监视功能主要实现对继电保护装置、安全自动装置、故障录波装置等二次设备的运行工况、启动信息、动作信息、定值信息、录波信息、测距信息的分析和处理,并为其他应用(如综合智能告警等)提供可靠的数据基础与服务。

运行环境及设备辅助监测应用包括雷电监测、气象监测、火电机组综合监测和输变电设备在线监测等模块,这些应用模块为电网运行相关的准实时监测业务,且无需闭环控制,主要位于智能电网调度控制系统安全Ⅱ区。各应用模块对监测数据进行监视与分析,使调控人员能更加全面了解和掌握电网实时运行信息,为电网运行提供及时、准确的辅助决策建议。

综合分析与智能告警作为电网实时监控与预警类应用的综合告警展示平台,实现对来自各个应用的基础数据和告警信息的综合、分析与处理,以形象直观的方式对告警信息进行全面综合的可视化展示,并且实现不同等级调度机构间的告警共享。

电网实时监控与智能告警总体功能的组成及数据逻辑关系如图 10-1 所示。

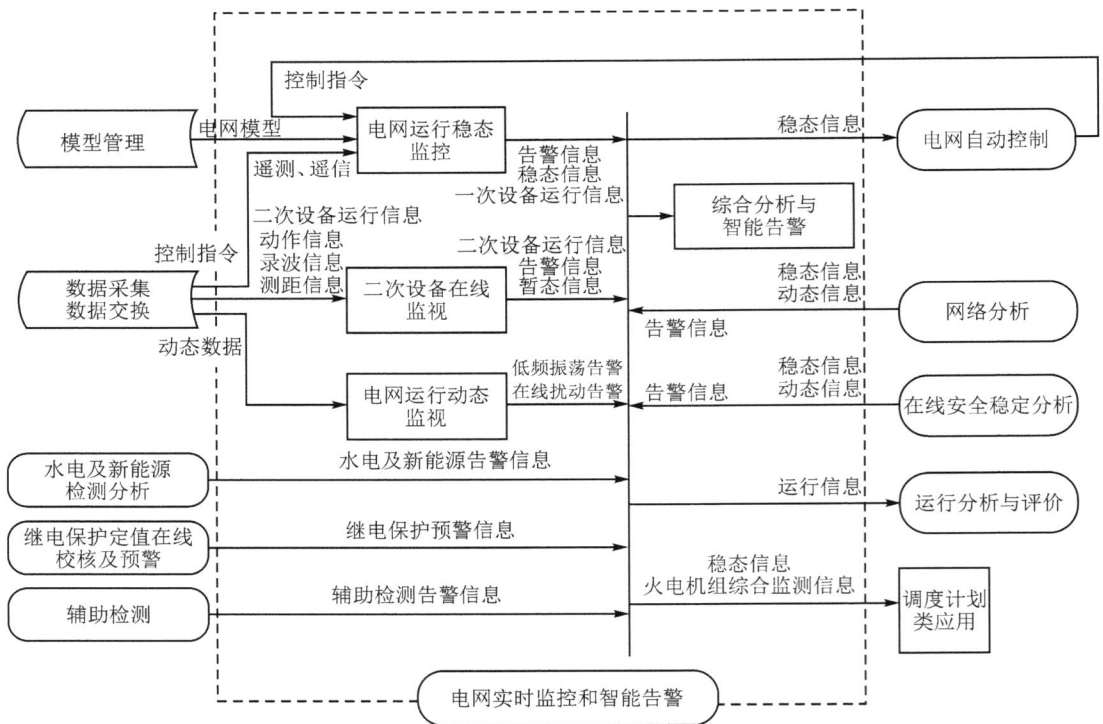

图 10-1　电网实时监控与智能告警总体功能的组成及数据逻辑关系

# 10.1.2　SCADA 数据处理

SCADA 数据处理指对数据信息进行加工、处理,将原始数据转变为易于被电网运行人员所接受的信息形式,并可以将处理后的信息进行存储。其主要功能包括模拟量处理、状态量处理、数据质量码处理、计划值处理以及多数据源处理等。

### 1. 模拟量处理

模拟量处理主要负责接收前置处理的遥测熟数据,并经遥测处理模块进行合理性校验、替代处理、零漂处理、越限判断、跳变监视等功能处理后,更新 SCADA 实时库。

**(1) 基本功能**

一次设备(线路、主变压器、母线、发电机等)的有功功率值、无功功率值、电流值、电压值以及主变压器档位、温度等模拟量经前置应用采集并通过规约解释及初步处理后,按照全数据及变化数据两种报文格式将熟数据通过消息总线发送至 SCADA 服务器,由遥测处理模块进行如下基本处理:

① 合理性校验。滤除无效数据并给出告警,提示出错原因。用遥测表可以针对每个遥测点定义合理值上、下限,超出合理范围的数据将被丢弃,不进入实时库,防止实时库出现坏数据。对于没有单独定义合理值上、下限的遥测,系统提供一对缺省的合理值上、下限,用于这些遥测的合理性校验。

② 零漂处理。当遥测值与零值相差小于指定误差(零漂)时,转换后的遥测值应被置为零,每个遥测值的零漂参数均可以设置。

③ 设置数据质量标识。数据质量标识主要根据采集数据的质量位,以及 SCADA 处理后生成的数据质量情况设置,比如不变化、越限、封锁等。

④ 更新实时库。接收前置熟数据报文,更新本地实时库,这也是最基本的功能。

⑤ 历史数据采样。模拟量数据支持 1 s、5 s、1 min、5 min、15 min、1 h、1 d 等多种采样周期。

**(2) 时标量测处理**

目前各级调度 SCADA 稳态数据的同步性不高,大多采用变化传输,多级转发的总体时延达到 10 s 左右,这意味着稳态实时潮流数据不是严格同一时刻的实测数据,尤其是联络线两端的不同时性尤为明显。基于时标量测可生成消除量测不同步影响的实时数据理想断面,为调度分析决策建立更为精确的信息基础。

基于时标量测的稳态数据处理机制,从测控装置、智能变电站监控系统、主子站传输规约及调控主站系统 SCADA 整个过程都使用带时标量测传输,实现带时标稳态数据的主子站交互,为基于时标量测的稳态数据处理提供基础支撑,保障高可靠性、准确性的变电站带时标稳态数据处理和传输。

**(3) 旁路代处理**

稳态监控网络拓扑采用先进的旁路代拓扑识别算法,通过间隔分析与次母线(零个或多个闭合隔离开关相连的若干节点)分析,自动识别出旁路代连接关系。

根据旁路代分析结果,稳态监控功能可以在接收前置数据时进行数据替代,实现旁路断路器的遥测自动替代被代路设备的遥测。当使用旁路断路器时,可自动用旁路的量测替代被旁路代运设备的量测;在设备开关恢复运行时,可自动将相关代路状态还原。被代路的设备类型包括线路和变压器等,替代的量测类型包括有功功率值、无功功率值和电流值。

**(4) 对端代处理**

对于线路遥测,根据线路两端的遥测质量码,在一端的遥测异常且另一端的遥测正常的情况下,在接收前置数据时自动进行数据替代,用正常端的遥测替代异常端的遥测。其中,有功功率值、无功功率值取反替代,电流值则直接替代。除了自动对端代处理,也支持在电气设备一次接线图上将指定的线路人工设置为对端代处理。

**（5）越限监视处理**

通过合理性校验进入实时库的遥测量，若处于限值范围之内且满足延时条件，则生成遥测越限报警，仅当量测值由异常状态恢复到正常状态时，才认为越限恢复。例如由遥测越上限状态恢复到遥测不越限状态时，为越限恢复。

遥测越限限值范围按需求可设置多种，可按代数值或基值上下浮动百分比的方式设置静态限值，也可以按时段、计划值设置动态限值。

遥测越限判断算法有两种：① 简单算法，量测值直接与限值比较，越限后立即告警；② 延时算法，定义一个延时告警范围，越过该范围则立即告警，否则在等待延时时间后若仍处于越限状态才进行告警，从而减少因量测值上下浮动而频发告警。对于重要的遥测量，可以指定越限时按事故告警处理，并启动事故追忆。

**（6）跳变监视处理**

通过合理性校验进入实时库的遥测量，可根据数据库的定义进行跳变监视，当遥测量在指定时间段内的变化超过变化门槛时，主动给出告警提示。对于重要的遥测量，可以设定跳变时按事故告警处理，并启动事故追忆。

## 2. 状态量处理

状态量处理负责接收前置处理的遥信熟数据，经过处理后更新 SCADA 实时库，变位状态更新商用数据库，实现多种变位告警、双位遥信处理、事故判断等功能。

① 基本功能。处理断路器、隔离开关、接地开关位置，保护硬接点状态以及远方控制投退信号等各种状态量，经前置应用采集并通过规约解释及初步处理后，按照全数据及变化数据两种报文格式将熟数据通过消息总线发送至 SCADA 服务器，由遥信处理模块负责将通过合理性校验的数据写入实时库。

单点状态量用一位二进制数表示，"1"表示合闸（动作/投入），"0"表示分闸（复归/退出）。双点状态量用一位二进制数及相应的质量码表示，其信息含义如下："1"且质量码为正常，表示主遥信为合、辅遥信为分；"1"且质量码为双位错，表示主遥信和辅遥信均为合；"0"且质量码为正常，表示主遥信为分、辅遥信为合；"0"且质量码为双位错，表示主遥信和辅遥信均为分。

② 变位告警。收到变化遥信报文后发出变位告警，对于断路器、隔离开关、接地开关，按"合闸""分闸"告警；对于硬接点保护及其他遥信，按"动作""复归"告警。对于挂牌设备的变位，按特殊的告警发出，以区分普通的变位，可以根据需要定义此类告警是否显示。

③ 双位遥信处理。针对双位置遥信量，在数据中用主、辅（或动合、动断）两个遥信表示其状态量值，主遥信、辅遥信、状态量值和质量码的对应关系如表 10-1 所列。

表 10-1　双位遥信数据对应关系

| 主遥信 | 辅遥信 | 状态量值 | 质量码 |
| --- | --- | --- | --- |
| 分 | 合 | 分 | 正常 |
| 合 | 分 | 合 | 正常 |
| 分 | 分 | 分（错误） | 坏数据 |
| 合 | 合 | 合（错误） | 坏数据 |

主、辅遥信变位的时延在一定范围之内,不判定错误状态;超过时延范围如果只有一个变位,则判定状态量错误,并告警。当另一个遥信上送之后,可判定状态量由错误状态恢复为正常状态。

④ 三相遥信处理。针对三相遥信,在数据库中用三个遥信值来表示其状态量。当三相遥信变位的时延在一定范围之内时,不判定错误状态;超过时延范围,如果收到的三相遥信变位遥信值不相同,或只收到任一相或两相变位,则判定三相不一致,并告警。反之,则判定遥信正常。

⑤ 事故判断。支持多种事故判断方式,形成事故跳闸告警,并启动事故追忆。判断方式包括:对于重要的断路器,单独的断路器分闸变位也作为事故变位;断路器分闸结合厂站事故总动作;断路器分闸结合相关保护信号动作。

### 3. 数据质量码处理

所有模拟量、状态量都有数据质量码,以反映数据的可靠程度。数据质量码在数据库中用一个整型值(32 位)存储,按位使用,每一位表示一种状态。数据显示颜色根据数据质量码优先级显示相应的颜色。

非前置采集的数据称为非实测数据,可能由人工输入,也可能是通过计算得到的,两者分别有各自的质量码。非实测数据只是在来源上与实测数据不同,后续的处理与实测数据是一致的,与实测数据具有相同的数据处理功能。

### 4. 计划值处理

调度计划的实时、日内和日前计划对系统的调度方式安排有非常大的作用,在智能电网调度控制系统内部将调度计划应用与平台一体化集成,直接通过消息总线将计划更新请求提交给 SCADA 计划值管理服务,实现相关计划值的更新。

另外,计划值也支持从外部系统获取调度计划,实现实时监视、统计计算等;同时,提供计划值定义和修改界面,供用户对计划值进行查看和修改。

在调度控制系统中,调度计划相关功能主要在调度计划类应用中实现,包括各类计划的申报、编制、校核、修改、发布和管理等多种应用功能。同时,SCADA 应用也需要高效地获取调度计划实现监视和统计考核等。SCADA 对调度计划的处理如下:

① 调度计划导入。支持中长期和短期计划的导入,既可以从调度计划类应用中获取,也支持调度计划类应用向 SCADA 发送计划数据。调度计划的导入过程可以执行多次,未收到次日调度计划时则进行告警,确保次日调度计划的及时获取。支持导入过程的日志记录。

② 调度计划存储。支持存储计划,每日计划数据点数可定义,支持 96、144、288 点等,每日 0 时,次日计划自动导入到当日计划表中。

③ 调度计划定义。支持对调度计划进行灵活定义,计划量配置:能增、删计划量。计划点数定义:可根据需要选择全天定义 96、144、288 点。其他参数设置:包括上/下限、插值类型、相应实时量测等。

④ 调度计划监视。提供多种方式对调度计划进行显示,包括表格、曲线等;支持插值计划的生成;提供计划偏离监视及计划积分电量统计,用于追踪计划的执行情况。

## 10.1.3 电网运行稳态监视

电网运行稳态监视是电网实时监控的重要组成部分,对系统潮流、设备状态、故障综合分析等方面进行专项处理并展示,方便调度人员快速正确判断和处理异常情况,提高电网的安全运行控制能力。其主要功能包括:界面监视、潮流监视、一次设备监视、稳定断面监视、电网容量监视、备用容量监视、故障跳闸监视、特殊运行方式和重要用户风险监视以及功率因数和可疑量测监视等。

### 1. 界面监视

基础平台画面服务提供静态图形文件信息的传输和相关实时数据的周期刷新功能,支持图形信息的广域调用和浏览。画面服务具有并发处理和实时数据集的缓存管理功能,可实时可靠地响应用户的请求。智能电网调度控制系统界面如图 10-2 所示。

图 10-2 智能电网调度控制系统界面

稳态监控画面基于支撑平台的公共人机界面实现。人机通过资源定位服务对画面服务进行定位后,向画面服务发送画面请求;经画面服务分析后,建立相应的画面缓存并根据画面刷新周期向人机返回画面数据。对于画面监视而言,SCADA 主要是提供数据源,并保证监视相关数据的正确性,由公共人机界面负责具体的展现。对于画面操作而言,由公共人机界面负责界面管理与刷新,SCADA 主要是收集用户的画面操作信息,提供相应的操作界面,并负责后续的操作处理。

电网运行实时监控功能应提供丰富、友好的人机界面,供运行和维护人员对电网进行监视和控制,主要包括的画面有:① 实时监视画面,如地理图、潮流图、单线图等;② 操作控制画面,如遥控、遥调、标识牌操作、人工置数等;③ 系统监视画面,如潮流监视、一次设备监视、稳定断面监视画面等;④ 其他监视画面,如检修挂牌信息、告警抑制信息、替代结果列表等。

对于某些重要线路,如 N-1 预案中重点监视的线路、重要枢纽线路等,可由运行人员在主接线图或光字牌图中,人工触发需监视的重点信息,临时添加集中展示,临时设定限额和监视状态,支持重要单元临时集中监控功能。

### 2. 潮流监视

潮流监视主要是对电网运行的监视,包括有功功率、无功功率、电流值、电压值监视及越限监视。潮流监视可实现的功能有:① 通过地理潮流图、分层分区电网潮流图、厂站一次接线图、曲线、列表等人机界面显示当前潮流运行情况,利用可视化的展现手段,如饼图、棒图、等高线、柱状图、管道图等,提升显示效果。负荷曲线查询界面如图 10-3 所示。② 对全网发电、受电、用电、联络线、总加等重要量测及相应的极值和越限情况的记录和告警提示。③ 展示同期并列相关信息。

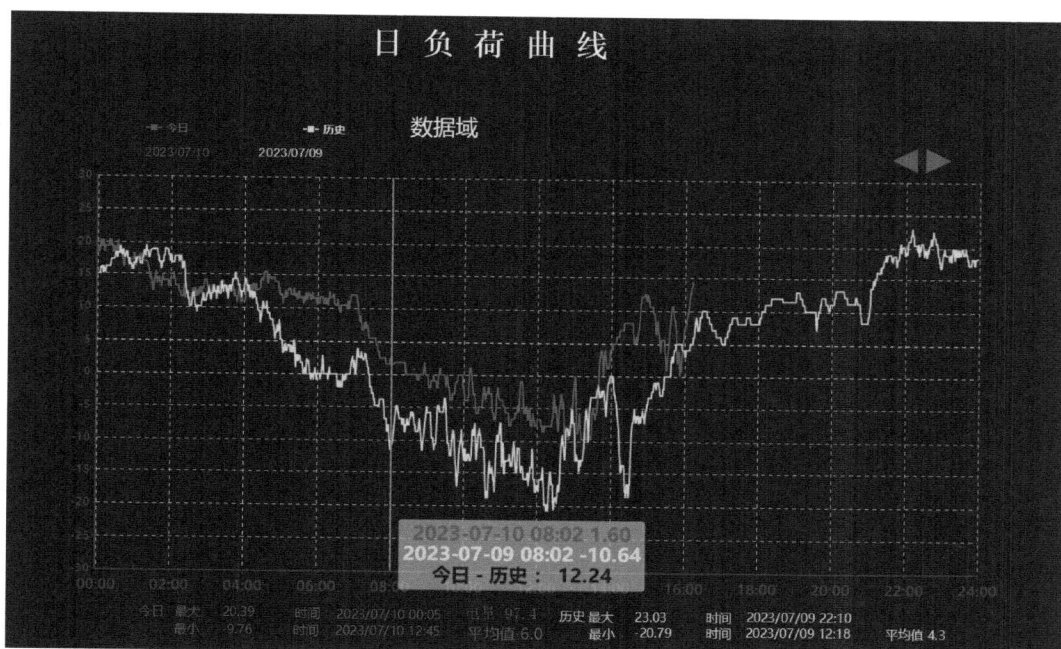

图 10-3　负荷曲线查询界面

### 3. 一次设备监视

一次设备监视能根据事件的重要程度为调度员提供提示、告警等通知手段。根据现场采集的实时运行数据,结合电网模型、拓扑连接关系,将传统的面向开关、量测的监视提升为面向一次设备运行状态的综合监视,使调度员能够直观了解设备的运行状态。监视范围包括:机组停复役、机组越限;线路停运、线路充电、线路过负荷;变压器投退、变压器充电、变压器过负荷;母线投退、母线电压越限;无功补偿装置投退等。

人机界面根据一次设备不同的运行状态显示配置相应的颜色,并通过一次设备监视信息列表,实现按区域、厂站、设备类型等条件分类显示监视结果,并统计状态开始时间、状态持续时间等结果。

### 4．稳定断面监视

断面是指在一个较大的电网中,在某一方式下,由几条线路或变压器所组成的从一个区域或电气距离相近的几个节点向另一个区域或电气距离相近的几个节点输送潮流的通道。断面潮流即为组成断面的各条支路的潮流之和,它清晰地反映了断面所连接的两个部分之间的功率交换关系。监视、分析和控制断面潮流可以保证单支路满足热稳定限制并保证地区电压稳定及系统暂态稳定,最终保证整个电网的安全。

对电网中各个运行断面(设备或设备的组合)进行实时监视,是电网调度值班运行的重要任务之一。稳定断面监视模块主要用于辅助调度值班运行人员对相关的运行断面进行实时监视,减轻值班人员的负担,主要功能由断面规则定义、断面运行方式判别、断面在线监视、断面历史数据记录四部分组成。稳定断面监视功能的设计遵循松耦合、通用性的原则,采用独立模块、独立程序设计,与外界的通信采用消息方式通知,保证其他模块的异常不影响稳定断面监视模块的运行,其他模块(调度员模拟培训、调度员潮流、$N-1$ 扫描等)可获取稳定断面模型。

系统对指定的稳定断面进行实时监视,该断面根据实时运行工况对指定规则进行识别,自动匹配断面限额或直接使用指定限额。对于多条规则影响相同断面的情况,在相同时期内以要求断面限额最小的规则进行监视与记录。对于同一断面不同限额时期的运行情况分别计算,断面重载或越限按要求的方式告警。系统提供断面潮流的运行曲线及历史曲线,该曲线同时显示相应时期的断面限额。

### 5．电网容量监视

① 低频低压减载和负荷批量控制实际投入容量监视,根据低频低压减载的每轮数据,负荷批量控制前对低频低压减载容量实现统计,实时统计全网及分区低频低压减载和负荷批量控制的实际投入容量,实际投入容量不足时产生告警。

② 无功补偿装置实际投入容量监视,实时统计全网及分区无功补偿装置的实际投入容量,当无功备用不足时产生告警。

### 6．备用容量监视

电力系统中的备用容量是指在电力系统正常运行时,为应对突发负荷增加及发电机组出现故障等异常情况而设置的额外发电容量。电网预留一定的备用容量,是电网安全、稳定运行的基础。

备用容量分为有功备用容量和无功备用容量,其中有功备用容量依据电网实时负荷和发展趋势来进行考虑;无功备用容量根据电网实时电压情况、变化趋势来进行考虑。备用监视通过对发电机、厂站、区域备用容量进行逐级计算,按照预定义的周期进行,依据机组当前输出功率和机组控制上、下限,计算和监视整个电网所需的发电备用容量,包括有功备用容量和无功备用容量的监视,通过比较实际备用容量和备用容量的需求,发现备用容量不足时发出告警。备用容量监视结果可应用于实时调度计划编制。

备用容量有多种系统备用等级,如旋转备用、非旋转备用、运行备用,以及典型的响应时间,如 5、10、30 min 等。

### 7. 故障跳闸监视

故障跳闸判据用于在不同条件下实现故障跳闸监视,正确区分正常操作跳闸和故障跳闸,判断断路器故障跳闸和设备故障跳闸,判断机组输出功率是否发生突变,实现机组故障跳闸监视。可形成故障跳闸监视结果列表,并自动推画面及自动触发事故追忆。

### 8. 特殊运行方式和重要用户风险监视

特殊运行方式一般包括:主干线路、变压器或其他系统重要元件、设备计划外检修;电网主要安全稳定控制装置退出;节假日运行方式;其他对系统安全稳定运行影响较为严重的方式。

调控人员可通过对物理接线方式的自动分析判断,检查电网的特殊运行方式,如单电源变电站、单变压器单条线路、串行供电、母线分列运行等,并自动形成列表用于实时监视。

当重要用户的电气设备或装置不能正常运行时,将造成功能下降、经济损失,或被用户认为会对其财产造成重大损失。因此,需实时监视重要用户、大用户的负荷变化情况,以进行风险监视,并可监视多级馈供的情况。

### 9. 功率因数和可疑量测监视

通过标准计算库实现功率因数的计算并提供监视的功能有:① 单独设置各变电站、自定义关口和线路的功率因数监视上、下限;② 实时计算功率因数,可在人机界面监视自定义关口和线路的功率因数、各变电站各电压等级的功率因数、电压及这些数据合格与否;③ 当功率因数越限时给出告警,当出现功率因数不合格趋势时给出告警。

可疑量测监视根据网络拓扑状态自动进行线路对端量测和开关状态的一致性检查,检查的内容包括:遥测有值遥信为分、遥测无值遥信为合、PQI(有功功率、无功功率、电流)不一致、遥测错误、遥信错误。

## 10.1.4　电网设备调度监控

为适应电网快速发展的要求,在确保电网安全稳定的同时,降低电网运行维护成本,提高变电运行水平,解决变电运行人员日益短缺的发展矛盾,需要在智能电网调度控制系统的基础上研究面向设备的监控类业务。

### 1. 设备监控对象与范围

设备监控对象为电气一次设备,主要包括变压器、断路器、隔离开关、线路、母线、电容器、互感器、消弧线圈、高压电抗器等设备,监控的数据范围包括设备的运行数据、动作数据、告警数据以及控制命令。

① 变压器。变压器监控数据包括变压器本体、冷却系统、调压机构、在线滤油装置、非电量保护等重要部件的运行状况,以及异常和故障情况。

② 断路器。断路器监控数据包括灭弧室、操动机构、控制回路等重要部件信息。母联、分段、旁路断路器还应采集有功功率、无功功率、相电流。分相断路器应按相采集断路器位置。遥控合闸宜区分同期合、无压合、强制合。气体绝缘金属封闭开关设备(GIS)、HGIS 监控数据还应包含 GIS 气室、GIS 汇控柜等相关信息,以反映 GIS 气室压力异常和汇控柜异常等运行工况。GIS 分气室的气压低告警信息应按实际气室数量分别处理。充油断路器、真空断路器

等类型设备应包含油位、压力等告警信息。

③ 隔离开关。隔离开关监控数据包括开关位置和电动机构两部分,用以反映设备位置状态和操作回路的异常、故障情况。

④ 线路。线路监控数据包括有功功率、无功功率、电流值、电压值、动态相量数据等。对接有三相电压互感器的线路,还包括各相电压和线电压信息,线电压宜取 AB 相间电压。

⑤ 母线。母线监控数据包括母线各相电压、线电压、$3U_0$ 电压、频率等。线电压宜取 AB 相间电压;对只有单相电压互感器的母线,只采集单相电压;对不接地系统采集母线接地信号。

⑥ 电容器和电抗器。电容器和电抗器监控数据包括反映设备负载的无功功率、电流等。对于油浸式电抗器,包括反映本体异常、故障的告警信息,非电量保护的动作信息以及油温等信息。

⑦ 互感器。电流互感器和电压互感器监控数据包括设备运行状态及辅助装置的告警信息;对于 $SF_6$ 气体绝缘电流互感器,包括 $SF_6$ 压力告警信息;对于电子式互感器,包括相应告警信息;对于电压互感器,还包括二次电压空气开关状态等。

⑧ 消弧线圈(接地变压器)。消弧线圈(接地变压器)监控数据包括线圈档位、温度、电压、残流、调谐异常,以及控制装置的异常、故障等数据。

⑨ 高压电抗器。高压电抗器监控数据包括设备运行情况的无功功率、电流值、油温等信息,以及反映本体异常的告警信息和非电量保护动作信息等。

### 2. 监控数据优化

为了提高电网的可靠性,近年来国家电网公司全面推进大运行体系建设,提出"告警直传,远程浏览,数据优化,认证安全"技术原则,调度所需数据通过变电站就地优化后上送调控系统关键数据,其他详细数据信息通过告警直传与远程浏览方式进行补充监视。

告警直传和远程图形浏览推广应用提升了调控人员对设备异常的快速反应能力,为调度监控业务提供了技术支撑;为加强系统中设备远方操作控制的安全性,在控制类命令的传输过程加强和增加安全认证机制。安全认证涉及控制命令的全过程,包括人机、SCADA 应用、采集模块以及子站等环节。

① 告警直传与远程浏览。告警直传用于在主站与变电站、上级与下级调控中心系统间实现告警信息的传输、解析、展示、存储等功能,实现对变电站设备或者下级调度的远方监控。为满足大运行体系的要求,调控中心可通过接收优化后的设备告警信息,实现对变电站设备的远程监控。上级调控中心通过接收下级调度系统发送的告警信息,实现对下级调度系统重要厂站、重要信号的远程监控。

② 安全认证。在智能电网调度控制系统中,现有控制命令通过消息总线在 SCADA 应用模块与采集模块之间进行传输,为提高控制命令的安全可靠性,在人机与 SCADA 通信过程中,采用带安全认证的服务总线模式进行安全防护;在 SCADA 应用模块与采集模块通信过程中,采用在原有事件结构中增加安全验证信息模式进行安全防护,在主站与子站的通信过程中采用纵向加密的传输方式。

广域网安全认证前置模块向厂站系统下发的控制类报文,在安全网关机或者纵向加密装置建立的安全隧道中传送,确保了控制报文在调度数据网中传送的安全性、可靠性。

③ 数据优化。调控实时数据是调度一体化功能应用的主要数据来源,要求及时、准确和可靠。调控实时数据可分为电网运行数据、电网故障信号、设备监控数据三大类,由厂站端远

动工作站完成直采直送,直接关联调度主站系统电网结构设备模型、实时数据库和图形画面等。

电网运行数据主要以满足电网调度指挥与电网运行分析需求为主,在原调度远动数据基础上补充变电运行监视数据;电网故障信号是电力调度值班员判断电网故障及分析处理的依据,主要反映站内断路器或继电保护动作的结果;设备监控数据是指调控中心监控值班员遥控、遥调操作和设备运行状态信号。

### 3. 信息分区分层处理

电网调控运行集约化模式下系统监控范围大幅扩大,一方面采集和处理的信息量急剧增加,造成每个监控席处理压力的增加;另一方面,随着调控一体化工作的推进,系统将面临不同业务领域的监控需求。结合横向的责任区处理功能和纵向的权限管理功能,采用信息分流机制,实现信息分区的目标。

① 信息分区的设置和管理。为实现责任区的动态管理,设计两层责任区(父、子责任区),分别为基本责任区和复合责任区,基本责任区是复合责任区的子责任区,子责任区在父责任区内动态调整。

按照变电站以及电压等级划分为不同的责任区域并为其命名。责任区可以是所有厂站,也可以是部分厂站集合,或者是厂站和不同电压等级的各种组合关系,都可以通过设置界面来方便灵活地进行定义,还可以根据情况对具体的某个设备设置其责任区域归属。

② 责任区和权限。用户的权限分默认权限和责任区权限两种。同一个用户在不同的责任区可以有完全不同的权限;在不同的责任区,用户的功能、角色以及特殊属性都可以不一样,用户权限在不同的责任区是完全独立的。如果用户在某一责任区上没有定义责任区权限,将使用默认权限作为用户在该责任区上的权限;如果已经定义了责任区权限,则以该责任区权限为准。

③ 信息分区分流。所有厂站的实时信息在被处理后都会根据责任区的设置发送到不同的节点上,实现了信息分区分流。在对信息进行了有效的分流和分层处理之后,网络报文流量大大减少,响应速度得到相应的提高,从而整个系统的性能和信息吞吐量也得到了相应的提高。

信息分流后,每个中心监控站只处理该责任区域内需要处理的信息,无关的画面、报表、历史数据等都不会出现在该监控站内。告警信息窗也只显示和该责任区域相关的告警信息,遥控、置数、封锁、挂牌等操作也只对责任区域内的设备有效,画面上不属于该责任区域的设备和信息将被消隐或者屏蔽,满足各个工作站节点之间信息分层和安全有效隔离的要求。

④ 信息分层监视。随着调控一体化工作的逐步推进,系统将同时面对调度与变电两类运行人员,不同的人员对系统监控的范围和关注的应用功能侧重点都有所不同,因此对快速全面掌握所有变电站设备信号提出了更高的要求。

### 4. 监控综合智能告警

电网调控运行集约化模式下系统将接收到大量的告警信息,监控人员将面临繁重的工作任务,稍有不慎将无所适从且难以抓住事故的重点,不能在第一时间处理问题。在现有功能的基础上,需要研究更为智能的告警技术,根据各类电网调控运行信息的重要性对信号进行分类,实现电网调控运行告警信号的分层分类处理与显示,对信息进行智能加工分析、综合应用,挖掘出有价值的分析,提供各类处理方案,辅助运行决策,协助电网调控运行人员及时准确地分析和处理故障,提高电网调控运行的智能化水平。

① 技术特点。电网调控运行信息综合智能告警(以下简称综合智能告警)通过对来自电网的一、二次设备等告警信息在线综合处理,汇集和处理分析各类告警信息,对大量告警信息进行分类管理和按重要性分级,对多种告警信息进行综合、筛选、压缩和提炼,根据不同需求形成不同的告警显示方案,利用形象直观的方式提供全面综合的告警提示。综合智能告警通过提供告警综合信息和压缩告警信息、告警优先级分类、给调度员提供告警处理建议等手段,帮助调度员减轻处理大量实时告警的压力。

② 告警信息分类。根据监控信息的重要程度及信号特点,将监控信息分为事故信息、异常信息、越限信息、变位信息和告知信息等 5 种类型。

a. 事故信息:反映由于电网故障、设备故障等引起断路器跳闸(包含非人工操作的跳闸)、保护及安控装置动作出口跳合闸的信息以及影响全站安全运行的其他信息,是需实时监控、立即处理的重要信息。主要包括:全站事故总信息,单元事故总信息,各类保护、安全自动装置动作出口信息,以及断路器异常变位信息。

b. 异常信息:反映设备运行异常情况的报警信息和影响设备遥控操作的信息,直接威胁电网安全与设备运行,是需要实时监控、及时处理的重要信息。主要包括:一次设备异常告警信息,二次设备、回路异常告警信息,自动化、通信设备异常告警信息,以及其他设备异常告警信息。

c. 越限信息:反映重要遥测量超出报警上下限区间的信息。重要遥测量主要有设备的有功功率、无功功率、电流、电压、主变油温、断面潮流等,是需实时监控、及时处理的重要信息。

d. 变位信息:特指断路器类设备状态(分、合闸)改变的信息。该类信息直接反映电网运行方式的改变,是需要实时监控的重要信息。

e. 告知信息:反映电网设备运行情况、状态监测的一般信息。主要包括隔离开关、接地隔离开关位置信息、主变运行档位,以及设备正常操作时的伴生信息(如:保护压板投/退,保护装置、故障录波器、收发信机的启动,异常消失信息,测控装置就地/远方位置等)。

而智能电网调度控制系统的告警服务需要接收各个应用发出的告警信息并统一进行处理,各应用产生的告警通常按应用角度区分类型,因此并不符合上述的告警分类。为满足监控功能需求,需要对智能电网调度控制系统的告警类型与电网 5 类告警之间进行映射,如图 10 - 4 所示。

智能电网调度控制系统的告警分为遥信变位、遥测越限、事件顺序记录(SOE)和控制操作等。具体的映射方法分为两种:a. 在信号建模时对信号等级进行划分,在信号产生动作时直接根据模型等级对应监控告警的某一类信息;b. 在信号产生后再根据其具体的动作状态进行映射,以确保映射的灵活性,即同样是遥信变位类的信号,由于其动作状态的不同,也可以映射到不同类型的监控告警。

③ 信息压缩。在正常工况条件下,系统也会输出大量的信息,其中绝大部分都属于一般性的告知信息,尤以"液压/气动开关操作机构打压""故障录波器启动或动作"等信息最为频繁。通过一定的算法和规则对这类信息进行压缩处理,显示更重要的其他信息。

④ 信息动态分类。由于许多信息其分类属性在不同情况下具有多重性,单纯采用静态分类方法难以满足在事故或异常情况下迅速获得完整的重要信息的需求,因此必须引入动态分类的概念和方法对信息进行处理。

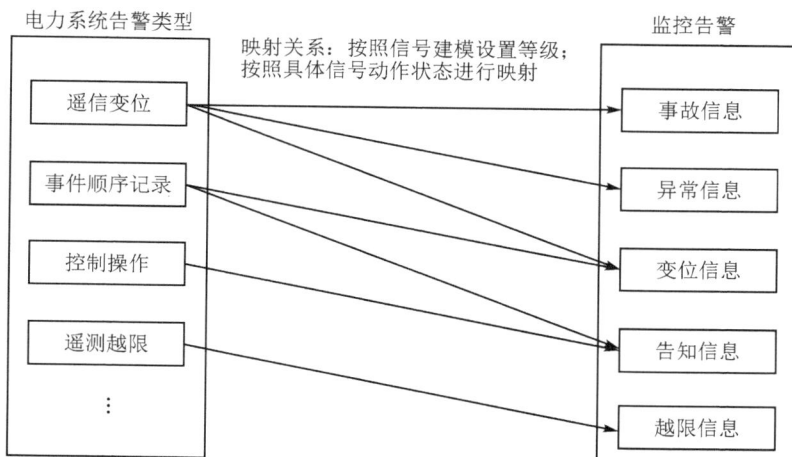

**图 10 - 4　告警信息分类映射**

# 10.1.5　电网调度操作与控制

稳态监控调度操作与控制通过修正电网异常数据、标识重点关注设备、调整电网运行方式，为保障电网安全稳定运行提供重要手段。主要功能包括人工置数、标识牌操作、闭锁和解锁操作、远方控制与调节功能。

## 1. 调度操作

① 人工置数操作。主要对状态量、模拟值、计算量进行人工输入目标数据，并保持一段时间。

② 标识牌操作。标识牌操作主要用户对一次设备当前的运行状态进行标识，以提醒电网运行人员，通过人机界面对一个对象或多个对象设置标识牌或清除标识牌操作，在执行远方控制操作前先检查对象的标识牌。常用的标识牌包括：锁住牌用于禁止对具有该标识牌的设备进行操作；保持分闸/保持合闸牌禁止对具有该标识牌的设备进行合闸/分闸操作；警告牌提醒调度员在对具有该标识牌的设备执行控制操作时能够注意某些特殊的问题；接地牌用于对于不具备接地开关的点挂接地线时，可在该点设置"接地"标识牌，系统在进行操作时将检查该标识牌；检修牌用于处于"检修"标志下的设备，可进行试验操作，但不向调度员工作站报警。

③ 设备闭锁操作。闭锁操作功能用于禁止对所选对象进行特定的处理，包括闭锁数据采集、告警处理和远方操作等。

## 2. 远方控制与调节

远方控制与调节按操作应用类型分为以下几种：

① 应用于正常的电气设备遥控倒闸操作。主要包括调整电压无功时，操作电容器开关或调整主变压器分接头；调整系统运行方式；配合检修试验工作，断路器由运行转热备用或由热备用转运行、主变压器由运行转热备用、拉合 GIS 设备的隔离开关；配合现场验收工作，对断路器进行遥控试验；具备远方操作技术条件的某些保护及安全自动装置的软压板投退、保护信号复归、保护通道测试。

② 应用于电网异常情况处理的遥控倒闸操作。主要包括小电流系统发生接地时,试拉断路器或送电;运行中出现影响设备正常运行的严重缺陷时,根据调度指令来遥控断路器;在电网发生事故及超计划用电时,根据调度指令按照限电序位表进行限电操作。

③ 应用于电网事故处理的遥控倒闸操作。主要包括母线失压后,拉开失压母线断路器;事故处理中恢复送电的操作;紧急情况下进行的隔离故障点操作。

远方控制与调节按控制方式分为以下几类:

① 单设备控制。对单个设备进行远方控制操作,通常由调度发令,监控员人工操作执行。

② 批量控制。批量控制操作包括顺序控制操作、群控操作及带有智能选取策略的批量操作。顺序控制操作,根据预先定义的控制设备序列,按次序执行遥控操作,在执行过程中,如发生执行失败的情况,则本轮控制操作终止。群控操作,在预先定义的控制序列中,不同厂站间实行并行控制操作,即"并行"下发遥控操作;在同一厂站间执行顺序控制操作。整个操作过程不会因为某一步骤执行失败而终止,且具备暂停/继续等流程管控操作。

③ 程序化控制。目前已经投运的智能变电站普遍具备了程序化控制功能,智能电网调度控制系统的相关技术规范也已经对程序化控制提出了明确和具体的要求,要求变电站能够接收和执行控制中心的程序化控制指令,操作界面要实现可视化等。

智能调度控制系统的程序化控制操作以子站现场操作的典型操作票为原本,由主站发起操作,采用主站拓扑防误和子站防误校验协同防误的程序化控制方案,由于主子站防误系统之间原理不同、防误侧重点与范围不同,数据信息颗粒度及实时性也不同,彼此之间互为补充,提高远方操作安全性。主子站间以字符串"控制对象名称"与"状态变化"为唯一关键字进行全匹配。

# 10.1.6 电力系统动态运行监视与分析

电力系统动态运行监视与评价基于 PMU 量测数据实现对电网动态运行状态的基本监视、越限告警,并基于机组的动态量测数据重点对机组调频及调压性能进行在线分析与性能评价。

## 1. 动态运行状态监视

电网动态运行状态监视的主要应用是实现对广域相量测量数据的实时监视与基本分析。它接收来自 PMU 采集的实时动态数据,对数据进行实时分析处理,监视电网的实时电压、电流、功率、频率及发电机功角等量测的动态变化过程,并为监视电网动态行为提供各种直观、准确、方便的可视化表现手段;同时,对电网运行数据进行处理,提供越限等报警信息,监视电网动态运行工况。

电网运行动态监视实现的功能包括:

① 电网动态过程监视。实时监视电网动态变化过程,提供电压、电流、功率、频率、功角动态量测的越限监视。

② 相对相角监视。电网中母线之间的相角差、机组之间的功角差是反映系统稳定运行状态的重要监视对象,相对相角监视主要基于以下考虑:a. 对两侧有相量测量的线路,实时监视两端母线的电压相角差,越限告警;b. 对有功角量测的机组,实时监视相对于参考点的功角差,越限告警;c. 对具有功角量测的任意指定的两台机组,实时监视相对机组功角差,越限告警。

③ 机组运行状态监视。发电机在非额定状态下运行时,为保证设备安全,必须满足一系列的运行条件,其运行极限形成一个闭合的"枕形"曲线,即发电机运行极限图(简称 PQ 图)。机组运行状态监视根据机组实时测量数据,按 PQ 图显示发电机的运行点和运行数据,计算发电机运行裕度,并对机组进相情况进行监视与计算。

④ 重要断面功率变化监视。实时监视重要断面功率变化情况,提供断面功率的越限告警与越限计算信息。

⑤ 电压和频率动态过程监视。电网在实际运行过程中不可避免地受到各种各样的扰动,致使电压和频率产生波动,长时间的低压或低(高)频运行,都将对电网和用户产生不利影响,也是不可接受的。电压和频率动态安全评估依据可接受偏移要求和相量测量装置上送的动态数据,分析电网中电压和频率动态偏移的可接受性,评估电网实际运行过程中的动态安全性,指出薄弱区域。

⑥ PMU 数据的远程调阅。借助统一的系统支撑平台,在各级调度系统间实现了 PMU 实时/历史数据的共享,可根据需要随时访问互联系统中指定的 PMU 数据。调控系统远程调阅技术为跨区域重要关联数据的获取与分析提供了实用的手段,在一定程度上也解决了 PMU 数据采集范围局限性的问题。

**2. 并网机组涉网性能在线监测**

并网机组涉网性能在线监测利用 PMU 采集的机组及其相关设备的动态数据,实现机组调频与调压性能的在线监测与分析,主要包括机组一次调频性能在线监测和励磁系统性能在线监测两部分技术内容。

**(1) 机组一次调频性能在线监测**

频率是电力系统最重要的运行参数之一,为保证电网频率的质量,需要对机组的一次调频能力进行公正评价,以便于通过经济手段引导电厂改善机组一次调频性能。传统 SCADA 数据几秒钟一个点,缺少时标且采集间隔不规则,影响一次调频监视效果;而 PMU 数据采集速率高达 25～100 帧/s,且保证全网同步测量和等间隔采集,为机组一次调频性能的在线监测与评价提供了一种新的技术手段。

机组一次调频性能在线监测通过采集各机组一次调频投退信号、机端有功功率和频率信息,监测和统计各机组一次调频运行情况,分析电网频率扰动期间各机组一次调频动作行为,以机组一次调频效果为主要依据对机组一次调频性能进行考核。

**(2) 励磁系统性能在线监测**

发电机励磁系统作为同步发电机的重要控制单元,其动态性能对发电机及电力系统运行的稳定性、可靠性有着直接的影响。

随着同步相量测量技术的逐渐成熟和应用,PMU 装置已经可以连续、在线地对机组单元及其励磁系统的运行状态参数进行采集,并通过专用通道实时或离线地上传到调度中心 D5000 系统;在主站侧可利用 PMU 装置上传的机组电压/电流、转速、功角、励磁电压/电流等参数实现励磁系统的在线监视和分析,从而为励磁模型和参数的校核以及电网运行方式的研究等提供更为精确的数据,为调度管理层实现对励磁系统调节性能的在线监测和评价考核提供依据。

# 10.1.7　综合分析与智能告警

综合分析与智能告警作为电网实时监控与预警类应用的综合告警展示平台,实现了对来自各个应用的基础数据和告警信息的综合、分析处理,以形象直观的方式对告警信息进行全面综合的可视化展示,并且实现了不同等级调度机构间的告警共享。

综合分析与告警以智能电网调度控制系统中的各类告警信息为要素,采用面向任务的驱动模式,建立调度日常监控告警处置的整体框架。在横向上通过消息总线集成系统内部各个业务的告警信息,包括电网稳态监控、PMU、继电保护设备在线监测与分析、网络分析以及在线安全分析等,实现对电网运行状态的在线感知;在纵向上实现变电站、省调中心、调控分中心以及国调中心多级调度间告警信息的纵向贯通,为多级调度间告警信息的协同感知与处理提供技术支撑。

## 1. 功能定位及构成

综合分析与智能告警作为智能电网调度控制系统 D5000 实时监控与预警类应用中的一个功能模块,借助智能电网调度控制系统一体化平台,综合分析与智能告警同 D5000 中多个应用存在数据交互。

综合分析与智能告警模块内部结构及同其他应用的数据交互如图 10 - 5 所示。

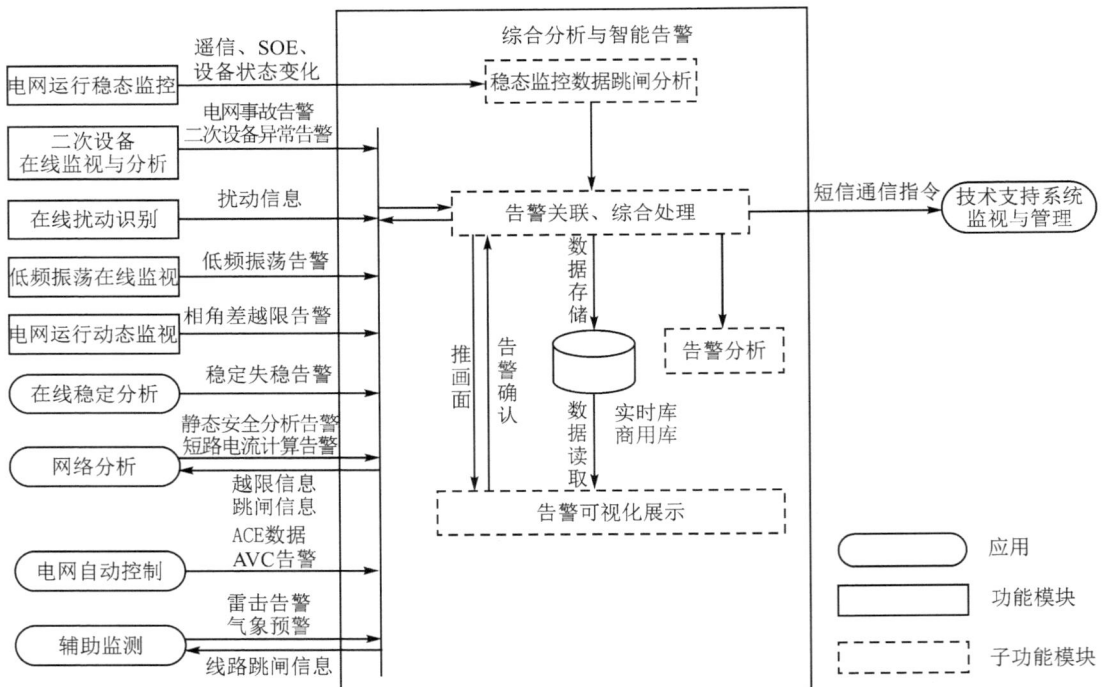

**图 10 - 5　综合分析与智能告警模块内部结构及同其他应用的数据交互**

综合分析与智能告警总体分为稳态监控数据跳闸分析、告警关联综合、告警分析和告警可视化展示 4 个功能子模块。

稳态监控数据跳闸分析、告警关联综合、告警分析功能采用 C++编程技术实现,运行在相关服务器上;告警可视化展示采用 Java 等技术实现,运行在工作站上。

## 2. 告警分类

综合分析与智能告警通过对各类告警信息的汇总、综合处理,实现调度运行人员在同一界面中进行各类告警信息的查看、分析及处理,目前支持的告警类型可以分为以下五大类。

① 电网事故类告警。电网事故类告警包括系统中实际发生的发电机跳闸、母线跳闸、变压器跳闸、线路跳闸、换流器直流闭锁等。电网事故类告警的告警源包括稳态监控、WAMS、二次设备在线监视与分析、变电站告警直传、行波测距等。告警主题画面中不仅可以显示设备名称、故障时间和告警源等基础信息,根据故障设备类型和告警源的不同,还会显示故障性质、故障测距、相关遥信、遥测、SOE、保护报文、故障录波报文和事故前后电网潮流变化情况等信息;结合其他高级应用软件提供的功能,还可实现故障相关 WAMS 曲线、录波曲线的调阅,使调度运行人员及时了解到电网事故的发生过程以及事故对电网造成的影响。

电网事故发生后,综合分析与智能告警在进行告警通知的同时,同网络分析的静态安全分析功能进行交互,展示事故后电网的静态安全分析结果。

当电网发生了线路跳闸事故时,综合分析与智能告警自动与Ⅲ区的雷电监测模块交互,实现线路雷击情况及雷击点位置的展示。

② 系统异常类告警。系统异常类告警包括系统低频振荡、相角差越限、潮流越限、电压越限、电流越限、量测突变等,其中越限告警支持延时处理,避免因量测短时越限或者数据问题引起频繁告警,对调度运行人员的工作产生干扰,当越限量测恢复正常后,对应的越限告警会被自动确认。

当系统中发生量测越限后,综合分析与智能告警通过网络分析的灵敏度计算功能得到相应的灵敏度计算结果,展示给调度运行人员,辅助调度运行人员消除电网异常。

③ 计划类告警。计划类告警包括计划执行偏差越限和 ACE 平均值越限两种告警。综合分析与智能告警实现对供电、用电、联络线交换计划执行情况的监视功能。监视内容包括实时功率偏差和日累积电量偏差,监视的计划、监视的内容和告警延时时间等均支持配置;综合分析与智能告警对区域控制偏差(ACE)平均值进行监视,实现对 ACE 15 min 平均值越限、分钟平均值连续 3 min 越限、连续 5 min 越限的监视与告警,各个限值均支持设置,当越限恢复后,相应告警记录被自动确认。

④ 预警类告警。综合分析与智能告警的预警类告警处理功能实现了对来自网络分析和在线安全稳定分析的预警类告警的处理,支持的告警包括:来自网络分析的静态安全分析 N-1 越限告警、短路电流超过遮断容量告警;来自在线安全稳定分析的静态稳定失稳、暂态稳定失稳、电压稳定失稳和小干扰稳定失稳告警。

⑤ 气象类告警。综合分析与智能告警的气象类告警处理功能实现对来自雷电监测的雷击告警、来自气象监测的气象预警信息处理和来自水电运行监测的水情类预警信息处理。Ⅲ区的雷电监测功能模块检测到某线路的雷击等级大于限值时,将该线路名称、雷击活动时间、雷击等级信息以文件形式传输到Ⅰ区,综合分析与智能告警对文件中的雷电活动告警信息进行存储并通知;气象类预警信息内容包括天气类别(大风、雷电、冰雪、暴雨、大雾等)、影响地区、影响程度、持续时间等;水情类预警信息内容包括水电厂名称、水位越限(上、下限)、越限程度、出入库流量越限等。

### 3. 告警智能推理

综合分析与智能告警实现了告警信息统计和分析功能,可对复杂故障进行智能推理,通过综合分析电网一次设备和二次设备的告警信息,包括断路器动作、继电保护和安全自动装置动作信息等,实现电力系统的在线故障诊断,以形象直观的方式展示分析结果,给调度员以准确、及时、简练的告警提示。

智能推理过程基于规则知识库,知识库用于存放告警信息处理分析的规则,告警信息分析求解过程基于规则库中的规则实现智能推理,规则库配置界面方便用户改变、完善规则库中的规则内容,提高了告警智能化水平。推理方法包括单一事件推理、关联事件推理以及故障智能推理。单一事件推理是告警事件发生后,根据每条告警信息做出推理,给出故障或异常发生的可能原因。关联事件推理为基于离散告警事件的推理,可对同一时段内不同告警事件综合归纳,根据各个告警事件的关联信息,如事故总信号和相关保护信号,进行综合分析判断,验证出是否有故障发生;故障智能推理为基于时序告警事件的推理,可对关联告警事件分析时序关系,并利用网络拓扑技术,根据每种故障类型发生的条件,结合接线方式、运行方式、逻辑、时序等综合判断,给出故障报告,提供故障类型、故障过程等相关信息给运行人员参考,辅助故障判断及处理。

### 4. 告警信息可视化展示

综合分析与智能告警的告警信息展示界面大量使用了 D5000 中的可视化技术,以基于地理信息的全景潮流图为基础,以厂站图、表格图、树状图、曲线图等画面为补充,以闪烁、高亮、区域等高线、饼图等可视化效果为手段,全方位、多层次展现告警结果及相关信息。主题画面上主要有全景地理图、告警相关的主要设备的状态及量测值、参与综合告警分析的告警源的详细信息。告警信息可视化展示如图 10-6 所示。

**图 10-6　告警信息可视化展示**

除可视化展示方式外,还可以通过最新告警信息行、图形变色或闪烁、自动告警主题画面、音响、语音提示、电话、手机提示、推送到其他系统等方式,来提示关注重要告警信息。

# 10.2　电力负荷预测

电力负荷预测应用是智能电网调度控制系统的重要功能,其中包括系统负荷预测与母线负荷预测。短期系统负荷预测用于预测未来数小时至未来一周的每时段系统负荷。母线负荷预测的预测范围至少涵盖调度管辖范围内所有 220 kV 变电站主变压器高压侧,短期母线负荷预测用于预测未来数小时至未来多日各时段的母线负荷值。电力负荷预测是制订发电调度计划、使得电网经济运行、做好电网安全校核、鉴别电网安全状况和制定电网运行方式的重要依据。电力负荷预测对于提高整个电网运行的安全性、节能性和经济性具有重要意义。因此,做好电力负荷预测工作是实现电网精细化管理、提高调度部门驾驭大电网能力的重要环节。

## 10.2.1　负荷预测分类及基础数据处理

电力负荷预测是根据电力负荷的历史数据及其相关影响因素,分析负荷的变化规律,综合考虑影响负荷变化的原因,使用一定的预测模型和方法,以未来经济形势、社会发展、气候条件、气象因素等预测结果为依据,估计未来某时段的负荷数值的过程。电力负荷预测包括对未来的电力需求量(功率)的预测、对未来用电量(能量)的预测以及负荷曲线的预测,其主要工作是预测未来电力负荷的时间和空间分布。

负荷预测是保证电力供需平衡的基础,并为电网和电源的规划建设以及电网公司的生产经营决策提供预知信息和依据。

**1. 电力负荷预测的分类**

根据预测的目的不同和时间跨度长短,电力负荷预测可以分为超短期负荷预测、短期负荷预测、中期负荷预测和长期负荷预测等类型。

**(1) 超短期负荷预测**

超短期负荷预测指预测自当前时刻开始以若干分钟为预测周期的未来若干时段的负荷。超短期负荷预测范围一般是指未来 15 min~4 h 的预测值。超短期负荷预测是能量管理系统(EMS)中高级应用最重要的模块之一,主要用于自动发电控制、动态经济调度和在线安全校核等方面。

**(2) 短期负荷预测**

短期负荷预测是预测未来日到周时间段内的负荷需求,包括日负荷预测(需要预测日负荷曲线)和周负荷预测,分别用于安排日调度计划和周调度计划。短期负荷预测主要用于确定机组启停及调峰、水火电机组输出功率协调、联络线交换功率控制、负荷经济分配、水库调度和设备检修安排等。短期负荷预测需要充分研究负荷的变化规律,分析负荷变化相关因素,特别是天气因素、日期类型等与短期负荷变化的关系。短期负荷预测是调度机构的基本日常工作之一,其预测结果广泛应用于各级调度机构。

**(3) 中期负荷预测**

中期负荷预测是指月至年的电力负荷预测,主要用于确定机组运行方式、水库优化调度计划、燃料供应计划和设备大修计划安排等。

**（4）长期负荷预测**

长期负荷预测是指未来 3～5 年甚至更长时间段内的负荷预测，是电网和电源规划部门根据国民经济发展对电力负荷的需求所做的电网改造、扩建工作和电源开发布局的远景规划，主要用于电力系统规划、一次能源供应、新能源开发、电源接入和电能输送更高电压等级选择、电力设备制造及研制、环保规划等方面。对中长期负荷预测，需要研究国民经济发展、国家政策等因素对负荷的影响。由于电力建设周期长、耗资多，因此长期负荷预测尤为重要。

## 2. 负荷预测的基础数据处理

### （1）负荷预测的基础数据

电力负荷预测是依赖于大量历史负荷数据资料及相关影响因素资料的被动型预测，这些基础数据主要有四类，包括负荷数据、气象数据、经济数据和人口、其他事件等。

目前，历史负荷数据来源主要有两种：数据采集与监视控制系统（SCADA）采集的量测数据和状态估计结果。由于状态估计是利用量测系统的冗余性进行的，本质上是基于 SCADA 量测数据的一种处理算法，在局部会出现较大估计误差、不收敛引起新的数据丢失等问题。在电力系统实际运行时，若直接采用 SCADA 量测数据，数据采集系统中的量测、记录、转换、传输过程的任意环节都可能引起故障而导致观测数据的反常态势，以致与大多数观测值不一致；此外，当数据采集系统正常，由于特殊情况（如负荷控制、线路检修停电、大用户生产变更、特殊事件冲击等）引起负荷异常变化时，也会导致观测数据违背常规。所有这些非正常的观测数据统称为异常数据。如果这些异常数据得不到有效的校正，它们将以伪信息、伪变化规律的方式提供给负荷预测作为参考，必然误导负荷预测模型的建立，影响预测结果的精确度及可靠性。因此，在负荷预测之前，对异常数据进行识别和处理，是负荷预测的基本工作之一。

### （2）异常数据的分类

在实际工作中，异常数据的产生往往是随机的，并以多种类型存在于数据库中。异常数据可分为两大类：坏数据和畸变数据。

坏数据通常是由 SCADA 系统的故障引起的。坏数据主要表现为如下类型：

① 缺失值。这类异常数据在数据库的表格单元中表现为空值。

② 极大、极小值。这类异常数据在数值上表现为在非负荷峰、谷时刻超出当日负荷的峰值或低于谷值，或在峰、谷时刻的负荷值大幅度超出相邻日的峰、谷时刻负荷值。

③ 负荷毛刺。这类异常数据在数值上表现为在相邻时段数据间的突然增大或减小。负荷毛刺有突变幅度大小之分，极大、极小值属于突变幅度过大的毛刺。

④ 连续恒定值。表现为在连续时间内，负荷数据为一恒定值，也即常称的"死数据"。

畸变数据通常是在量测系统正常情况下由于特殊事件的发生造成的，表现为自然正常数据叠加随机事件引起的负荷波动而产生的负荷畸变。其主要表现为两类：

① 待补足数据。这类数据主要由线路检修、大用户设备停电检修、变电站在一段时期内测量表计损坏等因素造成。这类异常数据在数值上看似正常值，但是如果与近期同类型日相同时段负荷比较，有明显的增大或减小。

② 待还原的数据。这类数据主要是由自然灾害、电网事故、负荷控制等造成用电负荷损失或增加等较大的负荷变化。

**（3）异常数据的识别和修正**

异常数据是随机产生的，因而在数据库中的分布也具有不确定性。各类异常数据或在某一时刻单独出现，或在同一日连续的时段内交叉混合出现，或在连续多日同一时段上交叉分布。在进行数据修正时，必须综合考虑多种因素，进行多方面比较。

负荷的异常数据能够被识别和修正，其理论依据是：

① 电力负荷既有规律性又有随机性。规律性决定了负荷数据是可以被修正的，随机性决定了修正值处于在概率统计意义下的置信度的置信区间之中。

② 电力负荷在相邻时段之间具有连贯性，即前后相邻时段的负荷不会发生突变。

③ 时间相近、天气条件相似和日期类型相同的相似日具有近似相同的日负荷曲线。

**（4）异常数据的识别方法**

① 概率统计法。从概率统计规律上可知，多日同时段负荷近似呈正态分布，多日相同连续时段的负荷变化率也近似呈正态分布。以历史多日同时段负荷和多日相同连续时段的负荷变化率作为样本进行概率统计分析，完成该时段以上两个正态分布模型中的期望值和方差估计，然后设定置信度，完成该时段负荷水平的置信区间估计。考察待检测的负荷数据是否在置信区间内，从而判断出该负荷数据是否存在异常。

② 数据横向和纵向比较法。数据横向比较法是一种利用日负荷曲线中连续多个时段负荷不突变的特性来判别异常数据的方法。如果前后多个时段的负荷变化超出预设的阈值，则判断为异常数据。

数据纵向比较法是一种利用日负荷曲线中相邻日、相同时段负荷曲线走势和形状基本一致的特性来判别异常数据的方法。将某一时刻的负荷值，分别与其前一日、前两日相同时刻的负荷值进行比较，如果偏差大于预设的阈值，则判断为异常数据。

③ 多源数据比较法。随着网络技术在电力系统的广泛应用，调度机构获取实时数据的渠道越来越多，使得同一个实时数据点的信息可以从不同渠道、多个来源得到。单个实际测点的"多源处理"已有一些成功的现场经验，能够在 EMS 中对多源数据进行可靠性判断和优选，得到单个测点较为可靠的实时数据值。常见的数据来源有从厂站端直接采集的数据、上级或下级调度机构 EMS 转发来的数据以及状态估计计算值等。通过多源数据对比，可以自动发现异常的数据，并及时发出报警信号。

由于损耗、数据传输通道延时以及采集装置的差异等原因，会使得多种数据源的数据在最终数值上略有差别，但正常情况下这种差别很小，可以忽略不计。而在自动化设备及网络出现故障的情况下，多种数据值就会有较大差异。

④ 区域（母线）功率平衡法。电能在升压、降压、传输、汇集和分配过程中，除了正常的损耗外，功率将保持平衡。即在考虑损耗的前提下，净流入区域的功率等于本区域消耗的功率，流入母线的功率等于流出母线的功率。可以通过省调转发给地调的网供总加负荷与地调采集的多个 220 kV 主变压器下网的有功总加负荷相比较，220 kV 主变压器的高、中、低压侧负荷相比较，同一 220 kV 主变压器高压侧负荷与其供电区域内多个下级主变压器负荷累加相比较，流入和流出同一母线功率相比较，自动发现异常负荷数据。

**（5）数据预处理技术**

针对负荷预测模型使用到的外部输入数据，从异常数据识别、剔除和补全多环节进行处理，合理选择预处理方法。数据预处理流程图如图 10-7 所示。

数据分类：基于先验知识划分不同性质数据类别。

一次处理：基于数据统计特征，实现异常数据识别和剔除。

二次处理：基于专家规则的异常数据识别，例如：节假日负荷变化、气温连续恒定值、日落辐照度置零等。

智能补全：自适应多种数据补全策略，包括线性插值、均值填充、相似日填充和智能预测填充等。

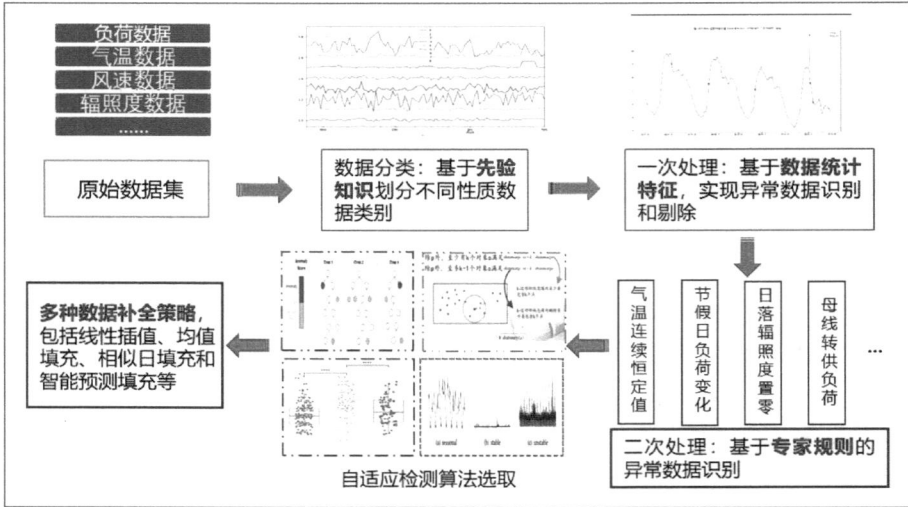

**图 10 - 7　数据预处理流程图**

# 10.2.2　短期负荷预测

短期负荷预测是预测未来日到周时间段内的负荷需求，包括日负荷预测和周负荷预测，分别用于安排日调度计划和周调度计划。省调负荷管理人员的主要日常工作是进行次日系统负荷预测，即预测以 96 点构成的次日系统负荷曲线。下面以省调进行的日系统负荷预测为例，说明短期负荷预测的重要性。

① 日负荷预测是电网运行方式安排的依据。次日负荷预测是次日电网运行方式安排的依据。省调在进行次日发电计划编制时，首先导入次日 96 点负荷预测数据，再导入网供计划（含省网间联络线计划和网调直调电厂发电计划）。省调发电计划就是在次日 96 点负荷预测数据减去网供计划的基础上，再进行 96 点逐点平衡，得到次日各电厂的发电计划。

② 日负荷预测直接关系到电网的安全、经济运行。在制订次日发电计划时，为了保证电网安全、经济运行，在次日的预测负荷的基础上，必须预留适当的备用容量。备用容量预留少了，在机组发生故障时，就不能保证正常的供电，甚至可能导致电网事故；备用容量预留多了，又不能保证电厂和电网的经济运行。

根据负荷预测，还可以合理安排机组和线路等设备的检修计划，保证工农业生产和居民生活的正常供电，有效地降低发电成本，提高经济效益和社会效益。

## 1. 短期负荷预测的基本过程

负荷预测工作的关键在于收集大量的历史数据，建立科学的预测模型。采用有效的算法，进行大量试验性研究,然后总结经验,不断修正模型和算法,以真正反映负荷变化规律。此处以常用的"软件自动预测＋人工修正"的预测模式说明省调日负荷预测的基本过程,如图 10－8所示。

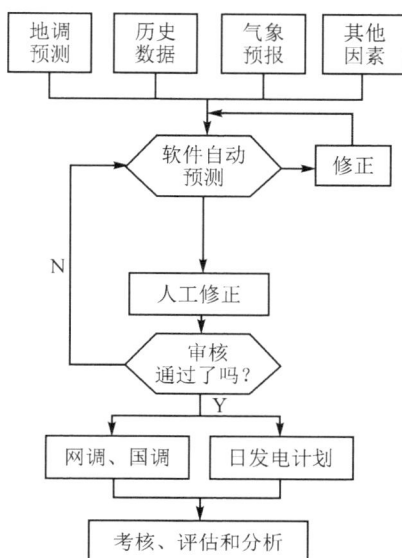

**图 10－8　省调日负荷预测的基本过程**

①　收集、整理和分析历史负荷和气象数据等资料。历史数据是负荷预测的基础,在准备历史数据时,既要收集负荷数据,也要收集影响负荷的相关因素的数据。进行短期负荷预测之前主要收集本预测区域范围内近几周的日 96 点负荷实测数据,以及天气实况资料(包括日最高温度、日最低温度、日平均温度、日降水量、湿度等数据),还要收集同时段内影响本区域负荷水平的其他因素(如本区域的重大活动、节假日、有序用电、拉闸限电和电价调整等数据或事件)。在进行次日负荷预测时,必须考虑次日的气象要素以及影响负荷的其他因素,同时还应参考地调上报的负荷预测数据。

②　使用负荷预测软件自动预测。在预测时,可以完全依靠负荷预测软件自动预测,也可以人工选择预测模型或者人工确定多种预测模型的权重后进行预测。

③　人工修正预测结果。因为影响负荷变化的原因千变变化,为了获得比较满意的预测结果和预测精度,有必要根据天气预报、负荷的近期变化趋势以及个人的预测经验等对自动预测结果进行人工修正。

④　负荷预测结果传送给发电计划系统和上报网调、国调。每天下午省调负荷预测人员完成次日负荷预测后,传送给发电计划系统,制订次日的发电计划,同时也通过电力系统内部网络上传给网调和国调。

⑤　预测结果考核、评价和分析。在负荷实际数据出来后,需要计算负荷预测准确率,以便对负荷预测准确度和工作进行考核和评价。当实际负荷和预测负荷偏差较大时,要分析产生较大偏差的原因。同时,还可以分析天气要素对短期负荷预测的影响,分析节假日、周末与工作日负荷的变化规律,分析有序用电和拉闸限电对负荷曲线的影响等。

## 2. 短期负荷预测的模型

短期系统负荷预测充分考虑各种影响因素,包括季节变化、天气信息、日类型、特殊事件、重大活动等,预测未来多日或指定日期的 96 点(00:15—24:00,每 15 min 一个点)负荷曲线。短期系统负荷预测的常见算法包括:线性外推、线性回归、指数平滑、BP 神经网络、时间序列和基于同类型的日负荷预测等。

建立短期系统负荷预测模型时,可以把负荷分成 4 个分量,公式为

$$P_1(t) = B(t) + W(t) + S(t) + V(t) \tag{10-1}$$

式中　$P_1(t)$——时刻 $t$ 的总负荷;

　　　$B(t)$——时刻 $t$ 的基本负荷分量;

　　　$W(t)$——时刻 $t$ 的天气敏感负荷分量;

　　　$S(t)$——时刻 $t$ 的特别事件负荷分量;

　　　$V(t)$——时刻 $t$ 的随机负荷分量。

对于日负荷预测,天气因素作用明显,如果预测日的气象因素发生较大变化,那么预测日负荷曲线与相似日负荷曲线会有一定程度的不同。再者,特别事件负荷分量属于非常规负荷变动,只有预测出待预测日特别事件出现的时刻和对负荷的影响程度后,才能修正预测负荷,得到最终准确的预测负荷值。

① 基本负荷分量,是指负荷变化有规律并排除天气影响的分量,一般包含趋势项和周期项。日负荷预测趋势项一般是指日平均负荷。周期项反映的是在原负荷序列去掉趋势项序列以后,剩余序列的周期变化特性。

② 天气敏感负荷分量,是指天气变化对系统负荷造成的影响。影响负荷的天气敏感因素有温度、湿度、风力、阴晴、降水等,实际应用中多数只考虑温度因素。

建立日负荷预测天气敏感负荷基本模型,首先需要取若干天负荷记录、温度记录,把负荷看成是温度的函数。此处,负荷一般对应日最大负荷(或日平均负荷),温度对应日最高温度(或日平均温度)。

③ 特别事件负荷分量,是指特别电视节目、重大政治活动、日食等对负荷造成的影响。要从含有特别事件的历史负荷数据中找出其规律性,即确定特别事件负荷分量,必须确定特别事件将发生的时刻和对负荷的影响程度。特别事件负荷分量通常用因子模型来描述。

④ 随机负荷分量,是指对于给定的过去一段时间的历史负荷记录,提取出基本负荷分量、天气敏感负荷分量和特别事件负荷分量后,剩余的残差。

## 3. 基于人工智能技术的负荷预测系统

负荷预测包含系统负荷预测和母线负荷预测两大类,是根据历史负荷、气象条件、新能源发电、检修计划、大用户生产计划等主要影响因素,建立负荷预测模型,实现未来一段时间的系统负荷预测和母线负荷预测。预测周期一般主要包括超短期(未来数小时)、短期(未来一天至多天)和中长期(未来一年,主要支持系统负荷)。

负荷预测系统主要包含数据集成管理、超短期系统负荷预测、短期系统负荷预测、中长期系统负荷预测、超短期母线负荷预测和短期母线负荷预测等功能。负荷预测系统应用概况如图 10-9 所示。

电力负荷预测系统,实现超短期、短期、中长期系统负荷预测,超短期、短期各电压等级母

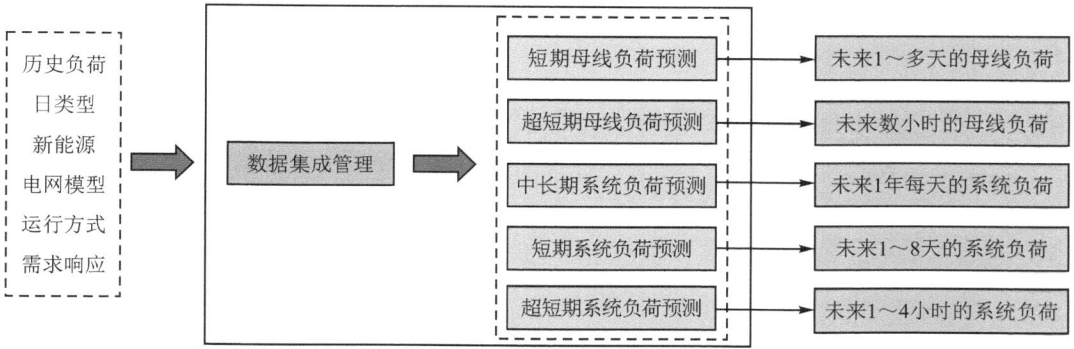

**图 10 - 9　负荷预测系统应用概况**

线负荷预测,为地区电网检修计划安排、发电计划编制、网厂信息交互平台等提供数据。负荷预测系统功能和数据架构如图 10 - 10 所示。

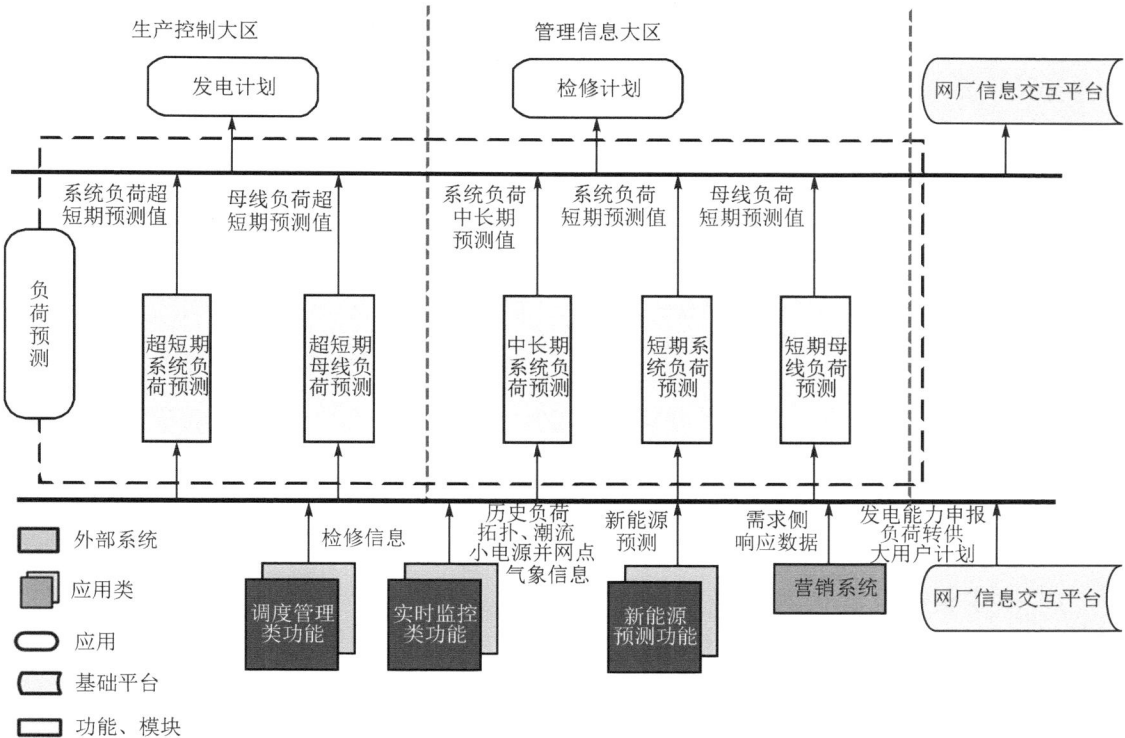

**图 10 - 10　负荷预测系统功能和数据架构**

负荷预测系统综合考虑日类型、节假日、气象等相关因素,采用相关性分析技术对影响负荷的因素进行关联性排序,剔除对负荷影响较小的因素,提高负荷预测效率。

负荷预测系统基于历史负荷数据,抽取气象特征、日期类型和人体舒适度等负荷预测关键影响因素特征,自动推荐相似日期,为用户人工预测负荷曲线提供参考。

负荷预测系统可以进行连续多日的准确率指标查询,具备展示日 96 点负荷数据对比、误差曲线、误差区间分布、天气因素变化、是否节假日等多种信息。展示日负荷曲线,计算日负荷曲线最高(低)负荷出现时间、峰谷率、负荷率等常规指标。短期系统负荷预测曲线界面如图 10-11 所示。

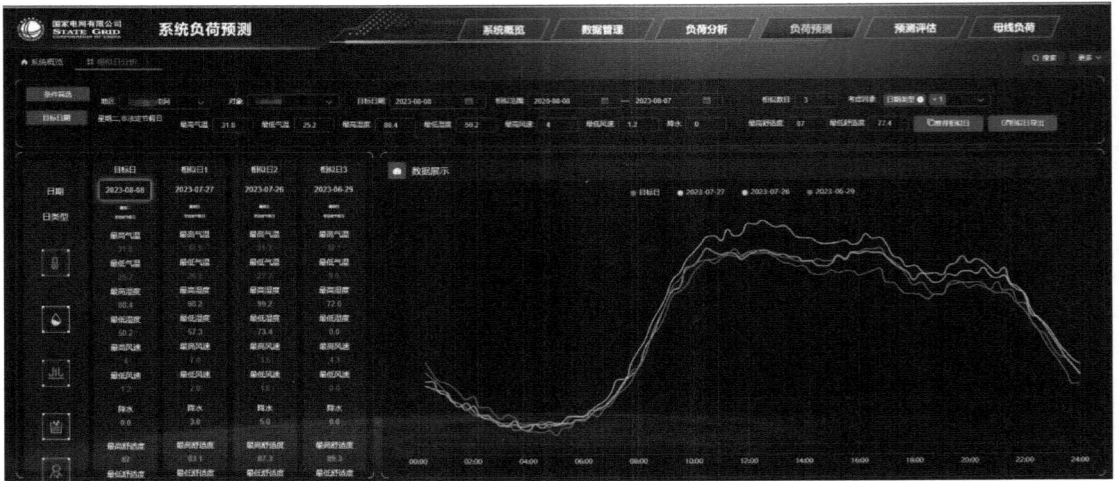

**图 10-11　短期系统负荷预测曲线界面**

# 10.2.3　短期母线负荷预测

母线负荷预测是根据母线负荷的历史数据及其发展变化规律,考虑影响母线供电范围负荷的各种因素,运用一定的负荷预测模型,得到未来某时段的母线负荷的过程。

国网调度机构内规定母线负荷预测的范围为区域内所有 220 kV 主变压器高压侧(含 220 kV 电压等级供电的大用户专线)的有功负荷和无功负荷。母线负荷预测以 15 min 为间隔,预测 96 点母线负荷曲线(00:15—24:00,每 15 min 一个负荷点)。

母线负荷预测在动态状态估计、在线经济调度、安全稳定分析、无功优化和厂站局部控制等方面得到了广泛应用。母线负荷预测是日前安全校核的前提,提高其预测精度是实现调度精细化管理的基础;同时,精确的母线负荷预测是合理安排日前发电计划和实施节能发电调度的前提。

## 1.母线负荷及其预测的特点

母线负荷及其预测与系统负荷及其预测对比,具有以下特点:

① 预测的节点多,涉及的数据量大,基础数据处理复杂。母线负荷的历史数据属于海量数据管理的范畴,依靠人工逐一分析母线负荷几乎是不可能的;同时,还有气温、降雨、线路检修、小电源发电、有序用电等历史数据,将导致基础数据量急剧增加。母线负荷中出现异常数据的情形比较常见,海量数据的异常数据智能辨识是一个复杂而且决定预测精度的关键工作。

② 预测的负荷基数小,负荷变化频繁。母线负荷是系统负荷的单元和基础,母线负荷预测的基数远远小于系统负荷预测的数值,从而母线负荷预测的相对误差可能很大,从而预测难度更大。因为母线负荷的基数小,且其受各种因素的影响大,导致负荷变化频繁。随着小火电、风电光伏等直接接入 220 kV 母线供电范围的下级电网中,从而此类母线的负荷预测要与小电源发电预测综合考虑,使得母线负荷预测更加具有不可预知性;同时,受线路检修、有序用电、负荷转供等因素影响,母线负荷变化非常明显。

③ 母线负荷受用户用电特性影响,负荷特性差异大。母线负荷与用户类型有很大的关系。特别是在供电区域内有电气化铁路牵引站、大型钢铁厂等冲击性负荷时,母线负荷容易产生突变,稳定性比较差,有较多"毛刺"。但系统负荷中由于冲击性负荷种类较多时,相互补充,毛刺现象反而不很明显。母线负荷的稳定度明显小于系统负荷的稳定度。不同母线之间的负荷曲线差异比较大,负荷特性各异,从而各母线之间很难具有可比性和参考性。

④ 母线负荷受相关因素影响大。在进行母线负荷预测时,必须综合考虑以下因素:

a. 工作日、休息日、节假日及重大活动期间的负荷特性;

b. 气象要素,包括温度、降雨、湿度等因素的影响;

c. 受气象因素影响的小水电、风电等分布式电源对预测结果的影响;

d. 检修计划和网络拓扑变化对预测结果的影响;

e. 负荷转供、有序用电等因素的影响。

## 2. 母线负荷预测流程

母线负荷预测涉及地调、省调、网调和国调等多个垂直部门,为了顺利地开展母线负荷预测工作,明确其工作流程特别重要。

母线负荷预测一般采用"自下而上"的工作流程。主要是由地调根据母线历史数据、气象数据以及主变压器检修、负荷转供、需求侧管理和小电源发电等信息,预测本地区的所有 220 kV 主变压器高压侧的负荷,上报给省调;省调再根据各地调的系统负荷预测等信息对母线预测负荷进行修正,再上报给网调、国调,并评价和考核母线负荷预测工作。其具体流程如图 10 - 12 所示。

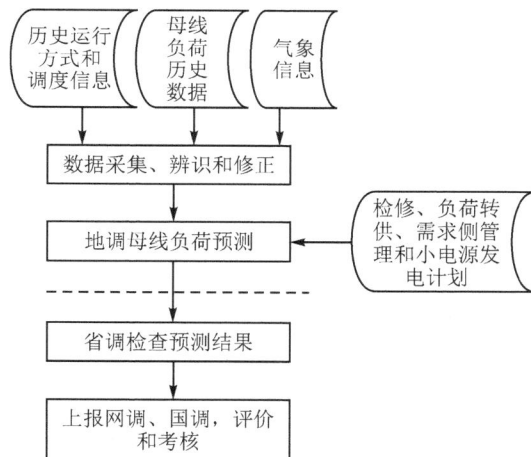

**图 10 - 12　"自下而上"的母线负荷预测流程**

母线负荷预测是在对母线及系统的历史负荷数据、发电计划、检修计划及气象要素等信息分析的基础上实现母线负荷预测。预测出未来 1 日或多日 96 点所有母线有功负荷和无功负荷,再通过表格和曲线展示预测结果。

## 3. 母线负荷分析

为了深入分析母线负荷的特点,掌握母线负荷的变化规律,跟踪分析预测结果,需要开展母线负荷的特性分析。利用这些分析可以评估预测结果,优化预测模型,制定考核指标等,能够保证母线负荷预测工作的准确性与有效性。

① 母线负荷基础特性分析。对日、周、月、季、年等不同时间维度,列出多条母线的最大负荷及出现时间、最小负荷及出现时间、平均负荷、负荷率、峰谷差及峰谷差率等基础信息。

② 稳定性分析。针对两周以上的母线历史负荷数据,利用频域分解等方法对负荷的成分、波动性、稳定性等特性进行分析,从而确定此段历史数据的规律性和可预测性,为后续预测方法选择和预测精度预评估提供参考。

③ 相关性分析。在不同母线负荷之间、母线负荷与系统负荷之间,利用特征负荷相似度实现相关性分析,实现母线特征负荷与气象要素之间的量化分析。

④ 小电源输出功率对母线负荷的影响分析。分析供电区内小水(火、风、光)电等小电源的输出功率变化对母线负荷的影响。

⑤ 气象要素对母线负荷的影响分析。分析各地区天气类型、温度、湿度、风力、降水等气象要素对母线负荷变化的影响,并将分析结果应用于后续负荷预测。

⑥ 母线曲线的聚类分析。通过分析大量母线负荷曲线的特点,依据一定的原则对母线负荷曲线进行聚类,分别归纳为特定的预测模型,以便简化预测模型。

⑦ 预测模型的后评估分析。通过事后分析来评估模型的优劣,并适时修正模型参数。

⑧ 母线负荷数据集中和离散分析。通过分析母线负荷数据,得到其分布范围和分布特点,为辨识和修正异常数据提供依据。

## 4. 短期母线负荷预测

短期母线负荷预测是分析和预测电网各节点电力需求的应用功能。它能提供多种分析预测方法,有针对性地建立涵盖气象信息、负荷转供、小电源影响(小水电、小火电、风电等)、运行方式变化等计划相关因素的综合影响模型;深入分析母线负荷变化与气象及运行方式等影响因素间的关系;将智能化方法与传统方法相结合,自动形成最优预测策略预测未来一定时段的母线负荷。

短期母线负荷预测一般采用基于同类型日的预测方法,其最大特点是具有明显的周期性,包括:不同日之间24 h整体变化规律的相似性;不同周、同一星期类型日的相似性;工作日/休息日各自的相似性;不同年度的重大节日母线负荷曲线的相似性。

最基本的母线负荷预测方法是基于同类型日思想的正常日负荷预测方法。日类型由工作日休息日区别系数、天气状况区别系数、特别事件区别系数和这三方面的决定因素权重决定。短期母线负荷预测主要功能为:预测未来多日内指定日期的96点的母线负荷曲线;根据用户设定的日前预测数据与实时负荷曲线的偏差阈值,在日前预测出现较大偏差时,自动启动日内母线负荷预测,滚动修正1小时后至未来多时段的母线负荷;提供实用有效的预测算法,并支持各因素对预测误差的影响分析和反馈,根据分析结果自动调整预测方法;支持灵活设置各种节假日的日期和影响天数,同时在预测过程中考虑工作日、周末和节假日等日类型的差异对负荷预测结果的影响;考虑气象因素对预测结果的影响,支持基于概况和分时气象信息的母线负荷预测;考虑未建模小电源运行方式、负荷转供、设备检修等因素对母线负荷的影响;具备重要母线负荷的识别和分析功能,自动筛选对输电断面具有重大影响的母线负荷;支持母线负荷预测结果与系统负荷预测结果之间、短期母线负荷预测与超短期母线负荷预测之间的相互校验和自动修正。

利用母线负荷总加和系统负荷的物理关系,实现母线负荷预测结果的二次修正,确保母线负荷总加和系统负荷平衡。母线负荷预测总加平衡修正曲线如图 10-13 所示。

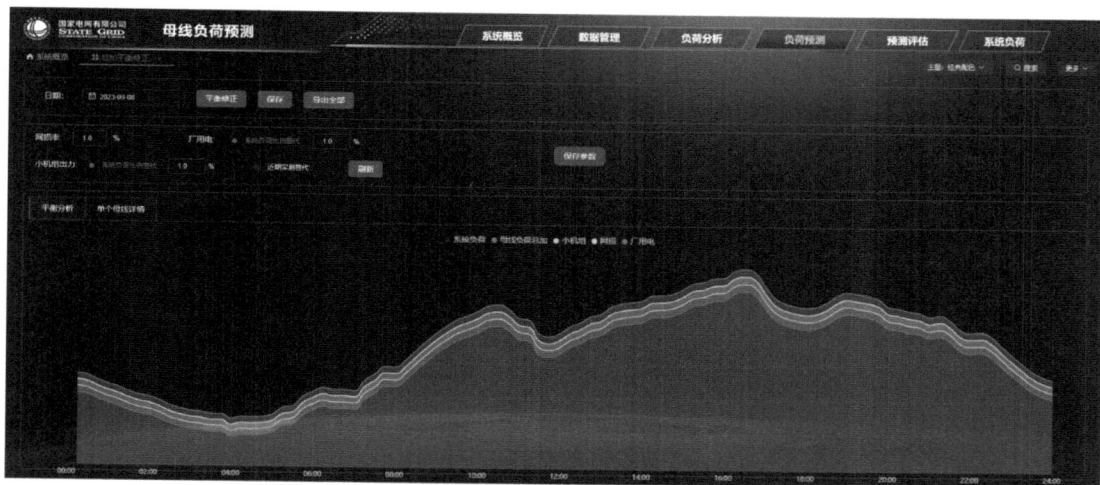

图 10-13　母线负荷预测总加平衡修正曲线

### 5. 母线负荷预测的应用

母线负荷预测是电网高级分析的基础,可应用于对电网未来态的调度员进行潮流分析、静态安全分析、在线电网安全校核等 EMS 高级应用功能,并应用于日前发电计划、检修计划编制过程中的安全校核等方面。

安全校核是采用交流或直流算法,利用网络拓扑结构数据、发电计划数据、母线负荷预测数据及检修计划数据,计算一日 96 点的系统潮流,并根据安全限额数据判断是否出现潮流越限情况,判定系统在不同状态的安全性能的过程。

安全校核是 EMS 最基本的网络分析功能,可以用于调度运行人员研究当前电力系统未来一日或某个时刻系统的运行状态,用于运行分析人员分析近期运行方式的变化。

为了兼顾国调和省调安全校核需要,在进行 220 kV 变电站主变压器高压侧负荷预测的同时,需要通过一定的方法或者折算关系,得到相应主变压器的中、低压侧母线负荷。

在预测变压器高、中、低压侧母线负荷时,最重要的是要建立高、中、低压侧三者数值之间的关联关系。若修正了高压侧负荷数据,则中、低压侧数据会相应调整。同时,在安全校核时需要厂用电的预测数据。厂用电随机组的开停机方式变化而变化,由于影响机组启停的因素较多且时常变化,因此,对于厂用电的预测不能简单地套用基于历史负荷数据和气象要素来预测,可以根据各电厂该日的发电计划来计算,因为水电厂与火电厂用电率不同,使用不同的厂用电系数,将各电厂的发电计划乘以相应系数作为厂用电的预测值。

省级电网日前发电计划安全校核是省调重要工作之一。其中负荷预测系统、调度管理系统(OMS)布置在安全Ⅲ区,EMS 安全校核计算模块布置在安全Ⅰ区,综合数据平台实现跨区系统之间的数据交互。安全校核系统数据流程简图如图 10-14 所示。

通过日前发电计划安全校核工作的日常化、流程化,调度计划人员可以在确保电网安全的前提下为优化机组开机方式和合理安排检修计划获得科学决策依据,进而提升对电网安全风险的预控能力,有效提高精细化管理水平。

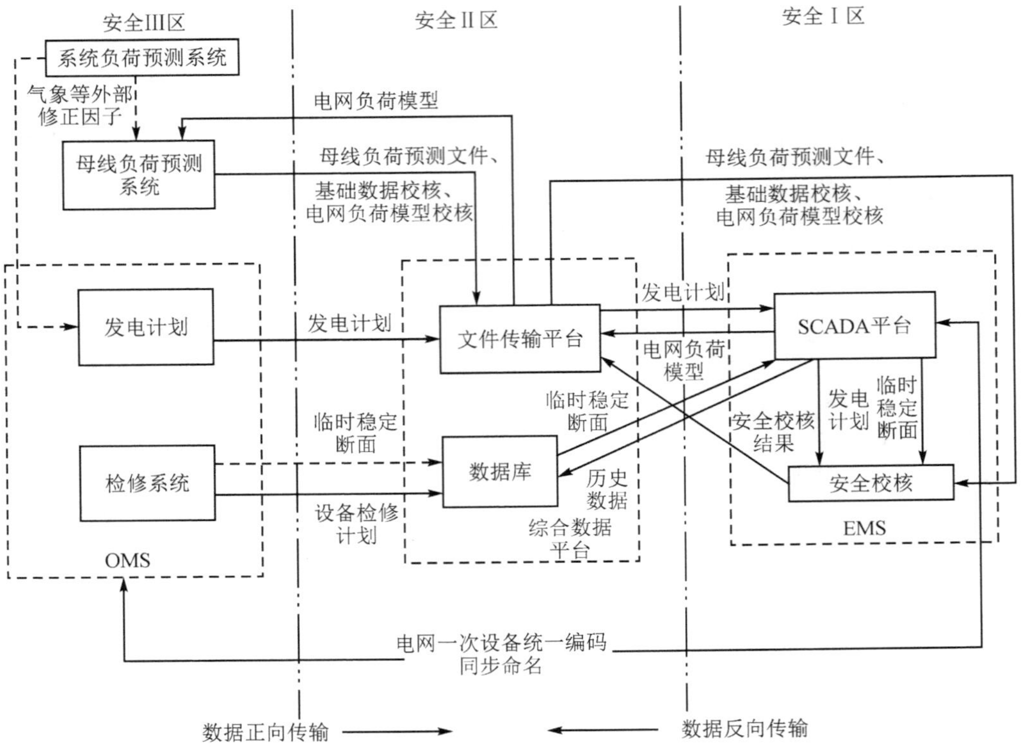

**图 10 - 14 安全校核系统数据流程简图**

# 10.3 电网调度自动控制

频率和电压是电力系统运行的两大重要指标。自动发电控制（AGC）和自动电压控制（AVC）是保证电网频率、电压质量和安全经济运行的重要技术手段。AGC 通过控制区域内发电设备的有功功率，使本区域发电功率跟踪负荷和联络线交换功率的变化，实现电力供需的实时平衡。AVC 通过控制发电厂机组无功功率、变电站的无功补偿装置的无功功率以及有载主变压器分接头，实现电压安全优质、无功功率分布合理及系统网损最小。随着我国特高压电网、交直流输电技术和新能源的快速发展，电网容量及规模不断扩大，日负荷变动加剧，对频率和电压的影响日益突出，对其控制技术也提出了更高的要求。

## 10.3.1 自动发电控制

在时间尺度上，一般将电力系统的频率调整分为一次调整、二次调整和三次调整，各次调整相互补充、相互配合。频率的一次调整是由发电机原动机自发地根据频率变化进行的调节，是有差调节；频率的二次调整是电网的调度中心通过 AGC 程序自动或以手动方式对发电机输出功率进行控制，从而快速消除频率偏差；频率的三次调节也称为经济调度，是通过优化方法对发电厂的功率进行经济分配。为了使系统的频率能够恢复到额定值运行，在二次调频中承担主要任务的 AGC 已成为现代电网调度运行必备的手段之一。

### 1. AGC 基本功能模块

AGC 是通过遥测输入环节、计算机处理环节和遥调输出环节构成电力生产过程的远程闭环控制系统,其主要控制流程如下:

首先,AGC 从 SCADA 获取电网实时量测数据,并进行必要的处理。其次,根据实时量测数据和当时的交换计划、发电计划,在考虑机组各项约束的同时计算出对机组的控制命令。最后,通过 SCADA 将控制命令送到各电厂的电厂控制器(PLC),由 PLC 调节机组的有功输出功率。对于调度端来说,PLC 是 AGC 的一个控制对象;对于电厂端来说,PLC 是一个物理的控制装置。

作为实时发电控制的核心应用,AGC 的基本功能模块包括:

① 负荷频率控制。负荷频率控制(LFC)是 AGC 应用的核心功能模块。负荷频率控制包括计划跟踪环、区域调节控制环和机组控制环。计划跟踪控制的目的是按计划提供发电基点功率,它与负荷预测、机组经济组合、发电计划和交换功率计划有关,担负主要调峰任务。区域调节控制的目的是使区域控制偏差 ACE 调到零,这是 AGC 的核心功能。AGC 计算出各机组为消除 ACE 所需增减的调节功率,将这一调节分量加到机组跟踪计划的基点功率之上,得到的控制目标值送到电厂控制器 PLC。

② 性能监视。AGC 性能监视在每个 AGC 数据采集周期被调用,用于评估 AGC 的控制行为,评估标准主要为北美电力可靠性委员会(NERC)提出的控制性能评价标准以及国内国家电网公司企业标准《互联电网联络线功率控制技术规范》中规定的其他控制性能。

③ 备用监视。备用监视功能周期性计算和监视区域中的各种备用容量(如调节备用、旋转备用、事故备用等)和响应速率,当备用不足时发出报警。

④ 机组响应测试。机组响应测试功能向机组发预先定义的控制信号,测试机组的响应,通过自动加负荷实验和自动减负荷测试,测试机组的响应时间、调节速率和调节精度等调节性能参数。

### 2. AGC 控制目标

随着电力系统的不断发展,原先独立运行的单一电力系统逐渐和相邻的电力系统实现互联运行,一方面,电力系统的互联运行给各方带来了巨大的经济效益,提高了供电可靠性;另一方面,却带来了联络线交换功率的窜动。因此,互联电网内部各控制区域 AGC 的主要目标如下:

① 维持系统频率偏差在允许的范围内。

② 维持对外联络线净交换功率与计划值的偏差在允许的范围内。

③ 实现 AGC 性能监视、PLC 性能监视和 PLC 响应测试等功能。

ACE 是根据控制区域当前负荷、发电功率和频率等因素形成的偏差值,它反映了控制区内的发电与负荷的平衡情况。

AGC 要实现的前两个目标分别是保持频率和联络线交换功率在计划值附近,因此根据 AGC 控制基本目标变量(主要包括频率偏差和联络线功率偏差)的不同,AGC 有三种基本控制模式,即 FFC、TBC 和 FTC,不同控制模式下的控制目标不同。

① 恒定频率控制(FFC)。这种控制方式下 AGC 控制区的目标是维持系统频率恒定,对联络线上的交换功率则不加控制。

② 恒定联络线交换功率控制(FTC)。这种控制方式下 AGC 控制区的控制目标是维持联络线交换功率恒定,对系统的频率则不加控制。

③ 联络线和频率偏差控制(TBC)。这种控制方式下 AGC 控制区的控制目标是维持各区域功率波动的就地平衡,既要控制频率偏差,又要控制联络线交换功率偏差。

### 3. 智能电网调度控制 AGC 应用架构

智能电网调度控制系统中 AGC 应用架构如图 10-15 所示。在决策层,实现多个维度的协调控制。在空间维度,通过在国调、分调、省调三级调度的部署,实现各级调度控制目标的协调互动;在时间维度,实现日前、实时计划机组、AGC 机组在不同时间尺度的衔接控制;在目标维度,除了满足功率平衡控制目标外,还通过和网络分析应用的闭环实现对电网潮流的安全控制。在执行层,基于决策层给出的控制目标,是在通过对常规发电和新能源发电资源的优化分配调用,经安全防误处理后形成控制指令。

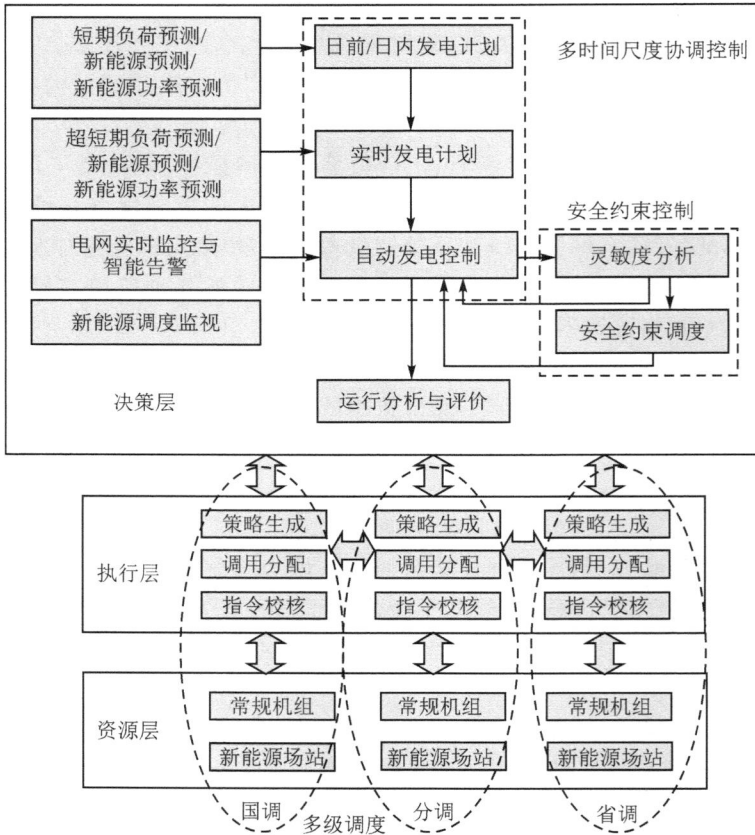

图 10-15　智能电网调度控制系统中 AGC 应用架构

## 10.3.2　适应新能源接入的 AGC 控制

电力系统有功调度一般由日前调度、实时调度和自动发电控制不同时间尺度组成。常规 AGC 根据区域控制偏差进行调节,是一个滞后的调节过程。日前调度一般提前 1 天生成,其发电计划是根据短期负荷预报安排的,在满足供需基本平衡的同时考虑电网的安全和备用约束。实时调度在时间上介乎两者之间,它根据超短期负荷预报结果,在日前计划基础上进行更为精确的修正。

　　风电等新能源大规模接入后,将风电机组纳入区域电网的有功调度与控制框架,应采取以风电功率预测的"发电计划跟踪"为主、风电机组"直接参与调频"为辅(称为辅助调频)的控制原则。

　　适应风电接入的有功调度框架如图 10 - 16 所示。

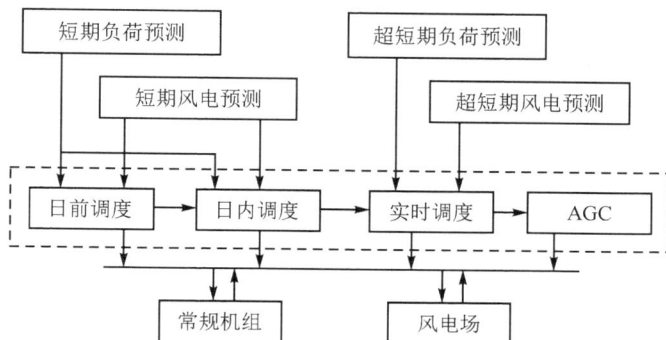

**图 10 - 16　适应风电接入的有功调度框架**

　　在日前调度计划和实时调度计划环节,以考虑优先接纳风电为目标的统一优化调度技术已经成熟,并得到实际应用。在实时计划与 AGC 衔接环节,以及 AGC 自身控制环节同样需要针对新能源大规模接入这一背景,加以完善提升。

　　① 实时发电计划和 AGC 的闭环衔接。实际运行中发现,若不考虑实时计划对其调节趋势的指导作用,仅依据 ACE 事后反馈信息,一旦失去调节能力,AGC 控制效果和评价指标将会严重恶化。实时发电计划与 AGC 优化衔接的核心是通过组织各类机组实现控制角色和调节容量的优化调控,以保持未来时段综合的最优调节能力,避免机组的频繁调整和爬坡资源的不合理分配。

　　针对上述考虑,AGC 在预调度时间段和在线控制时间段,利用超短期负荷预测分别修正发电偏差和区域总调节需求(ARR)。

　　在预调度时间段,通过跟踪负荷的实时变化提前动作,将滞后的调节变为主动,从而减小区域 ACE 的产生。

　　在 AGC 在线控制时间段,利用超短期负荷预测对实时 AGC 的修正,即将一部分预测的负荷增量叠加在 ARR 上,并结合当前的 CPS 指标进行自动调整。

　　② 新能源 AGC 控制。在适应新能源接入方面,针对新能源发电对电网调峰、调频及外送通道断面安全的影响,结合其自身控制特性,AGC 提供了最大功率、限值功率、计划跟踪等不同的有功基本控制模式,以实现风电(光伏)最大程度消纳、电网紧急控制、调峰控制等多种需求。考虑到新能源有限的有功调节能力,必要时可作为辅助调节手段支援电网扰动调节,AGC 提供了参与 ACE 控制、辅助频率控制等调节控制模式。

　　新能源 AGC 控制目标通常有以下两种:

　　a. 根据电网调峰能力,自动计算或人工设置全网新能源输出功率上限,系统自动分配各新能源场站功率的上限,下发至各风电场(光伏电站),由当地监控系统负责闭环跟踪,确保输出功率不超过当前电网能实时提供的调峰能力。

b. 根据新能源送出通道的安全稳定限额控制相关场站的输出功率,计算通道能力,系统自动分配各场站功率上限,下发至各风电场(光伏电站),由当地监控系统负责闭环跟踪,确保输出功率不引起输电断面超越稳定极限。

新能源场站间功率分配算法具有以下特点:支持基于预测、计划、考核评分的多策略、多方式的分配方法,支持面向全网、断面、站群和单场站的多级、多目标新能源有功控制方法和控制策略。结合新能源场站运行特性,提供了最大功率、限值功率、计划跟踪等不同的有功控制模式,以实现风电(光伏)最大程度消纳、电网紧急控制、调峰控制等多种需求。上述模式和策略已在西北等千万千瓦风电基地取得实际应用,采用 AGC 实时控制后,既可以平稳控制断面潮流不超过限值,又最大限度地利用了风电输送通道容量。

## 10.3.3 自动电压控制

AVC 对发电厂、变电站内各种无功设备进行协调优化控制,实现电压安全优质、无功分布合理、网损优化等安全经济目标。无功功率传输特性、中枢点电压管理调节方式以及各种无功电压设备运行特性是 AVC 控制架构设计的基础。

智能电网调度控制系统电压控制界面如图 10-17 所示。母线线电压和相电压具有电压越限和电压数据不刷新提示功能。电压控制界面可对变电站运行电压及无功数据进行集中监视,有助于调度人员及时掌握系统电压情况,同时通过自动电压控制系统(AVC),实现电力系统的稳定、经济运行。

**图 10-17 电压控制界面**

### 1. 无功电压运行特性

① 线路无功功率传输特性。输电线路不合理的无功功率传输将引起以下电力系统运行问题:

a. 在有功功率传输较大情况下无功传输是低效的,需要较大的电压幅值降落。

b. 无功功率传输会增大网络的有功和无功功率损耗。

c. 无功功率传输会增大甩负荷引起的短时过电压。

d. 无功功率传输会增大变压器和输电线路等设备的容量。

因此,无功电压运行应减少线路无功输送,尽量满足分层分区就地平衡原则,以提高系统运行的安全性和经济性。

② 中枢点电压管理及调节方式。虽然电力系统中有很多节点,但人们关注的重点是中枢点的电压水平。中枢点指的是某些能反映全网电压水平的节点,这些中枢点通常是大容量的枢纽变电站,或者是大容量的发电厂。如能控制住这些中枢点的电压,那么全网大部分节点的电压质量一般来说将能得以保证。因此,电力系统的电压管理和调整可以通过监视和调整各个电压中枢点的电压来实现,这也是自动电压控制技术的基础。

在主网的中枢点及大部分其余节点电压得以控制和维持的同时,还需要控制地区电网、配电网中各节点的电压质量。无论是主网,还是地区网、配电网,做好电压管理和电能质量工作,一般说来应当具备 3 个条件:一是应有足够数量的无功电源和无功补偿设备;二是应当掌握大量准确的运行资料和有关数据;三是采用合理的调压方式。

若由中枢点供电的各负荷的变化规律大致相同,考虑到高峰负荷时供电线路上电压损失较大,则将中枢点电压适当升高以抵偿部分甚至全部电压损耗的增大部分;而低谷时线路上电压损耗较小,则应将中枢点电压适当降低以抵消部分乃至全部的电压损耗的减少部分。这种高峰负荷时升高电压、低谷负荷时降低电压的中枢点调压方式称为"逆调压"。

与"逆调压"方式相对应的是"顺调压"。"顺调压"就是在高峰负荷时,允许中枢点电压降低;在低谷负荷时,又允许中枢点电压略高的调压方式。通常对于供电线路不长、负荷变动不大的中枢点就采取这种调压方式。

此外,还有一种"常调压"方式,即在任何负荷下,总是保持中枢点电压为一基本不变的数值,其介于"逆调压"和"顺调压"方式之间。

### 2. 分级协调控制架构

基于无功电压分层(电压层)分区(供电区)平衡的特性,无功电压控制一般采取多级协调控制,这种多级协调控制与多级调度机构具有相似的体系结构。因此,依托各级调度控制中心,无功电压控制采用分层分级控制的总体框架,具体特点为:一是控制中心内横向协调,在各级调控中心内部,一般按分区原则进行电压控制,采用基于分区的三级控制方法。二是控制中心间纵向协调,分、省、地各级调控中心负责各电压等级电网电压控制,并实现上、下级调控中心之间的协调。

① 基于分区的三级控制。在各级调度控制中心内部,可采取三级控制模式或两级控制模式。两级控制模式进行全网集中优化计算并下发到厂站执行。三级控制模式基于分区原则进行电压控制,并采取分区协调与全网优化相结合的控制逻辑结构实现:

a. 第一级控制由 AVC 子站实现,通过协调控制本厂站内的无功电压设备,满足第二级控制给出的厂站控制指令。

b. 第二级控制进行分区协调控制决策,通过控制本分区内的无功电压设备,给出各厂站的控制指令,将中枢母线电压和重要联络线无功电压控制在设定值,保证分区内母线电压合格和有足够的无功电压储备。

c. 第三级控制进行全网在线无功电压优化,通过优化给出各分区中枢母线电压和重要联络线无功电压的设定值,供第二级控制使用。

　　d. 第三级控制和第二级控制由 AVC 主站实现。

　　基于无功电压三级协调控制模式,分中心、省调以及地调主站 AVC 具有相似的控制结构,其功能部署如图 10-18 所示。

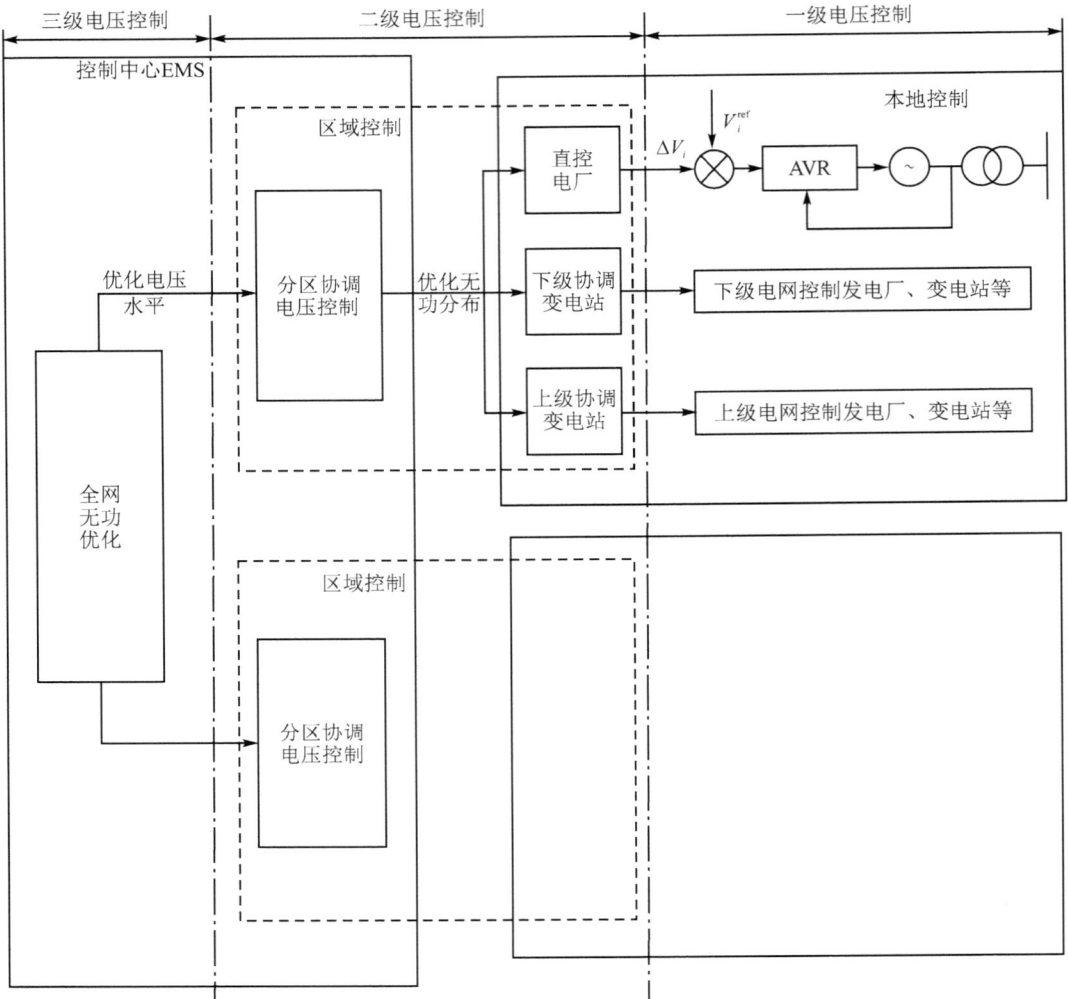

**图 10-18　AVC 功能部署示意图**

　　三级控制中:

　　a. 硬件配置分为电网调度中心 AVC 主站和电厂变电站子站 AVC、下级调度主站 AVC 等三层结构。

　　b. 软件功能按三级控制分层部署,其中二级电压控制以控制区域为单位独立进行,由 AVC 主站二级电压控制模块和电厂 AVC 装置、枢纽变电站监控系统、下级调度主站 AVC 系统共同完成。

　　c. AVC 主站在逻辑上部署了三级电压控制和二级电压控制中的分析计算功能,电厂子站 AVC 等则部署了二级电压控制中的执行功能,而一级电压控制则直接与电网一次设备相关。

　　② 多级调度分层协调控制。我国互联电网规模十分庞大。在国家电网公司范围内,目前

已形成华东、华中、华北、东北、西北等大区互联电网。在大区互联电网之间,通过 1 000 kV 特高压交流及多条特高压/超高压直流通道相连。国家电网的调度运行通过分层分区的多级调度机构来负责管理,通常情况下,国调/分中心负责管理跨区、跨省的 500 kV 及以上电网,省调负责管理省内 220 kV 电网,地调负责管理地区内 110 kV 及以下电网。某分、省、地调度分层控制示意图如图 10 - 19 所示。以华东电网为例,华东分中心负责 500 kV 层级电网电压控制,江苏、安徽、浙江、上海、福建等省调负责 220 kV 层级电网电压控制,各省调下属的地调负责 110 kV 及以下层级电网电压控制。

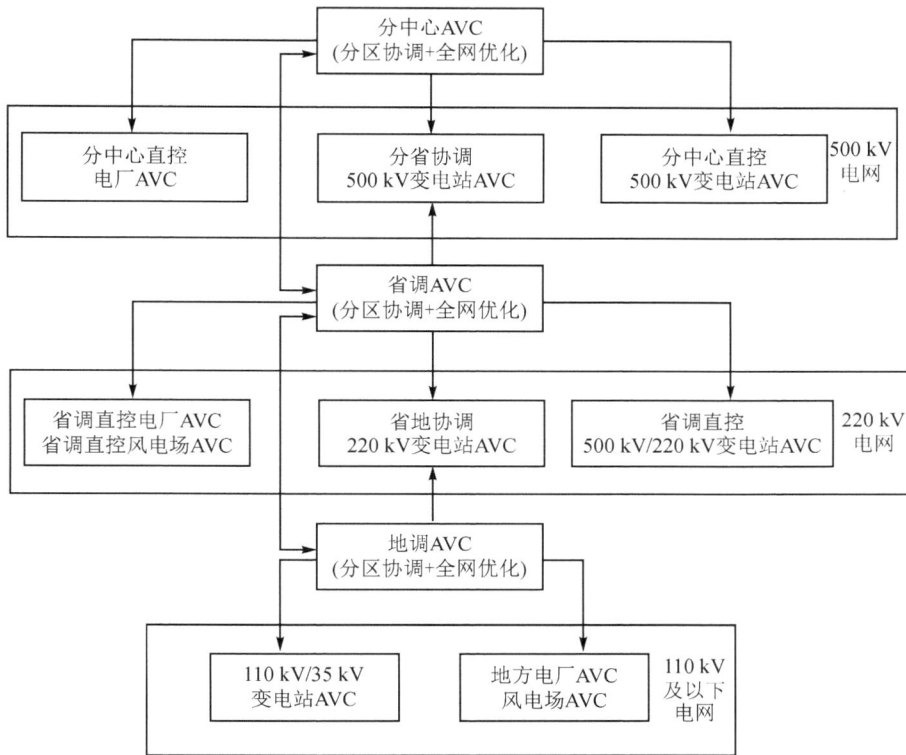

**图 10 - 19　某分、省、地调度分层控制示意图**

图 10 - 19 中,各级调度控制中心具有不同的受控对象和控制方式。

a. 分中心 AVC 受控对象包括 500 kV 直控电厂和 500 kV 变电站,其中:

- 500 kV 直控电厂调节对 500 kV 电网影响最为直接,分中心 AVC 通过遥调下发电厂高压侧母线电压期望值或机组无功期望值。
- 500 kV 变电站调节对 500 kV、220 kV 两级电网均有较大影响,分中心 AVC 与省调AVC 通过联合调节,实现以 500 kV 变电站为关口的分省协调控制。

b. 省调 AVC 受控对象包括 220 kV 直控电厂、500 kV 变电站和 220 kV 变电站,其中:

- 220 kV 直控电厂调节对 220 kV 电网影响最为直接,省调 AVC 通过遥调下发电厂高压侧母线电压期望值或机组无功期望值。
- 500 kV 变电站通过省调 AVC 与分中心 AVC 进行联合调节,实现以 500 kV 变电站为关口的分省协调控制。
- 220 kV 变电站调节对 220 kV、110 kV 两级电网均有较大影响;220 kV 电网 AVC 主站与

220 kV 变电站 AVC 系统通过联合调节,实现以 220 kV 变电站为关口的省地协调控制。

  c. 地调 AVC 受控对象包括 110 kV/35 kV 变电站以及 220 kV 变电站,其中:

- 110 kV/35 kV 变电站调节直接影响本站电压,地调 AVC 直接对有载调压主变压器档位和电容器/电抗器进行遥控。
- 220 kV 变电站通过地调 AVC 和省调 AVC 进行联合调节,实现以 220 kV 变电站为关口的省地协调控制。

# 10.4　电网稳态分析

电网稳态分析是基于电网模型参数和运行数据对电网运行情况进行分析和评估,实现智能化的在线分析。其主要功能是研究实时方式和各种预想方式下的电网运行情况,分析电力系统某些元件或元件组合发生故障时对电力系统安全运行可能产生的影响。电网稳态分析还可形成潮流计算模型,为其他在线分析软件提供电网实时运行数据。

## 10.4.1　功能结构

电网稳态分析包括:网络拓扑分析、状态估计、调度员潮流分析、灵敏度分析、静态安全分析、可用输电能力分析、短路电流计算、在线外网等值应用等。电网稳态分析各应用数据流程如图 10 - 20 所示。

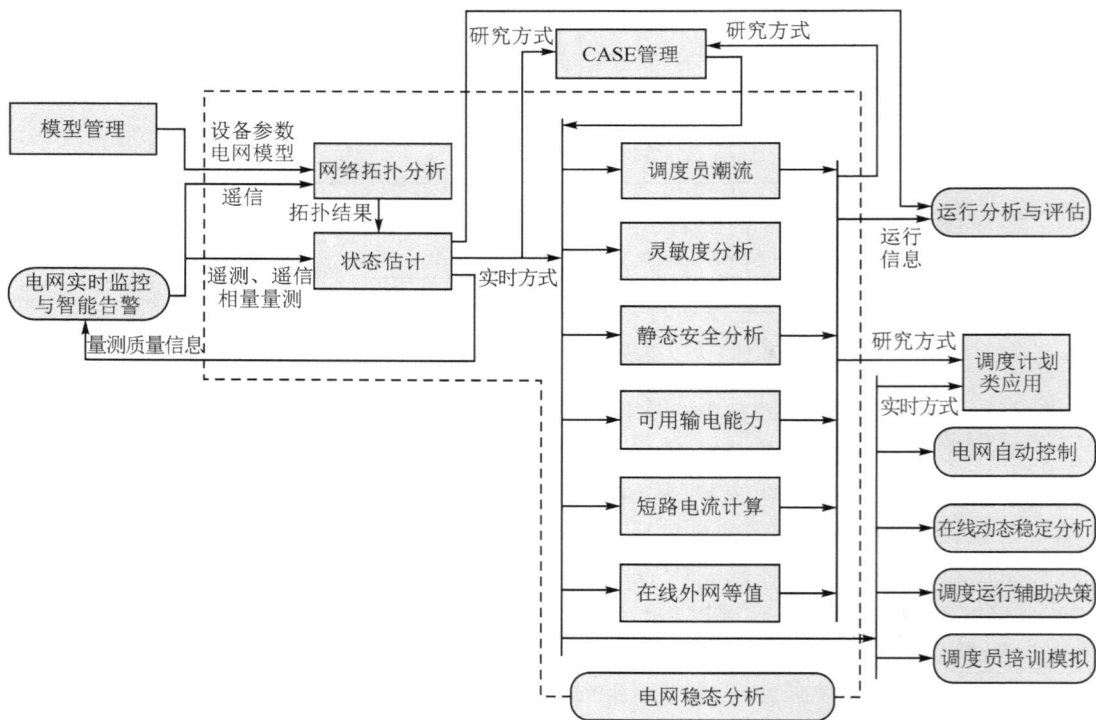

**图 10 - 20　电网稳态分析各应用数据流程图**

①　网络拓扑分析。网络拓扑分析功能模块根据设备连接关系和断路器、隔离开关分合状态,对网络进行拓扑分析,确定网络接线模型,建立网络母线模型和电气岛模型,并提供给其

应用和功能模块使用。

② 状态估计。状态估计模块根据网络拓扑、电网参数、有冗余的设备量测和开关状态量，求取母线电压幅值和相角的估计值。为了提升状态估计结果的准确性，需要进行遥信状态辨识、可疑数据检测和不良数据辨识，为电力系统提供一致的、可靠的电网潮流解。状态估计维护完整而可靠的实时网络状态数据，为其他应用和功能模块提供实时运行方式数据。

③ 调度员潮流。调度员潮流功能模块实现在实时方式和各种假想方式下对电网运行状态的分析功能，在网络拓扑模型基础上，根据给定的注入功率及母线电压计算各母线的状态量（电压的相角及幅值），并计算电网各支路的有功功率和无功功率。

④ 灵敏度分析。灵敏度分析功能模块基于实时方式和各种假想方式，计算线路有功潮流对机组有功输出功率、断面潮流对机组有功输出功率、母线电压对机组无功输出功率、母线电压对无功补偿设备投切、母线电压对变压器抽头等灵敏度，计算网络有功损耗对机组有功输出功率、区域交换功率、联络线功率等的灵敏度和罚因子。

⑤ 静态安全分析。静态安全分析功能模块用于评估电力系统中的某些元件（包括线路、变压器、发电机、负荷、母线等），或元件组合发生故障时对电力系统安全运行可能产生的影响。通过计算故障发生时的系统运行状态，评估整个电网的安全水平，对可能威胁到电网安全运行的故障，如导致线路过负荷、电压越限和发电机功率越限等进行警示，从而评价这些故障对系统安全运行的影响。

⑥ 可用输电能力。可用输电能力功能模块用于计算实时或假想方式下，满足电网安全约束的系统联络线、大电厂出线断面、重要线路或断面的有功裕度。

⑦ 短路电流计算。短路电流计算功能模块针对给定的故障条件（包括各种短路故障和断线故障），计算故障后各支路电流和各母线电压，可用来校核开关遮断容量。

⑧ 在线外网等值。在线外网等值功能模块实现上下级调度之间的联合网络等值。上级调度可以为下级调度进行外部网络的在线静态等值，下级调度支持外网等值模型的接入及处理。

## 10.4.2　状态估计

状态估计是实时电网稳态分析的核心应用，调度员潮流是研究模式（研究态）下电网稳态分析的核心应用，它们分别向灵敏度计算、静态安全分析、可用输电能力、短路电流计算、在线外网等值等应用提供实时运行方式数据和研究态运行方式数据。

状态估计包括量测系统分析、量测预校验、状态估计计算、不良数据检测及辨识、参数估计和统计考核等功能。状态估计的主要目的是维护一个完整而可靠的实时电网状态数据库，为其他分析应用提供实时运行方式数据（电网模型和状态），并为调度员提供实时电网监视画面。

状态估计的主要功能如下：

① 量测系统分析。量测系统分析是进行状态估计计算之前的重要准备，通过电网可观测性分析，判断电网配置的遥测量是否满足状态估计的计算条件。对地区、厂站、母线的量测配置情况进行统计，同时对电网量测配置提出相关建议，并给出关键量测的分析结果。

② 量测预校验。量测预校验可以检测分析出实时遥信和遥测中的简单错误，并且指出错误发生的具体位置和原因，方便使用人员迅速排查这些错误。

③ 状态估计计算。状态估计计算是状态估计功能的核心，使用电网设备参数、电网拓扑连接关系、实时量测数据，计算电网的母线电压幅值和相角的估计值，并求出各量测的最优估

计值。

④ 不良数据检测及辨识。根据状态估计计算得到的量测估计值,通过残差分析等方法检测和辨识出量测中的不良数据。不良数据是指误差大于某一标准的量测数据。只有排除不良数据才能得到更好的状态估计结果。不良数据检测及辨识采用基于预报残差的逐次估计辨识法。

⑤ 参数估计。检测和辨识电网设备的可疑参数,并计算出可疑参数的估计值。

⑥ 数据接口。数据输入接口,从模型管理获取电网模型和参数;从电网运行稳态监控获得实时遥测/遥信数据;从电网运行动态监视获得相量量测数据。数据输出接口,向调度员潮流、静态安全分析、可用输电能力、短路电流计算、灵敏度计算、在线安全稳定分析与预警、自动无功电压控制、调度员培训模拟、调度计划等应用发送实时断面数据;向运行分析与评估应用发送状态估计的运行指标数据。

# 参考文献

[1] 刘韶林.物联网技术在智能配电网中的应用[M].北京:中国电力出版社,2019.

[2] 曹敏.输变电设备物联网关键技术[M].北京:机械工业出版社,2020.

[3] 赵文会.电力物联网技术基础与应用场景[M].北京:中国电力出版社,2019.

[4] 张翼英.电力物联网安全技术研究[M].北京:科学出版社,2016.

[5] 胡帆.物联网技术在电网企业的应用[M].北京:中国电力出版社,2020.

[6] 葛维春.电力物联网工程技术原理与应用[M].北京:清华大学出版社,2019.

[7] 曹军威.电力物联网概论[M].北京:中国电力出版社,2020.

[8] 张东霞.电力物联网技术及应用[M].北京:中国水利水电出版社,2020.

[9] 何惠清,韩坚,罗若.泛在电力物联网[M].南京:江苏大学出版社,2019.

[10] 胡博.电力物联网关键技术与应用[M].北京:中国电力出版社,2021.

[11] 国网江苏省电力有限公司信息通信分公司.电力物联网电力无线专网建设实践[M].北京:中国电力出版社,2020.

[12] 黄新波.输电线路在线监测与故障诊断[M].北京:中国电力出版社,2014.

[13] 国家电网公司人力资源部.电能(用电)信息采集与监控[M].北京:中国电力出版社,2020.

[14] 田浩杰,赵宇东.电力物联网下的用电信息采集技术及应用[M].北京:中国电力出版社,2020.

[15] 国家电力调度控制中心.配电网调控人员培训手册[M].北京:中国电力出版社,2016.

[16] 辛耀中.智能电网调度控制系统应用技术[M].北京:中国电力出版社,2016.

[17] 曾宪武,包淑萍.物联网与智能电网关键技术[M].北京:化学工业出版社,2020.

[18] 汤晓石.变电站智能辅助控制系统"运检合一"培训教材[M].北京:中国电力出版社,2020.

[19] 赵振喜.智慧变电站技术及应用[M].北京:中国电力出版社,2022.

[20] 国家电网有限公司.输电线路运检(220 kV及以下)[M].北京:中国电力出版社,2020.

[21] 杨林,赵守忠.电网调控运行技术[M].北京:中国电力出版社,2018.

[22] 王洪哲,杨林,路明.电网调度与监控[M].沈阳:东北大学出版社,2019.

[23] 贺辉.电力负荷预测和负荷管理[M].北京:中国电力出版社,2013.

# 规范性引用文献

［1］Q/GDW 1242—2015　输电线路状态监测装置通用技术规范

［2］Q/GDW 11448—2015　架空输电线路状态监测装置安装调试与验收规范

［3］Q/GDW 1560—2014　输电线路图像视频监控装置技术规范

［4］Q/GDW 1244—2015　输电线路导线温度监测装置技术规范

［5］Q/GDW 1243—2015　输电线路气象监测装置技术规范

［6］Q/GDW 1554—2015　输电线路等值覆冰厚度监测装置技术规范

［7］Q/GDW 11452—2015　架空输电线路防雷导则

［8］Q/GDW 11660—2016　输电线路分布式故障监测装置技术规范

［9］Q/GDW 10245—2016　输电线路微风振动监测装置技术规范

［10］Q/GDW 10555—2016　输电线路舞动监测装置技术规范

［11］Q/GDW 10559—2016　输电线路杆塔倾斜监测装置技术规范

［12］Q/GDW 10556—2017　输电线路导线弧垂监测装置技术规范

［13］Q/GDW 10557—2017　输电线路风偏监测装置技术规范

［14］Q/GDW 10558—2017　输电线路现场污秽度监测装置技术规范

［15］Q/GDW 1512—2014　电力电缆及通道运维规程

［16］Q/GDW 11455—2015　电力电缆及通道在线监测装置技术规范

［17］Q/GDW 11641—2016　高压电缆及通道在线监测系统技术导则

［18］Q/GDW 11642—2016　高压电缆接头内置式导体测温装置技术规范

［19］DL/T 1430—2015　变电设备在线监测系统技术导则

［20］Q/GDW 535—2010　变电设备在线监测装置通用技术规范

［21］Q/GDW 536—2010　变压器油中溶解气体在线监测装置技术规范

［22］Q/GDW 537—2010　电容型设备及金属氧化物避雷器绝缘在线监测装置技术规范

［23］Q/GDW 1738—2020　配电网规划设计技术导则

［24］Q/GDW 11184—2014　配电自动化规划设计技术导则

［25］Q/GDW 10370—2016　配电网技术导则

［26］Q/GDW 1382—2013　配电自动化技术导则

［27］Q/GDW 11815—2018　配电自动化终端技术规范

［28］Q/GDW 10514—2018　配电自动化终端/子站功能规范

［29］Q/GDW 1373—2013　电力用户用电信息采集系统功能规范

［30］Q/GDW 1374.2—2013　电力用户用电信息采集系统技术规范 第 2 部分：集中抄表终端技术规范

［31］Q/GDW 11778—2017　面向对象的用电信息数据交换协议